邱龙升 著

字源浅字

上海古籍出版社

本书为海南省高等学校教育教学改革研究重点项目
"汉字学与字源识字教学"(编号：Hnjg2019ZD-27)
结项成果

会受到一定的局限，人们需要更多、更早的古文字形体来帮助分析字形、探求字源。

十九世纪末以来，河南安阳殷墟发现了大量的甲骨文字，在二十世纪以后，全国各地又陆续出土了大量的战国时期的简牍帛书文字，加上传世青铜器上铸刻的金文，汉字发展各个阶段的文字形态已经具备。学者们运用这些资料，在字源探讨上取得了很多新的成果。人们需要充分、正确地利用字形资料，同时采用科学、严谨的研究方法，对汉字在几个有代表时期的字形演变序列进行梳理和排比，找到汉字的字形源头。通过归纳字的用法，理清它的本义和引申义序列，然后结合早期的形体和用法，推测构形理据，探求造字意图，从而得出最接近事实的结论。

特别是近二十年来，字源研究逐渐成为学界热点，出现了许多有价值的研究。但是这些新研究的成果，在汉字的教学和普及领域，并没有很好地向一般大众介绍，究其原因还是专门研究者往往缺乏这种普及意识。现在到了让字源研究走出象牙塔的时候了。在最新出版的部编本小学语文教材中，通过讲解字源进行识字教学的理念已经贯穿其中。但是教学的门槛很高，需要授课者具有相当的文字学，甚至古文字学的知识储备，对单个汉字的形体演变要知其然并知其所以然。这就要求中小学语文教师们既要能对汉字字形演变有一个宏观把握，又要对单个汉字的微观演变非常熟悉。目前我们所能见到的字源类通俗读物良莠不齐，或针对性不强，或专业性不够，或可读性不佳，完全不能满足社会需求，甚至一些错误的字形分析还会误导读者，起到相反的作用。

基于以上这些原因和认识，我们希望写一部既专业又实用，同时具有工具书性质的汉字字源读本。它既可以用作中小学语文教师的教学教辅参考书，也可供小学中高年级学生、初中学生学习汉字使用。下面就本书中所涉及的术语名称、主要内容、编纂特点做一个简明扼要的介绍和说明。

前　言

一

　　汉字是目前世界上仍在使用的最古老的文字。从殷商甲骨文算起，汉字已经有了三千四百多年可实证的历史，如果追溯汉字起源的时间，则距今大约有五千年。汉字是表意体系的文字。由于汉字特有的表意性，使它不仅是记录汉语的书写符号系统，同时也是中国历史、社会及文化的载体，汉字本身所隐含的造字信息就与中国文化息息相关。人们通过追本溯源，分析早期古文字的形体结构，推测古人造字之初的造字意图，从而探求汉字本身隐含的文化信息。

　　汉字溯源由来已久。在先秦文献里，已经留下了先民们探求字源的足迹。《左传》宣公十二年："夫文，止戈为武。"宣公十五年："故文，反正为乏。"昭公元年："于文，皿虫为蛊。"《韩非子·五蠹》："古者仓颉之作书也，自环者谓之私，背私谓之公。"这些都是通过分析汉字的字形结构，追溯造字意图，来阐明某种理念的。尽管在今天我们看来，古人的这些解释不一定都对，但这种解字风气对汉代六书理论的形成起到了重要的推动作用。

　　系统的、大规模的字源探索，是从汉代许慎的《说文解字》开始的。许慎立足小篆字形，运用六书理论对九千多个汉字从形、音、义三个方面逐个进行分析，对字源的认识也达到了前所未有的高度，对后世产生了深远影响。今天我们在分析汉字字形、探求字义时，都不可避免地参考了这部古老的字典。小篆以前，汉字的字形结构已经发生了很大的变化，因而仅仅依据小篆字形探究字源就

二

1. 甲骨文 殷商至周代前期刻在龟甲和兽骨上的文字。甲骨文在发现初期，人们对它的称谓并未统一，有的叫它龟版文、龟甲文、契文、贞卜文字、甲骨卜辞等；也有的依据出土地点，称为殷墟卜辞、殷墟书契、殷墟文字，后来才比较统一地称作甲骨文。甲骨文是商代文字的代表，学界一般以甲骨文来泛指殷商文字，或称殷商甲骨文。迄今共发现并收录甲骨文单字四千多个，已经识别出来的有一千字左右，还有三千多个没有释读出来。甲骨文具有象形性强的特点，有些字甚至带有原始图画的意味，而且字无定格，一字异形的情况比较普遍。就书写风格上而言，由于多用刀刻，形体纤细、呈现出笔画瘦削、多有方折、刀笔味浓的特征。本书中引用的甲骨文均为形体完备者，考虑到甲骨文一字多形的特点，少数字例下列举了多个甲骨文字形。

2. 金文 古代铸刻在青铜器上的文字。先秦时期人们称青铜器为金，所以铜器上的汉字便称为金文，也叫铜器铭文，或称彝器文字、钟鼎文、钟鼎款识等。从殷商后期直到秦汉，历代都有金文，但周代金文最为发达。所以我们所说的金文主要指鼎盛时期的两周金文，特别是西周金文，而金文也自然成为两周文字的代表。迄今发现的金文单字有四千多个，已经考释出来的有两千个左右。两周金文依然象形性强，字形结构趋向定型，但一字异形还是很多，同时形声字大量增加。就书写风格上而言，金文笔画多用肥笔和圆笔，所以笔画宽粗，呈现出笔道粗肥，字形圆润的特点，而且文字书写开始讲究谋篇布局，行款渐趋齐整。书中引用的金文均为形体清晰者，考虑到金文一字多形的特点，少数字例下列举了多个金文字形。

3. 战国文字 战国时代周王室和各诸侯国所使用文字的统称，大体是春秋末年到秦统前后这一历史时期内所使用的文字。

由于战国文字书写的材料种类众多,而且无论哪一种材料上的文字都不能代表同时期的所有文字,所以不好以某种材料命名,学界一般统称为战国文字。战国文字上承甲骨文、金文,下启秦篆古隶,是我国文字发展史上的重要阶段,作为与甲骨文、金文、小篆、隶书相对的概念,战国文字的划分既有时代坐标,又兼顾文字特点。从字形来看,战国文字可分为六国文字、秦国文字两系。其中,六国文字偏离了正统汉字发展的轨道,地域特征非常明显,文字异形严重,省变过甚,没能引领当时汉字发展的方向。反而是秦国文字上承西周金文,下启小篆,是汉字发展主线的一个主要环节。作为汉字演变序列中重要的一环,战国文字的价值不容忽视。书中引用的战国文字简称"战文",选用的字形多为完备且清晰者,少数字形有省略的,都在释文中做了说明,考虑到战国文字一字多形的特点,少数字例下列举了两个古文字字形。

4. 小篆　保留在汉代《说文解字》中的篆体文字。小篆是秦始皇统一中国后实行书同文政策时所采用的标准字体,秦始皇时期的小篆称为秦篆,是李斯等人依据《史籀篇》中的大篆省写改造而来。目前所能看到的最全面系统的小篆资料,是《说文解字》保留下来的九千多个小篆字形,它们虽然历经后世的辗转传写刻印,已不是当时的真迹,但大体上反映了小篆面貌。汉代通行的小篆称为汉篆,主要见于西汉碑刻、铜器、印章等材料,由于时代距离秦朝未久,汉篆和秦篆一脉相承,差异不大。小篆是继承西周文字而来,它虽然对古文字阶段的汉字形体做了系统的规整,使得字的象形性减弱,符号性增强,笔画彻底线条化,形声字大量增加等,但它还是比较全面地保存了古汉字的构形理据,是探求字源的最基础的古文字材料。书中引用的小篆字形都源自《说文解字》,少数字例还引用了部分汉篆(以汉印篆文为主),作为对小篆的必要补充。

5. 隶书　产生于战国晚期,通行于汉代的一种新型字体。隶书是对小篆的省简改造,是从秦篆中的俗体发展变化而来,时间上大致可上溯至战国中晚期。睡虎地秦简中的文字就是当时流行的隶书,学界称之为秦隶或早期隶书。秦隶主要在笔形和态势上改变了篆文的面貌,但在结构上并没有太大的变化。到西汉中晚期,秦隶发展为汉隶,它完全摆脱了古文字屈曲线条的束缚,失去了古文字的象形意味,呈现出一种崭新的文字形态,发展成汉隶。汉隶笔势发扬舒展,笔画蚕头雁尾,有波势挑法,同时字体扁方平整,布局稳重匀称,具有明显的装饰性和观赏性。隶书相比之前的小篆等古文字而言,是一次巨变,它一方面改造了小篆的字形结构,使汉字书写更加快捷,另一方面也削弱了汉字的表意性,更加趋向符号化。自此汉字发展开始步入今文字时期。书中引用的隶书兼有秦隶和汉隶两种,以汉碑隶书居多。

6. 楷书 产生于汉末魏晋时期,在隶书基础上改造生成的一种新型字体。楷书原指可以作为楷模的字或有法度的字,例如工整楷写的隶书也称作楷书,本来并不是某种字体的专名。作为一种字体专名的楷书形成于魏晋时期,但在当时很少使用,进入南北朝以后,才成为主要字体。到了唐代,楷书已经非常成熟,同时出现了以书体风格著称的"欧体""颜体""柳体"。汉隶是楷书的源头,它们结构完全相同,区别在于笔画形态和字体风格。楷书的笔画与汉隶有着明显的不同:横笔改为收锋,不再上挑;撇改为尖斜向下;钩是硬钩,不用慢弯;另外还增加了斜钩"乀"(汉隶形如捺)、挑"㇀"(汉隶是横画斜写)、折"㇖"(汉隶是横画与竖画的自然结合)等基本笔画,这样书写今文字所需要的各种点画就全部形成。楷书完成了隶书笔画的标准化和规范化,书写起来更加便捷,因而具有强大的生命力,同时楷书变隶书的扁方字体为正方形态,也更加符合后人刚正典雅、端庄大方的审美需求。

7. 简化字 1964年国务院发布的《简化字总表》中形体简化的楷体字,也是中国大陆地区使用的规范汉字。简化字具有官方性、权威性和强制性的属性,除了在字表规定的某些特殊场合可以写传统楷体字外,其他场合人们都必须书写和使用简化字。《简化字总表》中收录的简化字以历史上的简体字为主体,包括历代使用的形体省简的俗体字、古体字和草书楷化字等，也有少量的群众新造字（如"灭"等）。利用同音字或近音字合并取代形成的简化字，情况比较复杂，会出现一个简化字同时对应多个传统楷体字的情况。这类简化字数量很少，但稍有不慎就容易造成用字混乱，需要格外留意。书中对这类简化字都有特别标注，进行了分别整理和说明。由于本书涉及的用字情况时间跨度较大，不限于现代，因而使用"简化字"概念时，可能超出《简化字总表》所收录的范围。

8. 《说文解字》 简称《说文》，东汉时期的经学家、文字学家许慎著，成书于汉和帝永元十二年（100）到汉安帝建光元年（121）之间。《说文》全书共十五卷，是我国第一部按部首编排的字典，也是第一部系统研究古文字的著作。许慎根据篆书形体创立了540个部首，将9 353个正篆分别部居，据形系联，同时收录了重文1 163字（此为许慎《自叙》统计，由于流传过程的增减，今本正篆与重文的数目均已不同）。这些重文包括古文、籀文、或体、俗体等，是保留下来的以战国文字为主体的重要古文字资料。许慎在《说文自叙》中还阐述了汉字的形成和发展，首次对"六书"进行界定和举例，为历代传统文字学研究者所推崇。《说文》影响深远，历代都有学者研究，到清代进入鼎盛时期，出现段玉裁《说文解字注》、朱骏声《说文通训定声》、桂馥《说文解字义证》、王筠《说文释例》《说文句读》等著名的研究注释《说文》的著作。《说文》古本早已失传，现在通行的是北宋徐铉等校订的《说文解字》，世称"大徐本"。本书引用的《说文》为徐铉本，同时参考了段玉裁《说文解字注》中的部分观点。

9. 六书 又称传统六书，产生于汉代的一种关于汉字构造的系统理论，包括象形、指事、会意、形声、转注、假借六种，故称六书。"六书"的名称最早见于《周礼》，但只有其名，没有内容，东汉班固、郑众、许慎都提出了具体名称，互有差异，只有许慎对六书有较为详细的阐释和举例。今天我们所讲的六书，都是以许慎的说法为依据的。六书实际上从两个角度划分,前四种是造字的方法,转注字、假借字就造字结构来说,不会超出象形、指事、会意、形声四类。清代学者戴震提出了"四体二用说",就是将六书区分为造字之法和用字之法,象形、指事、会意、形声是造字之法,假借、转注是用字之法。这种说法至今仍然为多数学者所认可。传统六书对汉字构造的解释还是非常客观的,许慎在《说文》中运用六书分析了九千多个字的字形,多数证明是正确的。由此可见,传统六书仍然是我们今天研究汉字结构的基础,是一个可以改造利用和升级的基础理论框架。

10. 象形字 用象形的方法造出的字。象形是指一种图画式的造字方法,就是通过描摹事物的外形来造字。它主要有三种基本类型:(1)独体象形。用一个独立的符号来直接摹写出事物的形体,有的突出局部特征,有的画出整体轮廓。如"牛"甲骨文作 ψ,象牛的正面头形,主要突出的牛两个朝上的角;"犬"金文作 ,象长着利牙、长尾、腹部瘦小的狗形。(2)合体象形。有些象形字较为复杂,所象之物不能用简单几笔就突出其特征而让人一目了然,还需要把与所象之物密切关联的另一物体也连带着"画"出来才好识别。由于需要"画"一个附加的形体来烘托该形体的象形表意,故又称加体象形或烘托象形。如"眉"甲骨文作 、,上面部分象眉毛形,为表示眉毛而连带画出眉毛下面的眼睛。(3)转义象形。还有极少数的象形字,它所标称的并非所象的具体实物,而是这种实物所具有的某种性质或状态,表示与字形相关联的某种比喻义或象征义,所以称为转义象形字。如"大"甲骨文作 ,本象大人正立之形,由于大人与小孩相比,具有"大"的特点,所以字形所要表示的不是"大人"而是"人的大",指大小的"大"这个抽象概念。由于转义象形字所象不是具体的实物,而是较为抽象的概念,所以也有学者把这类字归入指事字。

11. 指事字 用指事的方法造出的字。指事是指在象形的基础上加上适当的指示性符号或由单纯的示意符号形成新字的造字法。它主要有两种类型：(1)加体指事。又称合体指事，就是在象形的基础上加上适当的指示性符号来创造新字。这类指示符号大多是一个圆点、短横或圆弧线条之类，它们不能独立使用，只参与构字，主要用来在整体中标明特定的部位，以及标示某些难于表现的事物或属性。如"本"小篆作 ，字形在"木"的下端加一点或一短横的指示符号以示意，表树根之义。类似有"末（ ）""刃（ ）"等。(2)独体指事。又称纯指事，就是单纯地利用示意符号来标示词义。由于这类指事字不依靠象形字附加指事符号，而是直接利用抽象符号（主要是刻画记号）来构形，故又称刻画指事。如"丩（纠）"甲骨文作 ，字形以两根刻画曲线相互钩连示意，表示纠缠的意思。"回"金文作 ，字形以回旋的线条示意，表回旋之义。类似的还有"一""二""三""三（四）"等。

12. 会意字 用会意的方法造出的字。会意是指组合两个或两个以上表意符号（简称意符或义符）来构成新字的造字法。它主要有两种类型：(1)同体会意。就是利用两个或两个以上相同的表意符号来组合成字。如"从"作 ，从二人，会两人一前一后紧紧跟随之意，表示跟从的意思；"森"从三木，会树木众多意，表示指树木茂盛的意思，类似的还有"炎""品""磊"等。(2)异体会意。就是利用两个或两个以上不同的表意符号来组合成字。如"及"金文作 ，从人从又，会手抓到人之意，表示追上或逮住的意思；"秉"甲骨文作 ，从禾从手，会手里握住禾稻之意，表示拿持的意思。少数会意字的义符同时也具有标示读音的作用，也有学者称这类会意字为会意兼形声字，本书将它们统一归入会意字。我们对会意字的说解主要沿用了《说文》的表述方式，常见"从某从某（会意）""从某某会意"等，这里的"某"指义符。

13. 形声字 用形声的方法造出的字。形声是指由表意的义符和标音的声符组合构成新字的造字法。形声字由形符和声符组成，形符也叫义符或意符，又称表意部件或表意偏旁；声符也叫音符或表音部件。如《说文》："皎，月之白也。从白交声。"这里"白"

是义符,表示字义和白色的意义相关,"交"是声符,标示字的读音。义符具有示意功能,这种示意是高度概括的,往往比较粗疏,但还是能指明辨识方向,提示思考线索,有助于理解字义。声符具有标音功能,标示了该字产生之初的读音,随着时代的变迁,有些读音也会发生变化,不能准确地标示出形声字的读音。但对于大多数的形声字而言,声符的标音功能还是清晰、有迹可循的。形声字既表意又标音的构字模式,简便灵活,具有前所未有的造字优势,例如《说文》中的形声字占总字数80%以上,现代汉字中的形声字比重更是超过了90%。本书所收录的字源字例也是以形声字占大多数。

14. 造字意图 又称构形意图,汉字在造字之初造字者设计字形的意图,也简称造意或构意。按常理说,文字距今久远,古人在设计字形时的意图是什么、想表达什么意思,我们今人无从知晓。但是汉字是形义统一的表意文字,具有据义构形的特点,字形本身隐含着丰富的意义信息。我们可以根据汉字形体中可分析的意义信息,来反推古人在造字时的想法或意图,这种方法也称作因形求义。在探求汉字的造字意图时,所分析的字形必须是早期的古文字,距离造字的时间越近越好,主要有甲骨文、金文、战国文字以及小篆。即使这样,早期的古文字中,也有一部分汉字由于资料不足,或者我们自身水平所限,构意难以解释。但根据表意文字必以词义为依据制造字形来推论,这些字也应该是有构意的,理论上称作构意不明或构形不明。

15. 本义、引申义、假借义 这里的本义有字本义和词本义的区分。字本义就是通过分析汉字的古文字形体所产生的意义,也就是构意或造意,又称为造字本义。当分析字形所表示的意义,在文献中特别是前秦文献中找到使用例证时,这时候字的本义也是该字所记录的词的本义。但当分析字形所推测的意义,在文献中找不到使用例证,仅停留在字形的层面时,就只是造字本义。例如"我"甲骨文作 ,象刃部有齿的一种特殊的斧钺形兵器,本义指兵器名，但这个意义文献未见使用，所以这里的兵器名就是字本义。探求词本义非常复杂，需要同时满足两个条件：一是记录该词的字必须有对应的古文字字形，并且根据字形可分析出它的造字本义，二是这个本义必须要在文献中使用过。我们在探求字源时，发现有些字只能探求在字本义这个层面，有的甚至连字本义也不能弄明白，属于构意不明，只能阙如。引申义就是在词的本义基础上派生出来的另外的一个或几个与本义有关联的意义。假借义是因文字的同音假借而产生的意义，又称为借义，这个意义和本义及引申义都没有关联。书中所涉及的本义主要是词本义，也有少数的字本义，在本义之外，所举例的其他意义项一般不超过十个，都是该字所记录词的基础义和常用义，对于它们是引申义还是假借义不做特别区分。

三

本书一共整理了 2 000 个字源单字。在这 2 000 个单字中有 36 个简化字同时对应了两个传统楷体字，所以实际上梳理的汉字字源是 2 036 例。从字所记录的词义来看，主要涵盖了十四个方面，共分成十四个意义模块。这十四个意义模块的汉字包括：(1) 动物类；(2) 植物类；(3) 地理山川类；(4) 天象矿物类；(5) 人物类，即与人相关的字，主要是由"人""女"作为表意偏旁的字；(6) 人体类，即与人的肌体和器官等相关的字；(7) 手部动作类；(8) 足部动作类；(9) 口部动作类；(10) 衣食类；(11) 住行类；(12) 器用类，即与器皿及生活用度相关的字；(13) 祭祀刑伐类，即与古代祭祀、刑罚及战争相关的字；(14) 其他类，在以上十三类之外其他常用汉字，主要有数目字、方位字、天干地支字等。在每一个意义模块中，依照字的部首排列，把相同部首的字按顺序编排在一起，这些具有相同义符的字，往往在意义上有一定的关联，便于读者系联和理解。

就字的使用频数而言，本书整理的字源识字，都是现代汉语中的常用汉字，是以《现代汉语常用字表》为收字蓝本，自然也都是中小学阶段需要掌握的基础字。《现代汉语常用字表》是1988年由国家语言文字工作委员会、国家教育委员会联合颁布的语言文字领域的纲领性文件，为汉字教学以及语文教材的编写提供了依据，该字表一共收录现代汉语常用字2 500个，次常用字1 000个。本书整理的2 000个常用字，其中就有1 722个见于《字表》常用字，有231个见于《字表》次常用字，合起来占收字总数的97.7%，还有47个不见于《字表》的，它们大多是具有字根性质的，并且有完整的字源演变序列的部首字，如"豕""廌"等。作为识字读本，本书也参考了最新出版的教育部审定人教版小学语文教材，这批常用字也基本能在教材的"识字表"和"写字表"找到与之相对应的单字。就字的形体来源看，书中每个常用字都能找到对应的古文字，最早的可溯源至甲骨文，也有相当数量的金文和战国文字。

作为理想的识字读本，应该是既专业又实用，既能满足中小学语文教师教学和学生学习之用，又能雅俗共赏，有一定的普适性和工具性，两者应当妥善结合起来。我们把这作为编著本书的宗旨和目标，努力将学术性、实用性、通俗性融入到每一条字源识字的编写和解说中。

1. 学术性 字源识字是在学界已有研究的基础上，利用字源研究的最新成果，对每个汉字的字源演变进行梳理，并给出尽可能接近事实的解释，从而帮助学习者识读和记忆。这里首先要保证每个字的古文字字形准确，然后依据字形解释本义，同时对常用义及基础义进行举例说明。汉字的溯源是一项复杂的工程，并不是每一个汉字都能探出它的字形源头。我们在选取古文字字形时，以小篆为桥梁，上溯甲骨文、金文、战国文字，下推隶书、楷书，尽可能排列每个阶段的字形演变序列，做到没有缺环。但在实际的操作中，由于受到一些主客观条件的限制，有些古文字只能溯源至战国文字甚至小篆，我们也要做到字形清晰准确，解释合理正确。在分析字的造字意图或本义时，以古文字字形为依据，选取学界公认的解释，对一些还没有取得共识的一家之言，就引出先贤名讳，或标明"有学者认为"等字样，目的在于给读者提供一种新的思考视角。书中也有极少数的形源不明或构形还不能得到很好解释的字，就作阙如处理，直接注明是构意不明或者构形不明。

2. 实用性 本书作为九年义务教育阶段小学中高年级学生、初中学生学习汉字的识字读本，有明显的针对性，同时又有工具书的性质，一定意义上具有字典的功能，需要简便实用，方便学习者使用。在字的选用上严格对标《现代汉语常用字表》，选取了两千个最基础的常用字，这些常用字同时也基本上是九年义务教育阶段语文教材中需要掌握的生字。通过梳理字源来识记这批常用字，可以帮助学生知其然，同时知其所以然，加深对汉字的理解和热爱。在字的编排上以意义为经，部首为纬，从构形和意义两个维度来引导汉字的学习。以意义为模块分章排列，把具有相近相关意义的字放在一起，便于理解记忆。在每个意义模块下以部首领字，是参考了一般字典的做法，可以利用同部首字之间相互关联的特点，进行意义系联和联想记忆，避免了死记硬背。在字的释义上力求简洁明白，言简意赅，同时又能逻辑清晰，条理分明，简便而实用。

3. 通俗性 字源探求本身非常专业，为了避免过于专业和学术性，我们尽量写得通俗易懂，具有可读性。基本的做法是先罗列字形，再进行解字。在分析字形、解释字义时，一般会在本义后辅以文献上的用字例证，对本义之外的其他常用义和基础义，就参考《新华字典》和《新编学生字典》的做法，在每个意义项后，用给该字组词的方式来帮助理解字义，避免篇幅过长。书中有一些专业性很强的文字学术语，在前言中有专门的解释和说明。读者在读正文之前最好熟悉前言，基本上不会有生涩难懂的地方。释文中出现的过于生僻的字，也会在后面标出读音，方便阅读。书中选取的古文字字形完整清晰，图文并茂。许多图画式的字形本身就非常形象生动,给人以直观的视觉美感,再配上言简意赅的文字说解,可以使读者易于识读和理解,也乐于接受。当然,我们在追求通俗性、可读性的同时,也尽量平衡好专业性和学术性,做到字源说解合理正确,不标新立异,不哗众取宠,也不拘泥旧说,实事求是地分析字形,解释意义,希望能给读者以启发和思考。

目　录

前言 ··· 1

一　动物类 ··· 1
二　植物类 ·· 39
三　地理山川类 ··· 85
四　天象矿物类 ·· 133
五　人物类 ·· 161
六　人体类 ·· 201
七　手部动作类 ·· 239
八　足部动作类 ·· 277
九　口部动作类 ·· 299
十　衣食类 ·· 331
十一　住行类 ·· 365
十二　器用类 ·· 405
十三　祭祀刑伐类 ·· 449
十四　其他类 ·· 479

主要参考文献 ·· 519

附录·索引 ·· 521
　　现代汉语常用字表 ··· 523

音序检字表 …………………………………………… 533

笔画检字表 …………………………………………… 557

后记 …………………………………………………… 577

一

动物类

牛 niú

甲骨文 金文 战文 小篆 隶书 楷书

象形字,甲骨文、金文象正面的牛头形,突出了牛的口、鼻和角。《说文》:"牛,大牲也。""牛"本义指家畜牛,一种牛科的大型哺乳动物。殷商时期人类就已经畜养牛,牛在先民的日常生活和国家政治活动中都扮演了重要的角色,牛耕的出现更是标志着生产力的一次大发展。这一时期的甲骨文产生了不少以"牛"作为表意偏旁的字,表示与牛相关的意义,例如"牢""告""物""牡"等。

牟 móu

战文 小篆 隶书 楷书

指事字,战国文字上方的圆点或曲线为指事符号,标示牛出气形,牛发出叫声无法象形,字形利用牛出声时呼出的气流来标示牛叫。《说文》:"牟,牛鸣也。从牛,象其声气从口出。"说的就是这个构意。"牟"本义指牛叫声,后这个意义另造了从口的"哞"来记录。"牟"主要表示谋求、谋利、姓氏的意义,比如"牟求""牟利""牟氏"。

牢 láo

甲骨文 金文 战文 小篆 隶书 楷书

会意字,从牛从宀(mián,房舍),甲骨文象牛关在栏圈之形,其中 ⏌象栏圈形,隶书演变作"宀",沿用至今。《说文》:"牢,闲,羊牛马圈也。"意思是说牢就是圈养牛马等牲畜的栅栏。"牢"本义指关养牲畜的栏圈,如成语"亡羊补牢"用的就是本义。"牢"也可表示圈养的牛羊等牲畜、坚固、监狱的意义,比如"太牢""牢固""牢房"。

告 gào

甲骨文 金文 战文 小篆 隶书 楷书

会意字,甲骨文从牛从 ⌣,"⌣"象盛物的器皿形,后变得与"口"同形,整个字形会把牛放在器皿中用以祭祀之意。"告"本义指祭告,就是祭祀时向神灵或祖先祷告,但这个意义文献罕用。"告"主要表示上报、告诉、请求、揭发、古时官吏退休的意义,比如"报告""告白""告饶""告状""告老"。

物 wù
甲骨文 战文 小篆 隶书 楷书

形声字,从牛勿声,本义表示杂色牛。甲骨卜辞有"父丁岁物,在五月",这里"岁物"指岁祭时用的杂色牛,用的正是本义。"物"主要指牲畜的种类,俗称物种,又泛指客观存在的各种物体,如"万物"。"物"也可表示事情、形色、产品、内容、神灵精怪的意义,比如"事物""物色""物产""言之无物""怪物"。

牡 mǔ
甲骨文 金文 战文 小篆 隶书 楷书

形声字,从牛土声,甲骨文也可从羊,都是表示与牲畜有关。《说文》:"牡,畜父也。"《广雅》:"牡,雄也。""牡"本义指雄性的兽类。《诗经》有"雉(zhì,野鸡)鸣求其牡",用的正是本义。"牡"也可表示雄性的、植物中不开花的、芍药的意义,比如"牡马""牡麻""牡丹"。

特 tè
战文 小篆 隶书 楷书

形声字,从牛寺声。《说文》:"特,朴特,牛父也。"这里"朴"有大的意思。"特"本义指体形庞大的公牛,后多泛指一般的牛,如大特、小特。"特"也可表示雄性的兽类、单个、杰出的、不同于一般的意义,比如"特马""独特""特别""特殊"。

犊(犢) dú
战文 小篆 汉篆 隶书 楷书 简化字

形声字,从牛瀆(dú)声,且"瀆"有省形。《说文》:"犊,牛子也。从牛瀆省声。""犊"本义指小牛,俗称牛犊。《礼记》有"牺牲驹犊,举书其数",用的正是本义。"犊"也可表示一般的牛、姓氏的意义,比如"犊车""犊氏"。

牲 shēng
甲骨文—金文—战文—小篆—隶书—楷书

形声字,从牛生声。《说文》:"牲,牛完全。""牲"本义指古代供祭祀用的全牛。甲骨文有一个从羊生声的字,学者一般认为也是"牲"字,但也有可能指供祭祀用的全羊,所指是另一个词。"牲"也可表示牛羊马等家畜、野生动物的意义,比如"牲口""牲畜"。

牺(犧) xī
战文—小篆—隶书—楷书—简化字

形声字,战国文字从牛义声,小篆变作从牛羲声,沿用至楷书。《说文》:"牺,宗庙之牲也。""牺"本义指供宗庙祭祀用的纯色牲,也泛指一般用于宗庙祭祀的牲畜,古称牺牲。现代汉语中的"牺牲"不再指祭祀用的牲畜,而是表示舍弃的意思,又特指为正义事业献出生命。"犧"简化字作"牺",是以笔画少的声符代替笔画多的声符。

牵(牽) qiān
战文—小篆—隶书—楷书—简化字

形声字,战国文字和隶书均有省形,小篆从牛从冂玄声,"冂"象牵牛绳索,大概表示用牵牛绳引牛前进的意思。《说文》:"牵,引前也。"《广雅》:"牵,挽也。""牵"本义指拉、挽。《尚书》有"肇牵车牛,远服贾",意思是说开始牵牛赶车,到远方去做买卖,用的正是本义。"牵"也可表示涉及、制约、勉强、引起的意义,比如"牵连""牵制""牵强""牵引"。

半 bàn
金文—战文—小篆—隶书—楷书

会意字,从牛从八,会分割牛的肢体之意。《说文》:"半,物中分也。

从八从牛。"意思是说把物从中间分开来就是半。"半"本义指二分之一,如半数、半年等。"半"也可表示在中间、不完全、很少的意义,比如"半山腰""一知半解""半句话不说"。

犀 xī　犀—犀—犀—犀—犀
　　　　金文　战文　小篆　隶书　楷书

形声字,从牛尾声。《说文》:"犀,南徼外牛,一角在鼻,一角在顶,似豕(shǐ)。""犀"本义指犀牛,一种大型哺乳动物,主要生活在亚洲和非洲的热带森林,如独角犀。"犀"也可表示犀牛皮、犀牛角、坚固、姓氏的意义,比如"犀甲""金犀""犀利""犀氏"。

羊 yáng　羊—羊—羊—羊—羊—羊
　　　　甲骨文　金文　战文　小篆　隶书　楷书

象形字,甲骨文、金文象羊头的正面形,突出了羊的口、鼻和两个弯弯向下的羊角,后字形逐渐演变,至楷书变成两点加三横一竖的"羊",沿用至今。"羊"本义指家畜羊,一种牛科的哺乳动物,如山羊、绵羊等,也可表示姓氏义,如"羊氏"。

美 měi　美—美—美—美—美—美
　　　　甲骨文　金文　战文　小篆　隶书　楷书

会意字,甲骨文从羊从大,"大"象人的正面形,"羊"象弯垂羊角,合起来象人头上顶着弯垂羊角一类的饰品之形,本义指美好或美饰的意思,后来发展成"羊大为美"的构意。《说文》:"美,甘也。从羊从大。"这里"美"指味道甘美,应是由美好的意义引申而来。"美"也可表示形貌好看、优良、肥沃、景物佳胜、茂盛、舒服、快乐的意义,比如"美貌""优美""肥美""美景""茂美""美满""美滋滋"。

羌 qiāng　羌—羌—羌—羌—羌—羌
　　　　甲骨文　金文　战文　小篆　隶书　楷书

会意字,从人从羊,羊兼表音,甲骨文象人头上顶着弯羊角形,繁体还在身上束缚绳索或刑具一类的东西,金文继承了从羊从人的简体,一直延续到小篆,隶书演变作"羌",沿用至今。《说文》:"羌,西戎牧羊人也。从人从羊,羊亦声。""羌"本义指商代西方游牧部落的羌人,这些部落的人大多是商代的战俘和奴隶,所以身上有绳索或刑具。"羌"也可表示我国古代西部的民族、姓氏的意义,比如"羌族""羌氏"。

羞 xiū

甲骨文 — 金文 — 战文 — 小篆 — 隶书 — 楷书

本为会意字,甲骨文、金文从羊从又,会以手持羊进献之意,小篆演变成从羊丑声的形声字,沿用至今。《说文》:"羞,进献也。""羞"本义指进献,就是把食品奉献给人。《左传》有"可羞于王公",意思是说可以进献给王公,用的正是本义。"羞"也可表示所进献的食物、耻辱、恶、惭愧、难为情的意义,比如"珍羞""羞辱""羞恶""羞愧""害羞"。

群(羣) qún

金文 — 战文 — 小篆 — 隶书 — 楷书 — 简化字

形声字,从羊君声,从羊大概取羊性格喜好结群的构意。"群"本义指兽畜等动物相聚而成的集体,如羊群、牛群、狼群等。《诗经》有"谁谓尔无羊,三百维群",用的正是本义。《说文》:"群,辈也。"这里"群"指朋辈,应是由兽畜聚群的本义引申而来。"群"也可表示事物的种类、集团、多数、联合的意义,比如"群类""群体""群众""合群"。

膻(羴) shān

甲骨文 — 金文 — 战文 — 小篆/或体 — 隶书 — 楷书 — 简化字

会意字,甲骨文从三羊或二羊会意,表示羊多有膻腥味,小篆继承了甲骨文从三羊的写法,同时产生了从羊亶声的或体"羶"。今以"膻"为规范字,"羴""羶"都作为异体字废弃不用。《说文》:"羴,羊臭(xiù)也。羶,羴或从亶。""羴"本义指羊的膻气。《天工开物》有"胞羔、乳羔,为裘不襢(羴)",用的正是本义。"膻"本读dàn,从肉亶声,表示袒露的意义,今作为简化字并入"羴",既指羊的膻气,也可表示袒露义。

豕 shǐ 甲骨文—金文—战文—小篆—隶书—楷书

象形字,甲骨文象头、尾、躯干、足俱全的猪形,后字形逐渐演变,最终变成楷书"豕",沿用至今。《说文》:"豕,彘(zhì)也。"《方言》:"猪,关东西或谓之彘,或谓之豕。""彘"是豕的别称,属于方言用字的不同。"豕"本义指猪,一种驯养的家畜。《孟子》有"舜之居深山之中,与木石居,与鹿豕遊",用的正是本义。后世多通行"猪",而"豕"很少使用。

猪(豬) zhū 战文—小篆—隶书—楷书—简化字

形声字,从豕者声。《说文》:"豬,豕而三毛丛居者。"大意是说一种三根毛丛生在同一毛孔的豕。"猪"本义指豕的通称,一种驯养的家畜。"豬"简化字作"猪",是以笔画少的义符代替笔画多的义符。

豚 tún 甲骨文—金文—小篆—隶书—楷书

本为象形字,甲骨文象猪的肚子里有小猪形,至金文演变成从豕从肉的会意字,小篆承袭了金文的写法,沿用至今。《说文》:"豚,小豕也。"《方言》:"豬,其子或谓之豚。""豚"本义指小猪。《论语》有"归孔子豚",意思是说赠送孔子煮熟的小猪,用的正是本义。"豚"也可表示一般的猪、姓氏的意义,比如"豚子""豚氏"。

犬 quǎn 甲骨文—金文—战文—小篆—隶书—楷书

象形字,甲骨文、金文象长着利牙、长尾、腹部瘦小的狗形,后逐渐演变成楷书"犬",沿用至今。《说文》:"犬,狗之有悬蹄者也。象形。孔子曰:'视犬之字,如画狗也。'"悬蹄就是把前脚悬起,孔子说的"犬"正是画出来的象形字。"犬"本义指狗,人类最早驯化的家畜之一。"犬"也可表示对人的蔑称、谦称的意义,比如"犬子""犬马之劳"。凡以"犬"作为表意偏旁置于左边时都写作"犭",表示和犬相关的意义,例如"狗""狼""狂""猛"等。

狗 gǒu

形声字,从犬句声。《尔雅》:"未成豪,狗。"意思是说未长出长毛的小狗崽为狗。"狗"本义古代未长长毛的小狗崽,后多泛指一般的犬。"狗"也可表示星名、姓氏的意义,比如"狗星""狗氏"。

狡 jiǎo

形声字,从犬交声。《说文》:"狡,少狗也。匈奴地有狡犬,巨口而黑身。""狡"本义指少壮的狗,又指古代匈奴地域产的一种狗,但这两个意义文献都很少使用。"狡"主要表示年少而美、强健、奸诈、凶猛的意义,比如"狡童""狡健""狡猾""狡兽"。

猛 měng

形声字,从犬孟声。《说文》:"猛,健犬也。""猛"本义指强健的犬,俗称猛犬。"猛"也可表示健壮、凶恶、猛烈、勇敢、尖锐、忽然的意义,比如"猛马""凶猛""猛雨""猛士""猛爪""猛然"。

狐 hú

形声字,甲骨文从犬亡声,至小篆演变为从犬瓜声的形声字,沿用至今。"狐"本义指狐狸,一种形状似狗而瘦小的犬科食肉性哺乳动物,也可表示姓氏义,如"狐氏"。

狼 láng

甲骨文　战文　小篆　隶书　楷书

形声字,从犬良声。《说文》:"狼,似犬,锐头,白颊,高前,广后。"描绘的就是狼的外形。"狼"本义是一种犬科动物,如灰狼、白狼等。"狼"也可表示凶狠、古代对少数民族的蔑称、星名的意义,比如"狼戾""狼人""天狼星"。

臭 chòu

甲骨文　小篆　隶书　楷书

会意字,从犬从自,"自"是"鼻"的初文,会犬用鼻子辨别气味之意。古人认为狗鼻子对气味最灵敏,故字从自从犬会意。《说文》:"臭,禽走臭而知其迹者,犬也。"意思是说禽兽逃跑犬能够臭而辨别出它们的足迹,说的就是这个构意。"臭"读音 xiù,本义指用鼻子辨别气味,后这个意义另造了从口的"嗅"来记录。"臭"也表示气味义,包括好闻和难闻的气味,好闻的气味称香臭,难闻的气味称恶臭。后来"臭"记录的词义范围缩小,只表示难闻的气味,与"香"相对,这个意义读作 chòu,如"酒肉臭"。"臭"也引申出腐败、恶狠狠地、丑恶等意义,比如"腐臭""臭骂""臭名远扬"。

献(獻) xiàn

甲骨文　金文　战文　小篆　隶书　楷书　简化字

本为会意字,甲骨文从犬从鬲(lì,古代炊器),表示用鬲器来烧煮祭品犬的意思,后逐渐演变成从犬鬳(yàn)声的形声字。《说文》:"献,宗庙犬名羹献,犬肥者以献之。"古代把肥犬用作祭祀的祭品,称为羹献。"献"本义指古代用作祭品的犬,但这个意义文献少用。"献"主要表示进奉、庆贺、呈现、有价值的图书文物等意义,比如"进献""献贺""献媚""文献"。

状(狀) zhuàng

战文　小篆　隶书　楷书　简化字

形声字,从犬爿(chuáng)声。《说文》:"状,犬形也。""状"本义指狗的形状,后泛指一般的形状,如"状貌""状态"。"状"也可表示情形、状况、形容、褒奖的文件等意义,比如"情状""现状""无以名状""奖状"。

狂 kuáng　甲骨文—战文—小篆—隶书 楷书—狂

形声字,从犬㞷(huáng)声,至楷书变作从犬王声,沿用至今。《说文》:"狂,狾(zhì)犬也。"这里"狾"有狂犬的意思。"狂"本义指疯狗,俗称狂犬。"狂"也可表示精神失常、傲慢、轻狂、放纵、无拘无束、凶暴、气势猛烈的意义,比如"丧心病狂""狂妄""口出狂言""狂放""狂欢""狂暴""狂风暴雨"。

默 mò　小篆—秦隶—汉隶—楷书

形声字,从犬黑声。《说文》:"默,犬暂逐人也。""默"本义指狗不叫而追人,但这个意义文献罕用。"默"主要表示无形或暗中、寂静、姓氏的意义,比如"潜移默化""沉默""默氏"。

独(獨) dú　战文—小篆—隶书—楷书—简化字

形声字,从犬蜀声。《说文》:"独,犬相斗也。羊为群,犬为独也。"意思是说羊喜欢结群,狗性好斗而独处,故字可从犬表意。"独"本义当指孤单,如"孤独",也可表示唯一一个、专断、特异、仅仅的意义,比如"独生子""独断""独特""独一人"。"獨"简化字作"独",是省略了声符的一部分形体。

狩 shòu　甲骨文—金文—战文—小篆—隶书—楷书

本为会意字,甲骨文、金文从犬从干(或从单),"干""单"均象大的树杈形状的狩猎器具形,"犬"指猎犬,合起来会用猎犬和捕猎器具打猎之意,是"獸"的初文,小篆演变为从犬守声的形声字,沿用至今。《说文》:"狩,犬田也。""狩"本义指田猎,俗称狩猎,也可表示古代君主冬天围猎的专称、帝王外出巡视、征伐的意义,比如"冬狩""巡狩""南狩"。

猎(獵) liè

形声字,从犬巤(liè)声。《说文》:"猎,方猎逐禽也。""猎"本义指捕捉禽兽,也就是打猎。《诗经》有"不狩不猎,胡瞻尔庭有悬貆(huán)兮",用的正是本义。"猎"也可表示寻求、凌虐、经历的意义,比如"猎奇""猎杀""猎涉"。

获¹(獲) huò

本为会意字,甲骨文、金文从又从隹,会以手捕鸟之意,战国文字开始加"犬"表意,至小篆演变为从犬蒦(huò)声的形声字。《说文》:"获,猎所获也。""获"本义指打猎时猎得禽兽,如"获鹿"。"获"也可表示取得、射中、俘得、追捕的意义,比如"获得""获中""俘获""捕获"。"获"也是"穫"的简化字,表示收割、收获的意义。

获²(穫) huò

形声字,从禾蒦声。《说文》:"穫,刈(yì)谷也。""穫"本义指收割庄稼。《尚书》有"秋,大熟,未穫,天大雷电,以风,禾尽偃",这里"未穫"就是未收割庄稼,用的正是本义。"穫"也泛指收成,如"收获"。今"穫""獲"二字合并,都以"获"作为简化字,记录了它们全部的意义和用法。

类(類) lèi

形声字,从犬頪(lèi)声。《说文》:"类,种类相似,唯犬为甚。"意思是说种类相似的动物以犬最多,所以字从犬表意。"类"本义指种类，就是许多相同或相似事物综合在一起，也可表示事理、好像、比照事例而分类的意义，比如"事类""类似""类比"。"類"简化字作"类"，是截取了原字形的一部分。

犹（猶）yóu

甲骨文—金文—战文—小篆—隶书—楷书—简化字

形声字，从犬酋声。《说文》："犹，玃（jué）属。"这里"玃"指大猴子。"犹"本义指猴类动物，但这个意义文献罕用。"犹"主要用作虚词，表示如同、好比、还、尚且的意义，比如"过犹不及""犹如""言犹在耳""尚犹如此"。"猶"简化字作"犹"，是用笔画少的声符替代笔画多的声符。

犯 fàn

战文—小篆—隶书—楷书

形声字，从犬巳（fàn）声。《说文》："犯，侵也。""犯"本义指侵略，如"侵犯"。"犯"也可表示侵害、触犯、违反、发生不好的事、犯罪、罪犯的意义，比如"秋毫无犯""冒犯""犯令""犯病""犯事""杀人犯"。

狱（獄）yù

金文—战文—小篆—隶书—楷书—简化字

会意字，从狱（yín）从言，"狱"象二犬相咬形，整个字形会以言语相互争论、发生纠纷之意。《说文》："狱，确也。"清代朱骏声注云："狱，讼也。""狱"本义指争讼。《周礼》有"以两剂禁民狱"，大意是说用诉讼双方所定立的契约来防禁民事诉讼，用的正是本义。"狱"也可表示诉讼案件、刑狱、牢狱的意义，比如"狱辞""文字狱""监狱"。"獄"简化字作"狱"，是由"言"简化作"讠"类推而来。

马（馬）mǎ

甲骨文—金文—战文—小篆—隶书—楷书—简化字

象形字，甲骨文象头、尾、四足俱全的马形，特别突出了马背上的鬃毛,后字形逐渐演变,至小篆还依稀可见马的大体轮廓,楷书就完全失去象形意味。《玉篇》:"马,武兽也。""马"本义指家畜马,一种马科单蹄食草大型哺乳动物,性温顺,善于奔跑,古时马多用于战争,所以称作武兽。"马"也可表示大、姓氏的意义,比如"马蜂""马氏"。"馬"简化字作"马",是草书楷化的结果。

驹(駒) jū

金文—战文—小篆—隶书—楷书—简化字

形声字,从馬句声。《说文》:"驹,马二岁曰驹。""驹"本义指两岁的马,后多泛指年幼的马,俗称马驹。"驹"也引申为幼兽、少年、姓氏的意义,比如"虎豹之驹""驹子""驹氏"。

骄(驕) jiāo

战文—小篆—隶书—楷书—简化字

形声字,从馬喬(乔)声。《说文》:"骄,马高六尺为骄。一曰野马。""骄"本义指六尺的马,也可表示野马,但这两个意义文献都很少使用。"骄"主要表示雄壮、强烈、傲慢、放纵的意义,比如"骄猛""骄阳""骄傲""骄纵"。

驳(駁) bó

甲骨文—战文—小篆—隶书—楷书—简化字

形声字,从馬爻声。《说文》:"驳,马不纯也。""驳"本义指马毛色不纯,后也泛指一般的颜色不纯,如"色彩斑驳"。"驳"也可表示庞杂、辨别是非、用船载卸货物的意义,比如"驳杂""辩驳""驳运"。

骑(騎) qí

战文—小篆—隶书—楷书—简化字

形声字,从馬奇声,战国文字"马"略有省形。《说文》:"骑,跨马也。""骑"本义指跨马、骑马,如"骑士"。"骑"也可表示跨坐、跨坐的动物、骑兵的意义,比如"骑虎难下""坐骑""铁骑"。

驾(駕) jià

驾—駕—駕—駕—驾
战文　小篆　隶书　楷书　简化字

形声字，从馬加声。《说文》："驾，马在轭(è)中。"意思是说将马套在器具里就是驾。"驾"本义指把车套在马上，后把车套在其他牲口身上也泛称驾。《诗经》有"戎车既驾，四牡业业"，意思是说兵车已经驾起，四匹雄马又高又大，用的正是本义。"驾"可表示乘、驾驶、凌上、谦辞的意义，比如"驾鹤西去""驾车""凌驾""劳驾"。

驱(驅) qū

驱—驅/驅—驅—驅—驱
战文　小篆/古文　隶书　楷书　简化字

形声字，战国文字从攴區(区)声，会手持鞭子驱赶之意，小篆变作从馬區声，则是突出了驱赶的对象。《说文》："驱，马驰也。""驱"本义指鞭马前进，如"驱马"。"驱"也可表示一般的驱赶、奔驰、行进、驾驭、迫使的意义，比如"驱逐""长驱直入""革命先驱""驱车""驱使"。

驰(馳) chí

驰—馳—馳—馳—驰
战文　小篆　隶书　楷书　简化字

形声字，从馬也声。《说文》："驰，大驱也。""驰"本义指车马疾行，后多引申为一般的疾行或奔跑，如"驱驰""风驰电掣"。"驰"也可表示向往、传播、追逐的意义，比如"心驰神往""驰名中外""好驰虚名"。

腾(騰) téng

腾—騰—騰—騰—腾
战文　小篆　隶书　楷书　简化字

形声字，从馬朕声。《说文》："腾，传也。""腾"本义指传递，就是传递那些古代用马车装载文书类的邮资。"腾"也可表示奔驰、跳跃、升登、超越、挪移的意义，比如"奔腾""腾跃""腾云驾雾""腾古迈今""腾地方"。

驻(駐) zhù

形声字,从馬主声。《说文》:"驻,马立也。""驻"本义指马立止,如"驻立",也可表示车驾停住、停留、居住在某地的意义,比如"久驻""驻足""驻军"。

冯(馮) féng

形声字,从馬冫(bīng,冰)声。《说文》:"冯,马行疾也。""冯"读音píng,本义指马行走得很快,但这个本义文献罕用。"冯"主要表示盛大、登、蹚水的意义,比如"冯怒""冯虚御风""冯河"。"冯"又音féng,指姓氏,如"冯氏"。

骚(騷) sāo

形声字,从馬蚤声。《说文》:"骚,摩马。""骚"本义指用手指给马梳理毛发或挠痒,也泛指一般的梳理毛发或挠痒,俗称骚痒,后这个意义主要由"搔"来记录。"骚"主要表示骚扰、忧愁、一种诗体名、放荡的意义,比如"骚动""离骚""骚体诗""骚和尚"。

笃(篤) dǔ

形声字,从馬竹声。《说文》:"笃,马行顿迟。""笃"本义指马行迟缓,但这个意义文献罕用。"笃"主要表示病势沉重、坚实、丰厚、确定、程度深、忠诚的意义,比如"病笃""笃实""笃厚""笃定""笃老""诚笃"。

鹿 lù

象形字,甲骨文、金文象角、头、身、足、尾具全的鹿形,特别突出了两个鹿角。《说文》:"鹿,兽也。象头角四足之形。""鹿"本义指鹿，一种四肢细长、短尾，雄性头上长角的哺乳动物。"鹿"也可表示政权或爵位、粗劣、姓氏的意义，比如"逐鹿中原""鹿布""鹿氏"。

麋^{mí} 甲骨文—战文—小篆—隶书—楷书

本为象形字，甲骨文象麋鹿形，战国文字开始加"米"表音，演变成从鹿米声的形声字，沿用至今。《说文》："麋，鹿属。""麋"本义指一种似鹿而较大的哺乳动物，俗称麋鹿，也叫"四不像"。"麋"也可表示草名、姓氏的意义，比如"麋草""麋氏"。

丽（麗）^{lì} 甲骨文—金文—战文—小篆—隶书—楷书—简化字

象形字，甲骨文、金文从鹿，且头上有两对称之物，战国文字直接省去鹿形，截取了头上的两对称物，这两对称物形后逐渐演变成"丽"。"丽"本义指成对。《周礼》有"丽马一圉，八丽一师"，这里"丽"就是成对的意思，用的正是本义。"丽"也可表示附着、美好、华丽的意义，比如"附丽""美丽""奢丽"。"麗"简化字作"丽"，来源于战国文字，就是截取了原字形的一部分。

尘（塵）^{chén} 战文—小篆—隶书—楷书—简化字

会意字，从三鹿从二土（或一土），会鹿多行走扬起尘土之意。《说文》："塵，鹿行扬土也。"说的正是这个构意。"尘"本义指尘土、灰尘，也可表示世俗、踪迹的意义，比如"尘世""步后尘"。"塵"简化字作"尘"是新造会意字，会小土为尘之意。

兔^{tù} 甲骨文—金文—战文—小篆—隶书—楷书

象形字，甲骨文、金文象蹲着的兔子形，突出了头朝上、长耳下垂、短尾的特征，演变至小篆时还依稀可见兔子的轮廓。《说文》："兔，兽名,象兔踞,后其尾之形。"说的正是兔子的形象。"兔"本义指兔子,一种小型的哺乳动物。"兔"也可表示月亮的别称,如"兔辉"就是月亮的光辉。

逸 yì

金文 战文 小篆 汉篆 隶书 楷书

会意字,从辵从兔,会兔子善于奔跑之意。《说文》:"逸,失也。""逸"本义指逃跑、逃走。《左传》有"马逸不能止",用的正是本义。"逸"也可表示隐逸、散失、过失、闲适、放纵的意义,比如"逸士""亡逸""逸德""安逸""骄奢淫逸"。

冤 yuān

小篆 汉篆 隶书 楷书

会意字,从冖(mì)从兔,"冖"象覆盖物,整个字形会兔在覆盖物下屈缩之意。《说文》:"冤,屈也。从兔从冖。兔在冖下不得走,益屈折也。"说的就是这个构意。"冤"本义指屈缩、不舒展,如"冤缩",也可表示冤屈、怨恨、上当的意义,比如"冤枉""冤气""真冤"。

虎 hǔ

甲骨文 金文 战文 小篆 隶书 楷书

象形字,甲骨文象巨口锐牙、利爪长尾、身上有花纹的老虎形,金文字形有所简化,至小篆还依稀可见虎的大致轮廓,隶书以后就逐渐不见老虎的象形,完全变成记号字了。《说文》:"虎,山兽之君。""虎"本义指百兽之王的猛虎,如华南虎、东北虎等。"虎"也可表示其他伤害动物的昆虫,如"蝇虎""蝎虎"。"虎"在方言中表示脸色突然变得严厉或凶恶的表情,如"虎起脸""虎人"。

虐 nüè

甲骨文 金文 战文 小篆 隶书 楷书

会意字,甲骨文从虎从人,会虎张口食人之意,金文字形开始简化,至小篆演变得依稀还可见瘦身的虎形和人形,本义指虎伤害人。

《说文》：" 虐，残也。从虍，虎足反爪人也。"说的就是虎伤害人的意思。"虐"也可表示残暴、暴烈、过分、轻率的对待、灾害的意义，比如"虐杀""暴虐""洪水肆虐""戏谑""灾虐"。

彪 biāo　金文—战文—小篆—汉篆—隶书—楷书

会意字，金文从虎从彡（shān），"彡"是虎纹的象形，这里会老虎身上的斑纹之意。《说文》："彪，虎文也。从虎，彡，象其文也。"说的就是这个构意。"彪"本义指虎身上的斑纹，但这个意义文献少用。"彪"主要表示文彩鲜明、老虎、健壮魁梧、姓氏的意义，比如"彪蔚""彪尾""彪形大汉""彪氏"。

廌 zhì　甲骨文—战文—小篆—隶书—楷书

象形字，甲骨文象长有两角，头、身、足、尾俱全的动物形。《说文》："廌，解（xiè）廌，兽也，似山牛，一角。古者决讼，令触不直。""廌"本义指解廌，也写作獬豸（xiè zhì），中国古代神话传说中一种能判断疑难案件的神兽。"廌"很少单用，主要是作为义符参与构字，表示与廌相关的意义，如"薦""灋（法）"。

荐（薦） jiàn　金文—战文—小篆—隶书—楷书—简化字

形声字，从廌从艹，会廌所吃的草之意。《说文》："薦，兽之所食艹。""荐"本义指兽畜吃的草，如"荐草"，也可表示草垫、进献、推举的意义，比如"薪荐""进荐""推荐"。

法（灋） fǎ　金文—战文—小篆—隶书—楷书—简化字

形声字，从廌从水去声，廌是传说中可以辨别是非曲直的动物，从廌取公平之意，从水表示执法须公平如水，合起来会刑法须公平、公正之意，又或省作从水去声。《说文》："灋，刑也。平之如水，从水。廌,所以去不直者去之。"说的就是这个构意。"法"本义指刑法,也可表示法令、规章制度、常理、方法、仿效、法术的意义,比如"法律""法规""常法""办法""效法""作法"。

能 néng

甲骨文 — 金文 — 战文 — 小篆 — 隶书 — 楷书

象形字,甲骨文象站立的熊形,本义指熊,一种头大尾短、四肢粗短、脚掌大的食肉类哺乳动物。《说文》:"能,熊属,足似鹿。"说的就是它的本义,但这个意义文献罕用。"能"主要表示才能、善于、能量、有才能的人等意义,比如"技能""能够""热能""贤能"。

熊 xióng

战文 — 小篆 — 隶书 — 楷书

形声字,从火能声,本义指火势旺盛的样子,如"熊熊大火"。由于表示哺乳动物熊的本字"能"主要假借为才能、能够等义,不记录本义,所以文献多借用熊熊大火义的"熊"来记录哺乳动物熊这个意思。《说文》:"熊,兽,似豕,山居,冬蛰。"说的就是这个意义。"熊"也可表示斥骂、胆小无能、姓氏的意义,比如"熊了他一顿""熊样""熊氏"。

豹 bào

战文 — 小篆 — 隶书 — 楷书

形声字,从豸(zhì)勺声,"豸"是一种长脊兽,也泛指兽类,故字可从豸表意。《说文》:"豹,似虎,圜(yuán,圆)文。从豸勺声。""豹"本义指一种猫科动物,俗称豹子,如金钱豹、白豹等。"豹"也可表示姓氏义,如"豹氏"。

豺 chái

战文 — 小篆 — 隶书 — 楷书

形声字,从豸(zhì)才声。《说文》:"豺,狼属,狗声。""豺"本义指一种犬科动物,形似狼而小,性凶猛,俗称豺狗,如"豺狼"。

鼠 shǔ

甲骨文 — 战文 — 小篆 — 隶书 — 楷书

象形字，甲骨文象直立的老鼠形，战国文字开始突出鼠的门牙，至楷书演变成从臼的"鼠"，沿用至今。《说文》："鼠，穴虫之总名也。""鼠"本义指穴居兽类动物的统称，有仓鼠、貂鼠、鼯鼠、松鼠等，后专门指老鼠，一种体小尾短、门牙发达的鼠类，方言也叫耗子。

象 xiàng

甲骨文 — 金文 — 战文 — 小篆 — 隶书 — 楷书

象形字，甲骨文、金文象长着大耳、长鼻、短尾的大象形，本义指大象，一种大型哺乳动物。《说文》："象，长鼻牙，南越大兽，三年一乳。象耳、牙、四足之形。"说的正是本义。"象"也可表示有形可见之物、相貌、征兆、效法的意义，比如"天象""貌象""象征""有仪可象"。

兕 sì

甲骨文 — 战文 — 小篆/古文 — 隶书 — 楷书

象形字，甲骨文象头顶上长着独角的犀牛形，后字形逐渐演变，到了汉代出现了小篆和古文两种不同写法，今以"兕"为规范字，"𡷎"作为异体字废弃不用。《说文》："兕，如野牛而青，其皮坚厚，可以制甲。兕，古文从儿。""兕"本义指犀牛，俗称独角犀，一种皮厚、可以制甲的猛兽。《论语》有"虎兕出于柙，龟玉毁于椟中"，大意是说老虎和独角犀从笼子里跑出来，龟玉在匣子里被毁坏，用的正是本义。

龙（龍）lóng

甲骨文 — 金文 — 战文 — 小篆 — 隶书 — 楷书 — 简化字

象形字，甲骨文、金文象一种大口长身的怪兽形。《说文》："龙，鳞虫之长。""龙"本义指传说中大口长身，有鳞爪，能兴云降雨的神兽。"龙"也可表示封建帝王的象征、英雄才俊、形状像龙的意义，比如"龙体""卧龙""车水马龙"。

隹 zhuī

象形字,甲骨文、金文象头、尾、身、羽俱全的鸟形,后字形逐渐演变,至小篆还依稀可见鸟的大致轮廓。《说文》:"隹,鸟之短尾总名也。""隹"本义指短尾鸟或鸟的总名。甲骨卜辞有"获隹",意思就是捕获鸟,用的正是本义。"隹"很少单用,主要用作偏旁表意,凡从隹的字大多和鸟的意义相关,如"雀""雞(鸡)""雅""集"等。

鸡(鶏、雞)jī

本为象形字,甲骨文象高冠长喙(huì)的鸟形,至战国文字讹变成"奚",已不见鸟形,遂加"隹"或"鸟"表意,变成一个从隹(鳥)奚声的形声字。今以"鸡"为"鶏"的简化字,"雞""鶏"都废弃不用。《说文》:"鸡,知时畜也。"《玉篇》:"鸡,知时鸟。""鸡"本义指一种被人类驯化的高冠长喙会报时的家禽,俗称家鸡。"鸡"也可表示鸡啼声的意思,如"闻鸡起舞"。

雀 què

会意字,从小从隹,会小鸟为雀之意。《说文》:"雀,依人小鸟也。"段玉裁注:"今俗云麻雀者是也。""雀"本义指体形娇小、背面褐色多黑斑点的小鸟,俗称麻雀。《诗经》有"谁谓雀无角,何以穿我屋",用的正是本义。"雀"也可表示赤黑色、燕麦的意义,比如"雀头色""雀麦草"。

雏(雛)chú

形声字,从隹刍声。《说文》:"雏,鸡子也。"段玉裁注:"鸡子,鸡之小者也。""雏"本义指小鸡,俗称雏鸡。《吕氏春秋》有"天子以雏尝黍",意思是说天子用小鸡品尝黍稻,用的正是本义。"雏"也可表示幼鸟、幼小的动植物、幼儿的意义,比如"雏鹰""雏松""雏女"。

雁 yàn　𩾃—雁—雁—雁
　　　　战文　小篆　隶书　楷书

形声字,战国文字从隹厂(hǎn)声,或加"人"旁表意,至小篆固定为从隹从人厂声的"雁",沿用至今。《说文》:"雁,鸟也。从隹从人厂声。"徐铉等注:"雁,知时鸟,大夫以为挚,昏礼用之,故从人。"意思是说雁是一种知时节的鸟,古代大夫用它作为见面礼物,婚礼时也用雁,故字从人表意。"雁"本义指候鸟大雁,字从隹从人,大概取雁通人性的构意。"雁"也可表示伪造的、姓氏的意义,如"雁品""雁氏"。

鹰(鷹) yīng　𣆦—𣆦—䧹𪆫—鷹—鷹—鹰
　　　　　　金文　战文　小篆/籀文　隶书　楷书　简化字

形声字,金文从隹厂声,有学者认为"厂"是人胸前加短竖的指事字,是"膺(yīng)"的初文,在这里用作纯粹的声符,后字形逐渐演变,至籀文又加"鸟"表意,最终演变成从隹从鸟厂声的"鷹",沿用至今。《玉篇》:"鷹,鸷鸟也。""鹰"本义指鹰科鸟类的通称,一种上嘴勾曲、爪尖锐有力、飞行疾速、性格凶猛的鸟,如"老鹰""苍鹰"。

集 jí　𩁹—𩁹—𣊡𩁹—雧—集
　　　甲骨文　金文　战文　小篆　隶书　楷书

会意字,甲骨文从木从鸟,象鸟聚集在树上形,金文有从三鸟的,表示众鸟聚集在树上会聚集之意。《说文》:"集,群鸟在木上也。""集"本义指群鸟栖(qī)止在树上。《诗经》有"黄鸟于飞,集于灌木",用的正是本义。"集"也可表示到、聚集、汇集的书册、成就的意义,比如"集合""集大成""全集""集成"。

双(雙) shuāng

雙—雙—雙—雙—双
战文　小篆　隶书　楷书　简化字

会意字,战国文字从又从二隹,象一只手抓二只鸟形,本义指禽鸟二只。《说文》:"双,隹二枚也。"说的正是本义。"双"也可表示两个、偶数、匹敌的意义,比如"双方""双号""举世无双"。"双"也用作量词,如"一双鞋""一双手"。

雄 xióng

誰—雒—雒雄—雄
战文　小篆　隶书　楷书

形声字,从隹厷(gōng)声。《说文》:"雄,鸟父也。""雄"本义指公鸟,后多泛指雄性,与"雌"相对,如"雄狮"。"雄"也可表示雄壮、杰出人物、地势雄齐、姓氏的意义,比如"雄图""英雄""天下雄""雄氏"。

雌 cí

雌—雌—雌雌—雌
战文　小篆　隶书　楷书

形声字,从隹此声。《说文》:"雌,鸟母也。""雌"本义指母鸟,后多泛指雌性,与"雄"相对,如"雌兔"。"雌"也可表示女性、柔弱的意义,比如"雌雄失配""守雌"。

雇 gù

雇—雇—雇—雇—雇
甲骨文　战文　小篆　隶书　楷书

形声字,从隹户声。《说文》:"雇,九雇,农桑候鸟。""雇"读音hù,本义指鸠,一种农桑时期的候鸟,后这个意义由"鳸"来记录。"雇"又音 gù,主要表示租赁、报酬的意义,比如"雇主""雇酬"。

离(離) lí

离—離—離—離—离
甲骨文　战文　小篆　隶书　楷书　简化字

会意字,甲骨文象鸟在长柄的捕猎器具中形,表示捕鸟或鸟的意义,战国文字演变成从隹从离的"離",沿用至今。《说文》:"離,离黄,仓庚也。鸣则蚕生。"离黄又称仓庚、黄鹂,黄鹂鸣叫时春蚕初生。"离"本义指黄鹂鸟,但这个意义文献未见使用。"离"主要表示失去、分开、分散、离别、差距、背叛的意义,比如"离去""分离""离散""离开""距离""叛离"。"離"简化字作"离",是截取了原字形的一部分。

夺(奪) duó

金文 — 战文 — 小篆 — 隶书 — 楷书 — 简化字

会意字,金文从又从衣从雀,大概会手从衣内把小鸟雀夺取回来之意,后字形逐渐演变,最终变成从寸从奞(xùn,鸟张毛羽)的"奪"。《玉篇》:"夺,取也。""夺"本义指强取、夺取。金文有"夺俘人四百",用的正是本义。"夺"也可表示失去、混淆、耀眼、剥去、改变、做决定的意义,比如"身折势夺""喧宾夺主""光彩夺目""剥夺""夺志""定夺"。

奋(奮) fèn

金文 — 战文 — 小篆 — 隶书 — 楷书 — 简化字

会意字,金文从隹从衣从田,会鸟自衣下飞出而翱翔于田野上之意,后形体逐渐讹变,最终变成从田从奞(xùn)的"奮"。《说文》:"奋,翚(huī)也。从奞在田上。《诗》曰:'不能奋飞。'"这里"翚"有振动羽毛迅速飞翔的意思,"不能奋飞"就是不能迅速地飞翔。"奋"本义指鸟振动翅膀迅速飞翔,也可表示健壮有力的鸟兽、振作、举起的意义,比如"奋鸟""振奋""奋笔疾书"。

霍(靃) huò

甲骨文 — 金文 — 战文 — 小篆 — 隶书 — 楷书 — 简化字

会意字,甲骨文、金文从雨从二隹或一隹、三隹不等,大概会鸟在雨中疾飞之意,小篆固定为从二隹从雨。《说文》:"霍,飞声也。雨而双飞者其声霍然。"说的就是这个构意。"霍"本义指鸟疾飞的声音,也泛指一般的疾速声,如"霍霍"。"霍"也可表示疾病名、山名、姓氏的意义,比如"霍乱""霍山""霍去病"。

难(難) nán

难—難—難—難—難—难
金文　战文　小篆　隶书　楷书　简化字

形声字，金文从隹堇(jǐn)声，小篆变作从鸟堇声，隶书继承了金文的写法，沿用至楷书。《说文》："難，鸟也。""難"读音 nán，本义指鸟名，但这个意义文献罕用。"难"主要表示困难、感到困难、不好的意义，如"艰难""为难""难听"。"难"又读 nàn，表示不幸遭遇、反抗或叛乱、诘问的意义，比如"灾难""兵难""责难"。"難"简化字作"难"，是用笔画少的符号代替了笔画多的部件。

雅 yǎ

雅—雅—雅—雅
战文　小篆　隶书　楷书

形声字，从隹牙声。《说文》："雅，楚乌也。秦谓之雅，从隹牙声。""雅"读音 yā，本义指乌鸦，后这个意义主要由"鸦"来记录。《玉篇》"雅，正也。""雅"又音 yǎ，主要指正、合乎规范的意义，如"雅言"。"雅"也可表示美好、高尚、量大、敬辞的意义，比如"雅观""高雅""雅量""雅正"。

雍(雝) yōng

雝—雝—雝—雝—雝—雍
甲骨文　金文　战文　小篆　隶书　楷书　简化字

形声字，甲骨文、金文从水雝(yōng)声，表示与流水相关的构意，后字形逐渐演变，至小篆固定为从隹邕声，隶书变作"雍"，沿用至今。《广韵》："雍，和也。""雍"主要指和谐。《尚书》有"其惟不言，言乃雍"，用的正是和谐的意义。"雍"也可表示和睦、古州名、古县名的意义，比如"雍和""雍州""雍县"。

旧(舊) jiù

舊—舊—舊—舊—舊—舊—旧
甲骨文　金文　战文　小篆　隶书　楷书　简化字

形声字，从萑(huán，猫头鹰)臼声。《说文》："舊，鸱(chī)旧。"这里"鸱"有猫头鹰的意思。"舊"本义指猫头鹰，故字从萑，但这个意义文献罕用。"旧"主要表示古老的、故交、从前、一贯的意义，比如"新旧""旧友""旧交""照旧"。

鸟（鳥）niǎo

甲骨文　金文　战文　小篆　隶书　楷书　简化字

象形字，甲骨文、金文象喙（huì）、首、身、羽、足俱全的鸟形。《说文》："鸟，长尾禽总名也。""鸟"本义指尾巴羽毛长的飞禽，也泛指飞禽的总称。"鸟"用作表意偏旁与"隹"旁同义，凡从鸟的字大多与鸟的意义相关，如"鹰""鹅""鸣"等。

凤（鳳）fèng

甲骨文　金文　小篆　隶书　楷书　简化字

本为象形字，甲骨文象高冠、丰羽的鸟形，类似今天的孔雀，后期甲骨文开始加了表音的"凡"旁，最终演变成从鸟凡声的形声字"鳳"。《说文》："凤，神鸟也。""凤"本义指古代传说中的神鸟，雄的叫凤，雌的叫凰，合称凤凰。"凤"也可表示古代有圣德之人、帝王的意义，比如"人中龙凤""凤邸"。

鹅（鵝）é

小篆　隶书　楷书　简化字

形声字，从鸟我声，有作上形下声、右形左声等，今固定为右形左声的"鵝"。《说文》："鵝，䳘（gē）鵝。"这里"䳘鵝"有野鹅的意思。"鹅"本义指一种鸟纲鸭科飞禽，如家鹅、野鹅等，也可表示一种阵势名、姓氏的意义，比如"鹅阵""鹅氏"。

鸿（鴻）hóng

战文　小篆　隶书　楷书　简化字

形声字，从鸟江声。《说文》："鸿，鸿鹄也。""鸿"本义指鸿鹄，俗称鸿雁。《诗经》有"鸿雁于飞，肃肃其羽"，用的正是本义。"鸿"也可表示书信、大、广大的意义，比如"飞鸿传书""鸿大""鸿蒙"。

鸣（鳴）míng

甲骨文　金文　战文　小篆　隶书　楷书　简化字

会意字，从口从鸟，会鸟叫之意。《说文》："鸣，鸟声也。""鸣"本义指鸟的叫声,也可表示一般昆虫的叫声、发出声响、叫喊、呼吁、发表意见的意义,比如"虫鸣""雷鸣""鸣叫""鸣不平""鸣谢"。

乌(烏) wū 金文 战文 小篆 隶书 楷书 简化字

象形字,金文象乌鸦之形,本义指乌鸦。《说文》:"乌,孝鸟也。"古人认为乌鸦反哺,所以称为孝鸟。乌鸦的羽毛是黑色的,所以"乌"也引申出黑色义,如"乌黑""乌云"。"乌"也作语气词、表示反问、感叹的语气,比如"乌呼"。

燕 yàn 甲骨文 小篆 隶书 楷书

象形字,甲骨文象头、尾、躯干和羽翼俱全的燕子形,本义指燕子。《说文》:"燕,玄鸟也。"这里"玄"有黑色义,玄鸟就是黑色的小鸟,也就是燕子。"燕"也可表示喜悦、安闲的意义,如"新婚燕尔""燕居"。"燕"又读 yān,表示古国名、姓氏的意义,比如"燕国""燕氏"。

羽 yǔ 甲骨文 战文 小篆 隶书 楷书

象形字,甲骨文象两片羽毛形,表示羽毛的意思。《说文》:"鸟长毛也。""羽"本义指鸟翅膀上长而扁的羽毛,如"鸟羽",也可表示鸟类的翅膀、羽扇、朋友的意义,比如"蝉羽""挥羽""党羽"。凡以"羽"作为义符的字,大多与鸟或飞翔的意义有关,如"翁""翅""翔"等。

翁 wēn 战文 小篆 隶书 楷书

形声字,从羽公声。《说文》:"翁,颈毛也。""翁"本义指鸟头上的颈毛,如"白头翁"。"翁"也可表示父亲、丈夫或妻子的父亲、男性老人的意义,比如"家翁""老翁""渔翁"。

翠 cuì

翠翠 — 翆 — 翠 — 翠
战文　小篆　隶书　楷书

形声字，战国文字从羽皋(zuì)声，至小篆变作从羽卒声，沿用至今。《说文》："翠，青羽雀也。""翠"本义指翠鸟，一种青绿羽毛的雀鸟，俗称翠雀。"翠"也可表示翠鸟的羽毛、青绿色、色彩鲜明的意义，比如"翡翠""翠绿""翠色欲滴"。

翅（翄） chì

翄翄 — 翅 — 翄 — 翅
小篆　或体　隶书　楷书　简化字

形声字，小篆从羽支声，或体从羽氏声，隶书承袭了小篆的写法，沿用至今。《说文》："翅，翼也。""翅"本义指鸟的翅膀，如"展翅高飞"。"翅"也可表示鱼类的鳍、形状或作用类似翅的、一般昆虫的飞行器官等意义，比如"飞鱼翅""飞机翅""蝶翅"。

翘（翹） qiào

翹 — 翹 — 翘 — 翹 — 翘
小篆　汉篆　隶书　楷书　简化字

形声字，从羽尧声。《说文》："翘，尾长毛也。""翘"本义指鸟尾上的长毛，后多泛指为一般的鸟尾，如"摇翘奋羽"。"翘"也可表示举起、揭露、特出、古代女性的首饰等意义，比如"翘起来""翘人之过""翘楚""坠花翘"。

翼 yì

異 — 冀 — 翼翼 — 翼 — 翼
金文　战文　小篆/或体　隶书　楷书

形声字，金文从飛異声，战国文字演变为从羽異声，小篆承袭了战国文字的写法，沿用至今。《说文》："翼，翅也。""翼"本义指鸟或昆虫的翅膀，如"羽翼"。"翼"也可表示某些翅状物、政治派别、辅助、遮蔽、恭敬的意义，比如"机翼""左翼""辅翼""覆翼""小心翼翼"。

翔 xiáng

翔 — 翔 — 羊羽 — 翔
小篆　汉篆　隶书　楷书

形声字，从羽羊声。《说文》："翔，回飞也。""翔"本义指鸟展翅回旋而飞,也引申为一般的飞,如"飞翔""一翔冲天"。"翔"也可表示行走时张开两臂、悠闲地行走、详尽的意义,比如"翔步""翔游""翔实"。

习(習) xí 甲骨文—战文—小篆—隶书—楷书—简化字

会意字,甲骨文从羽从日,会鸟在太阳下反复飞翔之意,小篆将"日"改作"白",变成从羽从白的会意字。《说文》:"习,数飞也。""习"本义指鸟反复练习飞翔,由此引申为学习、练习、复习、习惯的意义。"习"也可表示熟悉、经常的意义,比如"熟习""习以为常"。"習"简化字作"习",是截取了原字形的一部分。

飞(飛) fēi 金文—战文—小篆—隶书—楷书—简化字

象形字,金文象鸟儿煽动翅膀飞翔形。《说文》:"飞,鸟翥(zhù)也。"这里"翥"有鸟向上飞的意思。"飞"本义指鸟在空中拍翅飞翔,后也泛指一般的飞翔,如"飞龙在天""飞雪"。"飞"也可表示非常迅速、无根据的、高的、飞扬的意义,比如"飞速""流言飞语""飞楼""飞扬"。

非 fēi 甲骨文—金文—战文—小篆—隶书—楷书

指事字,甲骨文、金文象鸟儿的两对下方翅膀相背形,以示违背之意。《说文》:"非,违也。从飛下翅,取其相背。"说的就是这个构意。"非"本义指违背,如"非法"。"非"也可表示错误、不真实、责怪、不是、必须的意义,比如"为非作歹""非语""非议""非同小可""非去不可"。

鱼(魚) yú 甲骨文—金文—战文—小篆—隶书—楷书—简化字

象形字,甲骨文、金文象头、身、尾、鳍俱全的鱼形,本义指鱼,一种水生脊椎动物。《说文》："鱼，水虫也。"说的就是本义。"鱼"也可表示像鱼类的水栖动物、古国名、姓氏的意义，比如"鳄鱼""鱼国""鱼氏"。

鲤（鯉）lǐ 鯉—鯉—鯉—鲤—鲤
　　　　　　战文　小篆　隶书　楷书　简化字

形声字，从鱼里声。"鲤"本义指鲤鱼。《诗经》有"岂其食鱼，必河之鲤"，用的正是本义。"鲤"也比喻传书者、书信的意义，比如"双鲤""尺鲤"。

鲜（鮮）xiān 鱻—鮮—鮮—鮮—鲜—鲜
　　　　　　金文　战文　小篆　隶书　楷书　简化字

形声字，从鱼羴（shān）声，且"羴"有省形。《说文》："鲜，鱼名。从鱼羴省声。""鲜"本义指一种鱼的名称，后也泛指一般的鱼类。《老子》有"治大国如烹小鲜"，这里的小鲜就是小鱼。"鲜"也可表示新宰杀的鸟兽肉、新鲜、鲜明、洁净、味美的意义，如"生鲜""鲜肉""鲜艳""鲜净""鲜美"。

鲁（魯）lǔ 魯—魯—魯—鲁—鲁
　　　　　金文　战文　小篆　隶书　楷书　简化字

会意字，金文从鱼从口，鱼兼表音，会鱼从口入而味道嘉美之意，也有学者认为 凵 象器皿形，表示器皿中鱼肉鲜美之意，小篆"口"讹作"白"，至隶书固定作从曰从鱼的"魯"，沿用至今。"鲁"本义指嘉美。金文"鲁休""纯鲁"就是嘉美的意思，用的正是本义。"鲁"也可表示迟钝、周朝诸侯国名、姓氏的意义，比如"鲁钝""鲁国""鲁班"。

渔（漁）yú 漁—漁—漁—漁—渔—渔
　　　　　甲骨文　金文　战文　小篆　隶书　楷书　简化字

会意字，甲骨文从水从鱼，金文从廾（gǒng）从鱼，大概会在水中捕鱼或用两手捕鱼之意。《说文》："渔，捕鱼也。""渔"本义指捕鱼。《易经》有"作结绳而为网罟（gǔ），以佃以渔"，意思是说发明结绳制作成网,用来田猎和捕鱼,用的正是本义。"渔"也可表示捕鱼的人、侵占、猎取女色的意义,比如"渔夫""渔利""渔色"。

虫(蟲) chóng

象形字,甲骨文象一种头是三角形的毒蛇形,本义指毒蛇,后这个意义专用"虺"来记录,读作 huǐ。《说文》:"蟲,有足谓之蟲。从三虫。""虫"读音 chóng,泛指古代对一切动物的通称,如大虫、长虫、昆虫等,后来意义范围缩小,特指昆虫义,如"飞虫""蚊虫"。今以"虫"为规范字,"蟲"作为异体字废弃不用。

它 tā

象形字,甲骨文、金文象蛇之形,后字形逐渐变异,至楷书变成记号字"它",已不见蛇形。《说文》:"它,虫也。从虫而长,象冤曲垂尾形。上古艸居患它,故相问无它乎。蛇,它或从虫。""它"读音 shé,本义指蛇,一种身体圆而细长的爬行动物,后这个意义另造了从虫的"蛇"来记录。"它"又音 tā,主要假借作代词,表示第三人称、其他的意义,如"它们""其它"。

蛇 shé

本为象形字,甲骨文作"它",象蛇之形,战国文字开始加"虫"表意,分化出从虫从它,它兼表音的"蛇",用来专门记录爬行动物蛇的本义。《说文》:"蛇,它或从虫。""蛇"也可表示蛇山的简称、十二生肖名、姓氏的意义,比如"龟蛇""属蛇""蛇氏"。

蚕(蠶) cán

本为象形字,甲骨文象一条蠕动的蚕虫形,至战国文字演变成从虵(kūn,昆虫)朁(cǎn)声的形声字。《说文》:"蠶,任丝也。""蚕"本义指蚕蛾科和天蚕科昆虫的通称,幼虫能吐丝结茧,如春蚕、家蚕等。"蚕"也可指养蚕,如"蚕麻"就是养蚕种麻。

蜀 shǔ

本为象形字,甲骨文象有眼睛、曲身的爬虫形,金文开始加"虫"表意,至小篆演变为从虫从罒(shǔ)的"蜀",沿用至今。《说文》:"蜀,葵中蚕也。从虫,上目象蜀头形,中象其身蜎蜎。"这里"蜎(yuān)蜎"是指虫类蠕动爬行的样子,正是描绘了虫子的形象。"蜀"本义指蛾蝶类的幼虫,后这个意义由从虫的"蠋(zhú)"来记录。"蜀"主要表示古国名、朝代名、地名的意义,比如"蜀国""蜀汉""蜀地"。

蛾 é

形声字,小篆从䖵(kūn)我声,或体省作从虫我声,隶书承袭了或体的写法,沿用至今。《说文》:"蛾,蚕化飞虫。"《玉篇》:"蛾,蚕蛾也。""蛾"本义指蚕蛾,一种形状像蝴蝶的鳞翅科昆虫。"蛾"也可表示蛾眉的简称、某些寄生植物、姓氏的意义,比如"扬蛾""木蛾""蛾氏"。

蜂 fēng

形声字,战国文字从䖵(kūn)夆声,小篆或从䖵逢声,至楷书演变作"蜂",沿用至今。《说文》:"蠭,飞虫螫人也。从䖵逢声。"《玉篇》:"蠭,今作蜂。""蜂"本义指一种有毒刺、能螫人、群居的小昆虫,如马蜂、蜜蜂等。"蜂"也可表示蜂蜜、成群地的意义,比如"蜂糖""蜂拥而起"。

蝉(蟬) chán

形声字,从虫單声。《说文》:"蝉,以旁鸣也。""蝉"本义指秋蝉,雄性能用翅膀发出尖锐的声响。"蝉"也可表示古代的一种薄绸、连续不断的意义,比如"薄蝉""蝉联"。

蚁(蟻)yǐ 鎧—蘳—蟻—蟻—蚁
<small>小篆　汉篆　隶书　楷书　简化字</small>

形声字,小篆从虫豈声,汉篆及隶书演变作从虫義声。今以"蚁(蟻)"为规范字,"蟻"作为异体字废弃不用。《说文》:"蟻,蚍(pí)蜉也。"蚍蜉是一种体型相对较大的蚂蚁。"蚁"本义指蚂蚁,也可表示黑色、酒上浮沫、幼蚕的意义,比如"麻冕蚁裳""浮蚁""蚕蚁"。

蚊(蟁)wén 蚊—虫—蟁蚊—蚊—蚊
<small>金文　战文　小篆/俗体　隶书　楷书</small>

形声字,金文从虫文声,战国文字变作从蚰民声,小篆承袭了战国文字的构形,而俗体和隶书保留了金文的写法,沿用至今。《说文》:"蟁,啮(niè,咬)人飞虫。蚊,俗蟁,从虫从文。""蚊"本义指蚊子,一种能吸血、传播疾病的昆虫。今以"蚊"为规范字,"蟁"作为异体字废弃不用。

蚤 zǎo 蚤—蠹蠹—蚤—蚤
<small>战文　小篆/或体　隶书　楷书</small>

本为会意字,战国文字从虫从又,象用手抓身上的虫子形,小篆变作从蚰(kūn)叉(zhuǎ,古爪字)声,或体作从虫叉声,楷书承袭了或体的写法,书写中上部又省去一点变为从"叉"。《说文》:"蚤,啮(niè,啃)人跳虫。""蚤"本义指跳蚤,一种头小体肥、赤褐色的吸血动物。

虾(蝦)xiā 蝦—蝦—蝦—蝦—虾
<small>小篆　汉篆　隶书　楷书　简化字</small>

形声字,从虫叚声。《说文》:"虾,虾蟆也。""虾"读音 há,本义指蛤蟆,后这个意义主要由"蛤"来记录。"虾"又音 xiā,表示海虾或

河虾义,就是一种身长、体外有软壳的节肢动物。"蝦"简化字作"虾",是以笔画少的声符代替笔画多的声符。

蛊(蠱) gǔ

甲骨文 金文 小篆 隶书 楷书 简化字

会意字,甲骨文、金文从皿从虫(或从二虫、三虫不等),象器皿中有许多虫子形,本义指一种人工培养的毒虫,如"毒蛊"。"蛊"也可表示热毒恶气、蛀虫、害人的邪术、诱惑的意义,比如"蛊气""蛊虫""蛊术""蛊惑"。

虽(雖) suī

金文 战文 小篆 隶书 楷书 简化字

形声字,从虫唯声。《说文》:"虽,似蜥蜴而大。""虽"本义指一种似蜥蜴而形体略大的动物,有学者认为就是水蜥蜴,但这个意义文献罕用。"虽"主要用作虚词,表示让步或假设的语义关系,如"虽然"。"雖"简化字作"虽",是省略了原字的右半字形。

强 qiáng

战文 小篆 隶书 楷书

形声字,从虫弘声。《说文》:"强,蚚(qí)也。"蚚是米中小黑虫,是粮库中的主要害虫。"强"读音qiáng,本义指米中小黑虫,但这个意义文献罕用。"强"主要表示健壮、强大、横暴、坚硬、优越的意义,如"强壮""强盛""强横""坚强""强太多"。"强"又音qiǎng,主要表示勉强、强迫的意义,又读jiàng,表示不顺从义,如"倔强"。

蜕 tuì

战文 小篆 隶书 楷书

会意字,从虫从挩(tuō),"挩"是"脱"本字,在这里有省形,整个字形会虫脱去外壳之意。《说文》:"蜕,蛇蝉所解皮也。从虫、挩省。""蜕"本义指蝉、蛇等蜕下的皮,如蝉蜕、蛇蜕、蚕蜕等。"蜕"也可表示蛇蝉等动物脱皮、一般的脱掉、变化、死的讳称等意义,比如"蜕皮""蜕衣""蜕变""仙蜕"。

蛮(蠻) mán

蠻(䜌)—蠻—蠻—蠻—蠻—蛮
金文　战文　小篆　隶书　楷书　简化字

金文以"䜌(luán)"为"蠻",至小篆开始加"虫"表意,制造出从虫䜌声的"蠻"。《说文》:"蛮,南蛮。""蛮"本义指我国古代南方的民族,俗称南蛮,后多泛指一切少数民族,如"蛮族"。"蛮"也可表示粗野、强悍、奴婢的贱称、很的意义,比如"野蛮""蛮力""蛮奴""蛮好"。

蠢 chǔn

蠢—蠢—蠢—蠢
战文　小篆　隶书　楷书

形声字,战国文字从𢦏(zāi)旾(chūn)声,从𢦏构意不明,至小篆演变为从䖵(kūn)春声,沿用至今。《说文》:"蠢,虫动也。""蠢"本义指虫动,如"蠢动"。晋傅玄《阳春赋》有"幽蛰蠢动,万物乐声",用的正是本义。"蠢"也可表示一般的动、愚蠢、笨拙的意义,比如"蠢蠢欲动""蠢货""蠢笨"。

蜜(蠠) mì

蠠—蜜—蠠—蜜
小篆/或体　隶书　楷书　简化字

形声字,小篆从䖵鼏(mì)声,或体从虫宓声,今以或体"蜜"为规范字,"蠠"则作为异体字废弃不用。《说文》:"蠠,蜂甘饴也。蜜,蠠或从宓。"《广韵》:"蜜,蜂所食也。""蜜"本义指蜂蜜,也可表示像蜜蜂的东西、甜美的意义,比如"糖蜜""甜言蜜语"。

龟(龜) guī

龜—龜—龜—龜—龜—龟
甲骨文　金文　战文　小篆　隶书　楷书　简化字

象形字,甲骨文象头、脚、龟壳俱全的龟形,或正面或侧面,小篆承袭了龟的侧面象形,最终演变成楷书"龜"。《说文》:"龟,旧也,外骨内肉者也。""龟"本义指一种爬行纲龟科动物,身体扁平呈椭圆形,背部有甲壳,如乌龟、海龟等。"龟"也表示龟甲、龟形印章、骂人话的意义,比如"龟贝""龟纽""龟孙子"。

黾(黽)měng　𪓰—𪓶—𪓷—黽—黾
　　　　　　　甲骨文　金文　战文　小篆　隶书　楷书　简化字

象形字,甲骨文象巨首、大腹、四足俱全的蛙形,后字形逐渐演变,至小篆演变作"黽",已不见蛙形。《说文》:"黽,鼃(wā)黾也。""黾"读音měng,本义指一种似蟾蜍的蛙,俗称蛙黾。"黾"又音mǐn,表示努力义,如"黾勉"。"黾"又读miǎn,主要指古代的县名黾池,如"黾池之会"。

蛙(鼃)wā　鼃—鼃蛙—鼃—蛙
　　　　　　小篆　隶书　楷书　简化字

形声字,从黽圭声。《说文》:"鼃,蝦蟇也。""蛙"本义指田鸡类的两栖动物,如青蛙、牛蛙等。"蛙"也可表示淫邪义,如"蛙歌"。"鼃"简化字作"蛙",是以笔画少的义符代替笔画多的义符。

鳖(鱉)biē　𪓹—鱉—鱉—鱉—鳖
　　　　　　战文　小篆　隶书　楷书　简化字

形声字,从黽敝声。《说文》:"鱉,甲虫也。""鳖"本义指甲鱼,一种形态与龟略同的爬行动物,也可表示低劣、憋闷的意义,比如"鳖脚""鳖得慌"。"鱉"简化字作"鳖",是以笔画少的义符代替笔画多的义符。

蜘(蟵)zhī　蟵𧑂—蜘—蟵—蜘
　　　　　　小篆/或体　隶书　楷书　简化字

形声字,小篆从黽知声,或体从虫知声,今以或体"蜘"为规范字,"蟵"作为异体字废弃不用。《说文》:"蟵,蜘蛛。蜘,或从虫。"《玉篇》:"蜘,蜘蛛。""蜘"本义指蜘蛛,一种节肢动物。"蟵"简化字作"蜘",是以笔画少的义符代替笔画多的义符。

蛛(鼄)zhū　𪓯—𪓰—鼄𧍢—鼄蛛—鼄—蛛
　　　　　　　金文　战文　小篆/或体　隶书　楷书　简化字

形声字,金文从黽朱声,小篆承袭了金文的写法,同时产生了从虫朱声的或体,今以或体"蛛"为规范字,"鼄"作为异体字废弃不用。《说文》:"鼄,蜘蛛也。蛛,鼄或从虫。""蛛"本义指蜘蛛,一种节肢动物。"鼄"简化字作"蛛",是以笔画少的义符代替笔画多的义符。

蝇(蠅) yíng

战文 — 小篆 — 隶书 — 楷书 — 简化字

会意字,战国文字从蚰(kūn)从黽,黽兼表音,会腹身大如黽的虫类之意,小篆省作从虫从黽,沿用至今。《说文》:"蝇,营营青蝇,虫之大腹者。"说的就是这个构意。"蝇"本义指昆虫名,种类很多,有苍蝇、青蝇、麻蝇等。

禹 yǔ

金文 — 战文 — 小篆 — 隶书 — 楷书

象形字,金文象头、足、尾俱全的虫形,后字形逐渐演变,至小篆还依稀可见虫形,楷书演变成"禹",沿用至今。《说文》:"禹,虫名。""禹"本义指虫名,但这个意义文献罕用。"禹"主要表示夏朝开国的君主、姓氏的意义,如"大禹""禹氏"。

昆 kūn

金文 — 战文 — 小篆 — 隶书 — 楷书

本为象形字,金文象有头部和四肢的昆虫形,后字形逐渐演变,至小篆固定为从日从比的"昆",沿用至今。"昆"本义当指昆虫,但这个意义文献罕见使用。《说文》:"昆,同也。""昆"主要指同义,如"昆群"。"昆"也可表示兄、后、群众的意义,比如"昆弟""后昆""昆众"。

卵 luǎn

战文 — 小篆 — 隶书 — 楷书

象形字,清代王筠认为古文字象鱼卵之形,后世多承其说。《说文》:"卵,凡物无乳者卵生。象形。""卵"本义指雌性生殖细胞,也特指鸟类的蛋，如"排卵""卵生"。"卵"也可表示卵形的、椭圆形或圆形的东西、睾丸的俗称等意义，如"卵盐""石卵""虎卵"。

禽 qín　甲骨文—金文—战文—小篆—隶书—楷书

象形字，甲骨文象长柄有网的狩猎工具，是"毕"的初文，金文开始加"今"表音，至楷书演变成从人从离的"禽"，沿用至今。"禽"本义指捕兽工具，但这个意义文献罕用，甲骨卜辞多用作动词，表示捕捉义，如"禽二虎"。《说文》："禽，鸟兽总名也。""禽"主要表示走兽总名、鸟类总名的意义，比如"禽兽""飞禽"。

兽（獸）shòu　金文—战文—小篆—隶书—楷书—简化字

象形字，金文象狩猎器具形，与"獸（狩）"古本一字，后分化出来专指牲畜。《说文》："兽，牻（chǎn，牲畜）也。"《玉篇》："兽，六兽，牛、马、羊、犬、鸡、豕也。养之曰兽，用之曰牲。今作畜。""兽"读音chù，主要指牲畜义，后这个意义多由"畜"来记录。"兽"又音shòu，表示野兽义，如"猛兽""禽兽"。

二

植物类

木 mù 甲骨文—金文—战文—小篆—隶书—楷书

象形字,甲骨文、金文象上有树枝、下有树根的树木形。"木"本义指树木,即木本植物的通称。"木"也可表示树叶、木材、木制器物、呆愣、麻木的意义,比如"落木""木料""棺木""木头木脑""冻木了"。凡以"木"作为表意偏旁的字,大多与树木、木材或木制品的意义相关,例如"本""根""桃""材""床"等。

本 běn 金文—战文—小篆—隶书—楷书

指事字,金文在木的下方加一圆点,用来指示树木的根部,后圆点逐渐变作短横,演变成"本"。《说文》:"本,木下曰本。""本"本义指草木的根,俗称根本,也引申为草木的茎和干。"本"也可表示事物的基础或主体、事物的起始、固有的、自己的、现今的、书册的意义,比如"基本""本源""本质""本身""本月""书本"。

末 mò 金文—战文—小篆—隶书—楷书

指事字,金文在木的上方加一圆点或短横,用来指示树木的末梢部分,后逐渐演变成上横较下横略长的"末"。《说文》:"末,木上曰末。""末"本义指树梢,与"本"相对,后多泛指一般事物或物体的末梢,如"末端"。"末"也可表示终了、最后、晚年、次要的、细粉的意义,比如"秋末""末尾""末年""舍本逐末""粉末"。

朱 zhū 甲骨文—金文—战文—小篆—隶书—楷书

指事字,甲骨文、金文在木的中间加一圆点或短横,用来指示树木粗壮的树干部分,后逐渐演变成"朱"。"朱"本义指树干或露出地面靠近根部的粗壮部分,后这个意义另造了从木的"株"来记录。"朱"主要表示大红色、朱砂、姓氏的意义,比如"朱红色""朱丹""朱德"。

株 zhū　 —   —   —
　　　　　　　　战文　　小篆　　隶书　　楷书

会意字，从木从朱，朱兼表音，会树干之意。《说文》："株，木根也。""株"本义指露出地面的树干或树桩，如成语"守株待兔"用的就是本义。"株"也表示草木、植株、牵连的意义，比如"仙株""幼株""株连"。"株"也用作量词，如"一株树"。

根 gēn　 —   —   —   —
　　　　　　甲骨文　金文　小篆　隶书　楷书

本为象形字，甲骨文象足趾踩树木的根部，由于单独画 木 形意思不够明确，所以加 （止）来突出之，至小篆演变成从木艮（gèn）声的形声字，沿用至今。《说文》："根，木株也。""根"本义指树根，也可表示物体的最下部、事物的本源、追究的意义，比如"舌根""知根知底""根究"。

叶（葉、枼）yè　 — — — — — —
　　　　　　　　甲骨文　金文　战文　小篆　隶书　楷书　简化字

　　　　　　　　　　　 — — — —
　　　　　　　　　　战文　小篆　隶书　楷书　简化字

本为象形字，甲骨文象树上长有菱形的树叶形，是"葉"的初文，后字形逐渐演变，金文象树叶的部分开始和树干分离，最终演变成从木从世的"枼"。"葉"会意字，从艸从枼，枼兼表音，就是在"枼"的基础上加注义符"艸"形成的后起字。《说文》："葉，艸木之叶也。""葉"本义指草木的叶子。《诗经》有"其葉青青"，用的正是本义。"枼""葉"古本一字，它们的意义和用法完全相同，今简化字作"叶"。"叶"也可表也像叶子的东西、书页、世代的意义，比如"百叶窗""活叶""世纪中叶"。简化字作"叶"不是新造字形，而是合并了叶（xié）韵的"叶"，所以"叶"既指树叶及相关的引申义，也可指叶韵义。

世 shì

金文 战文 小篆 隶书 楷书

象形字，金文象树枝上长有菱形的叶子形，是截取了"葉"古文字的上半字形变化而来，与"枼（葉）"古本一字，本义指草木的叶子，后这个意义专由"葉"来记录，而"世"主要假借表示世代义。《说文》："世，三十年为一世。"古称三十年为一世，父子相继为一世，说的就是世代的意思。"世"也可表示世系、时代、世界、一生、出生的意义，比如"家世""当世""人世""一生一世""出世"。

树（樹）shù

甲骨文 战文 小篆 隶书 楷书 简化字

会意字，甲骨文从木从又，象以手植木形，是"树"的初文，金文开始加"豆"表音，至小篆演变成从木从尌的"樹"，沿用至楷书。《说文》："树，生植总名也。"《广韵》："树，木总名也。""树"本义指木本植物的总称，俗称树木。《礼记》有"树木以时伐焉"，用的正是本义。"树"也可表示种植、建立的意义，比如"十年树木""树立"。"树"也用作量词，表示树木的单位，如"一树梅花"。"樹"简化字作"树"，是用笔画少的符号代替笔画多的构件。

果 guǒ

金文 战文 小篆 隶书 楷书

象形字，金文上半部分象果实的横切面形，内有果籽，由于单独画出来不够形象，所以在下面加"木"来突出构意，象树木上长有果实之形，后字形逐渐讹变，至战国文字上方的果实形已经变作"田"，最终演变成楷书"果"，沿用至今。《说文》："果，木实也。""果"本义指植物所结的果实，如"瓜果""果子"。"果"也可表示事情的结局、有决断、终于、假如的意义，比如"结果""果敢""果真""如果"。

朵 duǒ

战文 小篆 隶书 楷书

指事字，战国文字在象禾穗的末端加一短竖，用来指示禾苗下垂的

二　植物类　　　桑栗某梅　43

部分，本义指禾稻的垂穗，也引申为下垂的状貌。《说文》："朵，树木垂朵朵。"就是描绘了树木的枝叶花实下垂之状。"朵"主要指花朵义，如"莲朵""骨朵儿"。"朵"也用作量词，比如"一朵花""一朵云"。

桑 sāng　　甲骨文—战文—小篆—隶书—楷书

象形字，甲骨文象长满桑叶的桑树形，后字形逐渐演变，最终变成从木从叒(ruò)的"桑"，沿用至今。《说文》："桑，蚕所食叶木也。"意思说桑木就是长着蚕吃的叶子的树木。"桑"本义指桑树，如成语"指桑骂槐"用的就是本义。"桑"也可表示桑叶、采桑、种蚕养桑、古地名、姓氏的意义，比如"食桑""采桑""农桑""桑田""桑氏"。

栗 lì　　甲骨文—金文—战文—小篆—隶书—楷书

象形字，甲骨文象树木上长有芒刺的栗子形，后字形逐渐演变，最终演变成楷书"栗"，沿用至今。《说文》："栗，木也。从木，其实下垂。""栗"本义指栗子树，一种壳斗科落叶乔木。"栗"也可表示栗子、成熟、坚实、威严、古县名的意义，比如"板栗""实栗""坚栗""栗烈""栗县"。

某 mǒu　　金文—战文—小篆—隶书—楷书

会意字，金文从木从甘，战国文字从口从木，都与树木的意义有关，小篆承袭了金文的写法，沿用至今。《说文》："某，酸果也。""某"读音 méi，本义指果树名，即今天的梅子树，后这个意义主要由"梅"来记录。"某"又音 mǒu，主要表示不确知的或不言明的人、地、时、事等，比如"某人""某地""某时""某事"。

梅(楳) méi　　金文—战文—小篆/或体—隶书—楷书—简化字

形声字，金文从木某声，小篆演变为从木每声，但或体继承了金文的写法，均沿用至楷书。今以"梅"为规范字，"楳"作为异体字废弃不用。《说文》："楳，枏（nán，楠）也。""梅"本义指楠木，但这个意义文献罕用，而主要假借指梅子树，如"乌梅"。"梅"也可表示梅树果实、梅花、节候名、姓氏的意义，比如"酸梅子""腊梅""梅雨季""梅兰芳"。

杏 xìng

从木从口，从口构意不明。《说文》："杏，果也。""杏"本义指果树名，即杏树。"杏"也可表示杏树果实、杏花、杏仁、像杏一样的、古地名的意义，比如"杏子""红杏""杏酪""柳眉杏眼""杏花村"。

桃 táo

形声字，从木兆声。《说文》："桃，果也。""桃"本义指果树名，即桃树。"桃"也可表示桃树果实、桃花、形状像桃的其他果实、像桃花一样的颜色等意义，比如"桃子""桃园""核桃""杏脸桃腮"。

李 lǐ

形声字，从木子声。《说文》："李，果也。""李"本义指果树名，即李树。"李"也可表示李树的果实、姓氏的意义，比如"桃李满天下""李白"。

桂 guì

形声字，从木圭声。《说文》："桂，江南木，百药之长。""桂"本义指果树名，即桂树。"桂"也可表示桂树的果实、桂花、笙竹、古地名的意义，比如"肉桂""桂膏""桂竹""桂林"。

梨 lí

形声字，从木利声。《说文》："梨，果名。""梨"本义指果树名，即梨树。"梨"也可表示梨树的果实、草名的意义,比如"鸭梨""梨草"。

杜 dù

形声字,从木土声。《说文》:"杜,甘棠也。""杜"本义指甘棠树,其枝叶可以入药,俗称棠杜。"杜"也可表示堵塞、拒绝、香草名、古国名、姓氏的意义,比如"杜塞""杜绝""杜衡""杜国""杜甫"。

杨(楊) yáng

形声字,从木昜(yáng)声。《说文》:"杨,蒲柳也。""杨"本义指杨树,即杨柳科植物的泛称。"杨"也可表示古邑县名、姓氏的意义,比如"杨县""杨氏"。

柳 liǔ

形声字,从木卯声。《说文》:"柳,小杨也。""柳"本义指柳属植物的泛称,俗称柳树、杨柳。"柳"也可表示古州名、姓氏的意义,比如"柳州""柳宗元"。

槐 huái

形声字,从木鬼声。《说文》:"槐,木也。""槐"本义指树木名,即槐树,一种落叶乔木,如成语"指桑骂槐"用的正是本义。"槐"也可表示草名、姓氏的意义,比如"槐草""槐氏"。

榆 yú

形声字,甲骨文从木余声,战国文字变作从木俞声,沿用至今。《说文》:"榆,白枌(fén)。"这里"枌"指白榆。"榆"本义指榆树,即榆科植物的泛称,以白榆最为常见。"榆"也可表示星名、姓氏的意义,比如"榆星""榆氏"。

桐 tóng

皀—唐—梧—桐—桐—桐
金文　战文　小篆　隶书　楷书

形声字,从木同声。《说文》:"桐,荣也。"这里"荣"指桐木的别称。"桐"本义指梧桐树,也可表示古地名、姓氏的意义,比如"桐城""桐氏"。

松 sōng

松—公—松—松—松
金文　战文　小篆　隶书　楷书

形声字,从木公声。《说文》:"松,木也。""松"本义指松树,即松科植物的泛称,也可表示姓氏义,如"松氏"。"松"也是"鬆"的简化字,表示头发乱、瘦肉做成的绒状食品、疏松等意义,比如"蓬松""肉松""松散"。

柏 bǎi

—眛—柏—柏—柏—柏
甲骨文　战文　小篆　隶书　楷书

形声字,从木白声。"柏"本义指柏科植物的泛称,俗称柏树,如"松柏"。"柏"也可表示古国名、姓氏的意义,比如"柏国""柏氏"。

楷 kǎi

—楷—楷楷—楷
金文　小篆　隶书　楷书

形声字,从木皆声。《说文》:"楷,木也。""楷"读音 jiē,本义指树木名,即黄连木,俗称楷木,但这个意义文献少用。《广雅》:"楷,法也。""楷"又音 kǎi,主要指法式、典范义。《礼记》有"今世行之,后世以为楷",用的就是典范的意思。"楷"也可表示效法、书体名称的意义,比如"楷模""楷体"。

权(權) quán

藋—權—權—權—权
战文　小篆　隶书　楷书　简化字

形声字,从木蘿(guàn)声。《说文》:"权,黄华木。""权"本义指黄华木,但这个意义文献少用。《广韵》:"权,称锤也。""权"主要指秤锤,用来称量重量,俗称秤权。"权"由秤锤义也可以引申指称

二　植物类　　　椅荣机　47

量、比较、平衡、权力、谋略、权利的意义，比如"权量""两利相权""权衡""专权""权变""选举权"。"權"简化字作"权"，是用笔画少的符号代替了笔画多的部件。

椅 yǐ　　𣛴—檹—椅—椅
　　　　　　战文　小篆　隶书　楷书

形声字，从木奇声。《说文》："椅，梓（zǐ）也。""椅"读音 yī，本义指梓树，即山桐子树，但这个意义文献少用。"椅"又音 yǐ，主要表示椅子、树木柔弱的样子等意义，比如"藤椅""椅柅"。

荣（榮） róng　　𣎵𣎵—榮—榮—榮—荣
　　　　　　　　战文　小篆　隶书　楷书　简化字

形声字，从木熒声，且"熒"有省形。《说文》："荣，桐木也。从木熒省声。""荣"本义指桐木，就是梧桐的别称，但这个意义文献少用。"荣"主要表示花的通称、繁茂、富贵、光荣、光润的意义，比如"含荣""繁荣""荣显""荣誉""荣光"。

机¹ jī　　𣏟—𣏟—机—机
　　　　　　战文　小篆　隶书　楷书

形声字，从木几声。《说文》："机，木也。""机"本义指树木名，即桤（qī）木树，但这个意义文献少用。"机"主要表示小桌子、姓氏的意义，如"机案""机氏"。"机"也是"機"的简化字，表示机关、机器、机会等意义。

机²（機） jī　　𣔳—𣔳—機—機—机
　　　　　　　　小篆　汉篆　隶书　楷书　简化字

形声字，从木幾声。《说文》："機，主发谓之機。""机"本义指古代弩箭上的发动机关，后多泛指一般的简易制动装置或机器的通称，如"机械""发电机"。"机"也可表示织布机、飞机的简称、智巧、机会、有重要关系的环节、保密等意义，比如"机织""机票""机巧""时机""机要""机密"。"機"简化字作"机"不是新造字形，而是合并了机案的"机",今"机"既是"機"的简化字,也是机案的"机"本字。

条(條) tiáo

条—條—條—條—条
战文　小篆　隶书　楷书　简化字

形声字,从木攸声。《说文》:"条,小枝也。""条"本义指树的枝条,如"柳条""树条"。"条"也可表示一般长条形物体、条理、条令的意义,比如"木条""井井有条""教条"。"条"也用作量词,如"一条路""一条意见"。"條"简化字作"条",是截取了原字形的一部分。

枚 méi

枚—枚—枚—枚—枚
甲骨文　金文　战文　小篆　隶书　楷书

会意字,从木从攴,会用来小击的树干之意。《说文》:"枚,干也,可为杖。""枚"本义指树干,可以用作击人的木杖。《诗经》有"遵彼汝坟,伐其条枚",这里"条"指树枝,"枚"指树干,用的都是本义。"枚"也可表示马鞭、长度单位的意义,比如"鞭枚""六寸一枚"。"枚"也用作量词,大多表示形状小的物件,如"一枚邮票""一枚奖牌"。

格 gé

格—格—格—格—格
金文　战文　小篆　隶书　楷书

形声字,从木各声。《说文》:"格,木长貌。""格"本义指树木的长枝条,如"枝格相交"。"格"也可表示支撑器物的架子、木栅栏、方形的框子、纠正、品质、标准、击打的意义,比如"肉格(肉架子)""格栏""方格纸""格正""品格""合格""格斗"。

样(樣) yàng

樣—樣—樣—样
小篆　隶书　楷书　简化字

形声字,从木羕声。《说文》:"樣,栩实。"这里"栩实"指麻栎树的果实。"样"读音 xiàng,本义指橡树的果实,即栎(lì)果,后这个意义主要由"橡"来记录。"样"又音 yàng,主要表示法式、形状、品种

二　植物类　　枯朴材柴植

的意义,比如"样式""样子""两样"。

枯 kū　战文—小篆—隶书—楷书

形声字,从木古声。《说文》:"枯,槀也。""枯"本义指枯槀,就是草木失去水分或生机,如枯木、枯枝等。"枯"也可表示干涸、憔悴、疲乏、空的意义,比如"干枯""容貌不枯""枯乏""枯城"。

朴(樸) pǔ　战文—小篆—隶书—楷书—简化字

形声字,从木菐(pú)声。《说文》:"樸,木素也。""朴"本义指未经加工成器的木材,俗称朴木。"朴"也可表示某些未经加工的事物、本性、质朴、厚重的意义,比如"朴石""返朴归真""朴素""朴厚"。"朴"又音 pò,表示树皮义,如"厚朴"就是一种以树皮制成的药材。"樸"简化字作"朴",是以笔画少的声符代替笔画多的声符。

材 cái　战文—小篆—隶书—楷书

形声字,从木才声。《说文》:"材,木梃(tǐng)也。"这里"梃"有棍棒的意思。"材"本义指木干或木料,俗称木材。《孟子》有"斧斤以时入山林,材木不可胜用也",用的正是本义。"材"也可表示原料、人才、资质、使用、棺椁的意义,比如"材料""人材""因材施教""在下不材""棺材"。

柴 chái　战文—小篆—隶书—楷书

形声字,从木此声。《说文》:"柴,小木散材。""柴"本义指那些不能盖房用的小木材,一般用作燃料,俗称柴火。"柴"也可表示烧柴祭天、干瘦、姓氏的意义,比如"柴祭""肉很柴""柴氏"。

植 zhí　战文—小篆—隶书—楷书

形声字,从木直声。《说文》:"植,户植也。""植"本义指古代门外闭时用以加锁的中立直木。《墨子》有"季孙与邑人争门关,决植",这里"决植"就是撬开托举关门的直木,用的正是本义。"植"也可表示一般的木柱、树立、栽种、生长、植物的意义,比如"木植""植竿""种植""五谷不植""动植物"。

横 héng　横—横—横横—横
　　　　　战文　小篆　隶书　楷书

形声字,从木黄声。《说文》:"横,阑木也。""横"读音 héng,本义指门前的木栅栏,俗称横栏,也可表示横贯、跨越、横向、广远、汉字笔画名的意义,比如"横空出世""横跨""纵横""横行天下""横笔"。"横"又音 hèng,表示放纵、枉、意外的意义,如"蛮横""横死""横财"。

栈(棧) zhàn　棧—棧—棧—棧—栈
　　　　　　　战文　小篆　隶书　楷书　简化字

形声字,从木戋(jiān)声。《说文》:"栈,棚也。""栈"本义指关牲畜的棚或栅栏,如"马栈"。"栈"也可表示古代用竹木做成的车子、小桥、古代山崖边架木的小路、留宿和堆放货物的处所的意义,比如"栈车""栈桥""栈道""客栈"。

床(牀) chuáng　爿—牀—牀—牀—床
　　　　　　　甲骨文　战文　小篆　隶书　楷书　简化字

本为象形字,甲骨文作"爿",象一张竖起的床形,是"床"的初文,战国文字加"木"表意,至小篆固定为从木从爿,爿兼表音的会意字"牀"。《说文》:"牀,安身之坐者。"意思是说床是供人安身坐的地方。"床"本义指供人坐卧的器具,如"卧床""床前"。"床"也可指放置器物的坐架、形状像床的器具、底部的意义,比如"笔床""车床""河床"。"牀"简化字作"床",是用笔画少的义符代替笔画多的义符。

杠 gàng　杠—杠—杠—杠—杠
　　　　　金文　战文　小篆　隶书　楷书

形声字,从木工声。《说文》:"杠,床前横木也。""杠"读音 gāng,

本义指床前横木,如"床杠",也可表示竹木竿、车盖柄的意义,如"竹杠""车杠"。"杠"又音 gàng,表示较粗的棍子、锻炼身体用的器械、画线条删去的意义,比如"铁杠""单双杠""杠横线"。

案 àn

案—案—案—案—案
战文 小篆 汉篆 隶书 楷书

形声字,从木安声。《说文》:"案,几属。""案"本义指像几一类的木制器物,俗称案几。"案"也可表示案件、处理公文的文书、计划类文件、考查的意义,比如"破案""备案""提案""案语"。

柄 bǐng

柄—柄棅—棅柄—柄
战文 小篆/或体 隶书 楷书

形声字,战国文字从木丙声,小篆承袭了战国文字的写法,也产生了从木秉声的或体,隶书同时继承了这两种写法,至楷书固定为从木丙声的"柄",沿用至今。《说文》:"柄,柯也。棅,或从秉。""柄"本义指斧头的柄,后多泛指一般器物的把,如斧柄、刀柄。"柄"也可表示在言行上被人抓住的材料、植物花叶跟茎连着的部分、权利的意义,比如"笑柄""花柄""权柄"。

栋(棟) dòng

棟—棟—棟—栋
小篆 隶书 楷书 简化字

形声字,从木東声。《说文》:"栋,极也。""栋"本义指屋的正梁,俗称栋梁。《易经》有"上栋下宇,以待风雨",意思是说上有正梁下有屋檐,用来躲避风雨,用的正是本义。"栋"也可表示重要的人或物、姓氏的意义,比如"栋才""栋氏"。

梁 liáng

梁—梁—梁—梁—梁
金文 战文 小篆 隶书 楷书

形声字,金文从水刅(chuāng)声,战国文字开始加"木"表意,至小篆固定为从水从木刅声的"梁",沿用至今。《说文》:"梁,水桥也。""梁"本义指桥,如"桥梁""津梁"。"梁"也可表示屋梁、身体或物体居中拱起的部分、国名、古地名、姓氏的意义,比如"房梁""脊梁""梁国""梁县""梁氏"。

柱 zhù　柱—柱—柱—柱
　　　　　战文　小篆　汉篆　隶书　楷书

形声字,从木主声。《说文》:"柱,楹也。""柱"本义指房屋的柱子,就是支撑屋顶的木料。"柱"也可表示柱子或柱状物、直立高耸、姓氏的意义,比如"水柱""雄柱""柱氏"。

檐 yán　檐—檐—檐—檐
　　　　　战文　小篆　隶书　楷书

形声字,从木詹声,战国文字略见省形。《玉篇》:"檐,屋檐也。""檐"本义指屋檐,就是屋顶向旁伸出的边沿部分,如房檐、廊檐。"檐"也可表示檐下的平台、器物四边冒出的像屋檐的部分等意义,比如"平檐""器檐"。

极(極) jí　極—極—極—極—极
　　　　　　　战文　小篆　隶书　楷书　简化字

形声字,从木亟(jí)声。《说文》:"极,栋也。""极"本义指房屋的正梁,也可表示顶点、到、尽头、穷尽、边界、最终的意义,比如"登峰造极""极至""无极""穷极""四极""极刑"。"極"简化字作"极",是用笔画少的声符代替笔画多的声符。

楼(樓) lóu　樓—樓—樓—樓—楼
　　　　　　　战文　小篆　隶书　楷书　简化字

形声字,从木娄声。《说文》:"楼,重屋也。""楼"本义指两层以上的房屋,俗称楼房。"楼"也可表示楼房的一层、房间上部空间可藏东西的部分、茶肆或酒店等场所、古代狭而曲的土台、姓氏的意义,比如"一层楼""阁楼""酒楼""楼台""楼氏"。

桥(橋) qiáo　橋—橋—橋—橋—桥
　　　　　　　战文　小篆　隶书　楷书　简化字

形声字,从木乔声。《说文》:"桥,水梁也。""桥"本义指桥梁,就是架在水上或空中用来通行的建筑物,如"独木桥"。"桥"也可表示器物上的横梁、树木名的意义,比如"航桥""桥木"。

构(構) gòu 構—構—構—构
<small>小篆　隶书　楷书　简化字</small>

会意字,从木从冓(gòu),冓兼表音,会木材交接之意。《说文》:"构,盖也。"《玉篇》:"构,架屋也。""构"本义指架木,就是用木材盖房屋。《韩非子》有"构木为巢,以避群害",用的正是本义。"构"也可表示建造、房屋、连接、草拟、造成的意义,比如"建构""华构""交构""构思""构造"。"構"简化字作"构",是以笔画少的声符代替笔画多的声符。

概 gài 槩—槩—槩—概
<small>小篆　汉篆　隶书　楷书</small>

形声字,从木既声。《说文》:"概,杚(gài)斗斛(hú)。"这里"杚"有平的意思。"概"本义指古代量谷物时刮平斗斛的器具,相当于今天的限量器或矫正器。"概"也可表示刮平、限量、系念、气度、状况、大略的意义,比如"概平""概限""概然于胸""气概""概况""概略"。

检(檢) jiǎn 檢—檢—檢—檢—检
<small>战文　小篆　隶书　楷书　简化字</small>

形声字,从木佥(qiān)声。《说文》:"检,书署也。""检"本义指古代封书的题签,俗称书检。"检"也可表示法度、节操、约束、考查的意义,比如"检式""检点""行为不检""检查"。

校 xiào 校—校—校—校—校
<small>战文　小篆　汉篆　隶书　楷书</small>

形声字,从木交声。《说文》:"校,木囚也。""校"读音 jiào,本义指古代刑具枷械的通称,如"校具",也可表示栅栏、订正、考核的意义,如"栏校""校正""考校"。"校"又音 xiào,主要表示学校、军衔

名的意义,比如"校庆""上校"。

枪(槍) qiāng

枪—槍—槍—槍—枪
战文　小篆　隶书　楷书　简化字

形声字,从木倉声。"枪"本义指古代兵器名,一种长柄有尖头的刺击兵器,如长枪、投枪。"枪"也指火枪、像枪形状物、碰撞的意义,比如"枪炮""烟枪""以头枪地"。

乐(樂) lè

Y—Y—樂—樂—樂—樂—乐
甲骨文　金文　战文　小篆　隶书　楷书　简化字

会意字,甲骨文从丝从木,"丝"是"丝"的初文,大概会乐器的丝弦附在木上之意,金文或加θ,有学者认为象调弦之器,最后演变成从丝从木从白的"樂"。《说文》:"乐,五声八音总名。"《广韵》:"乐,音乐。""乐"读音 yuè,本义指音乐。《易经》有"先王以作乐崇德",用的正是本义。"乐"也引申为乐器、乐工、姓氏的意义,如"弹乐""女乐""乐毅"。"乐"又音 lè,表示愉快、喜欢、笑的意义,比如"快乐""乐于助人""乐呵呵"。

杯(桮) bēi

桮杯—桮—桮杯—桮—杯
战文　小篆　隶书　楷书　简化字

形声字,从木否(pǐ)声,战国文字"否"开始省作"不",与表否定的"不"同形。《说文》:"桮,䀠(gòng,小杯)也。"《集韵》:"桮,盖今之饮器。或作杯。"今以"杯"为规范字,"桮"作为异体字废弃不用。"杯"本义指古代椭圆形两侧有耳的盛羹及注酒器,后泛指一般的饮料器具,如酒杯、茶杯。"杯"也可表示杯状物体、姓氏的意义,比如"奖杯""杯氏"。"杯"也用作量词,如"一杯水"。

桶 tǒng

桶—桶—桶桶—桶
战文　小篆　隶书　楷书

形声字,从木甬声。《说文》:"桶,木方,受六升。""桶"本义指古代量器名,即方形的斛,也引申为盛水及其他东西的容器,如木桶、铁

二　植物类　　　棺栽采析乘　55

桶等。"桶"也用作量词，如"一桶水""一桶面"。

棺 guān

形声字，从木官声。《说文》："棺，关也，所以掩尸。""棺"本义指棺材，就是装殓尸体的器木，俗称棺木。"棺"也用作动词，表示装入棺材，如"棺殓"。

栽 zāi

形声字，从木𢦏声。《说文》："栽，筑墙长版也。""栽"读音 zài，本义指筑墙的立板，但这个意义文献少用。"栽"又音 zāi，主要表示种植、幼苗、安上、跌倒的意义，比如"栽树""花栽子""栽赃""栽跟头"。

采 cǎi

会意字，甲骨文从爪从叶，象以手采摘树叶形，或省去木上的叶子，从爪从木，本义指摘取。《说文》："采，捋（luō）取也。"这里"捋取"指摘取，说的正是本义。"采"也可表示选择、搜集、开采、取得、纳用的意义，比如"采择""采集""采矿""采取""采纳"。

析 xī

会意字，从木从斤，甲骨文象用斧斤破开树木形，本义指剖开、劈开。《说文》："析，破木也。"说的正是本义，《诗经》有"析薪如之何？匪斧不克"，这里"析薪"指剖开木材，用的也是本义。"析"也可表示分开、辨认、解除的意义，比如"分崩离析""辨析""析出"。

乘 chéng

会意字，甲骨文象人在树上，金文为了突出人踩在树上之意，又在人形的下端加了两个"止",表示足踩树木的意思,后字形逐渐演变,至楷书木形已不显。《释名》:"乘,陞(shēng)也。"这里"陞"有上升的意思。"乘"本义指登,如"乘机""乘车"。"乘"也可表示驾驭、趁、依仗、战胜的意义,比如"乘风破浪""乘机""乘人之危""乘胜"。

枉 wǎng

枉—枉—枉—枉
战文 小篆 隶书 楷书

形声字,从木坒(huáng)声,至隶书变作从木王声,沿用至今。《说文》:"枉,衺(xié)曲也。"这里"衺曲"有不直、弯曲的意思。"枉"本义指弯曲,如"走枉路"。"枉"也可表示不正直、绕弯、违背、冤屈、白费的意义,比如"枉直""枉道""贪赃枉法""冤枉""枉费心机"。

柔 róu

柔—柔—柔柔—柔
战文 小篆 隶书 楷书

形声字,从木矛声。《说文》:"柔,木曲直也。""柔"本义指木质软和,可以曲直。《诗经》有"荏染柔木,君子树之",意思是说娇弱软和的树木,是君子栽种,用的正是本义。"柔"也可表示软弱、幼嫩、温和、润泽、安抚的意义,比如"刚柔相济""柔枝""温柔""柔润""怀柔"。

巢 cháo

巢—巢—巢—巢—巢
金文 战文 小篆 隶书 楷书

象形字,金文象树上有鸟巢形,后字形逐渐演变,至隶书演变成从巛从果的"巢",沿用至今。《说文》:"巢,鸟在木上曰巢。""巢"本义指鸟窝,如成语"鸠占鹊巢"用的就是本义。"巢"也可表示一般动物的窝、简陋的住处、栖息、姓氏的意义,比如"鼠巢""老巢""巢居""巢氏"。

林 lín

林—林—林—林—林—林
甲骨文 金文 战文 小篆 隶书 楷书

会意字,从二木,会树木众多之意。《说文》:"林,平土有丛木曰林。""林"本义指成片的竹和木,如竹林、树林。"林"也可表示林业、人或事物的汇集处、众多的意义,比如"农牧林""艺林""林林总总"。

楚 chǔ

甲骨文 金文 战文 小篆 隶书 楷书

形声字,从林疋(shū)声。《说文》:"楚,丛木。""楚"本义指丛生的树木。《吴子》有"居军荒泽,草楚幽秽",用的正是本义。"楚"也可表示落叶的小灌木、痛苦、华美、鲜明、古国名的意义,比如"荆楚""苦楚""楚楚动人""清楚""楚国"。

森 sēng

甲骨文 小篆 汉篆 隶书 楷书

会意字,从三木,象成片生长的树木,会木多之意。《说文》:"森,木多貌。""森"本义指树木茂密,如"树木森森",也可表示众多、幽暗、严密的意义,比如"森盛""阴森""森严"。

樊 fán

金文 战文 小篆 隶书 楷书

本为会意字,金文从❀从二木从二手,有学者认为象两树木之间有绳网用来阻止使不得前行,是樊篱的"樊"本字。《说文》:"樊,鸷(zhì)不行也。"这里"鸷"本作"縶",有羁绊的意思。"樊"本义当指藩篱,所以羁绊不得前行,如"篱樊"。《诗经》有"营营青蝇,止于樊",大意是说嗡嗡营营飞舞的苍蝇停在篱笆上,用的正是本义。"樊"也可表示关鸟兽的笼子、筑篱笆围绕、边缘、纷杂的意义,比如"樊笼""樊圃""天地之樊""樊然"。

枣(棗) zǎo

战文 小篆 隶书 楷书 简化字

会意字,从二朿,会有芒刺的枣树之意,本义指枣树。《集韵》:"枣,木名也。""枣"本义指树木名,一种落叶乔木,枝有刺,果实可食用或药用,俗称枣树。"枣"也可表示枣子、姓氏的义,如"酸枣""枣氏"。"棗"简化字作"枣",是用笔画少的符号代替笔画多的部件。

片 piàn 甲骨文 战文 小篆 隶书 楷书

指事字,甲骨文象木的右半之形,表示把木头分成两半之意。《说文》"片,判木也。从半木。"说的就是这个构意。"片"本义指剖开,如赣方言"片笋(把笋分成两半)"。"片"也可表示一半、扁而薄的东西、花瓣、很少或很短、用刀横割成薄片的意义,比如"片语""刀片""雪片""片刻""片羊肉"。"片"也用作量词,如"一片云""一片草地"。

版 bǎn 战文 小篆 隶书 楷书

形声字,从片反声。《说文》:"版,判也。"古代建筑盛行版筑,就是筑墙时先立两块木板,然后往木板中间填土夯实,最后再撤去木板,这样墙就筑成了,"版"本义就指古时筑墙时被分成两半的两块木板。"版"也可表示古时书写用的木片、名册、国家的图籍、印刷物的版本、报纸的一面等意义,比如"版牍""版籍""版图""初版""版面"。

丰[1] fēng 甲骨文 金文 战文 小篆 隶书 楷书

象形字,甲骨文象植物根茎丰满肥大,下端圆点象根茎状,上端象枝叶形,表示草木丰满茂盛之意。也有学者认为下端的圆点不是根茎,而是泥土的象形,表示在土上种植草木。《说文》:"丰,艸(cǎo)盛丰丰也。""丰"本义指草木茂盛,如"丰茸",也可表示丰满、人的仪表举止等意义,比如"丰腴""丰度(风度)"。"丰"也是"豐"的简化字,表示丰实、丰厚、丰饶等意义。

丰²(豐) fēng　豐－豐－豐－豐豐－豐－丰
金文　战文　小篆　　隶书　楷书　简化字

形声字，金文从豆从二丰得声。《说文》："豐，豆之丰满者也。""丰"本义指豆器中所盛的食物丰满，也可表示一般的满足、大、增大、厚、多、富饶的意义，比如"丰实""丰碑""丰功""丰厚""丰衣足食""丰饶"。"豐"简化字作"丰"不是新造字形，而是合并了丰茸的"丰"，今"丰"既是"豐"的简化字，也是丰茸的"丰"本字。

草 cǎo　草草－草－草－草
战文　小篆　隶书　楷书

形声字，从艸（cǎo，草木总称）早声。《说文》："草，草斗，栎（lì）实也。""草"读音 zào，本义指栎实，后这个意义专由"皂"来记录。"草"又音 cǎo，主要指草木植物的总称，如"花草树木"，又特指古代作饲料或燃料的草，如粮草、柴草。"草"也可表示荒野、粗劣、卑微、创始、书体名称的意义，比如"草野""草图""草命""草创""草书"。

卉 huì　卉－卉－卉－卉
战文　小篆　隶书　楷书

会意字，从三屮（cǎo）会意，会百草之意。《说文》："卉，艸之总名也。""卉"本义指草木的总称，如"奇花异卉"。"卉"也可表示草木、众多、蓬勃的意义，比如"佳卉""百卉""卉然"。

苗 miáo　苗苗－苗－苗－苗
战文　小篆　隶书　楷书

会意字，从艸从田，会草生在田里之意。《说文》："苗，艸生于田者。""苗"本义指谷类作物幼小的植株，如秧苗、树苗。"苗"也可表示初生的动物、开端、形状像苗的、少数民族名、疫苗的意义，比如"鱼苗""苗头""火苗""苗族""牛痘苗"。

英 yīng
茻—苂—英—英
战文　小篆　隶书　楷书

会意字,从艸从央,央兼表音,会草的中央即为花朵之意。《说文》:"英,艸荣而不实者。"意思说英就是草木开花但未结果。"英"本义指花,如"落英缤纷"。《诗经》有"有女同行,颜如舜英",用的正是本义。"英"也可表示美好、才能出众、杰出人物、精华的意义,比如"英年""英才""群英大会""精英"。

蓬 péng
莑—蓬—蓬—蓬
战文　小篆　隶书　楷书

形声字,战国文字从艸夆声,小篆演变为从艸逢声,沿用至今。《说文》:"蓬,蒿也。""蓬"本义指蓬草。《荀子》有"蓬生麻中,不扶而直",用的正是本义。"蓬"也可表示散乱、植物果实的外苞、古州名的意义,比如"蓬头""莲蓬""蓬州"。

蒿 hāo
蒿—蒿—蒿—蒿—蒿—蒿
甲骨文　金文　战文　小篆　隶书　楷书

形声字,从艸高声,甲骨文、金文从四"中"与从二"中"无别。《说文》:"蒿,菣(qìn)也。"这里"菣"有青蒿的意思。"蒿"本义指一种菊科蒿属植物,俗称青蒿。"蒿"也可表示远望、姓氏的意义,比如"蒿目""蒿氏"。

苇(葦) wěi
葦—葦—葦—葦—苇
战文　小篆　隶书　楷书　简化字

形声字,从艸韋声。《说文》:"葦,大葭(jiā)也。"这里"葭"有初生芦苇的意思。"苇"本义指芦苇,也可表示变动义,如"苇然"。

蓝(藍) lán
藍—藍—藍—藍—蓝
战文　小篆　隶书　楷书　简化字

形声字,从艸监声。《说文》:"蓝,染青草也。""蓝"本义指一种制作蓝颜色的青草,俗称蓝草,也可表示青蓝色的意义,如"天蓝"。

苹 píng

小篆 汉篆 隶书 楷书

形声字，从艸平声。《说文》："苹，蓱也。无根，浮水而生者。"这里"蓱"即"萍"异体字，俗称浮萍，一种叶子作长椭圆形的小水草。"苹"本义指浮萍，后这个意义主要由"萍"来记录。今"苹"主要用作"蘋"的简化字，表示苹果的意义。

芝 zhī

战文 小篆 隶书 楷书

形声字，从艸之声。《说文》："芝，神艸也。"这里"神艸"指灵芝草，一种菌类植物，古人以灵芝为瑞草，服之可以成仙，故称神草，所以"芝"本义指灵芝。"芝"也可表示形状如菌盖的东西、香草的意义，比如"华芝（指车盖）""芝兰"。

兰（蘭）lán

战文 小篆 隶书 楷书 简化字

形声字，战国文字从艸柬(jiǎn)声，至小篆演变为从艸闌声，沿用至楷书。《说文》："兰，香草也。""兰"本义指兰草，一种多年生草本植物，叶卵形，有香气，可供观赏。"兰"也可表示兰花、木兰、姓氏的意义，比如"梅兰秋菊""兰舟""兰氏"。"蘭"简化字作"兰"，是由草书楷化而来。

荆 jīng

战文 小篆 隶书 楷书

形声字，从艸刑声。《说文》："荆，楚。木也。""荆"本义指灌木名，一种落叶灌木，枝条柔韧，果实可入药，俗称荆楚。"荆"也可表示古州名、姓氏的意义，比如"荆州""荆氏"。

茅 máo

战文 小篆 隶书 楷书

形声字，从艸矛声。《说文》："茅，菅也。"这里"菅"有茅草的意思。

"茅"本义指茅草,如"白茅"。"茅"也可表示简陋的居处、道家居所、姓氏的意义,比如"茅屋""茅山""茅氏"。

苦 kǔ

苦—苦—苦—苦
小篆　汉篆　隶书　楷书

形声字,从艸古声。《说文》:"苦,大苦,苓(líng,草药名)也。""苦"本义指苦菜,即荼,味苦可入药。"苦"也可表示一般的苦味、痛苦、悲伤、穷困、勤劳的意义,比如"忆苦思甜""困苦""悲苦""苦日子""劳苦功高"。

毒 dú

毒—毒—毒—毒—毒
战文　小篆　汉篆　隶书　楷书

形声字,从屮(cǎo)毒(ǎi)声。《说文》:"毒,厚也。害人之艸,往往而生。""毒"本义指毒草,后泛指一般的毒物,如"中毒""毒气"。"毒"也可表示毒品、有毒素的、罪恶、祸害、苦痛的意义,比如"吸毒""毒蛇""恶毒""毒害""毒苦"。

茎(莖) jīng

莖—莖—莖—莖—茎
战文　小篆　隶书　楷书　简化字

形声字,从艸巠(jīng)声。《说文》:"茎,枝柱也。""茎"本义指草木起支持草木花果的主干部分,俗称茎干。"茎"也可表示器物的柄、小枝的意义,比如"刀茎""茎叶"。

芒 máng

芒—芒—芒—芒
战文　小篆　隶书　楷书

形声字,从艸亡声。《玉篇》:"芒,稻麦芒也。""芒"本义指稻禾和麦茎叶顶部的细刺,如"针尖麦芒"。"芒"也可表示一般的尖刺、刀剑锋芒、光芒的意义,比如"芒刺在背""芒刃""耀芒"。

芬 fēn

芬—芬—芬—芬
小篆/或体　汉篆　隶书　楷书

形声字,小篆从屮分声,或体从艸分声,隶书承袭了或体的写法,沿

二 植物类　　芳萃华庄

用至今。《说文》"芬,艸初生,其香分布。"意思是说芬就是草刚刚生长时散发的香气。"芬"本义指花草的香气,如"芬芳"。"芬"也可表示美名或美德、和好的意义,比如"清芬""芬好"。

芳 fāng
芳—芳—芳—芳
战文　小篆　隶书　楷书

形声字,从艸方声。《说文》:"芳,艸香。""芳"本义指花草的香气,如"芬芳"。"芳"也可表示香草、花卉、美好的意义,比如"芳香""芳草""芳心"。

萃 cuì
萃—萃—萃—萃—萃
战文　小篆　汉篆　隶书　楷书

形声字,从艸卒声。《说文》:"萃,艸貌。"《集韵》:"萃,艸盛貌。""萃"本义指草丛生貌,如"丛萃"。"萃"也可表示聚集、止息、群类的意义,比如"荟萃""萃止""出类拔萃"。

华(華) huá
華—華—華—華—华
战文　小篆　隶书　楷书　简化字

会意字,从艸从𠌶(huā),𠌶兼表音,"𠌶"古文字象草木的花朵形,是"花"的初文,战国文字开始加"艸"表意,最终隶变作"華",沿用至今。《说文》:"华,荣也。""华"读音 huā,本义指草木的花朵,后这个意义主要由"花"来记录。"华"又音 huá,主要表示光彩、年轻、文采、美丽、繁荣、浮华的意义,比如"光华""华年""才华""华丽""荣华""华而不实"。"华"又读 huà,表示山名、姓氏义,如"华山""华氏"。

庄(莊) zhuāng
莊—莊—莊—莊—庄
战文　小篆　隶书　楷书　简化字

会意字,从艸从壮,壮兼表音,会草木壮大之意。《玉篇》:"庄,草盛貌。""庄"本义指草木茂盛,但这个意义文献少用。"庄"主要表示严肃、恭敬、村落、庄园、商店的意义,比如"庄严""端庄""村庄"

"山庄""布庄"。

萌 méng
小篆—汉篆—隶书—楷书

形声字,从艸明声。《说文》:"萌,艸芽也。""萌"本义指植物的芽,俗称萌芽。"萌"也可表示萌发、开始发生、征兆的意义,比如"草木萌动""未萌""萌兆"。

苍(蒼) cāng
战文—小篆—隶书—楷书—简化字

形声字,从艸倉声。《说文》:"苍,艸色也。""苍"本义指草色,也可表示青黑色、灰白色、姓氏的意义,比如"苍天""苍白""苍氏"。

荷 hé
小篆—秦隶—汉隶—楷书

形声字,从艸何声。《说文》:"荷,芙蕖(qú)叶。"《尔雅》:"荷,芙蕖。""荷"读音 hé,本义指莲,一种多年生水生草木,别名芙蓉。《诗经》有"山有扶苏,隰(xí)有荷华",意思是说山上有茂盛的扶苏,洼地有美艳的荷花,用的正是本义。"荷"也可表示荷叶义,如"荷扇"。"荷"又音 hè,主要表示扛、担任、电荷的意义,比如"荷锄""荷重""正电荷"。

苞 bāo
战文—小篆—汉篆—隶书—楷书

会意字,从艸包声。《说文》:"苞,艸也。南阳以为粗履。""苞"本义指一种可用来编制席子和草鞋的席草,俗称苞草。"苞"也可表示花苞、丛生的意义,比如"含苞欲放""苞生"。

茂 mào
小篆—汉篆—隶书—楷书

形声字,从艸戊声。《说文》:"茂,艸丰盛。""茂"本义指草木繁盛,如"茂盛""茂密"。"茂"也可表示一般的美盛、优秀、地名的意义,比如"声情并茂""茂士""茂县"。

荒 huāng

形声字，从艸巟(huāng)声。《说文》："荒，芜也。""荒"本义指田地生草而无人耕种，如"荒芜"。《礼记》有"地广大，荒而不治"，用的正是本义。"荒"也可表示收成不好、废弃、事物严重缺乏、沉溺、不合情理的意义，比如"荒年""荒废""煤荒""荒淫""荒谬"。

菜 cài

会意字，从艸从采，采兼表音，大概会摘采草木之意。《说文》："菜，艸之可食者。""菜"本义指可食用的蔬菜，如"菜园"，也可表示菜肴的总称，比如"荤菜""川菜"。

芹 qín

形声字，从艸斤声。《说文》："芹，楚葵也。""芹"本义指芹菜，一种常见的食用蔬菜，如水芹、旱芹等。"芹"也比喻微薄的意义，比如"芹献"。

葱(蔥) cōng

形声字，战国文字"心"上方的一点构意不明，至小篆变成表音的"匆"，最终演变从艸怱声的形声字，沿用至今。《说文》："蔥，菜也。""葱"本义指葱类植物，如大葱、香葱等，主要用作蔬菜及调味料。"葱"也可表示青绿色，如"郁郁葱葱"。

苛 kē

形声字，从艸可声。《说文》："苛，小艸也。""苛"本义指小草，又指细草丛生的样子，但这两个意义文献都很少使用。"苛"主要表示刻薄、急切、麻痹的意义，比如"苛刻""苛切""拘苛"。

苟 gǒu
小篆 汉篆 隶书 楷书

形声字，从艸句声。《说文》："苟，艸也。""苟"本义指草名，但这个意义文献少用。"苟"也可表示随便、姑且的意义，比如"一丝不苟""苟且"。"苟"也用作虚词，表示假设的语义关系，如"苟富贵，勿相忘"。

蒙 méng
战文 小篆 汉篆 隶书 楷书

形声字，从艸冡（měng）声。"蒙"本义指一种俗称菟丝的草，俗称蒙草，但这个意义文献少用。"蒙"主要表示覆盖、隐瞒、受到、愚昧、天色昏暗的意义，比如"蒙脸""蒙人""蒙受""蒙昧""蒙暗"。

萧（蕭）xiāo
小篆 汉篆 隶书 楷书 简化字

形声字，从艸肅声。《说文》："萧，艾蒿也。""萧"本义指香蒿，但这个意义文献少用。"萧"主要表示清静冷落、洒脱、肃敬、古国名、姓氏的意义，比如"萧瑟""萧然""萧墙""萧国""萧氏"。

范¹ fàn
小篆 汉篆 隶书 楷书

形声字，从艸氾声。《说文》："范，艸也。""范"本义指草名，但这个意义文献少用。"范"主要表示古县名、姓氏的意义，比如"范县""范氏"。今"范"主要用作"範"的简化字，表示模范、规范等意义。

范²（範）fàn
战文 小篆 隶书 楷书 简化字

形声字，战国文字从車巳声，小篆演变为从車笵声，且"笵"有省形。《说文》："範，範軷（bá）也。""范"本义指古代出行前祭祀路神的礼节,但这个意义文献罕用。"范"主要表示铸造器物的模型、铸造、法则、约束、对他人容止仪表的尊称等意义,比如"模范""铸范""典范""范民之道""很有范"。"範"简化字作"范"不是新造字形,而是合并了表示草名的"范"。所以"范"既表草名义,也记录了"範"的全部意义和用法。

药(藥)yào

形声字,从艸樂声。《说文》:"药,治病艸。""药"本义指能够治病的草木,俗称草药。"药"也可表示一般的药品、用药治疗、毒杀、化学物质的意义,比如"药物""不可救药""药老鼠""炸药"。"藥"简化字作"药",是用笔画少的声符代替笔画多的声符。

薪 xīn

形声字,从艸新声。《说文》:"新,荛也。"这里"荛"有柴草的意思。"薪"本义指作燃料的木材,如"釜底抽薪",也可表示报酬或薪水义,如"年薪"。

盖(蓋)gài

形声字,从艸盍声。《说文》:"盖,苫(shān)也。"这里"苫"指用草编成的覆盖物。"盖"本义指盖屋的茅苫,但这个意义文献少用。"盖"主要表示一般的覆盖物、搭盖、加在上面、遮蔽、胜过的意义,比如"锅盖""盖房子""盖章""掩盖""盖过"。

茸 róng

形声字,从艸聪声,且"聪"有省形。《说文》:"茸,艸茸茸貌。从艸聪省声。""茸"本义指草初生纤细柔软的样子,如"软茸茸",也可表示柔细的兽毛、鹿茸的简称等意义,比如"茸毛""养茸"。

蕃 fán　金文—战文—小篆—隶书—楷书

形声字，从艸番声。《说文》："蕃，艸茂也。""蕃"读音 fán，本义指草木茂盛。《易经》有"天地变化，草木蕃"，用的就是本义。"蕃"也可表示繁殖、众多的意义，如"蕃息""蕃多"。"蕃"又读 fān，主要表示屏障、古代对西边少数民族及外国的通称等意义，比如"蕃屏""蕃国"。

丛（叢）cóng　战文—小篆—隶书—楷书—简化字

形声字，战国文字从艸龍声，后字形逐渐演变，至隶书变作"叢"，沿用至楷书。《说文》："丛，聚也。""丛"本义指草木丛生，如"丛林"。"丛"也可表示一般的聚集、聚集在一起的人或物、繁杂的意义，比如"丛集""论丛""事丛"。

春 chūn　甲骨文—金文—战文—小篆—隶书—楷书

形声字，甲骨文从三木（或二木）从日屯声，大概会草木在日光下蠢蠢生长之意，后字形逐渐省变，至小篆固定为从艸从日屯声的形声字，隶书演变作"春"，沿用至今。《广韵》："春，四时之首。""春"本义指一年中的第一季，俗称春季。《公羊传》有"春者何？岁之始也"，说的正是本义。"春"也可表示一年、喜色、生长、男女情欲的意义，比如"二百春""春色""万木春""怀春"。

莫 mò　甲骨文—金文—战文—小篆—隶书—楷书

会意字，甲骨文、金文从日从四木或从四艸，会太阳落入草丛中之意，至小篆固定为从日从茻（mǎng，草丛），沿用至今。《说文》："莫，日且冥也。从日在茻中。"说的就是这个构意。"莫"读音 mù，本义指太阳落山的时候，后这个意义另造了从日的"暮"来记录。"莫"又音 mò，主要借用作虚词，表示否定、没有的意义，比如

"莫名""莫须有"。

莽 mǎng

会意字，从犬从茻（mǎng），茻兼表音，会犬在草丛中之意。《说文》："莽，南昌谓犬善逐兔艸中为莽。"这里"莽"指犬善逐兔在草丛之中。"莽"本义指丛生的草，俗称草莽，也可表示普通的草、粗率、冒失、粗重的意义，比如"食莽饮水""鲁莽""莽撞""沙莽"。

葬 zàng

本为形声字，甲骨文从歺（è，死）爿声，表示与死人的意义相关，战国文字承袭了甲骨文的写法，同时产生了从死从茻（mǎng）的会意字，大概会把死人掩埋在草丛之意。《说文》："葬，藏也。从死在茻中。"说的就是这个构意。"葬"本义指掩埋尸体，俗称下葬。《易经》有"古之葬者，厚衣之以薪，葬之中野。"古人下葬死人，用木材厚厚地包裹尸体，然后掩埋在荒野之中，这说明在上古时期丧葬文化还没有形成，先民对待逝去的人就像对待死去的动物一般，还非常原始。

藏 cáng

形声字，从艸臧（zāng）声。《说文》："藏，匿也。""藏"读音 cáng，本义指收存、储藏。《荀子》有"春耕，夏耘，秋收，冬藏"，这里"冬藏"就是在冬天收藏食物，用的正是本义。"藏"也可表示隐匿、怀有、深的意义，比如"隐藏""藏身""深藏"。"藏"又音 zàng，表示存储东西的地方、佛教或道教经典总集的意义，比如"宝藏""佛藏""道藏"。

若 ruò

象形字，甲骨文象一人跪坐以双手理顺头发形，至金文跪坐形已经不明显，同时加"口"装饰，战国文字承袭了金文的写法，后逐渐演变成从艸从右的"若"，沿用至今。《尔雅》："若，顺也。""若"本义指顺从。《诗经》有"播厥百谷，既庭且硕，曾孙是若"，意思是说播下的五谷长得挺拔硕壮，顺从了曾孙的愿望，用的正是本义。"若"也可表示像、如同、到的意义，比如"若有若无""相若""病未若死"。

才^{cái}　甲骨文 — 金文 — 战文 — 小篆 — 隶书 — 楷书

指事字，甲骨文、金文象草木从地面钻出之形，一横为指示符号，大概表示地面或平地的意思。《说文》："才，草木初生也。"说的就是这个构意。"才"本义指草木初生，但这个意义文献罕用。"才"主要表示才质、才智、有才能的人、某类人的意义，比如"天才""多才多艺""人才""奴才"。"才"也是"纔"的简化字，表示刚刚、仅仅的意思，如"刚才""才一天"。

生^{shēng}　甲骨文 — 金文 — 战文 — 小篆 — 隶书 — 楷书

会意字，甲骨文象草木从地面上长出之形，后字形逐渐演变，至小篆还依稀可见艸形。《说文》："生，进也。象艸木生出土上。"说的正是这个构意。"生"本义指长出、生长，如"新生"。"生"也可表示生育、出生、产生、与"死"相对、制造、生存、一辈子的意义，比如"生儿子""生辰""生病""生死""生事""生活""一生"。

产(産)^{chǎn}　战文 — 小篆 — 隶书 — 楷书 — 简化字

形声字，从生产(yàn)声，"产"从文厂(hǎn)声，是"彦"的初文，这里用作纯粹的声符。《说文》："产，生也。""产"本义指人或动物生子，俗称产子。"产"也可表示出生、发生、物产、制造、产业的意义，比如"出产""产生""产品""产出""财产"。"産"简化字作"产"，是截取了原字形的一部分。

竹^{zhú}　甲骨文－战文－小篆－隶书－楷书

象形字,甲骨文象竹子枝叶下垂形,本义指竹子。《说文》:"竹,冬生艸也。"古人认为竹胎生于冬天,其枝叶不凋零,所以称作冬生草。"竹"也可表示竹简、竹制符节的意义,比如"竹帛""竹符"。

支^{zhī}　战文－小篆－隶书－楷书

会意字,从又从个,个象半竹形,战国文字象手持半竹形,大概会离开竹子的竹枝之意。《说文》:"支,去竹之枝也。""支"本义指去竹的竹枝,也引申指一般植物的枝茎,后为这个枝茎义另造了"枝"来记录。"支"主要表示分支、分散、付出、维持、支撑的意义,比如"支系""支离破碎""支出""支持""支起"。"支"也用作量词,比如"一支笔"。

枝^{zhī}　战文－小篆－隶书－楷书

会意字,从木从支,支兼表音,会树木分支之意。《说文》:"枝,木别生条也。""枝"本义指植物主干分出的茎条,俗称枝条、枝茎。"枝"也可表示分散、木柱的意义,比如"枝出""树枝"。"枝"也用作量词,如"一枝花"。

笋(筍)^{sǔn}　金文－战文－小篆－隶书－楷书－简化字

形声字,金文从竹旬声。《说文》:"笋,竹胎也。""笋"本义指竹的嫩芽,俗称竹笋,味道鲜美。"笋"也可表示嫩的、榫头的意义,比如"笋鸡""笋头卯眼"。"筍"简化字作"笋",是用笔画少的声符代替笔画多的声符。

节(節)^{jié}　金文－战文－小篆－隶书－楷书－简化字

形声字,从竹即声。《说文》:"节,竹约也。""约"有缠束的意思,竹子被缠束的地方就是竹节,所以"节"本义指竹节。《史记》有"竹,外有节理,中直空虚",用的正是本义。竹节是竹子中比较坚实的部分,也是上下两段中空竹子的连接处和重要支点,由竹节的这些特性延伸开来,"节"可以引申出许多和竹节相关联的意义,如表示骨节、关节、季节、节气、节日、礼节、气节、节操、节制、节省等。

等 děng

战文—小篆—隶书—楷书

会意字,从竹从寺,寺是朝中官吏办事机构处理事务的地方,古代官吏办事机构整齐简策称为"等",故字从寺表意。《说文》:"等,齐简也。""等"本义指整齐竹简,但这个意义文献少用。"等"主要表示相同、级别、等待、事物品类众多的意义,比如"等同""等级""等等我""等等"。

简(簡) jiǎn

战文—小篆—隶书—楷书—简化字

形声字,从竹間声。《说文》:"简,牒也。"这里"牒"指古代书写用的竹木片。"简"本义指古代用于书写的狭长竹片,即竹简。"简"也可表示书籍、信札、简单、质朴、怠慢、严肃、少的意义,比如"简牍""信简""简略""简朴""简怠""简严""深居简出"。

策 cè

战文—小篆—隶书—楷书

形声字,从竹朿(cì)声。《说文》:"策,马箠(chuí)也。"马箠就是策马驱驰的马鞭。"策"本义指马鞭。《礼记》有"君车将驾,则仆执策立于马前",用的正是本义。"策"也可表示鞭打、督促、计谋、探测、古代文书、书籍的意义,比如"挥戈策马""督策""计策""策度""策书""垂史策"。

符 fú

战文—小篆—隶书—楷书

形声字,从竹付声。《说文》:"符,信也。汉制以竹,长六寸,分而相

二　植物类　　竿箭箱篇

合。""符"本义指古代朝廷封爵、置官、命使或调兵遣将用的凭证，俗称符节。汉代符节以长六寸的竹制成，分为左右两半，各持其一，合在一起则为凭证信物。"符"也可表示一般的信物、相合、验证、相当、符箓的意义，比如"玉符""符合""符验""相符""道符"。

竿 gān　　　　甲骨文—小篆—隶书—楷书

形声字，从竹干声。《说文》："竿，竹梃（tǐng）也。"这里"梃"指植物的干。"竿"本义指竹子的主干，俗称竹竿。"竿"也可表示钓竿、竹简的意义，比如"垂竿""竿牍"。"竿"也用作量词，如"千竿竹"。

箭 jiàn　　　　战文—小篆—隶书—楷书

形声字，从竹前声。《说文》："箭，矢竹也。""箭"本义指一种可以制作矢的竹子，俗称箭竹。"箭"也可表示弓箭、箭能射到的距离、古代滴漏计时标尺等意义，比如"射箭""一箭之地""漏箭"。

箱 xiāng　　　　小篆—汉篆—隶书—楷书

形声字，从竹相声。《说文》："箱，大车牝服也。"这里"牝服"指车内可供人乘坐或装载物品的地方。"箱"本义指大车车内可供人乘坐或装载物品的空间，后引申为一般的箱子，就是收藏衣物的方形器具。"箱"也可表示像箱子的东西、古代居室前堂两旁的房屋等意义，比如"风箱""箱房"。

篇 piān　　　　小篆—汉篆—隶书—楷书

形声字，从竹扁声。《说文》："篇，书也。""篇"本义指书、简册。《汉书》有"详具其对，著之于篇"，用的正是本义。"篇"也可表示首尾完整的诗文、成部著作中的一个组成部分、姓氏的意义，比如

"诗篇""篇章""篇氏"。"篇"也用作量词,表示文章的数量,如"一篇文章""诗百篇"。

竽 yú　甲骨文—战文—小篆—隶书—楷书

本为象形字,甲骨文象乐器竽之形,战国文字开始加"竹"表意,变成从竹从于,于兼表音的"竽",沿用至今。《说文》:"竽,管三十六簧也。从竹于声。""竽"本义指古代一种簧管乐器,形似笙而略大,如"吹竽""滥竽充数",用的正是本义。

个(箇)gè　小篆—隶书—楷书—简化字

形声字,从竹固声。《说文》:"箇,竹枚也。""个"本义指竹枝,但这个意义文献罕用。"个"主要用作量词,表示东西的个数,如"一个""两个"。"个"也是"個"的简化字,表示单独的意义,比如"单个""个体"。

筹(籌)chóu　小篆—隶书—楷书—简化字

形声字,小篆从竹壽声,隶书将"竹"变作艹,楷书承袭了小篆的写法,沿用至今。《说文》:"籌,壶矢也。""筹"本义指古代投壶游戏所用的签子,形如箭矢,也是古代计算或计数用的竹码类用具,俗称筹码。"筹"也可表示计谋、策划的意义,比如"筹谋""筹划"。"籌"简化字作"筹",是由"壽"简化作"寿"类推而来。

籍 jí　战文—小篆—汉篆—隶书—楷书

形声字,从竹耤(jí)声。《说文》:"籍,簿书也。""籍"本义指簿书,就是一种记录贡赋、人事及户口等的档案,俗称户籍、户口簿。《周礼》有"掌邦国宾客之礼籍",这里"礼籍"指等级名位尊卑的簿书,用的正是本义。"籍"也可表示置于门口的小牌子、个人的身份证明、书籍、登记、籍贯、征税的意义，比如"门籍""国籍""典籍""簿籍""祖籍""赋籍"。

笑 xiào

战国文字从竹从犬，但构意不明；至小篆演变为从竹夭声的形声字（隶书仍有从犬者），沿用至今。《字林》："笑，喜也。"《增韵》："笑，喜而解颜启齿也。""笑"基本义指因喜悦而开颜或出声，如笑容、笑声。"笑"也可表示喜爱、讥笑、接纳赠物的敬辞等意义，比如"喜笑颜开""嘲笑""笑纳"。

禾 hé

象形字，甲骨文、金文象谷穗下垂之形，本义指谷穗。《说文》："禾，嘉谷也。"古人认为谷穗是美好之物，所以把禾称作嘉谷，说的正是本义。"禾"也可表示水稻的苗、粮食作物总称、庄稼的茎秆等意义，比如"禾苗""禾稼""禾秆"。

稻 dào

形声字，甲骨文从米覃（tán）声，金文变作从米或从禾舀（yǎo）声，至小篆固定为从禾舀声的"稻"，沿用至今。《说文》："稻，稌（tú）也。"这里"稌"有禾稻的意思。"稻"本义指禾的总称，俗称禾稻、稻谷，有水稻和旱稻两种，是传统的五谷之一。"稻"也用作量词，表示古代玉带的宽度，如"十二稻玉带"。

秀 xiù

会意字，战国文字从禾从弓，从弓构意不明，至小篆固定为从禾从乃，沿用至今。《正字通》："秀，禾吐华（花）也。""秀"主要指谷类抽穗开花，如"吐秀"。《诗经》有"实发实秀"，这里"实秀"就是果实抽穗开花的意思。"秀"也可表示草木的花、草木茂盛、优异出众、俊美的意义,比如"含秀""佳木秀""优秀""秀丽"。

稚(稺) zhì

穉—稺—稚—稚
小篆　汉篆　隶书　楷书

形声字,小篆从禾屖(xī)声,至汉篆演变成从禾隹声,沿用至今。《说文》:"稚,幼禾也。""稚"本义指幼禾。《诗经》有"彼有不获稚",这里"不获稚"指未收割的幼禾,用的正是本义。"稚"也可表示幼小、物体细小、晚、孩子的意思,比如"幼稚""稚水""稚熟""稚子"。

季 jì

季—季—季—季—季—季
甲骨文　金文　小篆　隶书　楷书　简化字

会意字,从子从禾,会幼禾之意。《说文》:"季,少偁(chēng)也。"意思是说"季"是对年少者的称呼,这个意义应是由幼禾义引申而来。"季"也可表示一般的小、同辈排行中最小的、幼稚、季度、季节的意义,比如"季女""伯仲叔季""季材""春季""雨季"。

穆 mù

穆—穆—穆—穆—穆
金文　战文　小篆　隶书　楷书

本为象形字,金文象谷穗饱满下垂之形,下面的三斜笔应是装饰性笔画,无实际意义,后字形逐渐演变,至小篆固定为从禾㣎(mù)声的形声字,沿用至今。《说文》:"穆,禾也。""穆"本义指禾,但这个意义文献少用。"穆"主要表示和美、恭敬、深远、安宁、和悦的意义,比如"和穆""肃穆""穆远""穆清""穆悦之色"。

穗(采) suì

采—采—穗—采—采—穗
战文　小篆/或体　隶书　楷书　简化字

本为会意字,战国文字从爪从禾作"采",会以手采禾穗之意,小篆承袭了战国文字的写法,同时产生了从禾惠声的或体。今以或体"穗"为规范字,"采"作为异体字废弃不用。《说文》:"采,禾成秀也，人所以收。穗，采或从禾惠声。""穗"本义指禾穗，就是禾稻的顶端部分。《诗经》有"彼黍离离，彼稷之穗"，用的正是本义。"穗"也可表示像禾穗状的装饰品、广州市的简称等意义，比如"穗子""穗市"。

稼 jià　稼—稼—稼—稼
　　　　战文　小篆　隶书　楷书

形声字，从禾家声。《说文》："稼，禾之秀实为稼，茎节为禾。"意思是说禾上端的花穗果实为稼，禾的茎秆为禾。"稼"本义指禾穗。《诗经》有"九月筑场，十月纳禾稼"，用的正是本义。"稼"也可表示种植五谷、田中作物、谷物的意义，比如"稼穑""庄稼""谷稼"。

稍 shāo　稍—稍—稍—稍
　　　　战文　小篆　隶书　楷书

会意字，从禾从肖，肖兼表音，会禾苗微小之意。《说文》："稍，出物有渐也。"这里"稍"表示禾苗出芽微小且缓慢的意思。也有学者认为"稍"本义指禾末，由此引申为一般物体的末端，如"柳稍""眉稍"（今一般写作"梢"）。"稍"也可表示小、俸禄、逐渐、不久的意义，比如"稍事""稍入""稍微""稍会儿"。

稀 xī　稀—稀—稀—稀
　　　战文　小篆　隶书　楷书

形声字，从禾希声。《说文》："稀，疏也。""稀"本义指禾苗稀疏，后泛指一般的稀疏，与"稠"相对，如"月朗星稀"。"稀"也可表示少、缓、浓度小或水分多的意义，比如"稀少""稍稀""稀饭"。

稠 chóu　稠—稠—稠—稠
　　　　战文　小篆　隶书　楷书

形声字，从禾周声。《说文》："稠，多也。"《玉篇》："稠，密也。""稠"本义指禾苗稠密，后泛指一般的多或密，与"稀"相对，如"稠密"。"稠"也可表示浓厚、姓氏的意义，比如"稠粥""稠氏"。

稿 gǎo

豪—亯—髙—稾—稿
战文　小篆　汉篆　隶书　楷书

形声字，从禾从高，高兼表音，会高大的禾秆之意。《说文》："稿，秆也。"《广韵》："稿，禾秆。""稿"本义指禾秆，如"禾稿""束稿"。"稿"也可表示诗文及图画等的草底、文章或著作、干枯的意义，比如"底稿""书稿""稿木"（今一般写作"槁"）。

移 yí

移—移—移—移
战文　小篆　隶书　楷书

形声字，从禾多声。《说文》："移，禾相倚移也。"这里"倚移"又作"婀娜"，有摇摆的意思。"移"本义指禾苗随风摇摆的样子，但这个意义文献罕用。"移"主要表示移栽、迁徙、挪动、变易、除去的意义，比如"移植""迁移""移动""移风易俗""移除"。

私 sī

禾—秈—私—私
战文　小篆　隶书　楷书

形声字，从禾厶(sī)声。《说文》："私，禾也。""私"本义指禾名，但这个意义文献罕用。《正字通》："私，对公而言谓之私。""私"基本义指个人的，与"公"相对，如"公私分明"。"私"也可表示自己的、秘密、非法的、不正当男女关系的意义，比如"自私""隐私""私盐""私通"。

秦 qín

𥠩—𥢸—𥣫秦—𥣝—秦秦—秦
甲骨文　金文　战文　小篆　隶书　楷书

会意字，甲骨文从廾(gǒng)从二禾从午（"杵"本字），象以两手持杵舂禾稻之形，意义与禾有关。《说文》："秦，禾名。""秦"指禾名，但这个意义文献不见使用，而多借为国名，就是周代的秦国。《说文》："秦，伯益之后所封国，地宜禾。"这里"秦"指秦国，可能是说秦所受封之地适宜种禾稻，所以借用表禾名的"秦"来代指秦国。"秦"也可表示朝代名、地名、姓氏的意义，比如"秦朝""秦地""秦氏"。

种¹（種）zhòng

薲種—種—種—種—种
战文　小篆　隶书　楷书　简化字

形声字，从禾童声。《说文》："種，埶（yì）也。"这里"埶"是"藝（艺）"的初文，有种植的意思。"种"本义指种植，如种树、种草。"种"也是"種"的简化字，表示种族、种类、种子等意义。

种²（種）zhǒng

櫃—種—種—種—种
战文　小篆　隶书　楷书　简化字

形声字，战国文字从米重声，小篆演变为从禾重声，沿用至今。《说文》："種，先種后熟。""種"读音chóng，本义指禾类早种晚熟，但这个意义文献很少使用。"種"又音zhǒng，主要表示谷物的种子、族类、类别、物种的意义，如"谷种""种族""种类""种属"。今"種""稱"二字合并，以"种"作为简化字，都是以笔画少的声符代替笔画多的声符。

年 nián

—夫—秊秊—秊—秊秊—年
甲骨文　金文　战文　小篆　隶书　楷书

本为会意字，甲骨文、金文从人从禾，象人头上顶着禾稻形，以会丰收之意，战国文字变作从禾千声的形声字"秊"，后字形逐渐演变，最终变成楷书"年"，已不见禾形。《说文》："年，谷熟也。""年"本义指五谷成熟，如"丰年""年成"。古代的谷物一年一熟，谷物成熟的周期为一年，所以用年来表示时间单位一年，即十二个月。"年"也可表示年节、年纪、某一时期的意义，比如"过年""年富力强""近年"。

秋 qiū

龜龜—秌—䉷—秋—秋
甲骨文　战文　小篆　隶书　楷书

本为象形字，甲骨文象昆虫形，或又在昆虫形下加"火"，本义可能指某种昆虫名，至战国文字演变成繁简二形，或从禾龜（jiāo）声，或从禾从火（"龜"省形），小篆承袭了战国文字的简体写法，沿用至今。《说文》："秋，禾谷孰（熟）也。从禾龜省声。""秋"主要指庄稼成熟义。《尚书》有"若农服田力穑，乃亦有秋"，用的正是此义。"秋"也可表示秋天成熟的作物、四季中的第三季、年、日子的意义，比如"种秋""秋季""千秋""多事之秋"。

租 zū

租—租—租—租—租
战文　小篆　汉篆　隶书　楷书

形声字，从禾且声。《说文》："租，田赋也。""租"本义指田赋，就是土地收割后需要交纳的年贡，俗称田租，后多泛指一般的税赋，如"税租"。"租"也可表示租用、租金的意义，比如"租房子""地租"。

积（積）jī

積—積—積—積—积
战文　小篆　隶书　楷书　简化字

形声字，从禾責声。《说文》："积，聚也。""积"本义指谷类的积蓄，也引申为一般的积聚物。《左传》有"居则具一日之积"，意思是说居住就准备一天的粮食积蓄，用的正是本义。"积"也可表示累积、蕴含、垛子、积久渐成的、停止、数相乘的结果等意义，比如"积小成大""蕴积""草积""积血""滞积""求积"。"積"简化字作"积"，是用笔画少的声符代替笔画多的声符。

秩 zhì

秩—秩—秩—秩—秩
战文　小篆　汉篆　隶书　楷书

形声字，从禾失声。《说文》："秩，积也。从禾失声。""秩"本义指聚积，但这个意义文献少用。"秩"主要表示官吏的俸禄、官位或品级、次序、常规、有条理的意义，比如"秩薪""官秩""秩序""常秩""整秩"。

禀（稟）bǐng

稟—稟—稟—稟稟—稟—禀
金文　战文　小篆　隶书　楷书　简化字

会意字，从禾从㐭(lǐn)，㐭兼表音，会仓库储存禾谷之意。"禀"读音 lǐn，本义指粮仓，后这个意义专由"廪"来记录。《说文》："禀，赐谷也。"《广韵》："禀，供谷。""禀"又音 bǐng，主要指官府赐谷给人，后多泛指一般的赐与或赋与,如"禀予""禀赋"。"禀"也可表示领受、承受、下对上报告的意义,比如"禀受""禀承""禀告"。

嗇(啬) sè 甲骨文—金文—战文—小篆—隶书—楷书—简化字

会意字,甲骨文、金文从来从㐭,"来"表示麦子,"㐭"指粮仓,整个字形会把麦子放进粮仓之意。《说文》:"嗇,从来从㐭,来者㐭而藏之。"说的就是这个构意。"嗇"本义指收获谷物,后这个意义另造了从禾的"穡"来记录。"嗇"主要表示爱惜、节省、小气、缺少、贪的意义,比如"珍嗇""俭嗇""吝嗇""人悍物穡""贪嗇"。

穡(穑) sè 金文—战文—小篆—隶书—楷书

会意字,金文从来从㐭作"嗇",是"穡"的初文,战国文字开始加"禾"表意,最终分化出从禾从嗇、嗇兼表音的"穡"。《说文》:"穡,谷可收曰穡。""穡"本义指收获谷物。《诗经》有"不稼不穡,胡取禾三百廛兮",用的正是本义。"穡"也可表示耕种、谷物的穗、成熟的庄稼、节俭的意义,比如"耕穡""禾穡""丰穡""穡俭"。

科 kē 小篆—秦隶—汉隶—楷书

形声字,从斗禾声。《说文》:"科,程也。""科"本义指品类、等级。《论语》有"射不主皮,为力不同科,古之道也",这里"同科"指相同等级,用的正是本义。"科"也可表示条目、律令、课程或业务的分类、机关管理单位等意义,比如"科目""科律""文理科""人事科"。

程 chéng 战文—小篆—隶书—楷书

形声字,从禾呈声。《说文》:"程,品也。十发(fà)为程,十程为分,十分为寸。""程"本义指古代长度单位,十发为程,但一程到底长多少,没有定论。"程"也可表示法度、期限、距离、经过或步骤的意义，比如"方程氏""程限""里程""过程"。

称（稱）chēng 甲骨文—金文—战文—小篆—隶书—楷书—简化字

会意字，甲骨文、金文从爪从䎱作"爯（chèng）"，象手挈物之形，本义指称举，至战国文字开始加"禾"表意，分化出从禾从爯、爯兼表音的"稱"，沿用至今。《说文》："稱，铨（quán，秤）也。""称"读音chēng，本义指测物的轻重，如"称东西"，也可表述衡量、称谓、叫做、呼唤、祝贺、显扬的意义，比如"称量""别称""称谓""称呼""称颂""称世"。"称"又音chèn，表示适宜、美好的意义，如"称心如意""物称人好"。

香 xiāng 小篆—汉篆—隶书—楷书

会意字，小篆从黍从甘，会禾黍甘甜之意，至隶书演变成从禾从曰的"香"，沿用至今。《说文》："香，芳也。""香"本义指谷物的芬芳，如"稻花香"。"香"也可表示一般的气味芬芳、有香味的东西、味美、声色美、吃得有味道的意义，比如"香皂""檀香""香味""香玉""吃得香"。

黍 shǔ 甲骨文—金文—战文—小篆—隶书—楷书

本为象形字，甲骨文象黍稻之形，或加点以示黍穗，或加"水"表示和水相关，后字形逐渐演变，金文变作从水从禾，至小篆固定为"黍"，沿用至今。《说文》："黍，禾属而黏者也。""黍"本义指黍稻，就是子实叫黍子的一年生草本植物。"黍"也可表示黍的子实、古酒器名的意义，比如"黑黍""黍器"。

黎 lí 战文—小篆—隶书—楷书

形声字，从黍利声，且"利"有省形。《说文》："黎，履黏也。作履黏以黍米。""黎"本义指古人用黍米做糊用来黏鞋子,但这个意义文献罕用。"黎"主要表示众多、氏族名、地名、姓氏的意义,比如"黎民""黎族""黎川""黎氏"。

来(來) lái　甲骨文　金文　战文　小篆　隶书　楷书　简化字

象形字,甲骨文象麦子长有麦穗芒刺之形,本义指麦子。《说文》:"来,周所受瑞麦来麰也。"说的正是麦子的本义,但这个意义文献罕用。"来"主要借为来去的"来",表示从远到近,与"去"相对的意义。"来"也可表示招致、未来、下一个的意义,比如"招来""来日方长""来年"。

麦(麥) mài　甲骨文　金文　战文　小篆　隶书　楷书　简化字

会意字,甲骨文从來从夂(zhǐ),从夂构意不明,也有学者认为"麥"和"來"一字之变,下面的形象麦的根须,后逐渐讹变成象倒趾形的"夂"。《说文》:"麦,芒谷。"麦是有锋芒的谷物,古称芒谷。"麦"本义指麦子,一种禾本科一年生或越年生的草本作物,有大麦、小麦、黑麦等。

韭 jiǔ　战文　小篆　隶书　楷书

象形字,小篆象韭菜从地面长出之形,本义指韭菜,一种百合科多年生草本植物。《说文》:"韭,菜名。一种而久者,故谓之韭。"韭菜生命力旺盛,割了一茬还会重新生长出来,生长时间长,所以说韭是一种植就长久的菜。

麻 má　金文　战文　小篆　隶书　楷书

会意字,从厂(hǎn)从林(pài),从林表示与大麻的意义相关,从厂构意不明,小篆变为从广,沿用至今。《说文》:"麻,与林同。""麻"

本义指大麻，一种可提取纤维的草本植物。《诗经》有"艺麻如之何？衡从其亩"，用的正是本义。后来也泛指亚麻、苎麻、黄麻等功能类似的植物。"麻"也可表示芝麻、麻布制成的丧服、不光滑、带稀碎斑点的、麻木的意义，比如"麻油""麻衣""纸很麻""麻雀""手颤脚麻"。

瓜 guā　　戰文－小篆－隸書－楷書

象形字，战国文字象藤蔓上长出瓜果形，其中瓜果上端的圆弧线条象藤蔓的形状，用来衬托下面的瓜果。"瓜"本义指瓜果，葫芦科植物果实的通称，有西瓜、冬瓜、南瓜等。"瓜"也可表示古代兵器、古地名、姓氏的意义，比如"瓜器""瓜州""瓜氏"。

不 bù　　甲骨文－金文－戰文－小篆－隸書－楷書

象形字，有学者认为甲骨文象花萼的底部形，是"柎（fū）"的初文，本义指花朵外部用来托起花朵起保护作用的底部，这个意义读作 fū，后多由"柎"来记录。"不"又音 bù，主要借为否定副词，用在动词和形容词前，表示否定或相反的意义，如"不同意""不美"。

丕 pī　　甲骨文－金文－戰文－小篆－隸書－楷書

指事字，有学者认为甲骨文象花萼的底部形，是"柎（fū）"的初文，与"不"古本一字，战国文字开始在下端加圆点或短横的指事符号，最终分化出"丕"。《说文》："丕，大也。""丕"基本义指大，金文中常见吉语"丕显"就是大显，表示大明的意思。"丕"也可表示遵奉、姓氏的意义，比如"丕天""丕氏"。

三 地理山川类

山 shān

甲骨文 金文 战文 小篆 隶书 楷书

象形字，甲骨文象山峰耸立之形，有填实和勾勒轮廓两种写法，后字形逐渐演变，至小篆还依稀可见山的大概轮廓，最终演变成楷书"山"，沿用至今。《说文》："山，有石而高。""山"本义指山丘或山峰，就是地面上由土石构成的隆起部分。"山"也可表示像山的东西、坟墓、山里边的意义，比如"山墙""山陵""出山"。

丘 qiū

甲骨文 金文 战文 小篆 隶书 楷书

象形字，甲骨文象地面突起的小土山形，后字形逐渐演变，小篆已不见山形，最终演变成楷书"丘"，沿用至今。《说文》："丘，土之高也。""丘"本义指山丘，就是因地势而自然形成的土山。"丘"也可表示坟墓、废墟、邑里、空、姓氏的意义，比如"冢丘""废丘""旧丘""丘城""丘氏"。

岳（嶽）yuè

战文 小篆 隶书 楷书 简化字

会意字，战国文字从山从丘，会山丘之意，小篆演变为从山狱声的形声字"嶽"，隶书完整保留了这两种写法，今以"岳"为规范字，"嶽"作为异体字废弃不用。"岳"本义指高大的山，俗称山岳，也可特指名山五岳，如东岳、南岳等。"岳"也可表示对妻家父母长辈的称谓、姓氏的意义，比如"岳父""岳飞"。

嵩 sōng

战文 小篆 隶书 楷书

会意字，从山从高，高兼表音，会高山之意。《释名》："嵩，山大而高。""嵩"本义指山大而高，也特指中岳嵩山。"嵩"还可表示一般的高大、姓氏的意义，如"嵩高""嵩氏"。

岩（巖）yán

小篆　汉篆　隶书　楷书　简化字

本为形声字，小篆从山嚴（yán）声，隶书承袭了小篆的写法，同时产生了从山从石的会意字"岩"，沿用至今。《说文》："巖，岸也。"《玉篇》："巖，积石貌。""岩"本义指山高。《诗经》有"泰山岩岩，鲁邦所詹"，用的正是本义。"岩"也可表示山峰、洞穴、岩石、险要的意义，比如"山岩""岩窟""花岗岩""岩险"。"巖"简化字作"岩"，是用笔画少的义符代替笔画多的声符。

冈（岡）gāng

金文　战文　小篆　隶书　楷书　简化字

形声字，从山网声。《说文》："岡，山骨也。"这里"山骨"有山脊的意思。"冈"本义指山脊或山梁。《诗经》有"陟彼高冈，我马玄黄"，用的正是本义。"冈"也可表示山坡、山岭的意义，比如"山冈""十八道冈"。

虚（虛）xū

战文　小篆　隶书　楷书　简化字

形声字，从丘（楷书中变为"业"，再简化为"业"）虍（hū）声。《说文》："虛，大丘也。""虚"本义指大丘。《诗经》有"升彼虚矣，以望楚矣"，意思是说登上那个大丘眺望楚丘，用的正是本义。"虚"也可表示区域、空虚、空着、空隙、不真实、胆怯、体质弱的意义，比如"虚域""虚空""虚位以待""乘虚而入""虚假""发虚""身体虚"。

石 shí

甲骨文　金文　战文　小篆　隶书　楷书

本为象形字，甲骨文从厂从口，"厂（厂）"象山石形，是"石"的初文，本义指山崖，"口"是装饰性部件，没有实际音义，至小篆演变成椭圆形的口，近似石块的形状。《说文》："石，山石也。在厂之下，口象形。"这里把"口"解释为象石块形，应是误解，当然也可以看作是汉代人对字形的重新解释。"石"本义指山崖上的岩石，如

"他山之石"。"石"也可表示古乐器名、石刻、石针、结石的简称等意义,比如"石磬""金石""针石""排石"。

破 pò　𥓎—破—破—破
　　　　　小篆　汉篆　隶书　楷书

形声字,从石皮声。《说文》:"破,石碎也。""破"本义指破碎、不完整。《荀子》有"风至苕(tiáo)折,卵破子死",用的正是本义。"破"也可表示毁坏、解除、突破、违背、攻克、揭穿、花费的意义,比如"破坏""破除""破格""破戒""破城""破案""破费"。

研 yán　研—研—研研—研
　　　　　小篆　汉篆　　隶书　楷书

形声字,从石幵(jiān)声。《说文》:"研,䃺(mó)也。"这里"䃺"有磨的意思。"研"本义指细磨,就是碾成粉末状,如磨米、磨面等。"研"也可表示研究、精细、姓氏的意义,比如"研讨""精研""研氏"。

厂 chǎng　𠂇—厂—厈—厈—厂
　　　　　　甲骨文　金文　小篆/籀文　隶书　楷书

象形字,甲骨文、金文象山崖形,至金文加"干"表音,产生了从厂干声的繁体"厈",小篆承袭了甲骨文构形,籀文则保留了金文的繁体写法。《说文》:"厂,山石之崖岩,人可居。象形。厈,籀文从干。""厂"读音 hǎn,本义指山崖,但这个意义文献罕用,后世表示山崖的意义主要由"崖"来记录,"厂"更多是作为义符参与造字,凡从厂的字大都表示与山崖或山石相关的构意,如"崖""厚""厉"等。今"厂"主要用作"廠"的简化字,读音 chǎng,表示没有墙壁的简易房屋、马屋、从事生产的场所等意义,比如"厂房""马厂""工厂"。

崖 yá　崖—崖—崖—崖
　　　　　小篆　汉篆　隶书　楷书

形声字,从山从厂(hǎn)圭声,大概会山崖之意。《说文》:"崖,高

三　地理山川类　　岸厚厉厌

边也。""崖"本义指山或高地的边缘,俗称山崖、悬崖。"崖"也可表示水边高岸、边际或尽头、古地名等意义,比如"水崖""崖际""琼崖"。

岸 àn　战文—小篆—隶书—楷书

形声字,从山从厂(hǎn)干声,大概会崖边高地之意。《说文》:"岸,水厓而高者。""岸"本义指江河湖海等水边的高地,如河岸、湖岸。"岸"也可表示高傲、边际的意义,比如"岸然""岸边"。

厚 hòu　甲骨文—金文—战文—小篆—隶书—楷书

形声字,从厂(hǎn)旱(hòu)声。甲骨文上方从厂,表示与山石的意义相关,下面象一器物形,但所指不明,至金文演变成"旱"表音。《说文》:"厚,山陵之厚也。"这里"厚"有山石很厚的意思。"厚"主要指物体(多指扁平物体)上下两面距离大,与"薄"相对,如"天高地厚"。"厚"也可表示厚度、丰富、看重、忠厚、味浓的意义,比如"二寸厚""丰厚""厚古薄今""敦厚""醇厚"。

厉(厲) lì　金文—战文—小篆—隶书—楷书—简化字

形声字,从厂(hǎn)萬声。《说文》:"厉,旱石也。"这里"旱石"有磨刀石的意思。"厉"本义指磨刀石,后这个意义另造了从石的"砺"来记录。"厉"主要表示勉励、磨使之锋利、振奋、严格的意义,比如"激励""厉兵""厉勇向前""严厉"。"厲"简化字作"厉",是由"萬"简化字作"万"类推而来。

厌(厭) yàn　战文—小篆—隶书—楷书—简化字

形声字,从厂(hǎn)猒(yàn)声。《说文》:"厌,笮(zé)也。"这里"笮"有压迫的意思。"厌"本义指压迫、覆压,后这个意义另造了从土的"壓(压)"来记录。"厌"读音 yā，主要表示镇压、符合、顺服的意义，如"厌众""厌合""厌伏"。"厌"又音 yàn，也可表示满足、憎恶的意义，比如"贪得无厌""厌恶"。

土 tǔ 甲骨文—金文—战文—小篆—隶书—楷书

象形字，甲骨文、金文象地面突出的土堆形，下面的一横表示地面，后逐渐演变成二横加一竖的"土"，沿用至今。《说文》："土，地之吐生物者也。""土"本义指土壤、泥土，在上面可以生长各种生物。"土"也可表示国土、乡里、本地的、民间沿用的、俗气的意义，比如"疆土""乡土""土特产""土法子""土气"。

地 dì 金文—战文—小篆—隶书—楷书

形声字，金文从阜从土象(tuàn)声，战国文字或从阜从土它声，至小篆固定为从土也声，沿用至今。《说文》："地，元气初分，轻、清、阳为天，重、浊、阴为地。万物所陈列也。""地"本义指大地，与"天"相对，如"天地之间"。"地"也可表示地球、陆地、地面、土地、地点、地区的意义，比如"地壳""平地""水泥地""种地""发祥地""内地"。

块(凷、塊) kuài 甲骨文—金文—战文—小篆/或体—隶书—楷书—简化字

本为会意字，甲骨文、金文从土从凵(kǎn)，会坎穴中的土块之意，至战国文字出现了从立鬼声、从土夬声两种不同写法的形声字。今以"块"为规范字，"凷""塊"都作为异体字废弃不用。《说文》"凷，墣也。塊，凷或从鬼。""块"本义指土块。《国语》有"(重耳)过五鹿，乞食于野人，野人举块以与之"，用的正是本义。"块"也可表示成块状的东西、一起的意义，比如"煤块""一块"。"块"也用作量词，如"一块香皂""两块钱"。

三　地理山川类　　墙堵壁基堂　91

墙（牆）qiáng

甲骨文—金文—战文—小篆—隶书—楷书—简化字

形声字，从啬爿(chuáng)声。《说文》："墙，垣蔽也。""墙"本义指用土筑或用砖石等砌成的屏障或外围，俗称墙壁。《左传》有"人之有墙，以蔽恶也"，用的正是本义。"墙"也可表示古代罩四周的帷幔、藩蔽的意义，比如"墙帷""墙蔽"。"牆"简化字作"墙"，是用笔画少的义符代替笔画多的声符。

堵 dǔ

战文—小篆—隶书—楷书

形声字，从土者声。《说文》："堵，垣也。五版为一堵。""堵"本义指古代墙壁的面积单位，古用板筑法筑土墙，五板为一堵。"堵"也可表示墙壁、阻塞、姓氏的意义，比如"墙堵""堵漏洞""堵氏"。"堵"也用作量词，如"一堵墙"。

壁 bì

战文—小篆—隶书—楷书

形声字，从土辟声。《说文》："壁，垣(yuán)也。"这里"垣"有矮墙的意思。"壁"本义指墙壁，如"面壁思过"。"壁"也可表示营垒、陡峭的山崖、物体像壁状的部分等意义，比如"壁垒""峭壁""胃壁"。

基 jī

甲骨文—金文—小篆—隶书—楷书

形声字，从土其声。《说文》："基，墙始也。""基"本义指墙脚，后泛指一般建筑物的底部，如地基、基址等。"基"也可表示基础、起头、实业的意义，比如"基本""基始""基业"。

堂 táng

金文—金文—小篆—隶书—楷书

形声字，从土尚声。《玉篇》："堂，土为屋基也。""堂"本义指坛，就是用土筑成的方形土台或屋基，俗称堂基。《说文》："堂，殿也。"

这里指殿堂的意思，应是由屋基义引申而来，类似的引申义还有表示厅堂、明堂、礼堂、公堂、灵堂、课堂等。"堂"也可表示山上宽阔平坦的地方、同祖父的亲属、尊称他人的母亲、高显的意义，比如"外堂""堂兄弟""尊堂大人""堂堂正正"。

坛(壇) tán　壇—壇—壇—壇—坛
小篆　汉篆　隶书　楷书　简化字

形声字，从土亶(dǎn)声。《说文》："坛，祭场也。""坛"本义指古时为祭祀而筑的土台，如天坛、地坛等。"坛"也可表示土筑的屋基、宗教场所、文艺体育界、讲学或发表言论的场所等意义，比如"土坛""法坛""文坛""讲坛"。"壇"简化字作"坛"，是用笔画少的声符代替笔画多的声符。

场(場) chǎng　場—場—場—場—场
战文　小篆　隶书　楷书　简化字

形声字，从土昜(yáng)声。《说文》："场，祭神道也。""场"读音cháng，本义指古代祭神用的平地，俗称祭场，也可表示翻晒粮食的平坦场地、集市的意义，如"晒谷场""赶场"。"场"又音chǎng，主要表示活动场所、舞台、相互作用的物理学空间等意义，比如"商场""上场""磁场"。

城 chéng　城—城—城—城—城
金文　战文　小篆　隶书　楷书

形声字，金文从郭(guō，外城)成声，至小篆固定作从土成声，沿用至今。《说文》："城，以盛民也。""城"本义指城墙，就是都邑四周用作防守的墙垣，内称城，外称郭，里面可住人，如"城里城外"。"城"也可表示城垣以内的地方、城墙、都邑、城市的意义，如"东城""万里长城""城邑""城乡"。

坊 fāng　坊—坊—坊—坊—坊
战文　小篆　汉篆　隶书　楷书

形声字，从土方声。《说文》："坊，邑里之名。""坊"读音fāng，本义指城镇中街道里巷的通称、俗称街坊。"坊"也可表示店铺、官署名、牌坊的意义，比如"茶坊""典书坊""贞节坊"。"坊"又音fáng，表示小手工业者的工作场所，如作坊、酒坊。

垂 chuí

夽（战文）— 坙（小篆）— 垂（隶书）— 垂（楷书）

形声字，从土巫(chuí)声。《说文》："垂，远边也。""垂"本义指边疆、边界，后这个意义另造了从阜的"陲"来记录。"垂"主要表示留传、低下、流下、将近、敬辞的意义，比如"永垂不朽""垂头丧气""垂涎三尺""垂暮""垂爱"。

坡 pō

坡（战文）— 坡（小篆）— 坡（隶书）— 坡（楷书）

形声字，从土皮声。《说文》："坡，阪也。""坡"本义指地势倾斜的地方，如土坡、山坡。"坡"也表示唐宋期间对翰林学士的俗称，亦称銮坡。宋代叶梦得《石林燕语》有"俗称翰林学士为坡。盖唐德宗时尝移学士院于金銮坡上，故亦称銮坡"，说的就是銮坡的由来。

隆 lóng

隆（战文）— 隆（小篆）— 隆（汉篆）— 隆（隶书）— 隆（楷书）

形声字，战国文字从土降声，小篆变作从生降声，隶书承袭了战国文字的写法，最终演变成"隆"，沿用至今。"隆"本义指四面高起的山，后多泛指一般的高、增高或突出的意义，如"隆高""隆起"。"隆"也可表示大、兴盛、多、丰厚、尊崇的意义，比如"隆丰""兴隆""福气隆隆""富隆""崇隆"。

堤 dī

堤（战文）— 堤（小篆）— 堤（汉篆）— 堤（隶书）— 堤（楷书）

形声字，从土是声。《说文》："堤，滞也。""堤"读音dǐ，主要指滞义，但这个意义文献未见使用。"堤"又音dī，主要堤坝义，如"沙堤"。《左传》有"宋芮司徒生女子，赤而毛，弃诸堤下"，用的正是堤坝的意义。"堤"也可表示瓶类的底座,如"瓶堤"。

在 zài　甲骨文中(才)—金文中—战文士—小篆土—隶书杜—楷书在—在

形声字,从土才声,甲骨文以"才"为"在",至金文开始加"土"表意,最终分化出从土才声的"在",沿用至今。《说文》:"在,存也。""在"本义指存在。《论语》有"父在,观其志;父没,观其行",用的正是本义。"在"也可表示居于、所在、由于的意义,比如"在上面""处在""在于"。

封 fēng　甲骨文—金文—战文—小篆—隶书—楷书

会意字,甲骨文从土从木,金文开始加"又"表意,大概会用手堆土植树以为疆界之意,后字形逐渐演变,至楷书变成从二土从寸的"封",沿用至今。"封"本义指堆土植树为界,后多引申指一般的疆界、田界,如"封疆""封界"。"封"也可表示古代帝王以土地或爵位赐人、密闭、查封、包裹、书信的意义,比如"分封制""封闭""封路""封起来""急封"。

坐 zuò　战文—小篆—隶书—楷书

会意字,从土从二人,象二人对坐在土上之形,本义指一种席地而坐的休息方式,上古先民席地而坐,坐时两膝着地、臀部压在脚后跟上,今天发展为有椅凳的坐。《说文》:"坐,止也。"这里"止"指止息、休息,说的正是本义。"坐"也可表示居住、乘搭、背对着方向、定罪的意义,比如"坐牢""坐车""坐北朝南""连坐"。

均 jūn　金文—战文—小篆—隶书—楷书

会意字,金文从土从匀,匀兼表音,会土地均匀之意,战国文字或从土旬声,小篆承袭了金文的写法,沿用至今。《说文》:"均,平,遍也。""均"本义指公平、均匀。《论语》有"不患寡而患不均,不患贫而患不安",意思是说不担心人民少而担心分配不均匀,不担心财物少而担心人民不安定,用的正是本义。"均"也可表示等同、调和、都的意义,比如"均等""调均""均是"。

增 zēng

增（战文）— 增（小篆）— 增（隶书）— 增（楷书）

形声字,从土曾声。《说文》:"增,益也。"《广雅》:"增,加也。""增"本义指添、加多,如"增加"。《诗经》有"如川之方至,以莫不增",意思是说如江河正滚滚来,没有什么不增加,用的正是本义。"增"也可表示山名、姓氏的意义,如"增山""增氏"。

填 tián

填（战文）— 填（小篆）— 填（汉篆）— 填（隶书）— 填（楷书）

形声字,从土真声。《说文》:"填,塞也。""填"本义指填塞,如"填坑""精卫填海"。"填"也可表示充满、涂饰、填写、补偿的意义,比如"填满""填漆""填空""填补"。

塞 sāi

塞（甲骨文）— 塞（金文）— 塞（战文）— 塞（小篆）— 塞（汉篆）— 塞（隶书）— 塞（楷书）

会意字,甲骨文从宀(mián)从二工从二手,大概会双手持物塞进屋中之意,至战国文字开始加"土"表意,最终演变成从土从寒(sāi)、寒兼表音的"塞",沿用至今。《说文》:"塞,隔也。""塞"读音 sāi,本义指堵塞,如"塞住"。"塞"也可表示填充、堵住器物口的东西、阻塞、闭塞、充满的意义,比如"填塞""瓶塞""路塞""梗塞""塞满"。"塞"又音 sài,主要表示关塞、可据守的险要地方、边境的意义,如"边塞""要塞""塞外"。

毁 huǐ

毁（金文）— 毁（战文）— 毁（小篆）— 毁（隶书）— 毁（楷书）

形声字,从土毇(huǐ)声,且"毇"有省形,至楷书将"土"部讹作

"工",已不见土形。《说文》:"毁,缺也。从土毇省声。""毁"本义指破坏、毁坏,如"摧毁""毁灭"。"毁"也可表示减损、撤除、诽谤的意义,比如"自毁形象""毁墙""毁誉"。

坏(壞) huài

战文—小篆—隶书—楷书—简化字

形声字,从土褱(huái)声。《说文》:"壞,败也。""坏"本义指衰败、毁败,如"败坏"。"坏"也可表示倒塌、不好、变得无用或有害、使变坏的意义,比如"墙坏""坏人""玩具坏了""坏肚子"。

坚(堅) jiān

战文—小篆—隶书—楷书—简化字

会意字,从土从臤(qiān),臤兼表音,会土块坚固之意。《说文》:"坚,刚也。"这里"刚"有硬的意思。"坚"本义指坚硬,如"坚如磐石"。《易经》有"履霜坚冰至",用的正是本义。"坚"也可表示牢固、强硬、种子饱满、不动摇的意义,比如"坚固""坚强""坚果""坚定"。

坦 tǎn

战文—小篆—隶书—楷书

形声字,从土旦声。《玉篇》:"坦,平也。""坦"本义指平,俗称平坦。《易经》有"履道坦坦",用的正是本义。"坦"也可表示宽舒、宽广、显明、女婿的意义,比如"坦荡荡""宽坦""坦露""坦婿"。

型 xíng

战文—小篆—隶书—楷书

形声字,从土刑声。《说文》:"型,铸器之法也。""型"本义指铸造器物的模子,俗称模型。"型"也可表示类型、式样、法式的意义,比如"新型""流线型""典型"。

圭 guī

金文—战文—小篆—隶书—楷书

会意字,从二土,古代用不同的圭玉来表示分封给诸侯的土地,故字从土表意。《说文》:"圭,瑞玉也,上圆下方。""圭"本义指古玉器名,俗称圭玉。"圭"也可表示古时测日影的仪器部件、姓氏的意义,比如"圭尺""圭氏"。

墨 mò　叁—墾—墨—墨
　　　　战文　小篆　隶书　楷书

会意字,从土从黑,黑兼表音,会土黑之意。《说文》:"墨,书黑也。""墨"本义指写字绘画用的黑色颜料,如石墨、笔墨等。"墨"也可表示一般的黑色、诗文或书画、木工用的墨线、古代刑罚的意义,比如"墨玉""文墨""绳墨""墨刑"。

田 tián　囲—田—田—田—田—田
　　　　甲骨文　金文　战文　小篆　隶书　楷书

象形字,甲骨文既象田猎战阵之形,也象井田之形,所以"田"有两个基本义。"田"本义指打猎、田猎。《易经》有"田无禽",用的正是田猎的本义,后这个意义专由"畋"来记录。《玉篇》:"田,土也,地也。""田"主要指耕地、田地义,并由这个意义引申出耕种、可供开采某些资源的地带、管理农事的官员等意义,比如"田耕""煤田""田官"。

甸 diàn　甼—甸—甹—甸—甸
　　　　金文　战文　小篆　隶书　楷书

会意字,金文从田从人,大概会人耕作的田地之意,至小篆演变为从田从勹,沿用至今。《说文》:"甸,天子五百里地。""甸"本义指王田,就是天子的田地,如"甸服"。"甸"也可表示田野、治理、古代管理柴薪的官、坝子的意义,比如"甸园""甸治""甸人""甸寨"。

疆 jiāng　畺—畕—疆—畺疆—疆—疆
　　　　甲骨文　金文　战文　小篆/或体　隶书　楷书

会意字,甲骨文从上下相错的二田,会田的边界之意,或者加"弓"表示丈量土地,至战国文字又加"土"表意,最终演变成从土从弓从置的会意字，沿用至今。《说文》："畺，界也。疆，畺或从彊、土。""疆"本义指国界、边界。《礼记》有"大夫私行，出疆必请"，用的正是本义。"疆"也可表示疆土、边际的意义，如"疆域""万寿无疆"。

界^{jiè}　畍—田介—界—界
　　　　　小篆　汉篆　隶书　楷书

形声字，从田介声。《说文》："界，境也。""界"本义指地界、边界，如"田界""界线"。"界"也可表示界限、划分、一定的范围、相同职业的社会成员总称等意义，比如"分界""划界""眼界""学术界"。

略^{lüè}　畧—晷—略—略
　　　　　战文　小篆　隶书　楷书

形声字，从田各声。《说文》："略，经略土地也。""略"本义指经营土地、划定疆界，如"经略"。《尚书》有"嵎（yú）夷既略，潍、淄其道"，意思是说嵎夷已经经营好了，潍水和淄水也已疏通，用的正是本义。"略"也可表示疆界、计谋、简少、概要、掠夺的意义，比如"疆略""谋略""简略""概略""侵略"。

畔^{pàn}　畔—畔—畔—畔
　　　　　战文　小篆　隶书　楷书

会意字，从田半声。《说文》："畔，田界也。""畔"本义指田界，俗称田畔。《左传》有"行无越思，如农之有畔"，大意是说行动不要越过思想，就象农田有田界一样，用的正是本义。"畔"也可表示界限、旁边的意义，比如"畔界""湖畔"。

亩（畞）^{mǔ}　畮—㽚—畮畮—畝—畞—亩
　　　　　　　　金文　战文　小篆/或体　隶书　楷书　简化字

形声字，金文从田每声作"畮"，战国文字变作从田从又从久，这里"久""又"都用作声符，小篆保留了金文构形，或体承袭了战国文字的写法。今以"亩"为规范字，"畮""畞"都作为异体字废弃不用。《说文》："畮，六尺为步，步百为畮。畞，畮或从田、十、久。"

"亩"本义指旧地积单位市亩的简称,如"一亩地",也可表示田埂义,如"垄亩"。

里¹ lǐ　里－里里－里－里－里
　　　　金文　战文　小篆　隶书　楷书

会意字,从田从土,会有土有田之意。《说文》:"里,居也。""里"本义指人所居住的地方,有田有土,故人可居。"里"也可表示城邑的街坊、故乡、为邻居住、居民组织单位、长度单位的意义,比如"坊里""乡里""邻里""里长""一里路"。"里"也是"裹"的简化字,表示衣内、里面的意义。

里²(裹) lǐ　衞－衷－裹－裹－裹－里
　　　　　　金文　战文　小篆　隶书　楷书　简化字

形声字,从衣里声。《说文》:"裹,衣内也。""里"本义指衣服内层、内衣。《诗经》有"绿兮衣兮,绿衣黄里",用的正是本义。"里"也可表示与"外"相对的、某个时间内的意义,比如"里面""年里"。"裹"简化字作"里"不是新造字形,而是合并了乡里的"里",所以"里"既可指乡里,也表示里面的意义。

野 yě　林－林－埜野－野－野－野
　　　甲骨文　金文　战文　篆书　隶书　楷书

本为会意字,甲骨文、金文从林从土作"埜",表示树林深处为郊野的构意,后逐渐演变成从里予声的形声字,沿用至今。《说文》:"野,郊外也。""野"本义指郊外,俗称郊野。"野"也可表示旷野、田野、民间、粗鄙、野生的意义,比如"荒野""沃野""朝野""鄙野之人""野果子"。

留 liú　𤲞－𤲬－𤲬－𤲬－留
　　　金文　战文　小篆　隶书　楷书

形声字,从田卯声。《说文》:"留,止也。""留"本义指停止、停留。《诗经》有"不留不处,三事就绪",说的正是本义。"留"也可表示阻止、留滞、保存的意义，比如"挽留""滞留""留存"。

畜 chù

会意字，从玄从田，"玄"象束丝形，先民把田猎的动物拘养在家里，就是家畜。《说文》："畜，田畜也。"说的就是这个意义。"畜"读音chù，本义指人类所饲养的家禽，俗称家畜、牲畜。"畜"又读xù，主要表示饲养禽兽、培养、顺从的意义，比如"畜养""畜德""畜民"。

当(當) dāng

形声字，从田尚声，战国文字或作从土尚声。《说文》："当，田相值也。"意思是说田与田相互对着。"当"本义指对着、向着。《左传》有"天子当阳"，用的正是本义。"当"也可表示对等、担任、承担、主持、抵抗、应该、遇到的意义，比如"门当户对""担当""当之无愧""当权""以一当十""应当""正当"。

阜 fù

象形字，甲骨文、金文象山的山坡阶梯之形，后字形逐渐演变，最终变成楷书"阜"，沿用至今。《尔雅》："大阜曰山。"《释名》："土山曰阜。""阜"本义指土山。《诗经》有"如山如阜，如冈如陵"，用的正是本义。"阜"也可表示一般的山、高大、丰盛、姓氏的意义，比如"山阜""孔阜""丰阜""阜氏"。凡以"阜"作为义符置于左旁都写作"阝"，表示与山丘的意义有关，例如"陆""陵""阿""附"等。

陆(陸) lù

会意字，从阜从坴(lù)，坴兼表意，"坴"指大土块，整个字形会大土山之意。《说文》："陆，高平地。""陆"本义指高而平的陆地，如"大陆""登陆"。"陆"也可表示大土山、陆路、姓氏的意义，比如"丘陆""水陆交通""陆氏"。

陵 líng

金文—战文—小篆—隶书—楷书

形声字，从阜夌(líng)声。《说文》："陵，大阜也。""陵"本义指大土山，如丘陵、陵谷等。"陵"也可表示一般的山头、坟墓、上、超越、侵犯的意义，比如"山陵""陵墓""陵城""陵驾""陵弱"。

阿 ē

金文—战文—小篆—隶书—楷书

形声字，从阜可声。《说文》："阿，大陵也。""阿"读音 ē，本义指大土山，如"山阿"。《诗经》有"菁菁者莪(é)，在彼中阿"，意思是说莪蒿葱茏繁茂，生长在那大土山中，用的正是本义。"阿"也可表示迎合、徇私、亲附的意义，比如"阿谀奉承""刚正不阿""阿附"。"阿"又音 ā，主要用作名词词头，无实际意义，如"阿公""阿牛"。

附 fù

小篆—汉篆—隶书—楷书

形声字，从阜付声。《说文》："附，附娄，小土山也。"这里"附娄"指小土山。"附"读音 póu，本义指小土山，但这个意义文献罕用。"附"又读 fù，主要表示依傍、依从、附着、依归、靠近、附带的意义，比如"依附""附和""附身""归附""附近""附属"。

隅 yú

战文—小篆—汉篆—隶书—楷书

形声字，从阜禺声。《说文》："隅，陬(zōu)也。"这里"陬"有山角的意思。"隅"本义指山的角落，后多泛指一般的角落，如"城隅"。"隅"也可表示部分或片面、旁边、方正、地名的意义，比如"偏隅""隅坐""廉隅""隅地"。

陪 péi

小篆—汉篆—隶书—楷书

形声字，从阜咅(pǒu)声。《说文》："陪，重土也。""陪"本义指重叠的土堆，如"陪土"。"陪"也可表示家臣、增益、辅佐、陪同的意义，比如"家陪""陪裨""陪辅""陪酒"。

陛 bì　陛—陛—陛—陛
　　　　战文　小篆　隶书　楷书

形声字，从阜坒声。《说文》："陛，升高阶也。""陛"本义指阶梯，如"阶陛"，也可表示官阶等级、帝王宫殿的台阶等意义，比如"陛级""陛下"。"陛下"本指站在帝王宫殿台阶下的侍者或臣子，古代群臣不敢直呼天子，只能呼叫在宫殿台阶下侍从的人转告，以此表示尊敬君王，所以"陛下"就成为对帝王天子的尊称。

除 chú　除—除—除—除
　　　　战文　小篆　隶书　楷书

形声字，从阜余声。《说文》："除，殿陛也。"这里"殿陛"有宫殿台阶的意思。"除"本义指宫殿的台阶。《史记》有"赵王扫除自迎"，大意是说赵王打扫宫殿的台阶亲自迎接，用的正是本义。"除"也可表示一般的阶梯、去掉、取下、数学的除法、不计算在内的意义，比如"棚除""除掉""除下""六除二""除外"。

阶（階）jiē　階—階—階—階—阶
　　　　　　　　小篆　汉篆　隶书　楷书　简化字

形声字，从阜皆声。《说文》："阶，陛也。""阶"本义指台阶，如"登阶"。"阶"也可表示梯子、途径、官爵的等级、达到的意义，比如"阶梯""阶道""阶级""进阶"。"階"简化字作"阶"，是用笔画少的声符代替笔画多的声符。

防 fáng　防—防—防—防—防
　　　　　战文　小篆　汉篆　隶书　楷书

形声字，战国文字从阜从土方声，小篆演变为从阜方声的形声字，沿用至今。《说文》："坊，隄也。""防"本义指堤坝。《周礼》有"以防止水"，意思是说用堤坝阻止水，用的正是本义。"防"也可表示堵塞、防御、防备、防止、遮蔽、要塞的意义，比如"防川""防守""防盗""防禁""防雨""边防"。

院 yuàn

形声字，从阜完声。《说文》："院，坚也。""院"本义指坚固，但这个意义文献罕用。"院"主要表示围墙、有围墙环绕的宫室或房屋、房屋围墙中的空地、官署名称的意义，比如"院墙""四合院""院地""国务院"。

陶 táo

形声字，从阜匋声。《说文》："陶，再成丘也。在济阴。""陶"本义指两重的山丘，后用作地名专称，即陶丘，在山东省荷泽市定陶区，今定陶也简称陶。"陶"也可表示瓦器、化育、培养、喜悦、尽情的意义，比如"陶瓷""熏陶""陶养""乐陶陶""陶醉"。

陕（陝）shǎn

形声字，从阜夾（shǎn）声。《说文》："陝，弘农陝也，古虢（guó）国王季子所封也。""陕"本义指古地名，在今河南省陕县，也可表示陕西省的简称、姓氏的意义，比如"陕北""陕氏"。

阳（陽）yáng

形声字，从阜从昜（yáng），昜兼表音，大概会山高处有阳光之意。《说文》："陽，高明也。"就是高处明亮的意思。"阳"本义指明亮，与暗相反，如"明阳"。"阳"也可表示太阳、向阳的部分、温暖、复苏、男性生殖器的意义，比如"阳光""阳面""春日载阳""还阳""阳痿"。

阴（陰）yīn

形声字，金文从阜今声，至小篆固定为从阜侌（yīn）声的"陰"，沿用至楷书。《说文》:"阴,闇(àn)也。""阴"本义指幽暗、昏暗,云和阜都是遮挡阳光的物体,故字从阜从云表意。"阴"也可表示背阳的部分、潮湿、潜藏在内的、秘密的、天色阴暗、寒冷的意义,比如"阴面""阴湿""阴沟""阴谋""阴天""阴冷"。

限 xiàn　㝵㠯—限—阻—限
　　　　　金文　小篆　隶书　楷书

形声字,从阜艮(gèn)声。《说文》:"限,阻也。""限"本义指阻隔。《韩非子》有"齐之清济浊河,足以为限",用的就是阻隔的本义。"限"也可表示门槛、界线、止境、限制的意义,比如"门限""限度""极限""限期"。

阻 zǔ　　阻—限—阻—阻
　　　　　小篆　秦隶　汉隶　楷书

形声字,从阜且声。《说文》:"阻,险也。""阻"本义指险要、险要地带。《诗经》有"深入其阻",意思是说深入到险要之地,用的正是本义。"阻"也可表示阻碍、阻止、拒绝、艰难的意义,比如"阻碍""阻拦""推三阻四""艰难险阻"。

隔 gé　　鬲—鬲—隔—隔
　　　　　战文　小篆　隶书　楷书

形声字,从阜鬲(gé)声。《说文》:"隔,障也。"《玉篇》:"隔,塞也。""隔"本义指障隔、阻塞。《战国策》有"秦无韩魏之隔,祸中于赵矣",用的正是本义。"隔"也可表示别离、界限、远、不相合的意义,比如"隔离""隔界""疏隔""相隔"。

险(險) xiǎn　險—譣—隓—險—險—险
　　　　　　　战文　小篆　汉篆　隶书　楷书　简化字

形声字,从阜佥(qiān)声。《说文》:"险,阻难也。""险"本义指阻难,如"艰难险阻"。"险"也可表示要隘、高峻、阴险、危险、奇异、差点的意义,比如"险要""险峰""险恶""涉险""怪险""险些失败"。

三　地理山川类　　　降队坠堕

降 jiàng

会意字，甲骨文从阜从二止（趾）向下，会从高处落下之意。《说文》："降，下也。""降"本义指从高处下来，如"升降"。"降"也可表示高贵人物莅临、落下、赐予、降低、减退的意义，比如"降临""降落""降罪""降价""降温"。"降"又音 xiáng，主要表示投降、悦服的意义，如"降将""降服"。

队（隊）duì

本为会意字，甲骨文从阜从倒子（或从倒人），象人头朝下从高处坠下之形，至金文演变成从阜㒸（suì）声的形声字"隊"，沿用至今。《说文》："隊，从高隊也。""隊"读音 zhuì，本义指坠落，后这个意义另造了从土的"墜"来记录，简化字作"坠"。"队"又音 duì，主要表示集体的编制单位、成群的东西、少年先锋队、行列的意义，比如"球队""成群结队""队旗""排队"。"队"也用作量词，表示成群成列的人或物，如"一队人马"。

坠（墜）zhuì

本为会意字，甲骨文从阜从倒人（或倒子），象人头朝下从高处坠下之形，是"队（隊）"的初文，战国文字开始加"土"表意，最终分化出从土从隊、隊兼表音的"墜"。《说文》："墜，陊（duò）也。"这里"陊"有堕落的意思。"坠"本义指落下。《楚辞》有"朝饮木兰之坠露兮"，用的正是本义。"坠"也可表示丧失、衰落、重东西往下垂、吊在下面的装饰物等意义，比如"坠失""沦坠""坠吊""扇坠"。

堕（墮）duò

本为会意字，金文从阜从双手从二土，大概会以双手抓土之意，战国文字变作从阜𡐦（huī）声，至小篆固定为从土隋声的"墮"。今以

"堕"为规范字,"墮""陊"都作为异体字废弃不用。《说文》:"堕,败城阜曰堕。""堕"读音 huī,本义指倒塌的城墙,也可表示毁坏义,但这两个意义文献都很少使用。"堕"又音 duò,主要表示掉落、祭祀名、懈怠的意义,比如"堕入深渊""堕祭""懈堕"。

陷 xiàn　陷—䧟—䧟—陷—陷
　　　　　　战文　小篆　汉篆　隶书　楷书

会意字,从阜从臽(xiàn),臽兼表音,会从高处落下陷阱之意。《说文》:"陷,高下也。""陷"本义指坠入、堕入。《易经》有"刚健而不陷",用的正是本义。"陷"也可表示坑穴、埋没、迫害、攻破、溃败的意义,比如"陷阱""陷溺""陷害""攻陷""城陷"。

隐(隱) yǐn　隱—隱—隱—隱—隐
　　　　　　　战文　小篆　隶书　楷书　简化字

形声字,从阜㥯(yǐn)声。《说文》:"隐,蔽也。"《广韵》:"隐,藏也。""隐"本义指隐蔽、隐藏,如"隐身""隐居"。"隐"也可表示隐瞒、幽静、谜语、忧伤、同情的意义,比如"直言不隐""隐深""隐语""隐痛""恻隐之心"。

陈(陳) chén　陳—陳—陳—陳—陳—陈
　　　　　　　金文　战文　小篆　隶书　楷书　简化字

会意字,从阜从東,但构意不明。《广雅》:"陈,列也。"《玉篇》:"陈,布也。""陈"读音 chén,主要指排列、布置,如"陈设"。"陈"也可表示行列、向上述说、显示、久、古国名的意义,比如"陈列""陈述""陈现""陈旧""陈国"。"陈"又音 zhèn,主要表示军队行列、阵法的意义,后为这两个意义分化出"陣"来记录,简化字作"阵"。

谷¹ gǔ　谷—谷—谷—谷—谷—谷
　　　　　　甲骨文　金文　战文　小篆　隶书　楷书

象形字,甲骨文、金文象水流出谷口之形,本义指两山之间的水流。《说文》:"谷,泉出通川为谷。"说的正是本义。"谷"也可表示两山之间狭长有出口的地带、深的坑穴、困境的意义,比如"峡谷""洼谷""进退维谷"。"谷"也是"穀"的简化字,表示粮食、谷物的意义。

谷²(穀) gǔ 　 ─ ─ 穀 ─ 谷
战文　小篆　隶书　楷书　简化字

形声字,从禾殻(què)声。《说文》:"穀,续也。百穀之总名。""谷"本义指庄稼和粮食的总称,俗称百谷。"谷"也可表示俸禄、进食、养育、姓氏的意义,比如"谷禄""不谷""谷育""谷氏"。"穀"简化字作"谷"不是新造字形,而是合并了山谷的"谷",所以"谷"既指山谷义,也表示粮食、谷物等意义。

水 shuǐ 　 ─ ─ ─ ─ 水 ─ 水
甲骨文　金文　战文　小篆　隶书　楷书

象形字,甲骨文、金文象蜿蜒流动的水形,也是河流的象形。"水"本义指一种无色无味的透明液体,甲骨文中多指洪水或水灾。《诗经》有"沔彼流水,朝宗于海",用的正是本义。"水"也可表示某种液态物、河流,以及江河湖海的通称,如"药水""渭水""万水千山"。

河 hé 　 ─ ─ 河 ─ 河 ─ 河
甲骨文　金文　战文　小篆　隶书　楷书

形声字,甲骨文从水丂(kē,"柯"初文)声,金文从水何声,至战国文字演变为从水可声,小篆承袭了战国文字的写法,沿用至今。《说文》:"河,水。出敦煌塞外昆仑山,发原注海。""河"本义指我国的第二大河流黄河,后意义扩大,泛指一般的河流,如"江河"。"河"也可表示水道的通称、银河的意义,比如"运河""河汉"。

江 jiāng 　 ─ 江 ─ 江 ─ 江
金文　战文　小篆　隶书　楷书

形声字,从水工声。《说文》:"江,水,出蜀湔(jiān)氐(dī)徼外岷山,入海。""江"本义指我国的第一大河流长江,后意义扩大,多指一般大河流的通称,如"黑龙江""湘江"等。"江"也可表示古州名、姓氏的意义,比如"江州""江氏"。

海 hǎi　金文－战文－小篆－隶书－楷书

形声字,从水每声。《说文》:"海,天池也,以纳百川者。""海"本义指承纳大陆江河流水的地球上最大的水域,俗称大海。《尚书》有"江、汉朝宗于海",用的正是本义。"海"也可表示荒远之地、大湖、大、从海外或国外传来的、人或事物积聚多且广等意义,比如"四海""洱海""海量""海归""学海"。

洋 yáng　战文－小篆－隶书－楷书

形声字,从水羊声。《说文》:"洋,水。出齐临朐(qú)高山,东北入钜定。""洋"本义指古河流名,即今山东省的潍河。"洋"也可表示盛多、舒适自得的样子、地球表面被水覆盖的广大部分、外国的、现代化的意义,比如"洋洋洒洒""洋洋得意""海洋""洋人""洋气"。

浪 làng　小篆－汉篆－隶书－楷书

形声字,从水良声。《说文》:"浪,沧浪水也。南入江。""浪"读音láng,本义指古河流名,即沧浪河,在汉水中下游。"浪"又音làng,主要表示波浪、放荡、轻率的、淫荡、无用的意义,比如"大浪""放浪""浪交""浪汉子""浪费"。

汉(漢) hàn　金文－战文－小篆－隶书－楷书－简化字

形声字,从水難(难)声,且"難"有省形。《说文》:"汉,漾也,东谓沧浪水。从水難省声。""汉"本义指河流名,即汉水,也称汉江,是长江最长的支流。"汉"也可表示天河、男子、汉族、朝代名、汉语的简称等意义,比如"汉河""汉子""汉民""汉朝""汉译英"。

浙 zhè

形声字,从水折声。《说文》:"浙,江。水东至会稽山阴为浙江。""浙"本义指江名,即今天的钱塘江。"浙"也可表示浙江省的简称、古州名的意义,比如"江浙地区""浙州"。

洛 luò

形声字,从水各声。《说文》:"洛,水。出左冯(píng)翊(yì)归德北夷界中,东南入渭。""洛"本义指古河流名,今称洛河。"洛"也可表示洛阳的简称、姓氏的意义,比如"洛京""洛氏"。

湘 xiāng

形声字,从水相声。《说文》:"湘,水。出零陵阳海山,北入江。""湘"本义指河流名,即今天的湘江,是湖南省内最大的河流。"湘"也可表示山名、古州名,以及湖南省的简称,比如"湘山""湘州""湘妹子"。

淮 huái

形声字,从水隹声。《说文》:"淮,水。出南阳平氏桐柏大复山,东南入海。""淮"本义指古河流名,发源于河南省桐柏山,东流经安徽省。"淮"也可表示秦淮河、大、姓氏的意义,比如"秦淮""淮雨""淮氏"。

济(濟) jǐ

形声字,从水齊声。《说文》:"济,水。出常山房子赞皇山,东入泜(chí)。""济"读音 jǐ,本义指古河流名,即今济河,也可表示古州名,如济州、济县。"济"又读 jì,主要表示渡过、度过、成就、救助的意义,比如"济沧海""共济艰危""济事""救济"。

温(溫) wēn

形声字,从水盈声。《说文》:"温,水。出犍为涪,南入黔水。""温"本义指河流名,即今贵州省遵义市东的洪江。"温"也可表示暖和、柔和、平和的意义,比如"温暖""温柔""温和"。

漆 qī

形声字,从水桼声。《说文》:"漆,水。出右扶风杜陵岐山,东入渭。""漆"本义指古河流名,今称漆水河。"漆"也可表示树木名、涂料、涂漆、黑色的意义,比如"漆树""黑漆""漆房子""漆黑色"。

渐(漸) jiàn

形声字,从水斩声。《说文》:"渐,水。出丹阳黟(yī)南蛮中,东入海。""渐"本义指古河流名,就是今天的浙江。"渐"也可表示慢慢地、加剧、步骤的意义,比如"逐渐""大渐""渐次"。

深 shēn

形声字,从水罙声。《说文》:"深,水。出桂阳南平,西入营道。""深"本义指古河流名,即今天湘江支流之一的潇江。"深"也可表示从上到下的距离大、精微、严重、颜色浓、茂盛的意义,比如"深浅""精深""深刻""深色""竹深"。

浊(濁) zhuó

形声字,从水蜀声。《说文》:"浊,出齐郡厉妫(guī)山,东北入钜定。""浊"本义指古河流名,即今北洋河。"浊"也可表示液体不清亮、不干净、品行坏、混乱、声音低沉的意义,比如"清浊""污浊""恶浊""浊世""浑浊"。

治 zhì

形声字,从水台(yí)声。《说文》:"治,水。出东莱曲城阳丘山,南入海。""治"读音 chí,本义指古河流名,即今山东半岛大沽河与支流小沽河。"治"又音 zhì,主要表示整治、治理、主管、法制、研究、诊疗的意义,比如"修治""统治""主治""政治""治学""治病"。

泥 ní

形声字,从水尼声。《说文》:"泥,水。出北地郁郅北蛮中。""泥"本义指古河流名,泾水支流,即今甘肃省元城川、马莲河。"泥"也可表示含水的半固体状的土、像泥土一样黏糊的东西等意义,比如"泥土""枣泥"。

荡(蕩) dàng

形声字,从水蕩(tāng)声。《说文》:"荡,水。出河内荡阴,东入黄泽。""荡"读音 tāng,本义指河流的名称,唐以后称汤水。"荡"又音 dàng,主要表示摇动、震动、放纵、洗涤、冲撞的意义,比如"荡漾""天地相荡""放荡""涤荡""扫荡"。

漾 yàng

形声字,从水羕(yàng)声。《说文》:"漾,水。出陇西相道,东至武都为汉。""漾"读音 yàng,本义指古河流名,即今嘉陵江上源的西汉水,也可表示水流长的意义,如"江水漾漾"。"漾"又音 yǎng,主要表示水动荡的样子、浮动、泛溢、挥动的意义,比如"荡漾""春水漾""漾溢""漾拳头"。

灌 guàn

灌—雚—灌—灌—灌
战文　小篆　汉篆　隶书　楷书

形声字,从水雚声。《说文》:"灌,水。出庐江雩娄,北入淮。""灌"本义指古河流名,源出河南省商城县南。"灌"也可表示浇溉、注入、装入或倒入、丛生的树木、强迫使饮、录音的意义,比如"灌溉""灌进""灌肠""灌木""灌醉""灌唱片"。

溉 gài

溉—溉—溉—溉—溉
金文　战文　小篆　隶书　楷书

形声字,从水既声。《说文》:"溉,水。出东海桑渎覆甑山,东入北海。一曰灌注也。""溉"本义指古河流名,在今山东省潍坊市东南。"溉"也可表示灌注、洗涤的意义,比如"灌溉""涤溉"。

油 yóu

油—油—油—油
战文　小篆　隶书　楷书

形声字,从水由声。《说文》:"油,水。出武陵孱陵西,东南入海。""油"本义指古河流名,发源于湖北省宜都市西南,最后注入长江。《广韵》:"油,油脂。""油"主要指动物脂肪等混合液体,如猪油、豆油、石油等。"油"也可表示用油涂饰、盛貌、光润、浮滑的意义,比如"油窗户""油然而生""油光发亮""油嘴滑舌"。

泄 xiè

泄—泄—泄—泄
小篆　汉篆　隶书　楷书

形声字,从水世声。《说文》:"泄,水。受九江博安洵波,北入氐。""泄"读音 yì,本义指古河流名,即今安徽省六安市的汲河。又"泄泄",表示话多的意思。"泄"又音 xiè,主要表示排出、发泄、漏出、水泻的意义,比如"排泄""泄愤""泄漏""倾泄"。

浸(濅) jìn

浸—濅—濅—濅—濅—浸
甲骨文　战文　小篆　隶书　楷书　简化字

形声字,甲骨文从宀从水从帚,象在室内洒扫之形,至小篆变作

"濅",从水寖(jìn)声。《说文》:"寖,水。从魏郡武安,东北入呼沱河。""寖"基本义指古河流名,具体位置未详。"寖"也可表示湖泽、滋润、渗入、泡在水里、淹没的意义,比如"巨寖""寖润""寖透""寖泡""寖没"。

涂¹ tú
甲骨文 战文 小篆 隶书 楷书

形声字,从水余声。《说文》:"涂,水。出益州牧靡南山,西北入渑。""涂"本义指河流名,即今云南省牛栏江,但这个意义文献罕用。今"涂"主要用作"塗"的简化字,表示涂抹、敷擦等意义。

涂²(塗) tú
战文 小篆 汉篆 隶书 楷书

形声字,从土涂声。《说文》:"塗,泥也。""涂"本义指泥、泥巴。《孟子》有"立于恶人之朝,与恶人言,如以朝衣朝冠,坐于涂炭",用的正是本义。"涂"也可表示涂抹、敷擦、污染、抹去、乱写或乱画、堵塞的意义,比如"涂墙""涂药膏""一败涂地""涂改""乱涂乱画""塞耳涂目"。今"涂""塗"二字合并,以"涂"作为规范字,记录了"塗"的全部意义和用法。

沮 jǔ
甲骨文 战文 小篆 隶书 楷书

形声字,从水且声。《说文》:"沮,水。出汉中房陵,东入江。""沮"读音 jū,本义指河流名,发源于湖北省保康县西南,最后注入长江。但这个意义文献罕用。《广韵》:"沮,止也。""沮"又音 jǔ,主要表示终止义,如"沮止",也可表示败坏、颓丧、怀疑的意义,比如"沮坏""沮丧""猜沮"。

溺 nì
战文 小篆 隶书 楷书

形声字,从水弱声。《说文》:"溺,水。自张掖山丹西至酒泉合黎,余波入于流沙。""溺"读音 ruò,主要指河流名,也作弱水,今称额济纳河。"溺"又音 nì,主要表示淹没、陷入危难、沉湎、失职的意义,比如"溺水""久溺苦闷""沉溺""溺职"。"溺"又读 niào,表示小便、撒尿的意义,后这个意义主要由"尿"来记录。

池 chí

小篆 汉篆 隶书 楷书

形声字,从水也声,是"沱"的后起分化字。《说文》:"沱,江别流也,出崏山东,别为沱。从水它声。"这里"沱"读音 tuó,表示古河流名、江水的支流或水湾。后"沱"在汉代隶书时期分化出从水也声的"池",专门来表示池塘、水塘义。《玉篇》:"池,渟水。"《集韵》:"沱,穿地钟水。亦作池。""池"读音 chí,本义指水塘或积水的坑,俗称池塘。"池"也可表示护城河、水道、古州名等意义,比如"护城池""沟池""池州"。

沉(沈) chén

甲骨文 金文 小篆 汉篆 隶书 楷书

本为会意字,甲骨文从水从牛(或倒牛),象沉牛于水中之形,后逐渐演变成从水尤声的形声字。"沉"本义指沉祭,就是古代祭水神的仪式,向水中投牛羊等祭品。《周礼》有"以貍沉祭山林川泽",用的正是本义。《说文》:"沈,陵上滈(hào)水也。""沉"主要指山岭上凹出的积水,也引申为水田义,如"沉田"。"沉"也可表示深、幽隐、分量重、没入水中、沦落、浸染、迷恋的意义,比如"深沉""沉隐""沉重""沉没""沉沦""沉浸""沉醉"。

没 mò

战文 小篆 隶书 楷书

会意字,小篆从水从叟(mò),叟兼表音,会沉入水中之意,这里的"叟"本义指沉没,是"没"的初文,隶书以后变得和"殳(shū)"同形。《说文》:"没,沉也。从水从叟。""没"读音 mò,本义沉入水中、沉没。《庄子》有"其子没于渊,得千金之珠",用的正是本义。

"没"也可表示淹没、消失不见、沦落、终止、覆灭的意义,如"没入人群""隐没""没落""曲终人没""全军覆没"。"没"又读 méi,主要表示没有义,如"没人""没在"。

浮 fú 战文—小篆—隶书—楷书

形声字,从水孚声。《说文》:"浮,氾也。"《玉篇》:"浮,水上曰浮。""浮"本义指水上漂浮,与"沉"相对,如"漂浮"。《诗经》有"泛泛扬舟,载沉载浮",用的正是本义。"浮"也可表示泛舟、游水、飘在空中、轻薄、不切实际的意义,比如"浮舟""浮游""飘浮""轻浮""浮文"。

泛 fàn 战文—小篆—隶书—楷书

形声字,从水乏声。《说文》:"泛,浮也。""泛"本义指浮行,如"泛舟"。"泛"也可表示呈现出、普遍、一般、漫不经心、大水漫溢的意义,比如"泛出""广泛""泛泛之辈""泛然""泛滥"。

涌 yǒng 小篆—汉篆—隶书—楷书

形声字,从水甬声,汉篆或从水勇声,隶书承袭小篆,沿用至今。《说文》:"涌,滕也。"这里"滕"有水向上冒的意思。"涌"本义指水向上冒,如"泉涌"。《山海经》有"有水焉,广员四十里皆涌",用的正是本义。"涌"也可表示像升腾那样冒出、满溢、呕吐的意义,比如"涌出""风起云涌""涌泄"。

浑(渾) hún 小篆—汉篆—隶书—楷书—简化字

形声字,从水军声。《说文》:"浑,混流声也。"《玉篇》:"浑,水溃涌之声也。""浑"本义指水喷涌的声响,但这个意义文献少用。"浑"主要表示污浊、混合、糊涂、质朴、纯、整个的意义,比如"浑浊""浑合""浑人""浑朴""浑铁""浑身上下"。

冲¹（沖）chōng

甲骨文 — 战文 — 小篆 — 隶书 — 楷书 — 简化字

形声字，从水中声。《说文》："冲，涌摇也。"这里"涌摇"有动摇的意思。"冲"本义指动摇，如"冲动"。"冲"也可表示水流冲击、洗涮、用水或酒调制、收支相互抵消、谦虚的意义，比如"冲垮""冲洗""冲茶""对冲""谦冲"。"冲"也是"衝"的简化字，表示冲要、冲撞等意义。

冲²（衝）chōng

战文 — 小篆 — 汉篆 — 隶书 — 楷书 — 简化字

形声字，从行重声，小篆以童为声符，传世文献多见重声。《说文》："冲，通道也。""冲"本义指通途、大道，如"冲道"，也可表示重要的、冒着、碰击、触犯、突破、水力撞击的意义，比如"冲要""冲雪""冲锋""冲撞""冲出重围""冲刷"。"冲"又读 chòng，表示对着、力量过猛的意义，如"冲我笑""话太冲"。今"冲""衝"合并，都以"冲"作为简化字，记录二字全部的意义和用法。

流 liú

战文 — 小篆 — 隶书 — 楷书

形声字，从水㐬声。《说文》："流，水行也。""流"本义指水的移动，俗称水流，后也泛指一切液态的流动，如流血、流泪。《易经》有"水流湿，火就燥"，用的正是本义。"流"也可表示移动、随水漂移、声音圆转、虚浮、演变、传布、放纵、河川的意义，比如"流动""漂流""流利""流言""流变""流传""流里流气""寒流"。

演 yǎn

甲骨文 — 小篆 — 隶书 — 楷书

形声字，从水寅声。《说文》："演，长流也。""演"本义指水长流，如"演流"。"演"也可表示阐发、缓缓地行走、不断地变下去、演习、表演技艺、古州名的意义，比如"演说""演行""演变""军演""演戏""演州"。

滔 tāo

战文 — 小篆 — 隶书 — 楷书

形声字,从水舀声。《说文》:"滔,水漫漫大貌。""滔"本义指大水弥漫,如"滔滔江水"。《诗经》有"滔滔江汉,南国之纪",用的正是本义。"滔"也可表示广大的样子、涌聚的意义,比如"滔天罪行""滔涌"。

浩 hào

战文 — 小篆 — 隶书 — 楷书

形声字,从水告声。《说文》:"浩,浇也。"《正字通》:"浩,大水盛貌。""浩"本义指水势浩大,如"浩浩江水"。《尚书》有"汤汤洪水方割,荡荡怀山襄陵,浩浩滔天",用的正是本义。"浩"也可表示广远、盛大、无边无际、古州名的意义,比如"浩远""浩劫""浩瀚""浩州"。

洞 dòng

小篆 — 汉篆 — 隶书 — 楷书

形声字,从水同声。《说文》:"洞,疾流也。""洞"本义指水流急,如"洞泻"。"洞"也可表示穿透、透彻、幽深、洞穴的意义,比如"洞穿""洞察""洞房""山洞"。

注 zhù

战文 — 小篆 — 隶书 — 楷书

形声字,从水主声。《说文》:"注,灌也。""注"本义指倾泻、灌入,如"注射""大雨如注"。"注"也可表示聚集、投掷、登记、预示、赌注的意义,比如"注意""投注""注册""注定""孤注一掷"。

滥(濫) làn

战文 — 小篆 — 隶书 — 楷书 — 简化字

形声字,从水监声。《说文》:"滥,氾(fàn)也。"《广韵》:"滥,泛滥。""滥"本义指河水漫溢,俗称泛滥。"滥"也可表示蔓延、肆意妄为、昏庸、淫乱、贪的意义，比如"滥及无辜""滥用""滥职""淫滥""贪滥"。

满（滿）mǎn

浦—㵅—蒲满—满—满
战文　小篆　隶书　楷书　简化字

形声字，从水㒼声。《说文》："满，盈溢也。""满"本义指充盈、全部充实，如"充满"。《庄子》有"在谷满谷，在坑满坑"，用的正是本义。"满"也可表示满足、骄傲、饱满、太绝对的意义，比如"满意""自满""丰满""话太满"。

淫 yín

淫㸒—淫—淫—淫
战文　小篆　隶书　楷书

形声字，从水㸒(yín)声。《释名》："淫，浸也。""淫"本义指浸渍，就是浸在水或液体中，如"淫浸其中"。"淫"也可表示渐进的样子、过度、润泽、僭(jiàn)越、大、浮华不实、奢侈、邪恶、沉溺的意义，比如"淫然""淫邪""淫润""淫越""淫威""淫巧""骄奢淫逸""奸淫""淫酒色"。

滋 zī

㶊—滋—滋—滋—滋
甲骨文　战文　小篆　隶书　楷书

本为会意字，甲骨文从水丝，象水中浸丝之形，后字形逐渐演变，至小篆演变成为从水兹声的形声字，沿用至今。《说文》："滋，益也。""滋"本义指长满、增长，如"滋长"。"滋"也可表示草木生长、培植、事情发生、美味、润泽、更加的意义，比如"滋蕃""滋培""滋生""美滋滋""滋润""滋多"。

决（決）jué

決決—決—決—决—决
战文　小篆　隶书　楷书　简化字

会意字，从水从夬，夬兼表音，"夬"有缺口的意思，整个字形会水冲破缺口之意，本义指水破缺口，如"决堤"。《说文》："决，行流也。"这里指疏通水流义，应是由水破缺口的意义引申而来。"决"也可表示冲破、判断、处死、果敢、确定、较量的意义，比如"决出""决断""处决""决绝""决定""决战"。

溃(潰) kuì

形声字，从水贵声。《说文》："溃，漏也。""溃"本义指漏，就是屋檐下漏水之意，但这个意义文献罕用。"溃"主要表示水冲破堤防、溢出、逃散、肌肉腐烂的意义，比如"溃堤""溃溢""溃散""溃烂"。

漏 lòu

本为会意字，战国文字从尸从雨作"屚"，"尸"为"屋"省形，整个字形会屋上有孔使雨水落在屋内之意，是"漏"的初文，至小篆加"水"表意，分化出从水从屚，屚兼表音的"漏"。"漏"本义指漏水，也引申为漏壶、一种古代计时器。《说文》："漏，以铜受水，刻节，昼夜百刻。"说的就是漏壶的意义。"漏"也可表示泄漏、遗漏、流失、空穴的意义，比如"漏米""漏东西""渗漏""漏洞"。

浅(淺) qiǎn

形声字，从水戋(jiān)声。《说文》："浅，不深也。""浅"本义指水不深，也泛指一般的从上到下距离小，与"深"相对，如"深浅""深入浅出"。"浅"也可表示表面的、明白易懂、浅薄、颜色淡的意义，比如"肤浅""深入浅出""浅见""浅色"。

汪 wāng

形声字，从水㞷(huáng)声。《说文》："汪，深广也。""汪"本义指深广的样子，如"汪洋大海"。"汪"也可表示污浊的小水坑、眼泪多、狗叫声、姓氏的意义，比如"粪汪""泪汪汪""汪汪叫""汪氏"。

况(況) kuàng
战文 — 小篆 — 汉篆 — 隶书 — 楷书 — 简化字

形声字，从水兄声。《说文》："况，寒水也。""况"本义指沧况，就是寒凉的样子，但这个意义文献罕用。"况"主要表示比拟、情形、更加、何况的意义，比如"比况""情况""每况愈下""况且"。

清 qīng
战文 — 小篆 — 隶书 — 楷书

形声字，从水青声。《说文》："清，朗也，澄水之貌。""清"本义指水纯净透明，如"泉水清清"。"清"也可表示洁净、单纯、清除、闲暇、寂静、廉洁、秀美、寒凉的意义，比如"清洁""清纯""清理""清闲""清静""清廉""清秀""清凉"。

波 bō
战文 — 小篆 — 隶书 — 楷书

形声字，从水皮声。《说文》："波，水涌流也。""波"本义指江河湖海等涌动起伏的水面，俗称水波。"波"也可表示水流、动摇、影响、潮流、目光、逃散的意义，比如"波流""风波""波及""随波逐流""眼波""奔波"。

沦(淪) lún
金文 — 小篆 — 汉篆 — 隶书 — 楷书 — 简化字

形声字，从水仑声。《说文》："沦，小波为沦。""沦"本义指水面上的小波纹。《诗经》有"河水清且沦猗"，就是泛起的小水波，用的正是本义（"猗"是句末语气词，相当于"啊"）。"沦"也可表示沉没、陷入、进入、消失的意义，比如"沦溺""沦陷""沦入""沦丧"。

洽 qià
小篆 — 汉篆 — 隶书 — 楷书

形声字，从水合声。《说文》："洽，霑也。""洽"本义指浸润、润泽，如"融洽"。"洽"也可表示普遍、广博、会合、双方交换意见的意义,比如"普洽""博洽""接洽""洽谈"。

泽(澤) zé　澤—澤—澤—澤—泽
　　　　　　战文　小篆　隶书　楷书　简化字

形声字,从水睪(zé)声。《说文》:"泽,光润也。""泽"本义指光亮、润泽,如"光泽"。"泽"也可表示滋润、雨露、唾液或口水、恩惠的意义,比如"润泽""天泽""芳泽""恩泽"。

湿(濕) shī　濕—濕—濕濕—濕—湿
　　　　　　战文　小篆　隶书　楷书　简化字

会意字,从水从日从丝,丝兼表音,象日下晒湿丝之形,大概会潮湿之意。"湿"读音 shī,本义指湿润、潮湿。《易经》有"水流湿,火就燥",用的正是本义。"湿"又读 tà,表示古河流名。《说文》:"湿,水。出东郡东武阳,入海。"说的就是这个意义。

滑 huá　滑滑—滑—滑—滑
　　　　　　战文　小篆　隶书　楷书

形声字,从水骨声。《说文》:"滑,利也。""滑"本义指滑溜、光滑,如"路滑"。"滑"也可表示柔和、润泽、在光溜的物体表面上流动、浮华不实的意义,比如"柔滑""滑泽""滑冰""滑头"。

沙 shā　沙—沙—沙—沙沙—沙
　　　　　　金文　战文　小篆　隶书　楷书

会意字,右边的四点象沙粒形,左半象水形,合起来表示水边有沙粒之意,至小篆固定为从水从少,沿用至今。《说文》:"沙,水散石也。从水从少,水少沙见。"段玉裁注:"石散碎谓之沙。""沙"本义指细碎的石粒,俗称细沙、沙石。"沙"也可表示水边耕地、沙漠、似沙粒的东西、声音嘶哑的意义,比如"沙田""黄沙""豆沙""沙哑"。

沟(溝) gōu　溝—溝—溝溝—溝—沟
　　　　　　战文　小篆　隶书　楷书　简化字

形声字,从水冓声。《说文》:"沟,水渎(dú),广四尺,深四尺。"这里"水渎"有沟渠的意思。"沟"本义指田间水道,俗称沟渠。"沟"也可表示街道旁的排水道、护城河、坑壕、疏通的意义,比如"臭水沟""城郭沟池""山沟""沟通"。"溝"简化字作"沟",是用笔画少的声符代替了笔画多的声符。

渠 qú

渠 — 㭰 — 渠 — 渠
战文　小篆　隶书　楷书

形声字,从水榘(jǔ)声,且"榘"有省形。《说文》:"渠,水所居。""渠"本义指人工开凿的壕沟或水道,是水所聚居的地方,俗称水渠。"渠"也可表示古时车轮外圈名、古时守城设施、河流名、古州名的意义,比如"车渠""渠荅(dá)""渠江""渠州"。

渊(淵)yuān

叩 — 囦 — 㴊 — 淵 — 渊 — 渊
甲骨文　金文　战文　小篆　隶书　楷书　简化字

本为会意字,甲骨文从囗从水,象囗中有水形,会潭水之意,或在"囗"外叠加"水"表意,金文承袭了甲骨文的繁体写法,最终演变成从水从𠲋的"淵",沿用至今。《说文》:"淵,回水也。从水,象形,左右岸也,中象水貌。"说的就是这个构意。"渊"本义指深潭。《易经》有"或跃在渊",用的正是本义。"渊"也可表示回流的水、人或物聚集处、深、源头的意义,比如"渊回""渊室""渊博""渊源"。

津 jīn

津 — 𣸧 — 津 — 津
战文　小篆　隶书　楷书

形声字,战国文字、小篆作"𣸧",从水𦘔(jīn)声,隶书省作"津",沿用至今。《说文》:"津,水渡也。""津"本义指渡口。《论语》有"使子路问津焉",用的正是本义。"津"也可表示水陆冲要的地方、涯岸、有机体的体液、滋润、味道浓厚、天津市的简称等意义,比如"要津""津涯""津液""津贴""津津有味""平津战役"。

浦 pǔ

浦 — 浦 — 浦 — 浦 — 浦
战文　小篆　汉篆　隶书　楷书

形声字,从水甫声。《说文》:"浦,濒也。""浦"本义指水滨、水边,如"湘浦"。"浦"也可表示池塘江河等水面、江河与支流的汇合处、水渠、姓氏的意义,比如"塘浦""江浦""浦渠""浦氏"。

准(準) zhǔn

小篆　汉篆　隶书　楷书　简化字

形声字,从水隼(sǔn)声。《说文》:"準,平也。"古人认为水是最平的东西,故字从水表意。"准"本义指平,后由平义引申出均等、标准、确切、准确、程度相近的意义,比如"均准""准则""准切""打得准""准科学"。"准"也可表示测量、允许的意义,比如"瞄准""准许"。"準"简化字作"准",是截取了原字形的一部分。

测(測) cè

金文　小篆　隶书　楷书　简化字

形声字,从水则声。《说文》:"测,深所至也。"古人以度(duó)深为测,所以有深不可测之说。"测"本义指测量,也可表示揣测、考察的意义,比如"猜测""测验"。

渡 dù

小篆　汉篆　隶书　楷书

形声字,从水度声。《说文》:"渡,济也。""渡"本义指过河、通过水面,如"强渡""横渡"。"渡"也可表示通过、渡口、古州名的意义,比如"渡过难关""摆渡""渡州"。

染 rǎn

小篆　汉篆　隶书　楷书

形声字,从水杂声。《说文》:"染,以缯染为色。"《广韵》:"染,染色。""染"本义指使布帛等物着色,俗称染色,如"染布""染坊"。"染"也可表示使书画着墨、浸染、感染、熏染、男女性关系的意义,比如"染墨""污染""传染""沾染""有染"。

减(減) jiǎn

金文　战文　小篆　隶书　楷书　简化字

形声字,从水咸声。《说文》:"减,损也。"《广韵》:"减,少也。"

"减"本义指减少,也可表示轻、消失、降低、衰退、损失、减法的意义,比如"减轻""消减""减低""减退""减损""加减乘除"。

淡 dàn

淡—燚—淡—淡
战文　小篆　隶书　楷书

形声字,从水炎声。《说文》:"淡,薄味也。""淡"本义指味道不浓,即味淡。"淡"也可表示含盐分少或无盐、火食简陋、淡泊、安静、不热情、颜色浅的意义,比如"不咸不淡""粗茶淡饭""淡然""恬淡""冷淡""淡色系"。

洒 sǎ

洒—洒—洒—洒—洒
甲骨文　战文　小篆　隶书　楷书

形声字,从水西声。《说文》:"洒,涤也。"这里"涤"有洗的意思。"洒"读音 xǐ,本义指洗涤,后这个意义多由"洗"来记录。"洒"又音 sǎ,主要用作"灑"的简化字,表示洒水、散落、潇洒等意义,比如"洒扫""洒落""洒脱"。

沐 mù

沐—沐—沐—沐
战文　小篆　隶书　楷书

形声字,从水木声。《说文》:"沐,濯(zhuó)发也。"这里"濯"有清洗的意思。"沐"本义指洗头发。《史记》有"然我一沐三捉发,一饭三吐哺,起以待士",用的正是本义。"沐"也可表示洗涤、润泽、古河流名的意义,比如"沐浴""沐春风""沐河"。

浴 yù

浴—浴—浴—浴 浴—浴
甲骨文　战文　小篆　隶书　楷书

本为会意字,甲骨文象人在盆中洗澡形,至战国文字已演变成从水谷声的形声字,沿用至今。《说文》:"浴,洒身也。""浴"本义指清洗身体,也就是今天说的洗澡,如沐浴、沙滩浴。《论衡》有"洗,去足垢;盥(guàn),去手垢;浴,去身垢。皆去一形之垢,其实等也",说的正是本义。"浴"也表示鸟忽上忽下飞、古河流名的意义,如

"鸟浴""浴水"。

洗 xǐ
战文—小篆—汉篆—隶书—楷书

形声字，从水先声。《说文》："洗，洒足也。""洗"读音 xiǎn，本义指洗脚，但这个意义文献少用。"洗"又音 xǐ，主要表示清洁污垢、打磨、除去、杀尽、洗礼的意义，比如"洗衣服""家贫如洗""洗冤""血洗""受洗"。

澡 zǎo
战文—小篆—隶书—楷书

形声字，从水喿声。《说文》："澡，洒（xǐ）手也。""澡"本义指洗手，后多表示一般的洗浴、洗涤、整治的意义，如"澡堂""澡雪""澡治"。

污（汙）wū
战文—小篆—隶书—楷书—简化字

形声字，从水于声。《说文》："污，秽也。"这里"秽"有污浊的意思。"污"本义指肮脏的东西，俗称污垢，成语"藏污纳垢"用的正是本义。"污"也可表示肮脏、弄脏、侮辱的意义，比如"污气""污染""污辱"。

汗 hàn
战文—小篆—汉篆—隶书—楷书

形声字，从水干声。《说文》："汗，人液也。""汗"本义指人或动物的汗液，俗称汗水。"汗"也可表示出汗、用火烤竹子使汁液挥发掉的意义，比如"汗马之劳""汗青"。

涕 tì
战文—小篆—隶书—楷书

形声字，从水弟声。《说文》："涕，泣也。"《玉篇》："涕，目汁出曰涕。""涕"本义指眼泪，如"涕零""痛哭流涕"。"涕"也可表示流泪、鼻涕的意义，比如"涕泪""流鼻涕"。

泣 qì　战文－小篆－隶书 泣泣－楷书 泣

形声字，从水立声。《说文》："泣，无声出涕曰泣。"意思是说没有声响地出眼泪就是泣。"泣"本义指无声或低声地哭，如"泣不成声"，后也引申为一般的哭、眼泪的意义，比如"哭泣""泣涕如雨"。

泪（涙）lèi　汉篆－隶书 涙－楷书 涙－简化字 泪

会意字，从目从水，会眼中有水之意。"泪"不见《说文》，但在汉代的小篆和隶书已出现了从水从目的"泪"及从水戾声的"涙"。传世文献中"涙"字多见，而"泪"比较少用，今以"泪"为规范字，"涙"作为异体字废弃不用。《玉篇》："泪，涕泪也。"《集韵》："泪，目液也。""泪"本义指眼泪，俗称泪水。"泪"也可表示形状似眼泪的东西、流泪的意义，比如"烛泪""泪如雨下"。

涉 shè　甲骨文－金文－战文－小篆－隶书－楷书 涉

会意字，甲骨文从水从步，象两足趾间隔一水形，会步行渡水之意，本义指徒步涉水。《说文》："涉，徒行厉水也。"说的正是本义。"涉"也可表示一般的渡水、行走、进入、关连、相交、广博的意义，比如"跋山涉水""涉足""涉入""牵涉""交涉""涉猎"。

渴 kě　战文－小篆－隶书－楷书 渴

形声字，从水曷（hé）声。《说文》："渴，尽也。"《广韵》："渴，水尽也。""渴"读音 jié，本义指水干涸，后这个意义主要由"竭"来记录。"渴"又读 kě，主要表示口干想喝水、急切的意义，比如"口渴""渴望"。

凉（涼）liáng　小篆－汉篆－隶书－楷书－简化字 凉

形声字，从水京声。《说文》："凉，薄也。""凉"本义指淡酒，如"凉酒一杯"。"凉"也可表示为薄、微寒、清凉、人烟稀少、悲苦、古州名的意义，比如"薄凉""凉水""凉快""荒凉""悲凉""凉州"。

浆(漿) jiāng

形声字，从水將声，且"將"有省形，楷书作"漿"不省，较为通行。《说文》："漿，酢(zuò)浆也。""浆"本义指古代一种酿制微带酸味的饮料，俗称酢浆，如"果浆"。《诗经》有"或以为酒，不以其浆"，用的正是本义。"浆"也可表示水、较浓的汁液等意义，比如"冰浆""泥浆"。

汤(湯) tāng

会意字，从水从昜(yáng)，昜兼表音，会太阳照在水上之意。《说文》："汤，热水也。""汤"本义指热水，就是沸腾的水，如成语"赴汤蹈火"用的就是本义。"汤"也可表示中药加水熬出的液汁、带液汁的菜、饮料等意义，比如"汤剂""菜汤""燕窝汤"。

汁 zhī

形声字，从水十声。《说文》："汁，液也。""汁"本义指汁液，就是含有某种物质的液体，如墨汁、豆汁、乳汁等。"汁"也可表示眼泪、雨夹雪的意义，如"目汁""雨汁"。

濒(瀕) bīn

会意字，金文从涉从頁，"頁"本指人头，这里代指人，整个字形象人临水想要涉水形，或象人依临在水边不得前进而停下来之状。《说文》："瀕，水厓，人所宾附，频蹙不前而止。从页从涉。"说的就是这个构意。"濒"本义指水边，《墨子》有"是故昔者舜耕于历山，陶于河濒"，用的正是本义。"濒"也可表示迫近、靠近的意义，比如

"濒临""濒危"。

泰 tài

战文 — 小篆/古文 — 隶书 — 楷书

形声字,战国文字从水从廾(gǒng)大声,但造意不明,小篆承袭了战国文字的写法,同时保留了古文"夳(太)"。《说文》:"泰,滑也。从水从廾大声。夳,古文泰。"这里"泰"指滑的意思,但这个意义文献罕用。"泰"主要表示康宁、安适、美好、极大、山名、古州名的意义,比如"国泰民安""泰然""泰运""泰斗""泰山""泰州"。

太 tài

小篆/古文 — 汉篆 — 隶书 — 楷书

指事字,古文象正面站立的人形,下面的"二"大概表示身体部位,或是区别性笔画用来区别"大"字,至隶书演变作"太"。《说文》以"太"为"泰"古文,应是通假关系,传世文献常用"泰"通作"太",表示极大的意思。《广雅》:"太,大也。""太"本义指大,如"太宰""太子"。"太"也可表示身份最高或辈数最高的、顺利、过分等意义,比如"太母""天下太平""太厉害"。

川 chuān

甲骨文 — 金文 — 战文 — 小篆 — 隶书 — 楷书

象形字,甲骨文象两岸中间有流水形,金文将中间断开的流水形连成曲线,最终演变成"川",沿用至今。《说文》:"川,贯穿通流水也。""川"本义指河流,如"川流不息"。《尚书》有"奠高山大川",用的正是本义。"川"也可表示平坦的陆地、四川省的简称等意义,比如"一马平川""川菜"。

州 zhōu

甲骨文 — 金文 — 战文 — 小篆 — 隶书 — 楷书

象形字,甲骨文、金文象水中有一小块陆地形,本义指水中的陆地。《说文》:"州,水中可居曰州。"说的正是本义,这个意义后来另造了从水的"洲"来记录。"州"也可表示地方行政区划名、古邑名的意义,比如"九州""州县"。

侃 kǎn

会意字,从川从伣(xìn),"伣"是"信"古字,川有亘古不变、持之以恒的特点,整个字形大概会诚信如同河流一样亘古永恒之意。《说文》:"侃,刚直也。从伣,伣,古文信;从川,取其不舍昼夜。"说的就是这个构意。"侃"本义指刚直、理直气壮,如成语"侃侃而谈"用的正是本义。"侃"也可表示和悦、调侃的意义,比如"侃乐""胡侃"。

泉 quán

象形字,甲骨文象泉水从泉眼中流出之形,本义指泉水,后逐渐演变成从白从水的"泉",沿用至今。《说文》:"泉,水原也。象水流成川形。"说的正是本义。"泉"也可表示地下水、人死后所在的地方、钱币的意义,比如"深井之泉""黄泉""泉布"。

原 yuán

会意字,从厂从泉,会泉水从山崖流出的地方之意。《说文》:"原,水泉本也。""原"本义指水流起头的地方,后这个意义另造了从水的"源"来记录。"原"主要表示因由、开始发生、最初的、原来的、原谅、宽广平坦地等意义,比如"原因""原自""原料""原籍""情有可原""平原"。

源 yuán

会意字,从水从原,原兼表音,是"原"的后起字。《说文》:"原,水泉本也。""原"本义指水流起头的地方,到了汉代小篆和隶书开始分化出从水的"源",专门记录水原的本义,并沿用至今。《广韵》:"源,水原曰源。"说的正是本义。"源"也可表示一般的来源、古州名的意义,比如"生命源""源州"。

永 yǒng 甲骨文 金文 战文 小篆 隶书 楷书

会意字,甲骨文从人从水从彳(chì),会人在水中游泳前行之意,本义指人在水中向前游,后这个意义另造了从水的"泳"来记录。《说文》:"永,长也。""永"主要表示长久、久远、不再改变的意义,如"永生""永垂不朽""永恒"。

冰(仌) bīng 甲骨文 金文 战文 小篆 隶书 楷书

本为象形字,甲骨文、金文作"仌",象冰凌之形,战国文字开始分化出从水从仌的"冰",沿用至今。《说文》:"仌,冻也。象水凝之形。""冰"本义指水在摄氏零度或以下凝结成的固体,如冰雹、冰川。"冰"也可表示洁白、晶莹、使感到冷、用冰使变凉的意义,比如"冰清玉洁""冰晶""冰冷""冰西瓜"。"仌"用作表意偏旁置于左边时写作"冫",表示与冰寒的意义有关,如"冷""冻"等。

冷 lěng 小篆 秦隶 汉隶 楷书

形声字,从仌(bīng)令声。《说文》:"冷,寒也。""冷"本义寒、凉,与"热"相对,如冷风、冷食。"冷"也可表示冷落、冷僻、冷静、冷淡、闲散、意含讽刺的、冷酷的、突然的意义,比如"冷冷清清""冷门""冷处理""冷眼旁观""冷官""冷笑""冷面杀手""放冷枪"。

冻(凍) dòng 小篆 隶书 楷书 简化字

形声字,从仌(bīng)東声。《说文》:"冻,仌也。"段玉裁注:"初凝曰仌,仌壮曰冻。""冻"本义指厚冰,也引申为凝结了的汁液,如鱼冻、肉冻。"冻"也可表示水遇冷凝结、寒冷、像冰一般晶莹润泽的意义,比如"冻结""冻死""鸡血冻"。

寒 hán

金文—战文—小篆—隶书—楷书

会意字,金文从宀(mián)从人从茻(mǎng,草丛)从仌(bīng),会人在屋内用草垫覆于身下以御冰寒之意,后字形逐渐讹变,至隶书中间的"人"和"茻"已省变成记号"共",最终演变成楷书"寒",沿用至今。《说文》:"寒,冻也。""寒"本义指冷、冻,俗称寒冷。"寒"也可表示寒冷的季节、贫困、卑贱、恐惧、声音凄凉的意义,比如"寒暑""贫寒""寒门""寒心""寒蝉"。

冬 dōng

战文—小篆—隶书—楷书

形声字,从仌(bīng)从夂(zhōng),"夂"是"终"的初文,表终止义,这里大概会冬季寒冷之意。《说文》:"冬,四时尽也。从仌从夂,夂古文终字。""冬"本义指冬季,就是一年四季的最后一季,如"冬天""过冬"。"冬"也可表示农历十一月的俗称、姓氏的意义,比如"冬月""冬氏"。

四 天象矿物类

日 rì

象形字,甲骨文、金文象圆圆的太阳之形,后字形逐渐演变,隶书变成横竖笔画组合的"日",沿用至今。《说文》:"日,实也,太阳之精不亏。"古人认为太阳是实心会发光的球体。"日"本义指太阳,如日出、日落。"日"也可表示白天、每天、改天、从前、时间的意义,比如"白日""日新""改日""往日""旷日持久"。

旦 dàn

指事字,从日从一,"一"代表地面,象太阳从地面或地平面上升起,以示天明之意。《说文》:"旦,明也。"说的就是这个意义。"旦"本义指天明,也可表示明亮、农历每月初一、传统戏剧中女性角色的意义,比如"旦日""元旦""花旦"。

昔 xī

会意字,从日从〰〰,学者大多认为〰〰象洪水泛滥之形,本义指远古大洪水发生的时期。也有学者以《说文》为据,认为〰〰为肉片的象形,太阳暴晒肉片,是腊肉的"腊"本字,《说文》:"昔,干肉也。从残肉,日以晞(xī,暴晒)之。"说的就是这个意义。"昔"也可表示从前、久远、夜晚的意义,比如"往昔""昔酒""昔夜"。

时(時) shí

形声字,甲骨文从日之声作"旹",战国文字加"寸"变作"寺"声,至小篆固定为从日寺声的"時",沿用至楷书。《说文》:"時,四时也。""时"本义指季节,俗称时节。"时"也可表示光阴、按照规定的时间、时代、时势、时机、时尚的意义,比如"时光""准时""时世""时局""时运""时髦"。"時"简化字作"时",是省略了原声符的一部分形体。

朝 zhāo

会意字,甲骨文从日从二屮(或二木)从月,象太阳隐在草丛或林中刚刚升起,残月还依稀可见之形,会太阳初升的早晨之意,后字形逐渐演变,楷书还保留了从日从月的构意,沿用至今。《说文》:"朝,旦也。""朝"读音 zhāo,本义指早晨,也引申为初、天的意义,如"朝阳""有朝一日"。"朝"又音 cháo,表示访见、聚会、政事、朝廷、朝代的意义,比如"朝见""朝会""朝政""上朝""唐朝"。

早 zǎo

本为形声字,金文从日枣(枣)声,小篆演变为从日在甲上,最终讹变成从日从十的"早",沿用至今。《说文》:"早,晨也。""早"本义指早晨,如"清早",也可表示时间在先的、比一定的时间靠前的、尽快的意义,比如"早秋""早已""早点回"。

晚 wǎn

形声字,从日免声。《说文》:"晚,莫也。"这里"莫"是日暮的"暮"本字,表傍晚的意思。"晚"本义指日暮时分,就是傍晚的时候。"晚"也可表示夜晚、迟、后来的、老年的意义,比如"晚间""晚到""晚辈""晚年"。

昏 hūn

会意字,从日从氏,"氏"有落下的意思,大概会太阳落下天黑之意。《说文》:"昏,日冥也。"这里"冥"有黑暗的意思。"昏"本义指日暮,就是天刚黑的时候,俗称黄昏。"昏"也可表示黑暗、迷乱、目不明、失去知觉的意义,比如"昏暗""昏庸""老眼昏花""昏迷"。

昧 mèi

金文—战文—小篆—隶书—楷书

会意字，从日从未，未兼表音，会没有太阳之意。《说文》："昧，爽，旦明也。""昧"本义指天色将明未明之时，也就是拂晓时分，俗称昧爽。"昧"也可表示昏暗、昏愚、隐瞒、违背、冒犯、贪图的意义，比如"幽昧""愚昧""暗昧""昧良心""冒昧""昧利忘义"。

昼（晝）zhòu

金文—战文—小篆—隶书—楷书—简化字

形声字，金文从日聿（yù）声，至隶书演变为从旦聿声的"晝"，大概表示天明的构意。《说文》："昼，日之出入，与夜为界。""昼"本义指白天，即从日出到日落的一段时间，俗称白昼。"昼"也可表示古地名、姓氏的意义，比如"昼地""昼氏"。

旱 hàn

小篆—汉篆—隶书—楷书

形声字，从日干声。《说文》："旱，不雨也。""旱"本义指久晴不雨、俗称干旱。"旱"也可表示跟水无关的、非水田的、陆地、山名的意义，比如"旱烟""旱稻""旱地""旱山"。

景 jǐng

战文—小篆—隶书—楷书

形声字，从日京声。《说文》："景，光也。""景"主要指日光、亮光义，如"光景"。"景"也可表示光明、现象、景色、时光、仰慕的意义，比如"景行""景象""美景""好景不长""景慕"。

暑 shǔ

战文—小篆—隶书—楷书

形声字，从日者声。《说文》："暑，热也。"《正字通》："暑，夏日气热也。""暑"本义指炎热，如"酷暑"。"暑"也可表示炎热的季节、中暑的意义，比如"暑假""病暑"。

昌 chāng

会意字,战国文字从日从口,至小篆演变成从日从曰的"昌",沿用至今。古人把日出后呼唤大家起身做事时带有一定调子的叫声称为"唱",所以"昌"字从日从口,大概表示对着太阳叫唱之意,是"唱"的初文。"昌"本义指歌唱,后这个意义另造了从口的"唱"来记录。"昌"主要表示日光义,并由此引申出昌明、昌盛的意义。

晋(晉) jìn

本为会意字,甲骨文从二矢从日,象二矢射至日形,大概表示到的意义,至小篆演变成从日臸(jìn)声的形声字。《说文》:"晋,进也。日出万物进。""晋"本义指进,如"晋京",也可表示升、里面、古国名、朝代名的意义,比如"晋级""晋内""晋国""东晋"。

普 pǔ

形声字,从日並(bìng)声。《说文》:"普,日无色也。""普"本义指日无色,就是太阳没有光芒,但这个意义文献罕用。"普"主要表示普遍、广大、全面的意义,比如"普及""普天之下""普通"。

昙(曇) tán

会意字,从日从雲,会太阳布满云气之意。《说文》:"曇,云布也。"《玉篇》:"曇,昙昙,黑云貌。""昙"本义指密布的云气,就是常说的乌云密布。晋陆云《愁霖赋》有"云昙昙而叠结之兮,雨淫淫而未散",用的正是本义。"昙"也可表示佛经用语、姓氏的意义,比如"昙摩""昙氏"。

暴 bào

会意字,战国文字从日从出从廾从米,会双手捧米在太阳下曝晒之意,是曝晒的"曝"本字。《说文》:"暴,晞(xī,干燥)也。""暴"读音 pù,本义指晒、晒干,后这个意义另造了从日的"曝"来记录。"暴"又音 bào,主要表示显露、凶残、损害、猛烈、急躁、短促的意义,比如"暴露""残暴""自暴自弃""暴雨""暴躁""暴病"。

晕(暈) yùn

本为象形字,甲骨文象云气环日形,至小篆演变成从日軍声的形声字"暈",沿用至今。《说文》:"暈,日月气也。""晕"读音 yùn,本义指日月周围的光圈,俗称日晕,也可表示光影、扩散、昏眩的意义,比如"红晕""晕出""晕车"。"晕"又读 yūn,表示昏迷、失去知觉义,如"晕倒""晕厥"。

晃(晄) huǎng

形声字,从日光声。《说文》:"晄,明也。"《广韵》:"晃,亦作晄。""晃"读音 huǎng,本义指明亮、光亮,如"明晃晃",也可表示闪耀、很快地闪过的意义,如"晃眼睛""一晃而过"。"晃"又音 huàng,表示摇、摆义,比如"晃瓶子""摇头晃脑"。

昭 zhāo

形声字,金文从日邵声,至小篆固定为从日召声,沿用至今。《说文》:"昭,日明也。""昭"本义指日明、光明,如"昭明"。"昭"也可表示明白、辅助、彰明的意义,比如"不昭""昭辅""宣昭"。

旷(曠) kuàng

形声字,从日廣声。《说文》:"曠,明也。""旷"本义指光明、明朗,如"旷朗"。"旷"也可表示辽阔、空缺、无妻的成年男子、久远、废弃、疏薄的意义,比如"空旷""旷工""旷夫""旷远""旷弃""疏旷"。"曠"简化字作"旷",是由声符"廣"简化字作"广"类推而来。

晏 yàn

㫃—㫃—㫃—晏—晏
战文　小篆　汉篆　隶书　楷书

形声字,从日安声。《说文》:"晏,天清也。""晏"本义指晴朗,如"天清日晏"。"晏"也可表示柔和、晚、平静、姓氏的意义,比如"晏晏柔和""晏起""晏闲""晏氏"。

晦 huì

晦—晦—晦—晦—晦
战文　小篆　汉篆　隶书　楷书

形声字,从日每声。《说文》:"晦,月尽也。""晦"本义指农历每月的最后一天,俗称月晦。"晦"也可表示黑夜、昏暗、隐藏、草木凋零的意义,比如"晦夜""晦暗""隐晦""草晦"。

昨 zuó

昨—昨—昨—昨
小篆　秦隶　汉隶　楷书

形声字,从日乍声。《说文》:"昨,垒日也。"这里"垒日"即"累日",也就是昔日的意思。"昨"本义指间隔数天的往日,后专指隔日,即今天的前一天,如"昨天""昨晚"。

晶 jīng

晶—晶—晶—晶—晶
甲骨文　战文　小篆　汉篆　楷书

会意字,甲骨文从三口(日),这里的"口(日)"不是太阳,而是星星的象形,会群星灿烂之意。"晶"是"曐(星)"的初文,本义指星光,后多引申为一般的光亮,如"亮晶晶""晶亮"。"晶"也可表示明净、水晶、晶体的意义,比如"纯晶""茶晶""结晶"。

星 xīng

晶—㞢—曐—星—星星—星
甲骨文　金文　战文　小篆　隶书　楷书

形声字,甲骨文从晶生声,其中"生"周围的圆点象群星之形,至金文演变为从晶生声的"曐",战国文字开始省作"星",小篆继承了金文的构形，隶书则保留了战国文字的简体写法，并沿用至今。《说文》："星，万物之精，上为列星。""星"本义指天上的星星，就是宇宙间能发光或反射光的天体，如恒星、行星、流星等，由此引申为星宿、星座、星象等意义。"星"也可表示多而分散、某种有特殊作用或才能的人、细小的、星状物的意义，比如"零星""歌星""星火燎原""海星"。

参（參）cān

金文 — 战文 — 小篆 — 隶书 — 楷书 — 简化字

本为象形字，金文象一个跪着的人头顶三星的冠形，但构意不明，有学者认为是"簪（zān，头饰）"的初文。《说文》："参，商星也。""参"读音 shēn，主要指星宿名，也可表示人参、海参的意思。"参"又音 cān，主要表示加入、配合、间杂、研究、拜见的意义，比如"参加""相参""参杂""参谋""参拜"。

叠（疊）dié

小篆 — 汉篆 — 隶书 — 楷书 — 简化字

会意字，小篆从晶从宜，大概会日多肉多之意，汉篆改作从三田表意，可能取田多为宜的构意。《玉篇》："叠，重也，累也。""叠"主要指重叠、积累义，如"层层叠叠""累叠"。"叠"也可表示重复、折叠、振动的意义，比如"叠加""叠衣服""振叠"。

月 yuè

甲骨文 — 金文 — 战文 — 小篆 — 隶书 — 楷书

象形字，甲骨文、金文象半月之形，本义指月亮。《说文》："月，阙（quē）也。"这里"阙"是缺的意思，上下弦月或者半月相比圆圆的太阳而言，有所缺损，故曰阙。"月"也可表示一年的十二个月、月光、像月亮一样的颜色或形状等意义，比如"正月""月色""月白""月城"。

明 míng

甲骨文 — 金文 — 战文 — 小篆 — 隶书 — 楷书

会意字，甲骨文从月从囧（jiǒng），"囧"象疏落可透光的窗户形，字形会月光从窗户照射进来而明亮之意。战国文字开始演变为从日从月,会日月照耀而光明的意思,这种写法最终成为正体,并沿用至今。《说文》:"明,照也。"《广韵》:"明,光也。""明"本义指光明、明亮,与"昏暗"相对。《荀子》有"在天者莫明于日月",用的正是本义。"明"也可表示严明、照亮、视力、通晓、分辨、清楚、聪明、贤能的意义,比如"法纪清明""照明""明目""明了""明辨""明白""明智""贤明"。

朗 lǎng

小篆 — 汉篆 — 隶书 — 楷书

形声字,从月良声,小篆左形右声,至楷书固定为右形左声的"朗",沿用至今。《说文》:"朗,明也。""朗"本义指明亮、明朗。《诗经》有"昭明有融,高朗令终",意思是说(您的)伟大光辉是那样长盛,高风亮节将使您必得善终,用的正是本义。"朗"也可表示清晰、开朗、响亮的意义,比如"清朗""爽朗""朗声"。

期 qī

金文 — 战文 — 小篆 — 隶书 — 楷书

形声字,金文从日其声,战国文字变作从月其声,大概表示以日月为时间参照的意思。《说文》:"期,会也。"这里"期"有约会的意思。"期"也可表示一定的时日、限度、要求、预料、气数的意义,比如"时期""期限""期望""预期""死期"。

霸 bà

金文 — 小篆 — 隶书 — 楷书

形声字,从月霎(gé)声。《说文》:"霸,月始生霸然也,承大月二日,承小月三日。""霸"读音 pò,本义表示农历每月初始见的月亮或月光,这个意义后世多由"魄"来记录。"霸"又音 bà,主要表示古代诸侯联盟的首领、横行一方的人、文采或才能等过人的意义,比如"霸王""恶霸""霸气"。

夕 xī

指事字，甲骨文、金文象月出之形，与"月"古本一字，以日暮的月出之形来标示傍晚的意义。《说文》："夕，莫也。从月半见。"这里"莫"是"暮"本字，有傍晚的意思。"夕"本义指傍晚，如"夕阳"。"夕"也可表示晚上、夜晚祭月、月末或季末等意义，比如"今夕""夕祭""月夕"。

夜 yè

形声字，金文从夕亦声，且"亦"有省形，战国文字不省形，小篆承袭了金文的写法，沿用至今。"夜"本义指从天黑到天亮的一段时间，与"昼""日"相对，如"昼夜""日夜"。《春秋》有"夏四月辛卯夜，恒星不见"，用的正是本义。"夜"也可表示黄昏、昏暗的意义，比如"夜暮""夜室"。

梦(夢) mèng

本为会意字，甲骨文象人躺在床上而眼睛睁得很大，表示人睡着了却看见了东西，即做梦的意思，后形体逐渐简省，最终演变作"夢"。"梦"读音 mèng，本义指做梦，也引申为幻象、想象的意义，如"梦幻""梦想"。"梦"又音 méng，表昏乱不明义，《说文》有"梦，不明"，说的就是这个意思，但这个意义文献罕用。

外 wài

形声字，金文从卜月声，但从卜构意不明。"外"主要指外面义，和"内"相对，如"内外""里外"。《说文》："外，远也。"这里"外"指疏远，应是由外面的意义引申而来。"外"也可表示背离、排斥、一定范围的外边、非自己属于的、非正式的意义，比如"外叛""排外""界外""外族""外号"。

四　天象矿物类　　　　　　　　　　　　　　　天气雨

天 tiān
甲骨文　金文　战文　小篆　隶书　楷书

象形字,甲骨文、金文象正面人形,突出头部,上面是象征人头的圆点,后来演化成一横画,本义表人的头顶。《说文》:"天,颠也。"这里"颠"有头顶的意思,说的正是本义。人的头顶上面就是天空,所以"天"也引申指大自然的天,如天空、天气等。"天"也可表示天体、自然的、时令、天神的意义,比如"天象""天然""冬天""天帝"。

气¹ qì
甲骨文　金文　战文　小篆　隶书　楷书

象形字,甲骨文作三横,中间一横较短,金文、战国文字延续甲骨文的写法,同时上下二横开始弯曲,象云气之形,后逐渐演变成"气",沿用至今。《说文》:"气,云气也。象形。""气"本义指云气,也泛指一般的气体。"气"也是"氣"的简化字,表示气味、气候的意义。

气²（氣）qì
战文　小篆/或体　隶书　楷书　简化字

形声字,战国文字从米气声,小篆承袭了战国文字的写法,同时产生了从食氣声的或体。《说文》:"氣,馈客刍米也。从米气声。餼,氣或从食。""氣"读音 xì,本义指赠送粮食,后这个意义多由或体"餼(饩)"来记录。"氣"又音 qì,主要假借为云气义,也可表示气体、节候、气味、愤怒、气势、作风、景象的意义,比如"气流""节气""香气""气愤""一鼓作气""习气""气象"。"气""氣"古籍常见通假,今二字合并为一,以"气"为规范字,"氣"废弃不用。

雨 yǔ
甲骨文　金文　战文　小篆　隶书　楷书

象形字,甲骨文象下雨或雨滴落下之形,上方的一横象天空,下边的小点象水滴,后字形逐渐演变,楷书作"雨",还依稀可见雨点的象形。《说文》:"雨,水从云下也。""雨"读音 yǔ,本义指从云层降到地面的水滴,俗称雨水,如"下大雨"。《诗经》有"以御田祖,以祈甘雨",用的正是本义。"雨"又读 yù,用作动词,主要表示降雨、自上而下像雨一样地降落、灌溉的意义,比如"不雨""雨雪""雨田"。

雷(靁) léi
甲骨文 金文 战文 小篆 隶书 楷书 简化字

本为象形字,甲骨文象闪电雷鸣之形,中间曲线象闪电的形状,两旁的小菱形方块象闪电的火光,后讹变成"田"形,金文开始加"雨"表意,至隶书演变成从雨从田的"雷",沿用至今。"雷"本义是闪电放电而发出的强大声音,俗称打雷。"雷"也可表示迅疾、爆炸性武器、古州名的意义,比如"雷霆之势""地雷""雷州"。

电(電) diàn
甲骨文 金文 战文 小篆 隶书 楷书 简化字

本为象形字,甲骨文象闪电屈折形,是"电"的初文,至金文开始加"雨"表意,最终演变成从雨从申的"電",会下雨时闪电之意。《玉篇》:"申,闪电也。""电"本义指闪电,如"电闪雷鸣"。"电"也可表示一般的电流、光亮、迅速、电报的意义,比如"电源""电光""风驰电掣""贺电"。

申 shēn
甲骨文 金文 战文 小篆 隶书 楷书

本为象形字,甲骨文、金文象闪电屈折之形,与"电"古本一字,本义指闪电,后这个意义专由"電(电)"来记录。《广雅》:"申,伸也。""申"主要借为伸展、舒展义,如"申展",也可表示说明、重复的意义,比如"申明""重申"。

雪(雪) xuě
甲骨文 小篆 隶书 楷书 简化字

形声字,甲骨文从雨羽声,小篆变作从雨彗声,沿用至楷书。《说文》:"雪,凝雨说物者。""雪"本义指从云中降落的白色结晶体,多为六角形,俗称雪花。"雪"也可表示白色、洗除、高洁的意义,比如"雪白""雪耻""傲雪"。"䨮"简化字作"雪",是省略了声符的一部分形体。

雹 báo　甲骨文—战文—小篆—隶书—楷书

本为会意字,甲骨文从雨从⚬⚬,⚬⚬象冰雹形,会雨天下冰雹或雨夹冰雹之意,至小篆固定为从雨包声的形声字"雹",沿用至今。《说文》:"雹,雨冰也。""雹"本义指冰雹,就是一种水蒸气遇冷结成的冰粒或冰块。

露 lù　战文—小篆—隶书—楷书

形声字,从雨路声。《玉篇》:"露,天之津液下,所润万物也。""露"本义指露水,古人认为露水是大自然的唾液,能滋润万物。《诗经》有"蒹葭苍苍,白露为霜",用的正是本义。"露"也可表示润泽、露天、显露、泄露的意义,比如"恩露""露宿""原形毕露""露马脚"。

雾(霧) wù　小篆/籀文—隶书—楷书—简化字

形声字,小篆从雨敄(wù)声,籀文"敄"部有省形,至隶书演变成从雨務声,沿用至楷书。《说文》:"霧,地气发,天不应。"意思是说地面上的水蒸气凝结发散,天空模糊不清,就是雾气。"雾"本义指雾气,如"雾蒙蒙",也可表示像雾状的小水滴,如"喷雾器"。

云(雲) yún　甲骨文—金文—战文—小篆—隶书—楷书—简化字

本为象形字,甲骨文、金文象云朵形,后加"雨"表意,变成从雨从云的会意字。《说文》:"云,山川气也。""云"本义指云朵,也可表示形状像云的、高的意义,比如"云气""云车"。"雲"简化字作"云"不是新造字形,而是来源于甲骨文、金文等古文字。

震 zhèn

霸—震—震—震
小篆　汉篆　隶书　楷书

形声字，从雨辰声。《说文》："震，劈历振物者。"这里"劈历"又作"霹雳"，指疾雷名。"震"本义指雷、疾雷。《春秋》有"三月癸酉，大雨震电"，这里"震电"就是雷电，用的正是本义。"震"也可表示震动、威严、迅疾的意义，比如"震耳欲聋""威震天""震风"。

零 líng

零—零—零—零—零
金文　小篆　汉篆　隶书　楷书

形声字，从雨令声。《说文》："零，徐雨也。""零"本义指徐徐而下的雨，即细雨。"零"也可表示雨或霜等降落、凋落、零碎、数词零的意义，比如"零落""凋零""零钱""从零开始"。

霜 shuāng

霜—霜—霜—霜
战文　小篆　汉篆　隶书

形声字，从雨相声，其中战国文字的"相"略有讹变。《玉篇》："霜，露凝也。""霜"本义指水汽在零度以下凝结成的白色结晶体，俗称结霜。《诗经》有"蒹葭苍苍，白露为霜"，用的正是本义。"霜"也可表示白色、像霜的东西、高洁、严厉、锋利的意义，比如"鬓霜""柿霜""怀霜""冷若冰霜""霜刀"。

需 xū

需—需—需—需—需—需
甲骨文　金文　战文　小篆　隶书　楷书

会意字，甲骨文从人从水，象人身上淋湿之形，至金文直接在"人"上加"雨"表意，表示雨水淋湿之意，应是"濡(rú)"的初文，本义指沾湿、濡湿，但这个意义文献罕用。"需"主要表示需要、索取的意义，如"不时之需""需求"。

风(風) fèng

風—風—風—風—风—风
甲骨文　战文　小篆　隶书　楷书　简化字

本为象形字，甲骨文象凤鸟高冠长尾之形，或加"凡"表音，与鳳凰的"鳳(凤)"属一字分化,后"风"主要假借为风雨的"风",至战国文字演变成从虫凡声的"風",沿用至楷书。《广雅》:"风,气也。""风"指空气流动形成的气象,如刮风、大风等。"风"也可表示教化、风俗、作风、消息、事端等意义,比如"风化""风气""风度""风声""风波"。

虹 hóng

甲骨文 — 战文 — 小篆 — 隶书 — 楷书

本为象形字,甲骨文象长虹如虫,前后两端作蜿蜒向下的形状,象虫的首尾张开两张大口,战国文字变作从虫从申,至小篆固定为从虫工声的形声字"虹",沿用至今。《说文》:"虹,螮(dì)蝀(dōng)也,状似虫。"螮蝀是彩虹的别称,"虹"本义指彩虹,就是雨后天空出现的彩色圆弧,古人认为虹象大虫形,故字从虫表意。"虹"也可表示桥梁义,如"虹梁"。

矿(礦) kuàng

小篆 — 隶书 — 楷书 — 简化字

形声字,小篆从石黄声,至楷书演变为从石廣声的"礦"。今以"矿"为规范字,"磺""礦"都作为异体字废弃不用。《说文》:"磺,铜铁朴石也。"《集韵》:"磺,或作礦。""矿"本义指矿石,也可表示采矿的、采矿场所或单位、粗劣、古代的医疗器具石针等意义,比如"矿工""下矿""粗矿""矿石"。

金 jīn

金文 — 战文 — 小篆 — 隶书 — 楷书

形声字,金文左边的二圆点象青铜制品的原材,有学者认为是"吕"的初文,右下的 ☩ 象斧钺形,应是"士"或"王",表示青铜制品,右上的 ▲ 或 ∧ 是"今"的初文,在这里作为纯粹的声符,所以金文从吕从士(或王)今声,本义指赤金,即青铜原料。《说文》:"金,五色金也。"这里"金"指金属总名,应是后来产生的意义。"金"也可表示化学元素金、钱财、金属制品、贵重、坚固的意义,比如"金子""金币""金印""金贵""金城汤池"。"金"用作表意偏旁置于右边时写作"钅",表示与金属或金属制品的意义有关,如"银""铜""钟""铃"等。

银(銀) yín

银—鈏—銀—銀—银
小篆　汉篆　隶书　楷书　简化字

形声字,从金艮(gèn)声。《说文》:"銀,白金也。""银"主要指化学元素银,如"白银",也可表示货币、银印、像银子的颜色、古州名的意义,比如"银子""银元""银白""银川"。

铜(銅) tóng

铜—銅—銅—銅—銅—铜
金文　战文　小篆　隶书　楷书　简化字

形声字,从金同声。《说文》:"銅,赤金也。""铜"主要指化学元素铜,如"青铜",也可表示青铜制品的简称、坚固的意义,比如"铜臭""铜墙铁壁"。

铁(鐵) tiě

鐵—鐵—鐵—鐵—铁
战文　小篆　隶书　楷书　简化字

形声字,从金戜(dié)声。《说文》:"鐵,黑金也。""铁"主要指化学元素铁,如"铜铁",也可表示铁质器物、像铁的颜色、确定不移、坚硬的意义,比如"铁马""铁青""铁证""铁拳"。

钟[1](鐘) zhōng

鐘—鐘鐘—鐘—鐘—鐘—钟
金文　战文　小篆　隶书　楷书　简化字

形声字,从金童声。《说文》:"鐘,乐钟也。""钟"本义指古代的一种打击乐器,如"黄钟",也可表示寺庙悬挂的钟、计时器、时间的意义,比如"钟声""闹钟""七点钟"。"钟"也是"鍾"的简化字,表示酒钟、钟情的意义。

钟[2](鍾) zhōng

鍾—鍾—鍾—鍾—鍾—钟
金文　战文　小篆　隶书　楷书　简化字

形声字,从金重声。《说文》:"鍾,酒器也。""钟"本义指盛酒的器皿,俗称酒钟。"钟"也表示古量器单位、集聚、专一、姓氏的意义,比如"钟器""钟秀""钟情""钟氏"。"鍾""鐘"古籍常见通假,今二字合并为一,以"钟"作为简化字,记录了它们全部的意义和用法。

钱(錢) qián

錢—鏒—錢—錢—钱
战文　小篆　隶书　楷书　简化字

形声字,从金戋(jiān)声。《说文》:"钱,铫(yáo)也,古田器。"这里"铫"有大锄类古田器的意思。"钱"读音jiǎn,本义指大锄一类的古农具,类似今天的铁铲,但这个意义文献少用。"钱"又音qián,主要表示金属货币、费用、一般货币的意义,比如"铜钱""车钱""挣钱"。

铃(鈴) líng

鈴—鈴—鈴—鈴—铃—铃
金文　战文　小篆　隶书　楷书　简化字

会意字,从金从令,令兼表音,大概会以金发出命令之意。《说文》:"铃,令丁也。"这里"令丁"是象声词,描摹铃发出的声响。"铃"本义指金属制响器,常见钟形和裂口球形两种,如碰铃、串铃等。"铃"也可表示铃状物、小声的意义,比如"杠铃""说铃"。

镜(鏡) jìng

鏡—鏡—鏡—镜—镜
小篆　汉篆　隶书　楷书　简化字

形声字,从金竟声。《说文》:"镜,景也。"段玉裁注:"景者光也,金有光可照物谓之镜。"意思是说镜就是能反射光并且可以照物的器具。"镜"本义指镜子,就是反映物体形象的用具,用于照容貌,有铜镜、铁镜等,近代开始以玻璃制镜,背面涂水银。"镜"也可表示照、明察、借鉴、明净的意义,比如"镜照""镜万物""镜考""镜明"。

错(錯) cuò

錯—錯—錯—错—错
战文　小篆　隶书　楷书　简化字

形声字,从金昔声。《洪武正韵》:"错,厉石。""错"本义指打磨玉用的粗磨石。《诗经》有"它山之石,可以为错",用的正是本义。"错"也可表示琢磨、治玉、镶嵌或绘绣花纹、间杂、错误、坏的意义,比如"相错""错玉""错镂""交错""错失""还不错"。

锤(錘) chuí

錘—銈—錘—錘—锤
战文　小篆　隶书　楷书　简化字

形声字,从金垂声。《说文》:"锤,八铢也。""锤"本义指古代重量单位,八铢为一锤。"锤"也可表示古代兵器名、秤砣、锤形物、锤击器具、敲击的意义,比如"铜锤""称锤""纺锤""钉锤""锤打"。

锯(鋸) jù

鋸—鋸—鋸—鋸—锯
战文　小篆　隶书　楷书　简化字

形声字,从金居声。"锯"本义指析解木石的工具,有手锯、圆盘锯等。"锯"也可表示用锯截断、锯形物、古刑具的意义,比如"锯木头""锯齿""刀锯"。

凿(鑿) záo

凿—鑿—鑿—鑿—鑿—凿
甲骨文　战文　小篆　隶书　楷书　简化字

本为会意字,甲骨文象手持锤子一类的凿具形,战国文字开始加"臼"和"金"表意,至小篆逐渐演变成"鑿"。《说文》:"凿,穿木也。""凿"本义指凿子,一种挖槽或穿孔用的手工具,有平凿、圆弧凿等。"凿"也可表示古代刑具、穿空、挖掘、附会的意义,比如"凿刑""穿凿""凿通""凿空之论"。

锥(錐) zhuī

錐—錐—錐—錐—锥
战文　小篆　隶书　楷书　简化字

形声字,从金隹声。《说文》:"锥,锐也。"《释名》:"锥,利也。""锥"本义指锐利,但这个意义文献少用。"锥"主要表示锥子、用锥刺、锥形物的意义,比如"铁锥""锥心""冰锥"。

衔(銜) xián

衔—銜—銜—銜—衔
战文　小篆　隶书　楷书　简化字

会意字,从金从行。《说文》:"衔,马勒口中。""衔"本义指马嚼子,就是横在马口里驾驭马行走的金属小棒,故字从金从行。"衔"也可表示含、接受、感谢、互相连接、官阶的意义,比如"口衔""衔命""衔恩""衔接""官衔"。

铺(鋪) pū　金文—战文—小篆—隶书—楷书—简化字

形声字,从金甫声。《说文》:"铺,箸门铺首也。""铺"读音 pū,本义指铺首,就是以铜为兽面,衔环著于门上的用具,类似于今天的门把手。"铺"也可表示陈设、展开、水溢出的意义,比如"铺陈""铺展""铺出来"。"铺"又音 pù,主要表示商店、驿站、床铺的意义,如"店铺""十里铺""上铺"。

钉(釘) dīng　小篆—汉篆—隶书—楷书—简化字

形声字,从金丁声。《说文》:"钉,炼饼黄金。""钉"读音 dīng,本义指冶炼而成的黄金饼块,但这个意义文献少用。"钉"主要表示钉子、钉状物、监视、催促的意义,比如"铁钉""钉耙""钉梢""钉紧"。"钉"又音 dìng,用作动词,主要表示以钉钉物、缝缀的意义,如"钉木板""装钉"。

钮(鈕) niǔ　小篆—汉篆—隶书—楷书—简化字

形声字,从金丑声。《说文》:"钮,印鼻也。""钮"本义指印鼻,即印章把子,形式多样,有瓦钮、环钮、龟钮等。"钮"也可表示器物上面可以提携或系绳带的部分、衣扣、器物上可转动的部分等意义,比如"镜钮""钮扣""电钮"。

针(鍼) zhēn　小篆—隶书—楷书—简化字

形声字,从金咸声。《说文》:"针,所以缝也。""针"本义指缝衣服的用具,如"针线"。"针"也可表示医疗用具、刺、针形物、以针治病的意义,如"注射针""针刺""松针""针灸"。"鍼"简化字作"针",是用笔画少的声符代替笔画多的声符。

键（鍵）jiàn

鏈—鍵—键—键
小篆　隶书　楷书　简化字

形声字,从金建声。《说文》:"键,铉(xuàn)也。"这里"铉"指古代横贯鼎两耳用以举鼎的木棍。"键"本义指古代鼎上贯通两耳的横杠,但这个意义文献少用。"键"主要表示门闩、锁簧、钥匙、键盘的意义,比如"关键""管键""铃键""按键"。

锁（鎖）suǒ

鎖—鎖—鎖—锁
小篆　隶书　楷书　简化字

形声字,从金贞(suǒ)声。《说文》:"锁,铁锁,门键也。""锁"本义指铁链,最初用来栓门,后逐渐发展为门锁义。《墨子》有"铁锁悬,正当寇穴口,铁锁长三丈,端环,一端钩",这里的铁锁就是铁链,用的正是本义。"锁"也可表示以铁链勾连的刑具、束缚、锁上、封闭、紧皱、一种缝纫法的意义,比如"枷锁""锁缚""锁门""封锁""眉头紧锁""衣服锁边"。

链（鏈）liàn

鏈—壨—金連—鏈—链
小篆　汉篆　隶书　楷书　简化字

形声字,从金连声。《说文》:"链,铜属。""链"读音 lián,本义指铜属,但这个意义文献罕用。"链"又音 liàn,表示用金属环连结而成的长条,如表链、锁链、链条等。

镣（鐐）liáo

鐐—鐐—鐐—镣—镣
小篆　汉篆　隶书　楷书　简化字

形声字,从金尞声。《说文》:"镣,白金也。"《尔雅》:"白金谓之银,其美者谓之镣。""镣"读音 liáo,本义指纯美的银子,如"镠镣",也可表示上等金、有孔炉的意义,如"镣金""镣炉"。"镣"又音 liào,指套在脚腕上的刑具,如"脚镣""铁镣"。

镶(鑲) xiāng

钁—耩—鑲—鑲—镶
小篆 汉篆 隶书 楷书 简化字

形声字,从金襄声。《说文》:"镶,作型中肠。""镶"读音 ráng,本义指铸铜铁器模型的瓤子,中空,形状类似于肠子,但这个意义文献少用。"镶"又音 xiāng,主要表示古兵器名、把东西嵌入另一物体的意义,比如"钩镶""镶嵌"。

炉(鑪) lú

鑢—鑪—爐—鑪—炉
金文 小篆 汉篆 楷书 简化字

形声字,金文从金膚声,小篆演变为从金盧声,沿用至楷书。《说文》:"炉,方炉也。""炉"本义指盛火的器具,可用来冶炼、取暖及烹饪等,俗称火炉、炼炉。"炉"也表示酒店别称,如"酒炉"。"鑪"简化字作"炉",是用笔画少的声符和义符代替笔画多的声符和义符。

铸(鑄) zhù

鑄—鑄—鑄—鑄—铸
金文 战文 小篆 隶书 楷书 简化字

本为会意字,金文象两手持倒置的镕器在器皿上熔化之形,中间的"火"象熔化的金属溶液,战国文字开始加"金"表意,至小篆演变成从金壽声的形声字"鑄",沿用至今。《说文》:"铸,销金也。""铸"本义指销熔金属,如铸钢、铸铁。"铸"也可表示造就人才、熔炼、古国名的意义,比如"铸就英才""熔铸""铸国"。

铭(銘) míng

銘—銘—銘—銘—铭
金文 战文 小篆 隶书 楷书 简化字

形声字,从金名声。《说文》:"铭,记也。""铭"本义指记载、镂刻,如"铭刻"。"铭"也可表示古代铸刻在器物上的文字、一种文体、永志不忘的意义,比如"铭文""陋室铭""铭记在心"。

钓(釣) diào

釣—釣—釣—钓—钓
战文 小篆 隶书 楷书 简化字

形声字,从金勺声。《说文》:"钓,钩鱼也。""钓"本义指用钓具获取,如钓鱼、钓虾等。"钓"也可表示钓钩、用手段谋取、引诱的意义,比如"鱼钓""沽名钓誉""钓诱"。

镇(鎮) zhèn

鎭—鎮—鎮—镇—镇
小篆　汉篆　隶书　楷书　简化字

形声字,从金真声。《说文》:"镇,压也。""镇"本义指压、重压。《国语》有"为挚币瑞节以镇之",用的正是本义。"镇"也可表示安定、抑制、用武力据守、市镇的意义,比如"镇定""镇痛药""镇守""集镇"。

钞(鈔) chāo

鈔鈔—鈔—鈔—钞—钞
战文　小篆　隶书　楷书　简化字

形声字,从金少声。《说文》:"钞,叉取也。""钞"本义指叉取,就是手指突入其间而取之,如"钞取"。"钞"也可表示掠夺、誊写、纸币名、文学作品集子的意义,比如"钞家""钞录""钞票""文钞"。

锐(鋭) ruì

网—鋭—鋭—锐—锐
战文　小篆　隶书　楷书　简化字

本为会意字,战国文字从厂(hǎn)从刿(yǎn,锐利),会山石锐利之意,小篆演变为从金兑声的形声字"鋭",沿用至今。《说文》:"锐,芒也。"《广雅》:"锐,利也。""锐"本义指锋芒、锋利。《淮南子》有"柔而不刚,锐而不挫",用的正是本义。"锐"也可表示精锐、细小、机灵、疾速、锐气的意义,比如"锐师""尖锐""敏锐""锐减""养精蓄锐"。

钝(鈍) dùn

鈍—鈍—鈍—钝
小篆　隶书　楷书　简化字

形声字,从金屯声。《说文》:"钝,錭(táo,钝)也。"《广韵》:"钝,不利也。""钝"本义指刀剑等不锋利,与"利"相对,如"刀口钝"。"钝"也可表示无棱角、迟滞、资质鲁钝的意义,比如"钝角""迟钝""愚钝"。

锻(鍛) duàn

鍛—金殳—鍛—锻
小篆　隶书　楷书　简化字

形声字,从金段声。《说文》:"锻,小冶也。"《广韵》:"锻,打铁。""锻"本义指打铁,就是以金入火,焠(cuì)而捶打成形。《尚书》有"锻乃戈矛",用的正是本义。"锻"也可表示锤击、锻铁用的砧石、加工文句的意义,比如"锻炼""锻石""遣词锻句"。

录¹(錄) lù

錄—錄—錄—録—录
小篆　汉篆　隶书　楷书　简化字

形声字,从金录声。《说文》:"錄,金色也。""录"本义指金色,一种在青黄之间的颜色,就是古铜器所呈现的青黄色,或称铜绿色,所以字可从金。"录"也可表示记载、誊写、采纳、收集、簿籍的意义,比如"记录""誊录""采录""收录""录籍"。"錄"简化字作"录",不是新造字形,而是合并了刻录的"录",所以"录"既是"錄"的简化字,也是刻录的"录"本字。

录² lù

录—录—录—录—录
甲骨文　金文　战文　小篆　隶书　楷书

象形字,甲骨文、金文象古时的辘轳汲水之形,是"辘"的初文,本义指古代汲水的辘轳,后这个意义另造了"辘"来记录。《说文》:"录,刻木录录也。""录"主要指刻木义,如"刻录",也可表示本子、姓氏的意义,比如"录本""录氏"。"录"也是"錄"的简化字,表示收录、誊录等意义。

玉 yù

王—王—王玉—王示—玉—玉
甲骨文　金文　战文　小篆/古文　隶书　楷书

象形字,甲骨文象一串玉形,金文演变成三横加一竖,其中三横等长,战国文字承袭了金文的写法,同时为了和"王"区别,开始在第二横下加一点笔,后逐渐演变成"玉",沿用至今。《说文》:"玉,石之美。""玉"本义指美石,也可表示玉制品、精美的意义,比如"玉器""玉女"。凡以"玉"作为表意偏旁的字,大多与玉以及精美的意义相关,例如"玩""珠""宝""璧"等。

瑞 ruì

瑞—瑞—瑞—瑞
战文　小篆　隶书　楷书

形声字,从玉耑(duān)声。《说文》:"瑞,以玉为信也。""瑞"本义指古代玉制的信物,相当于后世的印信,俗称瑞玉。《左传》有"司马请瑞焉,以命其徒攻桓氏",这里"瑞"指符节,用的正是本义。"瑞"也可表示征兆、吉祥的意义,比如"祥瑞""瑞雪"。

宝(寶) bǎo

宙—闍—䂪—寶—寶—寶—宝
甲骨文　金文　战文　小篆　隶书　楷书　简化字

会意字,甲骨文从宀(mián,房舍)从玉从贝,表示屋中藏着贝、玉等珍宝的意义,金文加"缶"表音,变成一个形声字,小篆承袭了金文的构形,最终固定成从宀从玉从贝缶声的"寶",沿用至楷书。《说文》:"宝,珍也。"《广韵》:"宝,珍宝。""宝"本义指珍品、珍宝。《礼记》有"地不爱其宝",用的正是本义。"宝"也可表示珍贵的、货币、珍爱的意义,比如"宝灯""元宝""宝贝"。

珍 zhēn

珍—珎—珎—珍
小篆　汉篆　隶书　楷书

形声字,从玉㐱(zhěn)声。《说文》:"珍,宝也。""珍"本义指珠玉之类的宝物,俗称珍宝。《楚辞》有"室中之观,多珍怪些",用的正是本义。"珍"也可表示宝贵的、精美的、珍稀的食品、重视的意义,比如"珍禽""珍美""山珍海味""珍爱"。

琼(瓊) qióng

瓊—瓊—瓊—瓊—琼
战文　小篆　隶书　楷书　简化字

形声字,从玉夐(xiòng)声。《说文》:"琼,赤玉也。""琼"本义指赤色的美玉,俗称琼玉。《诗经》有"投我以木瓜,报之以琼琚(jū,佩玉名)",用的正是本义。"琼"也可表示光彩似玉的、美好的事物等意义,比如"琼瑶""琼浆"。

珠 zhū 珠珠—珠—珠—珠
战文　小篆　隶书　楷书

形声字，从玉朱声。《说文》："珠，蚌之阴精也。"意思是说珠是蚌壳体内所生的精华。"珠"本义指珍珠。汉蔡邕《青衣赋》有"金生沙砾，珠出蚌泥"，用的正是本义。"珠"也引申为似珠的宝石、像珠一样的东西等意义，比如"珠宝""眼珠"。

球 qiú 球璆—璆球—球
小篆/或体　隶书　楷书

形声字，小篆从玉求声，或体从玉翏(liù)声，隶书承袭了这两种写法，至楷书固定为"球"，沿用至今。《说文》："球，玉也。"《广韵》："球，美玉也。""球"本义指美玉。《尚书》有"厥贡惟球、琳、琅玕(gān)"，这里"球"指美玉，用的正是本义。"球"也可表示某些圆形立体的物品、球类活动、球形的物体等意义，如"篮球""球迷""月球"。

碧 bì 碧—碧—碧碧—碧
小篆　汉篆　隶书　楷书

形声字，从玉从石白声，表示和玉石的意义相关。《说文》："碧，石之青美者。""碧"本义指青绿色的玉石，俗称碧玉。《山海经》有"又西百五十里高山，其上多银，其下多青碧"，这里"青碧"是青绿色的玉石，用的正是本义。"碧"也可表示青绿色、姓氏的意义，比如"碧瓦""碧氏"。

璧 bì 璧—璧—璧—璧—璧
金文　战文　小篆　隶书　楷书

形声字，从玉辟声。《说文》："璧，瑞玉。""璧"本义指一种用玉制作的礼器，平圆形，正中有孔，边宽为内孔直径的两倍，常在古代祭祀、朝聘和丧葬时使用，俗称玉璧，战国时期有著名的和氏璧。"璧"也泛指一般的美玉，如"完璧归赵"。

环(環) huán

形声字，从玉瞏(qióng)声。《说文》："环，璧也。肉好若一谓之环。""环"本义指一种边和孔等同的璧，俗称玉环。由于璧孔很大，所以"环"又引申出圆圈形物、环形的、包围、围绕、四周的意义，比如"耳环""环目""环攻""环绕""环境"。

班 bān

会意字，从刀从二玉，会用刀分玉之意。《说文》："班，分瑞玉。"瑞玉是古代玉质的信物，从中间分为二，各拿其中一个作为信物，所以"班"本义指瑞玉。"班"也可表示分给、序列、依行业组合的人群、回去的意义，比如"分班""班列""戏班""班师回朝"。

理 lǐ

形声字，从玉里声。《说文》："理，治玉也。""理"本义指治玉。《战国策》有"郑人谓玉未理者为璞"，用的正是本义。"理"也可表示治理、修整、操作、医治、纹理、道理、顺的意义，比如"料理""整理""日理万机""药理""条理""讲理""理顺"。

弄 nòng

会意字，从玉从廾(gǒng)，会双手捧玉玩弄之意。《说文》："弄，玩也。""弄"本义指用手玩弄。古人有"弄璋"一说，就是给生下的男孩玩弄玉璋，"弄璋之喜"也就成了生男孩的贺词。"弄"也可表示游戏、玩耍、欺侮的意义，比如"戏弄""耍弄""作弄"。

玩 wán

形声字，从玉元声。《说文》："玩，弄也。"古人有弄玉的习俗，"玩"

本义与玉相关,表示玩弄、戏弄的意义,如"把玩"。"玩"也引申为可供玩赏的物件、戏耍、轻慢的意义,比如"古玩""玩耍""玩世不恭"。

闰(閏) rùn 閏—閏—閏—閏—闰
战文　小篆　隶书　楷书　简化字

会意字,从王从门,但构意不明。《周礼》有"闰月,王居门中,终月也",这里"终月"即闰月,闰月是农历平年与地球公转一周相比,约差十日左右,所余下的时间约三年积累成一月,加在一年里,这样的办法叫做"闰",所积累的那个月就是闰月,所以"闰"本义指一种历法术语。"闰"也可表示副的、增添的意义,比如"正闰""闰土"。

灵(靈) líng 靈—靈靈—靈靈—靈靈—灵
战文　小篆/或体　隶书　楷书　简化字

形声字,战国文字从玉霝(líng)声,小篆承袭了战国文字的写法,同时产生了从巫霝声的或体"靈"。今以"灵"为规范字,"靈""靈"都作为异体字废弃不用。《说文》:"靈,靈巫,以玉事神。靈,靈或从巫。""灵"本义指灵巫,就是古时候用玉侍奉神灵的巫人,但这个意义文献罕用。"灵"主要表示神灵、福佑、效验、灵魂、灵活、聪明的意义,比如"山灵""灵佑""灵验""英灵""灵巧""灵敏"。

五 人物类

人 rén
甲骨文 金文 战文 小篆 隶书 楷书

象形字,甲骨文、金文象人的侧面站立之形,小篆还依稀可见侧面人形,至隶书演变为一撇一捺的"人",沿用至今。《说文》:"人,天地之性最贵者也。"古人认为人是天地间最尊贵的生物。"人"本义指人类,也可表示某种人、别人、每人、人才的意义,比如"猎人""他人""人手一册""我辈无人"。

仆(僕) pú
甲骨文 金文 战文 小篆 隶书 楷书 简化字

本为象形字,甲骨文象一个头戴头饰、臀部带尾饰的人双手捧簸箕弃除(垃圾或杂物)劳作之形,后字形逐渐演变,至小篆演变成从人羑(pú)声的形声字,沿用至楷书。《说文》:"僕,给事者。""僕"读音pú,本义指供人役使的人,俗称仆人,也可表示驾车的人、古代官名的意义,如"仆夫""太仆"。"仆"本读pū,表示以头碰地、向前倾倒的意义,比如"以头仆地""前仆后继"。"僕"简化字作"仆",是合并了"仆地"的"仆",记录了它们的全部意义和用法。

俘 fú
甲骨文 金文 小篆 隶书 楷书

会意字,甲骨文、金文从爪从子作"孚",象以手逮人之形,是"俘"的初文,至小篆加"人"表意,最终分化出从人从孚,孚兼表音的"俘",沿用至今。《说文》:"俘,军所获也。""俘"本义指作战时擒获的敌人,俗称俘虏或战俘。"俘"也可表示擒获、缴获的意义,如"俘获""俘取"。

儒 rú
小篆 汉篆 隶书 楷书

形声字,从人需声。《说文》:"儒。柔也。术士之称。"段玉裁认为人之柔者曰儒,因此用作学人的称呼。"儒"本义指性格柔和的人,又指学术之人,俗称儒人、儒士。"儒"也可表示儒家学派、柔顺、愚昧的意义，比如"尊儒""儒雅""儒愚"。

仙(僊) xiān

会意字，从人从䙴，䙴兼表音，大概会人向上升迁之意，汉篆变作从人从山会意，沿用至今。《说文》："仙，长生仙去。"《释名》："老而不死曰仙。""仙"本义指神仙，就是神话传说和某些宗教中修炼得道长生不死的人。"仙"也可表示不同凡俗、对死者的婉辞等意义，比如"仙风道骨""仙逝"。

保 bǎo

会意字，甲骨文、金文从人从子，象一人把孩子背在背上形，会负子于背之意，本义指把幼儿背在背上，至小篆固定成从人从呆的"保"，沿用至今。《说文》："保，养也。"这里"保"指养育，应是由负子于背的意义引申而来。"保"也可表示保佑、守卫、维持、负责、古代官名的意义，比如"保护""保卫""保持""担保""太保"。

企 qǐ

会意字，从人从止（"趾"初文），甲骨文象人踮起脚后跟张望形，本义指踮起脚后跟。《说文》："企，举踵（zhǒng，脚后跟）也。"《汉书》有"日夜企而望归"，意思是说日夜踮起脚后跟盼望归来，用的正是本义。"企"也可表示站立、盼望、希求的意义，比如"企立""企盼""企及"。

白 bái

象形字，但所象不明。郭沫若认为"白"甲骨文象大拇指形，大拇指居于手足首位，所以引申为伯仲的"伯"，也有学者认为 ⊖ 象人首形，本义指人首，故引申为"伯"。"白"主要假借为白色，近似霜雪一样的颜色,也可表示洁净、明亮、明白、表明、报告、徒然地、空白的意义,比如"洁白""白天""真相大白""表白""告白""白费力气""一穷二白"。

伯 bó 白(白)甲骨文 — 白 金文 — 伯 小篆 — 伯 隶书 — 伯 楷书

形声字,从人白声。甲骨文、金文以"白"为"伯",至小篆加"人"表意,分化出从人白声的"伯",沿用至今。《说文》:"伯,长也。""伯"本义指古代统领一方的首领,也可表示古代爵位、兄弟中排行第一的、父之兄、妻子对丈夫哥哥的称呼等意义,比如"伯爵""伯仲叔季""伯父""大伯"。

仲 zhòng 中(中)甲骨文 — 中 金文 — 禹 战文 — 仲 小篆 — 仲 隶书 — 仲 楷书

会意字,从人从中,中兼表音,会人之中者之意,甲骨文、金文以"中"为"仲",战国文字开始加"人"表意,分化出"仲",沿用至今。《说文》:"仲,中也。""仲"本义指居中,如"仲夏"就是夏季的中间月份。"仲"也可表示兄弟中排行第二的、在中间介绍调停、姓氏的意义,比如"伯仲""仲裁""仲氏"。

他 tā 佗(佗)战文 — 佗 小篆 — 佗 汉篆 — 他 隶书 — 他 楷书

形声字,从人也声,是"佗"的后起分化字。《说文》:"佗,负何(hè,担荷)也。""佗"读音 tuó,本义指用背负载东西,后这个意义主要由"驮"来记录。"佗"至隶书时将声符"它"变作"也",分化出从人也声的"他",沿用至今。"他"读作 tā,主要用作代词,表示别的、第三人称或虚指等语义关系,比如"其他""他人""打他一顿"。

立 lì 立 甲骨文 — 立 金文 — 立 战文 — 立 小篆 — 立 隶书 — 立 楷书

指事字,甲骨文从大在一上,"一"标示地面,象一人正面站立在地上之形。《说文》:"立,住也。""立"本义指站住不动、站立。《尚书》有"一人冕,执剑,立于堂前",用的正是本义。"立"也可表示竖起、建树、成就、设置、确定、帝王或诸侯即位、即刻的意义,比如"竖立""建立""成立""设立""确立""立太子""立刻"。

位 wèi ↑(立)—大—佥—位—位—位
         甲骨文 金文 战文 小篆 隶书 楷书

会意字,从人从立。甲骨文、金文以"立"为"位",至战国文字开始加"人"表意,最终分化出从人从立的"位",沿用至今。《说文》:"位,列中庭之左右谓之位。""位"本义指朝廷中群臣的位列,也可表示所在的位置、官职、爵次、祭祀的灵位、对人的敬称等意义,比如"席位""位列三公""爵位""牌位""诸位"。

何 hé —何—何—何—何
        甲骨文 金文 战文 小篆 隶书 楷书

本为象形字,甲骨文象人用肩负担物体形,大概表示负荷或负担的意思,至战国文字演变成从人可声的形声字,沿用至今。《说文》:"何,儋(dān)也。"这里"儋"有负担的意思。"何"读音 hè,本义指负担,后这个意义借荷花的"荷"来记录。"何"又音 hé,用作疑问代词、副词等虚词,表示疑问、程度等语义关系,如"何人""何事""何其多"。

依 yī —依—依—依—依
        甲骨文 战文 小篆 隶书 楷书

形声字,甲骨文从人从衣,衣兼表音,象一人包裹在衣服里面,大概表示人包裹在衣服里有所倚靠之意,至战国文字人和衣分离,变成从人衣声的形声字,沿用至今。《说文》:"依,倚也。""依"本义指倚靠,如"依山傍水"。"依"也可表示依托、遵循、顺从、仍旧的意义,比如"依靠""依照""依从""依然"。

乍 zhà —乍—乍—乍—乍—乍
         甲骨文 金文 战文 小篆 隶书 楷书

会意字,甲骨文、金文从↙从⌄,"↙"是"耒(lěi)"的初文,"⌄"表示用耒起土产生的土块形，整个字形会以耒起土之意，本义指耕作、农作，后这个意义主要由"作"来记录。"乍"主要表示突然、刚刚、竖起、壮的意义，比如"乍雨""初来乍到""乍起""乍着胆子"。

作 zuò

甲骨文 — 金文 — 战文 — 小篆 — 隶书 — 楷书

会意字，初文作"乍"，至战国文字开始加"人"表意，分化出从人从乍的"作"，沿用至今。"作"本义指耕作，甲骨卜辞有"令尹作大田"，用的正是本义。《说文》："作，起也。"这里"作"指兴起义，应是由耕作的意义引申而来。"作"也可表示劳动、工作、建造、创作、振作、充当的意义，比如"劳作""作息""制作""作文章""一鼓作气""当作"。

备(備) bèi

金文 — 战文 — 小篆 — 隶书 — 楷书 — 简化字

形声字，从人葡声，"葡"金文象盛放矢箭的器具，是"箙(fú)"的初文，这里用作纯粹的声符。《说文》："备，慎也。""备"本义指谨慎。《汉书》有"貌若傥荡不备，然心甚谨密"，用的正是本义。"备"也可表示预备、防御、守卫、储藏、完成的意义，比如"准备""防备""守备""储备""完备"。

候 hòu

战文 — 小篆 — 隶书 — 楷书

形声字，从人矦声。《说文》："候，伺望也。""候"本义指守望，如守候、候望。"候"也可表示等待、看望、服侍、时节、征兆的意义，比如"等候""问候""伺候""气候""风雨之候"。

代 dài

战文 — 小篆 — 隶书 — 楷书

形声字，从人弋(yì)声。《说文》："代，更也。""代"本义指替换、替代，如"更新换代"。"代"也可表示交替、承继、年代、世系的意义，比如"代替""承代""时代""祖孙三代"。

仁 rén 仁—仁—仁—仁
　　　　战文　小篆　隶书　楷书

会意字,从人从二,从二构意不明。《说文》:"仁,亲也。""仁"主要指对人亲善,如"仁爱"。"仁"也可表示仁政、恩惠、敬辞、姓氏的意义,比如"行仁""惠仁""仁公""仁氏"。

任 rèn 任—任—任—任—任—任
　　　甲骨文　金文　战文　小篆　隶书　楷书

形声字,从人壬(rén)声。《说文》:"任,保也。""任"本义指保举、担保。《汉书》有"臣任其计可必用也",意思是说臣担保这个计策必能有用,说的正是本义。"任"也可表示负担、担当、职责、委任、相信、使用、放纵的意义,比如"任重道远""担任""职任""任人唯贤""信任""任用""任性"。

便 biàn 便—便—便—便—便
　　　　金文　战文　小篆　隶书　楷书

本为形声字,金文从人从攴从冃声,冃象帽子形,是"冕"的初文,这里用作纯粹的声符,"攴"有轻击义,大概表示鞭人或打人之意,后字形逐渐演变,至小篆固定为从人从更的"便",沿用至今。"便"本义指鞭人,但这个意义文献罕用,而主要借为安适义。《说文》:"便,安也。"说的就是这个意义,读作 pián。"便"又音 biàn,主要表示有利、顺利、敏捷、比较简易的、排泄物的意义,比如"便利""方便""便捷""便饭""小便"。

传(傳) zhuàn 傳—傳—傳—傳—傳—传
　　　　　　甲骨文　金文　战文　小篆　隶书　楷书　简化字

形声字,从人專声。《说文》:"传,遽(jù,驿车)也。""传"读音 zhuàn,本义指传送命令消息的驿车,类似今天的邮递车,如"传遽(jù)"。"传"也可表示客舍、次序文字记载、注释经义的文字等意义,如"传舍""传次""传记"。"传"又音chuán,表示传授、递送、叫来、传说、传扬、延续的意义,比如"传道受业""传送""传唤""传闻""流传""传承"。

俗 sú
金文 战文 小篆 隶书 楷书

形声字,从人谷声。《说文》:"俗,习也。""俗"本义指习惯、风俗。《史记》有"移风易俗,天下皆宁",用的正是本义。"俗"也可表示平庸、大众的、佛家与"僧"相对的意义,比如"庸俗""俗字""俗家弟子"。

但 dàn
战文 小篆 隶书 楷书

形声字,从人旦声。《说文》:"但,裼(xī)也。"这里"裼"有脱衣露出身体的意思。"但"本义指脱衣露出上身,后这个意义由从衣的"袒"来记录。"但"主要表示凡是义,如"但凡",也常常用作虚词,表示范围、转折的语义关系,比如"但见""但是"。

伺 sì
小篆 汉篆 隶书 楷书

形声字,从人司声。《说文》:"伺,候望也。"《玉篇》:"伺,察也。""伺"本义指侦候、暗中探察,如"伺机而动"。"伺"也可表示守候、对待的意义,比如"伺候""伺待"。

佩 pèi
金文 战文 小篆 隶书 楷书

会意字,从人从巾从凡,大概会人佩带饰巾之意。《说文》:"佩,大带佩也。从人从凡从巾。佩必有巾,巾谓之饰。"说的就是这个构意。"佩"本义指古时系在大带上的装饰品,如佩玉、佩环等。《诗经》有"青青子佩,悠悠我思",这里"佩"就是佩玉的意思。"佩"也可表示挂、携带、敬仰的意义,比如"佩枪""佩带""钦佩"。

五　人物类　　份侨佳伟供

份 fèn
彬—份—份—份
战文　小篆　隶书　楷书

形声字,战国文字从彡焚声,且"焚"有省形,至小篆固定为从人分声,沿用至今。《说文》:"份,文质备也。《论语》曰'文质份份。'""份"读音 bīn,本义指文质兼备,就是文采和内质的美好兼备,后这个意义主要由"彬"来记录。成语"文质份份"今作"文质彬彬",用的正是本义。"份"又音 fèn,主要表示整体里的一部分、划分单位的意义,比如"股份""省份"。"份"也用作量词,用来搭配成组的东西,如"一份礼物""一份材料"。

侨(僑) qiáo
僑僑—僑—僑—侨—侨
战文　小篆　隶书　楷书　简化字

形声字,从人从乔,乔兼表音,大概会人之高者的意思。《说文》:"侨,高也。""侨"本义指高,也可表示客居异地、寄居国外的人、姓氏的意义,比如"侨居""华侨""侨氏"。

佳 jiā
佳—佳—佳—佳
小篆　汉篆　隶书　楷书

形声字,从人圭声。《说文》:"佳,善也。""佳"本义指美、好,如"佳偶""气色佳"。"佳"也可表示大、姓氏的意义,比如"上佳""佳氏"。

伟(偉) wěi
偉—偉—偉—偉—伟
小篆　汉篆　隶书　楷书　简化字

形声字,从人韦声。《说文》:"伟,奇也。""伟"本义指奇异。《管子》有"无伟服,无奇行",用的正是本义。"伟"也可表示卓越、高大、姓氏的意义,比如"丰功伟绩""伟岸""伟氏"。

供 gòng
烘—供—供—供
战文　小篆　隶书　楷书

形声字,从人共声。《说文》:"供,设也。""供"读音 gòng,本义指陈设、摆放，如"供着水果"。"供"也可表示奉献、祭祀时奉献的物品、从事、陈述案情的意义，比如"供奉""供品""供职""陈供"。"供"又音 gōng，主要表示给予、奉养的意义，如"供给""供养"。

倚 yǐ

倚—倚—倚—倚
战文　小篆　隶书　楷书

形声字，从人奇声。《说文》："倚，依也。""倚"本义指依靠在物体或人身上，俗称倚靠。"倚"也可表示依附、仗恃、偏斜、靠近、佩带的意义，比如"倚附""倚仗""不偏不倚""倚身""倚长剑"。

侍 shì

侍—侍—侍—侍
战文　小篆　隶书　楷书

形声字，从人寺声。《说文》："侍，承也。"这里"承"有奉的意思。"侍"本义指伺候、侍奉，如"侍候""服侍"。"侍"也可表示在尊者旁边陪着、养、随从的意义，比如"侍坐""侍养""侍从"。

仕 shì

仕—仕—仕—仕
战文　小篆　隶书　楷书

会意字，从人从士，士兼表音，大概会人学习仕宦之意。《说文》："仕，学也。""仕"本义指学习做官之事，也可表示做官、姓氏的意义，比如"出仕""仕氏"。

仿 fǎng

仿—仿—仿—仿
战文　小篆　隶书　楷书

形声字，从人方声。《说文》："仿，相似也。""仿"本义指相似，如"相仿""仿佛"，也可表示仿效的意义，比如"仿古""模仿"。

像 xiàng

像—像—像—像—像
战文　小篆　汉篆　隶书　楷书

形声字，从人象声。《说文》："像，象也。"《广韵》："像，似也。""像"本义指相似，如"相像"。"像"也可表示摹拟、相貌、图画或雕塑的意义，比如"好像""成像""图像"。

付 fù

付—付—付—付—付
金文　战文　小篆　隶书　楷书

会意字,从人从寸,会手持物给人之意。《说文》:"付,与也。从寸,持物对人。"说的就是这个构意。"付"本义指交给,如"付钱",也可表示寄托、辅助的、姓氏的意义,比如"托付""付手""付氏"。

傅 fù

傅—傅—傅—傅
战文　小篆　隶书　楷书

形声字,从人尃声。《说文》:"傅,相也。""傅"本义指辅佐、辅助。《左传》有"郑伯傅王,用平礼也",大意是说郑伯辅佐周平王,用的是平王时的礼仪,说的正是本义。"傅"也可表示教导、教师、姓氏的意义,比如"傅导""师傅""傅氏"。

假 jiǎ

假—假—假—假—假
战文　小篆　汉篆　隶书　楷书

形声字,从人叚声。《说文》:"假,非真也。""假"读音 jiǎ,本义指不真实,如"假仁假义",也可表示借给、给予、凭借、暂时、冒充的意义,比如"假人""天假之年""假借""假以时日""假冒"。"假"又音 jià,表示假日义,如"放假""暑假"。

借 jiè

借—借—借—借
战文　小篆　隶书　楷书

形声字,从人昔声。《说文》:"借,假也。""借"本义指暂时使用他人的人财或物品等,就是今天说的借用,后多引申为把属于自己的东西暂时给别人使用,如"借给"。"借"也可表示帮助、依靠、假托的意义,比如"借助""凭借""借口"。

侵 qīn

侵—侵—侵—侵—侵—侵
甲骨文　金文　战文　小篆　汉篆　隶书　楷书

会意字,甲骨文象手持扫帚之类的物什驱赶牛马之形,金文将"牛"变作"人",表示驱赶人的意思,至小篆演变为从人从又从帚的

"偂",隶书省作"侵",沿用至今。《说文》:"侵,渐进也。""侵"主要指渐渐进入义,如"侵剧"就是渐渐进入加剧的意思。"侵"也可表示侵犯、欺侮、损伤、侵蚀的意义,比如"侵占""侵凌""侵害""稍侵"。

仅(僅)jǐn
傛—隡—僅—僅—僅—仅
战文　小篆　汉篆　隶书　楷书　简化字

形声字,从人堇声。《说文》:"仅,材能也。"这里"材"通"才",表示才能够的意思。"仅"本义指才能够、勉强,如"仅够"。"仅"也可表示不过、只是、少的意义,比如"仅是""仅此而已""仅量"。

俭(儉)jiǎn
僉—僉—僉—儉—俭
战文　小篆　隶书　楷书　简化字

形声字,从人僉(qiān)声。《说文》:"俭,约也。""俭"本义指行为约束而有节制。《论语》有"夫子有温、良、恭、俭、让以得之",用的正是本义。"俭"也可表示节省、贫乏、歉收、谦卑的样子等意义,比如"节俭""丰俭""岁俭""俭然"。

优(優)yōu
㚣—傻—優—優—优
战文　小篆　隶书　楷书　简化字

形声字,从人憂声。《说文》:"优,饶也。""优"本义指丰饶、充足,如"优裕""优渥"。"优"也可表示优良、擅长、悠闲、优厚、古代乐舞或杂戏演员、犹豫的意义,比如"优秀""优于""优逸""拥军优属""优伶""优柔寡断"。"優"简化字作"优",是用笔画少的声符代替笔画多的声符。

侧(側)cè
俐—側—側—側—侧
金文　小篆　隶书　楷书　简化字

形声字,从人則声。《说文》:"侧,旁也。""侧"本义指旁边。《诗经》有"阴其雷,在南山之侧",大意是说听那隆隆的雷声在南山的旁边,用的正是本义。"侧"也可表示边沿、倾斜、不正的意义,比如

"帽侧""侧足而立""侧媚"。

仪(儀) yí

形声字,从人義声。《说文》:"仪,度也。""仪"本义指法度、准则。《墨子》有"置此以为法,立此以为仪",用的正是本义。"仪"也可表示典范、向往、礼节、容貌、考虑的意义,比如"母仪天下""心仪""仪式""仪表堂堂""仪度"。

侮 wǔ

形声字,战国文字从人母声,小篆演变为从人每声作"侮",沿用至今。《说文》:"侮,伤也。""侮"本义指欺凌、欺侮。《诗经》有"不侮矜寡",意思是说不欺侮矜寡孤独之人,用的正是本义。"侮"也可表示轻慢、戏弄、耍弄的意义,比如"轻侮""侮辱""侮文弄墨"。

伤(傷) shāng

形声字,从人煬(shāng)声,且"煬"有省形。《说文》:"伤,创也。""伤"本义指创口,就是皮肉破损的地方,俗称创伤。"伤"也可表示伤害、损害、诋毁、悲痛、触冒的意义,比如"伤人""损伤""中伤""悲伤""伤寒"。

仗 zhàng

形声字,从人丈声。《玉篇》:"仗,仗器也。""仗"本义指刀戟等兵器的总称,如"执仗"。"仗"也可表示仪仗、握持、凭借、战斗的意义,比如"列仗""持刀仗剑""依仗""胜仗"。

伏 fú

会意字,从人从犬,大概会犬守候主人之意。《说文》:"伏,司也。"

这里"司"后写作"伺",有伺候的意思。"伏"本义指守候,如"伏伺"。"伏"也可表示面向下卧、隐蔽、伏兵、屈服、降服、伏天的意义,比如"伏走""潜伏""伏击""伏手""制伏""三伏"。

偏 piān　偏—偏—偏偏—偏
　　　　战文　小篆　隶书　楷书

形声字,从人扁声。《说文》:"偏,颇也。"这里"颇"有偏斜的意思。"偏"本义指倾斜、不平正,如"不偏不倚"。"偏"也可表示不公正、邪曲、旁侧、边远、片面、错误的意义,比如"偏心""偏邪""偏旁""偏僻""偏听偏信""偏差"。

僻 pì　僻—僻—僻—僻
　　　　战文　小篆　隶书　楷书

形声字,从人辟声。《说文》:"僻,避也。""僻"本义指避开、躲避,后这个意义多由"避"来记录。"僻"主要表示邪恶、偏僻、冷僻、怪僻的意义,比如"邪僻""穷山僻壤""僻字""乖僻"。

俱 jù　俱—俱—俱—俱
　　　　战文　小篆　隶书　楷书

形声字,从人具声。《说文》:"俱,偕也"。"俱"本义指共同、一起,如"与时俱进"。《庄子》有"道可载而与之俱也",用的正是本义。"俱"也可表示相同、全部的意义,比如"俱同""俱在"。

价(價) jià　價—價—價—价
　　　　　　　小篆　隶书　楷书　简化字

形声字,从人从賈,賈兼表音,大概会人做买卖有交换价值之意。《说文》:"價,物直也。""价"本义指物的价值或价格,俗称物价。"价"也可表示钱币、费用、声望的意义,比如"价钱""讨价""名价"。

债(債) zhài　債—債—债—债
　　　　　　　小篆　隶书　楷书　简化字

形声字,从人从責,責兼表音,会人背负钱财之意。《说文》:"债,负也。""债"本义指欠负的钱财,俗称欠债,后多泛指欠负的东西,如血债、情债等。"债"也可表示租赁、索取的意义,比如"借债""债命"。

偿(償) cháng 僧—償—償—償—偿
小篆　汉篆　隶书　楷书　简化字

形声字,从人赏声。《说文》:"偿,还也。""偿"本义指归还、偿还。《潜夫论》有"人多骄肆,负债不偿",用的正是本义。"偿"也可表示抵补、回报、代价、实现的意义,比如"补偿""报偿""无偿""如愿以偿"。

伊 yī 伊—伊—伊—伊—伊
甲骨文　金文　战文　小篆　隶书　楷书

形声字,从人尹声。《说文》:"伊,殷圣人阿衡,尹治天下者。从人从尹。"这里说"伊"是专为伊尹所造字,应不可信,但表示姓氏义,是没有问题的。"伊"主要用作代词,表示这、你、他等语义关系,也可以专指女性、州名的意义,如"伊人""伊州"。

伦(倫) lún 倫—倫—倫—倫—伦
小篆　汉篆　隶书　楷书　简化字

会意字,从人从侖,侖兼表音,"侖"有次序义,这里大概会人的次序之意。《说文》:"伦,辈也。""伦"本义指辈分、同类,如"不伦不类"。"伦"也可表示匹敌、道理、纲纪、条理、符合的意义,比如"无与伦比""伦理""人伦""乱伦""相伦"。

倍 bèi 倍—倍—倍—倍
战文　小篆　隶书　楷书

形声字,从人音(pǒu)声。《说文》:"倍,反也。""倍"本义指违反、违背,后这个意义多由"背"来记录。"倍"主要表示增加跟原数相等的数、增强、更加的意义,比如"事半功倍""倍增""倍感自豪"。

吊(弔) diào 吊—弔—弔—弔—弔—吊
甲骨文　金文　战文　小篆　隶书　楷书　简化字

本为会意字,从人从弓,弓象矢有缴形,但构意不明。《说文》:"吊,问终也。""吊"主要指追悼死者的意思,如"吊唁",也可表示慰问、伤痛、凭吊、提取的意义,比如"吊问""吊恤""吊古怀今""吊取"。

偶 ǒu

偶—腢—偶—偶
小篆　汉篆　隶书　楷书

形声字,从人禺声。《说文》:"偶,桐人也。""偶"本义指桐木雕的偶人,后多泛指泥塑或木雕的人像,俗称木偶。"偶"也可表示同辈、匹对、双数、融洽、偶然的意义,比如"曹偶""配偶""偶数""偶合""偶尔"。

件 jiàn

件—件—件—件
小篆　汉篆　隶书　楷书

会意字,从人从牛,大概会人分牛之意。《说文》:"件,分也。从人从牛,牛,大物,故可分。"说的就是这个构意。"件"本义指把物体分开,后多引申为分别、一一计算的事物等意义,比如"分件""零件"。"件"也用作量词,如"一件东西""一件事情"。

什 shí

什—什—什什—什
战文　小篆　隶书　楷书

会意字,从人从十,十兼表音,会十人为什之意。《说文》:"什,相什保也。""什"读音 shí,本义指古代户籍以十家为一什,或指古时军队以十人为一什。"什"也可表示品杂或数多、姓氏的意义,如"家什""什氏"。"什"又音 shén,表示疑问的意思,如"什么""为什么"。

伍 wǔ

伍伍—伍—伍伍—伍
战文　小篆　隶书　楷书

会意字,从人从五,五兼表音,会五人为伍之意。《说文》:"伍,相参伍也。""伍"本义指古代最小的军事编制单位,五人为伍,也表示古代户籍编制单位,五家为伍,如"伍长"。"伍"也可表示队列、交互错杂、古代作战阵名、五的大写、姓氏的意义,比如"队伍""参伍错综""伍阵""伍元""伍氏"。

仍 réng

形声字，从人乃声。《说文》："仍，因也。"《玉篇》："仍，就也。""仍"本义指因袭、依照。《论语》有"仍旧贯如之何？何必改作"，意思是说因袭老样子下去怎么样，何必改建呢，用的正是本义。"仍"也可表示一再、连续、依然的意义，比如"频仍""连仍""仍需努力"。

仇 chóu

形声字，从人九声。《尔雅》："仇，匹也。"《说文》："仇，雠（chóu）也。"这里"雠"有对应的意思。"仇"读音 qiú，本义指配偶。《礼记》有"《诗》云：'君子好仇'"，用的正是本义。"仇"也可表示姓氏义，如"仇氏"。"仇"又音 chóu，主要表示仇怨、仇敌的意义，比如"仇恨""仇人"。

休 xiū

会意字，从人从木，甲骨文象人依靠在木旁，会休息之意。《说文》："休，息止也。""休"本义指休息，也引申为停止、完结、辞官、离弃妻子的意义，比如"休止""性命休矣""退休""休妻"。

卧 wò

会意字，战国文字从人从臣（竖目形），大概会人耷目低垂以休息之意。《说文》："卧，休也。从人、臣，取其伏也。"说的就是这个构意。"卧"本义指休息，俗称卧息。"卧"也可表示睡眠、睡觉的地方、隐居、倒伏的意义，比如"卧床""卧室""卧龙""卧倒"。

死 sǐ

会意字，甲骨文从人从歺（è，残骨），象生人跪拜在朽骨旁形，表示生命终止之意。《说文》:"死,澌也,人所离也。""澌"有尽的意思,人尽就是死亡。"死"本义指生命终结,与"生"相对,如"生离死别"。"死"也可表示死刑、拼命、牺牲生命、态度坚决、呆板、不流通的意义,比如"死缓""拼死""战死""死不认罪""死板""死水"。

化 huà　𠈌—化—𠂉—化—化
　　　　甲骨文　战文　小篆　隶书　楷书

会意字,甲骨文象两个一正一倒的人形,会变化之意。《说文》:"化,易也。""化"本义指变化,如"潜移默化"。"化"也可表示古代统治者统治人民的理论和措施、自然的功能、消融、烧的意义,比如"教化""造化""融化""火化"。

从(從) cóng　𠈇—𠈇—从—𠈇—从
　　　　　甲骨文　金文　战文　小篆　汉篆　楷书

𠌾—𢓨—從—𢓨—從—从
甲骨文　金文　战文　小篆　隶书　楷书　简化字

会意字,甲骨文、金文有繁简二体,简体从二人,象一人跟随另一人形,本义指跟随或跟从,繁体或加"彳(chì)"表示道路,又加"止"表示足趾,会在道路上用足跟随之意。今以"从"为规范字,"從"作为异体字废弃不用。《说文》:"从,相听也。"这里"从"指听从,应是由跟从的本义引申而来。"从"也可表示追逐、依顺、言辞顺畅、做事的意义,比如"速从""听从""言从字顺""从事"。

众(眾) zhòng　𥃲—𥃲—𥃲—眾—眾—众
　　　　　　甲骨文　金文　战文　小篆　隶书　楷书　简化字

会意字,甲骨文上从日,下从三人,会日光下人多的构意,至小篆"日"变为横置的"目",沿用至今。《说文》:"眾,多也。""众"本义指人多,如"众人",也可表示一般的多、普通、姓氏的意义,比如"众多""群众""众氏"。"眾"简化字作"众",是省略了原字的部分字形,变成会三人成众之意。

并¹ bìng

甲骨文　战文　小篆　隶书　楷书

会意字,甲骨文象在腿部把两个人连绑在一起形,大概表示合在一起之意。《说文》:"并,相从也。"《广雅》:"并,兼也。""并"本义指合在一起,俗称合并、兼并。《韩非子》有"荆庄王并国二十六,开地三千里",用的正是本义。"并"也可表示同、一齐的意义,比如"并同""齐头并进"。"并"也是"竝"的简化字,表示并列的意义。

并²（竝）bìng

甲骨文　金文　战文　小篆　隶书　楷书　简化字

会意字,从二立,甲骨文象二人并排站立形。《说文》:"竝,併也。""竝"本义指并列、并排,也可表示相等、同时、一起的意义,比如"相竝""竝举""一竝"。"并""竝"文献中常见通用,今二字合而为一,以"并"为规范字,"竝"作为异体字废弃不用。

北 běi

甲骨文　金文　战文　小篆　隶书　楷书

会意字,甲骨文象二人相背之形,是"背"的初文。《说文》:"北,乖也。""北"读音bèi,本义指乖违、相背。《战国策》有"食人炊骨,士无反北之心",用的正是本义。"北"又音běi,主要表示与"南"相对的方位名、败走的意义,比如"北方""败北"。

大 dà

甲骨文　金文　战文　小篆　隶书　楷书

象形字,甲骨文、金文象大人的正面形,由于大人与小孩相比,具有大的特点,所以字形通过象大人之形,来表示大的意思。《说文》:"大,天大、地大、人亦大,故大象人形。"说的就是大的构意。"大"本义指超过一般的,与"小"相对,如"大爱"。"大"也可表示高尚或渊博、很、夸大、敬辞的意义,比如"艺术大师""大为恼火""大言不惭""尊姓大名"。

夹(夾) jiā

甲骨文—金文—战文—小篆—隶书—楷书—简化字

会意字,甲骨文从大从二人,象左右二人扶持中间一人之形,会夹持之意。《说文》:"夹,持也。""夹"本义指从左右相持,如"夹住"。"夹"也可表示合拢、辅佐、在左右两边、掺杂、夹东西的器具等意义,比如"夹拢""夹辅""夹击""夹杂""文件夹"。

爽 shuǎng

甲骨文—金文—战文—小篆—隶书—楷书

会意字,甲骨文从大从二火,象一个正面的大人两腋下各有一盆火形,以会明亮之意,后逐渐讹变成从大从㸚(lí,明朗)的会意字,沿用至今。《说文》:"爽,明也。""爽"本义指明亮,如"爽亮"。"爽"也可表示明白、开朗、清凉、舒适、违背的意义,比如"爽快""豪爽""清爽""很爽""爽约"。

奢 shē

金文—小篆—汉篆—隶书—楷书

形声字,从大者声。《说文》:"奢,张也。"徐灏曰:"奢者侈靡放纵之义,故曰张,言其张大也。""奢"本义指奢侈、挥霍无度。《论语》有"礼,与其奢也,宁俭",用的正是本义。"奢"也可表示夸张、过分、多、美好的意义,比如"奢言""奢望""丰奢""香奢"。

夸 kuā

金文—战文—小篆—隶书—楷书

形声字,从大亏(于)声。《说文》:"夸,奢也。""夸"本义奢侈、张大。《荀子》有"贵而不为夸,信而不处谦",用的正是本义。"夸"也可表示自大、虚浮、炫耀、赞赏的意义,比如"夸大""浮夸""夸耀""夸奖"。

亦 yì

甲骨文—金文—战文—小篆—隶书—楷书

指事字,甲骨文象一个正立的大人形,左右两点是指事符号,标示两腋下的位置,是"腋"的初文,本义指腋窝。也有学者认为左右两点象汗液的形状,表示腋下汗液的意思。《说文》:"亦,人之臂亦也。"说的就是腋下的本义,后这个本义另造了从肉夜声的"腋"来记录。"亦"主要用作虚词,表示也、又、都、只是、已经等语义关系。

夭 yāo

甲骨文 金文 战文 小篆 隶书 楷书

指事字,甲骨文象人弯曲两臂之形,字形通过象人双臂弯曲的状态,来表示一般性的弯曲的意思。《说文》:"夭,屈也。"这里"屈"有弯曲的意思。"夭"本义指弯曲,如"夭屈"。"夭"也可表示早死、摧残、晦暗的意义,比如"夭折""夭枝""色夭"。

幸 xìng

战文 小篆 隶书 楷书

会意字,从夭从屰(nì,逆反),表示和灾祸相反的意思。《说文》:"幸,吉而免凶也。从屰从夭。夭死之事,故死谓之不幸。"说的就是这个构意。"幸"本义指幸运地免去灾祸,也就是侥幸的意思。"幸"也可表示幸亏、幸福、高兴、爱好、宠爱的意义,比如"幸好""幸运""幸事""幸酒""宠幸"。

亢 kàng

甲骨文 金文 战文 小篆 隶书 楷书

形象字,甲骨文象人正面形,里面的斜横线象颈脉形,表示人的颈部位置,本义指人的颈部。《说文》:"亢,人颈也。从大省,象颈脉形。"说的就是这个构意。"亢"也可表示咽喉、高、高傲、过分、刚强的意义,比如"咽亢""高亢""不卑不亢""亢奋""亢直"。

奚 xī

甲骨文 金文 小篆 隶书 楷书

会意字,甲骨文从爪从幺(yāo,细丝)从大,象用手拽拉绳索系住头颈的人形,古代常以罪人为奴隶,整个字形表示用手拽拉被绳索捆绑的罪人之意。"奚"本义指古代罪奴或奴隶。《周礼》有"酒人奄十人,女酒三十人,奚三百人",用的就是本义。"奚"也用作虚词,表示疑问,相当于"何""哪里""哪个""怎么""为什么"等。

交 jiāo　甲骨文—金文—战文—小篆—隶书—楷书

象形字,甲骨文象人正面两腿交叉之形,本义指小腿交叉。《说文》:"交,交胫也。"说的就是本义。"交"也引申为一般的交叉、结交、朋友、交接、贯通、合在一起、交配的意义。比如"相交""交往""交友""交换""交通""交合""杂交"。

夫 fū　甲骨文—金文—战文—小篆—隶书—楷书

指事字,甲骨文、金文象在正面站立的人形上方加一横,一横标示男子束发的簪子以示成年,古代男子成年后需束发加冠,故用一横来标示。《说文》:"夫,丈夫也。""夫"读音 fū,本义指成年男子的通称。《孟子》有"内无怨女,外无旷夫",用的正是本义。"夫"也表示从事某种体力劳动或服劳役的人、女子的配偶等意义,比如"车夫""丈夫"。"夫"又读 fú,主要用作语气助词,多用于古汉语的句首,表示将发表议论,如"夫战,勇气也(战争靠的是勇气)"。

规(規) guī　小篆—隶书—楷书—简化字

会意字,从夫从见,大概会成年男子所见合乎法度之意。《说文》:"规,有法度也。""规"本义指法度、规则。"规"也可表示画圆的工具、谋划、模仿、劝谏、典范的意义,比如"圆规""规划""循规蹈矩""规劝""规范"。

替 tì　战文—小篆/或体—隶书—楷书

会意字,战国文字从二立,象两人一高一低正面形,大概会一高一低有所废弃之意,小篆及或体变作从白(或曰)从二立,这里"白""曰"都是累增的分化符号,没有实际意义,至隶书固定为从二夫从曰的"替",沿用至今。《说文》:"替,废,一偏下也。""替"本义指废弃,如"替弃",也可表示衰落、更换的意义,比如"替落""更替"。

童 tóng　甲骨文—金文—战文—小篆—隶书—楷书

本为会意字,甲骨文上部象用刑具刺目形,下从壬,金文下部变为从东声,至小篆已经变成从辛(qiān)重声的形声字,其中"重"有省形,"辛"应是由甲骨文上面象刑具的字形演变而来,有刑具义。《说文》:"童,男有罪曰奴,奴曰童。""童"本义指古代有罪的男子,所以字从辛。也有学者认为"童"上部不象刑具形,而是头饰,那么"童"的本义就不一定是有罪的男子,可能就是指孩童。"童"基本义指小孩,俗称孩童、儿童、童子等,也可表示愚昧、牛羊未长角的意义,比如"童昏""童牛"。

儿(兒) ér　甲骨文—金文—战文—小篆—隶书—楷书—简化字

象形字,甲骨文象小儿头囟(xìn,脑门盖)未合形,以示乳子之意。《说文》:"兒,孺子也。从儿,象小儿头囟未合。"说的就是这个构意。"儿"本义指小孩,如"婴儿",也引申为儿子、长辈对幼辈称呼,如"生儿""某某小儿"。"儿"也用作名词的后缀,表示微小或抽象的意义,比如"一点儿""小车儿""油水儿"。

兄 xiōng　甲骨文—金文—战文—小篆—隶书—楷书

会意字,从儿从口,但构意不明。《说文》:"兄,长也。""兄"主要表示哥哥、亲戚中同辈但年纪比自己大的男性、朋友相互间的尊称等意义,比如"胞兄""表兄""仁兄"。

允 yǔn

𠀁—𠃓—兌—允—允—允
甲骨文　金文　战文　小篆　隶书　楷书

本为象形字,但所象不明,甲骨文下部从儿,上部所象不明,至小篆演变成从儿目(以)声的"允",沿用至今。《说文》:"允,信也。""允"主要指诚信,如"信允"。"允"也可表示公平、许可、答应的意义,比如"公允""允许""应允"。

鬼 guǐ

𢌳—𢍺—串—鬼—鬼鬼—鬼
甲骨文　金文　战文　小篆　隶书　楷书

象形字,甲骨文象人的头上戴着面具形,在原始社会和商周社会中人戴一种吓人的面具以代表人们观念中的鬼。《说文》:"鬼,人所归为鬼。"意思是说人死了就归为鬼。"鬼"本义指古人所认为人死后离开形体而存在的精灵,如"鬼灵精怪""鬼魂"。"鬼"也可表示万物的精灵、不可告人的打算、沉迷不良嗜好的人、昵称的意义,比如"山鬼""鬼点子""酒鬼""淘气鬼"。

畏 wèi

𤰞—甼—𢍺—畏—畏—畏
甲骨文　金文　战文　小篆　隶书　楷书

会意字,甲骨文、金文象鬼手执杖形,本义指畏惧、害怕。《广雅》:"畏,惧也。"《广韵》:"畏,畏惧。"说的都是本义。《老子》有"民不畏死,奈何以死惧之",用的也是本义。"畏"也可表示吓唬、避开、难、敬服的意义,比如"恐畏""畏避""畏难""敬畏"。

民 mín

甲—𢀳—民—民—民
金文　战文　小篆　隶书　楷书

本为象形字,金文象刀刃刺目之形,是"盲"的初文,郭沫若认为西周初期把敌囚变作人民时,就刺盲左目作为奴隶的标记,所以金文象刀刃刺目形。《说文》:"民,众萌也。从古文之象。""民"基本义指人类、人民。《诗经》有"厥初生民,时维姜嫄",这里"民"就是人民的意思。"民"也可表示奴隶、百姓、民间的意义,比如"民奴""庶民""民风"。

男 nán　甲骨文—金文—战文—小篆—隶书—楷书

会意字,甲骨文从田从 (" "初文),会用耒在田地里耕作之意,耕作是男人的主要职责,小篆变作从田从力会意来表示男人。《说文》:"男,丈夫也。""男"本义指男人,与"女"相对,也可表示儿子、古爵位名的意义,比如"生男""公侯伯子男"。

女 nǚ　甲骨文—金文—战文—小篆—隶书—楷书

象形字,甲骨文象一人两手胸前交叉、屈膝而跪的形状,本义指女子,与"男"相对。《说文》:"女,妇人也。"说的正是本义。"女"也可表示女儿、雌性的、幼小的意义,比如"生儿生女""女猫""女桑"。

母 mǔ　甲骨文—金文—战文—小篆—隶书—楷书

象形字,甲骨文象女子有乳房之形,本义指母亲。《广韵》:"母,父母。"说的就是本义。《诗经》有"无父何怙(hù),无母何恃",用的正是本义。"母"也可表示养育、家族或亲戚中的长辈女子、雌性的、根源的意义,比如"母育""祖母""公母""万物之母"。

每 měi　甲骨文—金文—战文—小篆—隶书—楷书

象形字,甲骨文、金文象女子头上佩戴簪子之形,下面从女或母,上面象古代女性用的簪子形,后字形逐渐讹变,已不见头上戴簪形,只保留下方从母的构意。《说文》:"每,艸(cǎo)盛上出也。"意思是说草木茂盛往上长出来。"每"本义当指头饰盛美,也引申为草木茂盛,但这两个意义文献都罕见使用。"每"主要表示全体中的任何一个、经常、往往的意义,比如"每个""每天""每次"。

妇(婦) fù　甲骨文—金文—战文—小篆—隶书—楷书—简化字

会意字,从女从帚(zhǒu),会妇女持帚洒扫之意,本义指妇女。

《说文》:"妇,服也。从女持帚,洒扫也。"说的就是这个构意。《左传》有"女德无极,妇怨无终",用的正是本义。"妇"也可表示已嫁的女子、妻子的意义,比如"妇家""张郎妇"。

妻 qī　甲骨文—金文—战文—小篆—隶书—楷书

会意字,甲骨文从双手从女,象双手持女发形,大概会古代夺女抢亲为妻之意,后字形逐渐讹变,已不见双手形,但还是保留了从女的构意。《说文》:"妻,妇与夫齐者也。"意思是说妇与夫相匹配的即为妻。"妻"本义指男子的配偶,如"夫妻""未婚妻"。"妻"又读qì,表示以女嫁人的意义,如"妻女"。

妾 qiè　甲骨文—金文—战文—小篆—隶书—楷书

会意字,从辛(qiān)从女,会用刑的女子之意。《说文》:"妾,有罪女子,给事之得接于君者。"意思是说妾就是给君者服役的有罪女子,即女奴。"妾"本义指女奴,也可表示男子正妻之外所娶的女子,妇女自谦的意义,比如"三妻四妾""臣妾"。

奴 nú　金文—战文—小篆—隶书—楷书

会意字,从女从又,会以手抓女俘迫其为奴之意。《说文》:"奴,奴、婢,皆古之罪人也。""奴"本义指奴隶,就是古代因罪没入官府或被掠卖的人。也可表示一般的仆人、役使、男女自谦、贱称的意义,比如"奴仆""奴役""奴家""守财奴"。

婢 bì　甲骨文—小篆—隶书—楷书

会意字,从女从卑,卑兼表音,会女中卑者之意。《说文》:"婢,女之卑者也。"意思是说女子中地位低微的人为"婢"。《说文》"奴"字下又说"奴、婢,皆古之罪人也。""婢"本义指古代罪人的眷属没入官府称婢，统称奴婢。"婢"也可表示女奴、古代妇女自称的谦辞等意义，比如"婢女""婢子"。

姑 gū

金文 战文 小篆 隶书 楷书

形声字，从女古声。《说文》："姑，夫母也。""姑"本义指丈夫的母亲，即婆母，也可表示父亲的妹妹、丈夫的姐妹、出家的女子、妇女的通称等意义，比如"姑妈""姑嫂""尼姑""姑娘"。

妹 mèi

甲骨文 金文 战文 小篆 隶书 楷书

形声字，从女未声。《说文》："妹，女弟也。""妹"本义指同父母生而年龄比自己小的女子，俗称妹妹；也可指亲朋中同辈而年龄比自己小的女子，如表妹。"妹"也可表示一般的少女，如"阿妹""仙妹"。

姊 zǐ

战文 小篆 汉篆 隶书 楷书

形声字，从女朿(zǐ)声。《说文》："姊，女兄也。""姊"本义指姐姐，也可表示母亲的意义，如"姊妹""阿姊"。

姐 jiě

小篆 秦隶 汉隶 楷书

形声字，从女且声。《说文》："姐，蜀谓母曰姐。"《广韵》："姐，羌人呼母。""姐"本义指方言中母亲的别称，也可指古代妇女的通称。今"姐"主要指同父母年龄比自己大的女子，俗称姐姐；也可表示亲朋同辈中年龄比自己大的女性，如"表姐""阿姐"。

威 wēi

金文 战文 小篆 汉篆 隶书 楷书

会意字，金文从女从戉(或从戌)，至小篆固定为从女从戌，沿用至今。《说文》："威，姑也。""威"本义指丈夫的母亲，俗称婆婆，但这个意义文献少用。"威"主要表示尊严、权势、刑罚、震慑的意义，比如"威严""威力""威恶""威慑"。

娃 wá

形声字,从女圭声。《说文》:"娃,圜深目貌。或曰吴楚之间谓好曰娃。"这里"娃"表示圜深目的样子、美好的意义,但这两个意义文献均少用。"娃"主要表示小孩、美女、动物幼崽的意义,比如"胖娃娃""娇娃""猪娃"。

婴(嬰) yīng

会意字,金文从女从贝,战国文字变作从二貝从女,古代以贝为装饰品,这里会女子以贝为饰品之意。《说文》:"嬰,颈饰也。""嬰"本义指妇女颈饰,类似现代的项链。"嬰"也可表示系在颈上、缠绕、初生小孩的意义,比如"婴珠宝""婴缠""女婴"。

妃 fēi

形声字,甲骨文、金文从女巳声,小篆变作从女己声,沿用至今。《说文》:"妃,匹也。""妃"本义指配偶。《左传》有"嘉耦曰妃",说的正是本义。"妃"也可表示天子的妾、太子和王侯的妻子、女神的尊称等意义,比如"王妃""太子妃""琼妃"。

妊 rèn

形声字,从女壬声。《说文》:"妊,孕也。"《广韵》:"妊,妊身怀孕。""妊"读音 rèn,本义指怀孕,俗称妊娠(shēn)。《论衡》有"传言黄帝妊二十月而生",用的正是本义。"妊"又音 rén,表示姓氏义,如"妊姒"。

始 shǐ

形声字,从女台(yí)声。《说文》:"始,女之初也。""始"本义指初、开始,如"始末"。"始"也可表示生、治理、姓氏的意义,比如"始生""经始""始氏"。

好 hǎo 甲骨文—金文—战文—小篆—隶书—楷书

会意字,从女从子,会女子之意,本义指女子。《说文》:"好,美也。"意思是说女子貌美,应是由女子的本义引申而来。"好"读音hǎo,也可表示美善、和睦、完毕、容易、赞许或同意的意义,比如"美好""和好""做好了""好办""好的"。"好"又读 hào,主要表示喜爱、常常容易发生的意义,比如"喜好""玻璃好碎"。

委 wěi 甲骨文—战文—小篆—汉篆—隶书—楷书

会意字,从女从禾,甲骨文象禾稻垂下的谷穗弯曲形,禾稻和女子都有委曲顺从的特点,所以字从禾从女会意,应是取弯曲顺从的构意。《说文》:"委,委随也。""委"本义指顺从、随从,如"委随"。"委"也可表示隶属、托付、任命、垂下、结果的意义,比如"委属""委托""委任""委首""详其原委"。

如 rú 甲骨文—战文—小篆—隶书—楷书

会意字,从女从口,从口构意不明。有学者认为"如"由"女"分化而来,"口"为分化符号,无实际意义,整个字形取女子顺从的构意。《说文》:"如,从随也。""如"本义指顺从,如"万事如意""如愿"。"如"也可表示如同、前往、比得上、如果、如何的意义,比如"十年如一日""如厕""不如""假如""何如"。

娶 qǔ 甲骨文—小篆—隶书—楷书

会意字,从女从取,取兼表音,会将迎取女子成亲之意。《说文》:"娶,取妇也。从女从取,取亦声。"段玉裁注:"取彼之女,为我之妇也。""娶"本义指男子迎接女子过门成亲,俗称娶亲。《诗经》有"娶于涂山",用的正是本义。

妆(妝) zhuāng

甲骨文 — 金文 — 战文 — 小篆 — 隶书 — 楷书 — 简化字

形声字,从女爿(chuáng)声。《说文》:"妆,饰也。""妆"本义指装饰、打扮,如"妆扮"。"妆"也可表示女子身上的妆饰、嫁妆的意义,比如"红妆""送妆"。

妥 tuǒ

甲骨文 — 金文 — 战文 — 小篆 — 隶书 — 楷书

会意字,从女从爪,以手抚女,会安抚之意。段玉裁注"妥"云:"安也。从爪从女。""妥"本义指安定、安稳,如"安妥"。"妥"也可表示安置、妥当的意义,比如"妥置""欠妥"。

奸¹ gān

金文 — 战文 — 小篆 — 隶书 — 楷书

会意字,从女从干,干兼表音。《说文》:"奸,犯淫也。"《广雅》:"奸,犯也。""奸"本义指干犯、冒犯。《左传》有"君制其国,臣敢奸之",意思是说国君控制他的国家,下臣哪里敢冒犯他,用的正是本义。"奸"古籍多通作"姦",表示奸诈、邪恶、犯淫、取巧的意义,今"奸""姦"二字合并,以"奸"为规范字,"姦"作为异体字废弃不用。

奸²(姦) jiān

金文 — 战文 — 小篆 — 隶书 — 楷书 — 简化字

会意字,从三女,会私淫之意。《说文》:"姦,私也。从三女。""奸"本义指淫乱、私通,俗称奸淫、通奸。"奸"也可表示狡诈、非法、盗窃、取巧的意义,比如"奸诈""奸商""奸盗""奸猾"。"姦"简化字作"奸"不是新造字形,而是合并了表干犯的"奸",所以"奸"既是"奸(gān)"本字,也是"姦"的简化字。

妒 dù

形声字,战国文字从女石声作"妬",小篆从女户声,楷书沿用小篆作"妒"。《说文》:"妒,妇妒夫也。"《玉篇》:"妒,争色也。""妒"本义指妇女忌妒丈夫,后多表示忌妒其他女人的姿色、一般的妒忌别人等意义,如"嫉妒""天妒英才"。

姓 xìng

形声字,从女从生,生兼表音,大概取女人生子的构意。《说文》:"姓,人所生也。"《玉篇》:"姓,姓氏。"人出生以后有赐姓,姓是用来标志家族的字,俗称姓氏,所以"姓"本义指姓氏。"姓"也可表示平民、子孙的通称等意义,比如"百姓""子姓"。

姜 jiāng

形声字,从女羊声。《说文》:"姜,神农居姜水,以为姓。""姜"本义指姜姓,相传是炎帝的姓氏,历史人物有姜子牙。今"姜"也是"薑"的简化字,表示生姜的意义。

婚 hūn

会意字,从女从昏,昏兼表音,大概会古人黄昏时婚娶之意。《说文》:"婚,妇家也。礼,娶妇以昏时。"说的就是这个构意。"婚"本义指结婚、婚娶,如"婚恋"。"婚"也可表示夫妻关系、姻亲的意义,比如"定婚""婚姻"。

姻 yīn

"姻"形声字,从女从因,因兼表声。《说文》:"姻,婿家也,女之所因,故曰姻。""姻"本义指女婿家,俗称姻家。"姻"也可表示由婚姻而结成的亲戚关系、嫁娶、亲近的意义，比如"姻兄""婚姻""姻爱"。

嫁 jià
甲文 — 小篆 — 隶书 — 楷书

"嫁"形声字，从女家声。《说文》："嫁，女适人也。""嫁"本义指女子结婚，俗称出嫁。《国语》有"女子十七未嫁，其父母有罪"，用的正是本义。"嫁"也可表示往、将祸害等转移到他人身上、嫁接的意义，比如"四面出嫁""嫁祸于人""嫁杏"。

媚 mèi
甲骨文 — 金文 — 战文 — 小篆 — 隶书 — 楷书

形声字，从女眉声。《说文》："媚，说也。"段玉裁注："说，今悦字也。《大雅》毛传曰：'媚，爱也。'""媚"本义指喜爱、取悦，如"爱媚"。《诗经》有"媚兹一人"，用的正是本义。"媚"也可表示巴结、娇艳、古地名的意义，比如"谄媚""妩媚""媚地"。

嫌 xián
战文 — 小篆 — 隶书 — 楷书

形声字，从女兼声。《说文》："嫌，不平于心也。一曰疑也。""嫌"本义指仇怨，如"嫌隙"。"嫌"也可表示疑惑、厌恶、近似的意义，比如"嫌疑""嫌弃""嫌似"。

妨 fáng
小篆 — 汉篆 — 隶书 — 楷书

形声字，从女方声。《说文》："妨，害也。""妨"本义指损害，如"妨害"。《论语》有"贼父之子，妨兄之弟"，用的正是本义。"妨"也可表示阻碍、中止、相克的意义，比如"妨碍""防止""妨克"。

妄 wàng
金文 — 小篆 — 汉篆 — 隶书 — 楷书

形声字，从女亡声。《说文》："妄，乱也。""妄"本义指狂乱，俗称狂妄。《管子》有"上无量，则民乃妄"，意思是说君主挥霍无度，则人民狂妄，用的正是本义。"妄"也可表示荒诞、胡作非为、胡乱的意义，比如"虚妄""胆大妄为""妄言"。

要 yào

会意字，金文下部从女，上部象人两手向下叉腰之形，为"腰"的初文，本义指人的腰部。《说文》："要，身中也。"身中就是身体的中间部分，俗称腰身，说的正是本义。《墨子》有"昔者楚灵王好士细要"，用的也是本义。"要"读音 yāo，主要表示相约、求取、挟持的意义，比如"要约""要求""要挟"。"要"又读 yào，表示关键、简略、希望、索取、将要的意义，如"要领""要略""想要""要账""快要"。

愧（媿）kuì

形声字，金文从女鬼声，小篆承袭了金文的写法，同时产生了从心鬼声的或体，大概表示与人的心理感受相关的构意。今以或体"愧"为规范字，"媿"作为异体字废弃不用。《说文》："媿，惭也。""愧"本义指惭愧，如"羞愧"。《诗经》有"不愧于人，不畏于天"，用的正是本义。

懒（嬾）lǎn

形声字，从女赖声。《说文》："嬾，懈也，怠也。"《玉篇》："懒，俗嬾字。"今以"懒"为规范字，"嬾""孏"都作为异体字废弃不用。"懒"本义指懒惰，如"懒汉""懒散"。

子 zǐ

象形字，甲骨文、金文象头大、两臂常常摆动、腿部不发达的婴儿形，本义指婴儿，后多泛指一般的小孩、子女，俗称孩子。"子"也可表示儿子、后代、动物幼崽、植物的果实、细小的物件、幼小的意义，比如"长子""子孙""虎子""松子""子弹""子鸡"。

孕 yùn

甲骨文 小篆 隶书 楷书

象形字，甲骨文象人身体内怀有胎儿之形，至小篆演变成从子从乃，已不见怀孕的大腹形，但还是保留了从子的构意。《说文》："孕，怀子也。""孕"本义指怀胎、怀孕，如"孕期""孕妇"。"孕"也可表示一般的孕育、包含、分娩、胎儿的意义，比如"孕英才""孕含""孕娩""有孕"。

字 zì

金文 战文 小篆 隶书 楷书

会意字，从宀(mián)从子，子兼表音，传统的观点认为金文象屋下有子之形，大概会屋内孩子习字之意，或是表示在屋内对小孩行命名仪式之意。还有学者认为金文象妇人产子形，其中"宀"不是房屋的象形，而是象产妇下体双腿张开形，本义指妇人孕育产子。《说文》："字，乳也。"段玉裁注："人及鸟生子曰乳。"说的就是产子的意义，似未必可信。"字"也可表示怀孕、出嫁、文字、字体、书法等意义，比如"十年乃字""待字""汉字""篆字""字画"。

乳 rǔ

甲骨文 战文 小篆 隶书 楷书

本为象形字，甲骨文象一个母亲怀抱孩子喂奶之形，本义指哺乳，后字形逐渐讹变，小篆已经看不见哺乳的象形。《说文》："乳，人及鸟生子曰乳。"这里"乳"表生子义，应是由哺乳义引申而来。"乳"也可表示初生的、乳房、乳汁的意义，比如"乳子""乳头""牛乳"。

孟 mèng

金文 战文 小篆 隶书 楷书

会意字，从皿从子，皿兼表音，金文象皿器里有婴儿形，以示婴儿开始出生之意。"孟"本义当指首生，然后引申为兄弟姐妹排行中的

五　人物类　　孔存育尸　195

长,即老大。《说文》:"孟,长也。"说的就是这个引申义。"孟"也可表示开始、努力、孟子简称的意义,比如"孟冬""孟勉""孔孟之道"。

孔 kǒng　甲乙—孚—羽—孔—孔
　　　　　　金文　战文　小篆　隶书　楷书

指事字,金文象婴儿的头上加一曲线的形状,郭沫若认为上面的曲线为指事符号,指示小儿头角上有孔,本义当指洞穴或窟窿。《尔雅》:"孔,间也。"说的就是洞穴的意义。"孔"也可表示大、通达、美好、姓氏的意义,比如"孔德""孔通""孔嘉""孔子"。

存 cún　存—存—存存—存
　　　　　　战文　小篆　隶书　楷书

形声字,从子才声。《说文》:"存,恤问也。""存"本义指问候,如"存恤"。"存"也可表示存在、保存、有、寄托、安顿、余留的意义,比如"生存""收存""存亡""心存感恩""存身""余存"。

育 yù　𠃋𠃋—𠃋𠃋—育𠫗—育毓—育
　　　　　甲骨文　金文　小篆/或体　隶书　楷书

会意字,甲骨文、金文有繁简二体,繁体从母(或从女)从倒子,象从母体中倒子形,会人产子之意,下面的几点象婴儿分娩出母体时的体液,最后演变作"毓";简体从人从倒子,后演变成从肉从倒子的"育"。今"育""毓"已分化成两个字。《玉篇》:"育,生也。""育"本义指生育、即人产子,也可表示成长、培养、幼稚的意义,比如"万物育""养育""育稚"。

尸 shī　𠂆—𠃍—𠃍—𠃍—𠃍—尸
　　　　　甲骨文　金文　战文　小篆　隶书　楷书

象形字,甲骨文象一人箕踞(jù)之形,本义指箕踞,就是古代的一种坐姿,臀部着地,两腿向前伸开,如同簸箕一样,但这个意义文献罕用。"尸"主要表示尸体、坐享禄位不干实事、姓氏的意义,比如

"死尸""尸素""尸氏"。

居 jū　居—居—居—居 居—居
　　　金文　战文　小篆　隶书　楷书

形声字，从尸古声。《说文》："居，蹲也。""居"本义指蹲坐，后这个意义专由"踞"来记录。"居"主要表示居住、住所、卑下、处在、地位、占据、积蓄的意义，比如"穴居""居处""屈居""甘居人下""居位""居多""奇货可居"。

尼 ní　尼—尼—尼—尼—尼
　　　金文　战文　小篆　隶书　楷书

本为会意字，金文象一个坐在另一人背上形，应是亲昵的"昵"初文，本义指亲昵或亲近，后字形逐渐演变，至小篆固定为从尸匕声的"尼"，沿用至今。《说文》："尼，从后近之。"说的就是亲近的本义。"尼"也可表示出家修行的女佛教徒、姓氏的意义，比如"尼姑""尼氏"。

尾 wěi　尾—尾—尾—尾—尾
　　　甲骨文　战文　小篆　隶书　楷书

会意字，甲骨文从人从尾，象在人臀部系上尾巴之形，后来尾形逐渐演变作"毛"，至楷书固定为从尸从毛的"尾"，沿用至今。《说文》："尾，微也。从到（倒）毛在尸后。古人或饰系尾，西南夷亦然。"商代确有人系牛尾装饰的习俗，西南的少数民族也有这个风俗。"尾"本义指人为装饰的尾巴，后来才引申为动物的尾巴。"尾"也可表示鸟兽鱼虫交配、末端、主体以外的部分、在后跟随的意义，比如"交尾""年尾""尾数""尾随"。

属（屬）shǔ　屬—屬—屬—屬—属
　　　　　　　战文　小篆　隶书　楷书　简化字

形声字，从尾蜀声，但从尾构意不明。有学者认为"尾"有动物交配的意思，"属"本义当指动物交配接尾，后引申出连续的意义。《说文》："属，连也。"说的就是这个意义，这个意义读作 zhǔ。"属"又音 shǔ，主要表示类别、亲眷、归属、官吏、率领的意义，比如"类属""亲属""属于""属吏""统属"。

屈 qū　金文－战文－小篆－隶书－楷书

形声字，从尾出声。《说文》："屈，无尾也。"段玉裁注："屈，凡短尾曰屈。""屈"本义指短尾，也引申为一般意义的短，如"理屈"。"屈"也可表示弯曲、屈服、委屈、穷困的意义，比如"屈曲""坚强不屈""冤屈""屈厄"。

尿 niào　战文－小篆－隶书－楷书

会意字，战国文字从尸从水，小篆变作从尾从水，大概会人或动物尾端流出水之意，隶书承袭了战国文字的写法，仍保留了从水的构意。《说文》："尿，人小便也。""尿"本义指人和动物的尿液，俗称小便。"尿"也可表示撒尿、理会的意义，比如"尿炕""不尿那一套"。

展 zhǎn　战文－小篆－隶书－楷书

形声字，从尸襄（zhàn）声，且"襄"有省形。《说文》："展，转也。""展"主要指转动义，如"打个展身"。"展"也可表示舒张、直、扩大、陈列、展览、施行的意义，比如"舒展""平展""扩展""展示""画展""施展"。

届（届）jiè　战文－小篆－隶书－楷书－简化字

形声字，从尸凷（kuài）声。《说文》："届，行不便也。""届"主要指行动不便，但这个意义文献少用。"届"也可表示极限、到的意思，比如"天远弗届""届时"。"届"也用作量词，表示次数，如"两届冠军""第一届"。

屠 tú

屠屠－屠－屠－屠
甲骨文 金文 战文 小篆 隶书 楷书

形声字，从尸者声，从尸表示与肌体的意义相关。《说文》："屠，刳（kū）也。"这里"刳"有宰杀的意思。"屠"本义指宰杀牲畜，如"屠狗"。"屠"也可表示以宰杀牲畜为职业的人、杀戮、毁灭、割裂的意义，比如"屠夫""屠杀""屠城""屠裂"。

履 lǚ

履－履－履－履－履－履
甲骨文 金文 战文 小篆 隶书 楷书

形声字，甲骨文从人从止眉声，底下的斜横是从舟（应是鞋的象形）省体，金文演变成从頁（xié）从止从舟眉声，表示与人行走的意义相关。《玉篇》："履，践也。""履"本义指践踏、踩踏。《诗经》有"如临深渊，如履薄冰"，用的正是本义。"履"也可表示鞋子、穿鞋、经历、实行的意义，比如"西装革履""履藤""履历""履行"。

臣 chén

臣－臣－臣－臣－臣－臣
甲骨文 金文 战文 小篆 隶书 楷书

象形字，甲骨文象一只竖起来的眼睛之形，表示人低头竖目、恭敬从命之意。《说文》："臣，牵也，事君也。象屈服之形。"这里"牵"指用绳索牵引的战俘，臣是用来侍奉和臣服君主的仆隶。"臣"本义指仆隶，古时主要由战俘、奴隶、刑徒等组成，所以用俯首从命的竖目来表示。"臣"也可表示民众、封建官吏的意义，比如"臣民""大臣"。

宦 huàn

宦－宦－宦－宦－宦
金文 战文 小篆 隶书 楷书

会意字，从宀（mián）从臣，会在房室内做仆役之意，本义指给君王或贵族做奴仆。《国语》有"（越王）令大夫种守于国，与范蠡入宦于吴"，用的正是本义。《说文》："宦，仕也。"这里指做官或出仕，应是由做奴仆的意义引申而来。"宦"也可表示官职、太监、阉牛的意义,比如"名宦""宦官""宦牛。"

臧 zāng

本为会意字,甲骨文从戈刺竖目,戈是兵器,竖目代表臣,即仆隶,杨树达认为会臧获(对奴婢的贱称)、隶人之意,后逐渐演变成从臣戕(qiāng)声的形声字,沿用至今。"臧"本义指臧获、隶人,也可表示善好、称许的意义,比如"不臧""臧否(pǐ)"。

士 shì

象形字,与"王"类似,也象斧钺之形,但在金文中多用作官职名。有学者认为"士"最初可能是指管理刑狱的司法官,所以用象斧钺的字形来记录。《字汇》:"士,未娶亦曰士。""士"主要指古时未婚的青年男子,后也泛指男子的美称,如"男士""壮士"。"士"也可表示士兵、士大夫、对品德好的人的美称等意义,比如"甲士""名士""勇士"。

壮(壯) zhuàng

形声字,从士爿(chuáng)声。《说文》:"壮,大也。""壮"本义指人体高大,如"壮大"。"壮"也可表示旺盛、强健、成年的意义,比如"茁壮""强壮""壮年"。

六 人体类

肉 ròu

𠕋 — 𠕋 — 肉 — 肉
甲骨文　金文　战文　小篆　隶书　楷书

象形字,甲骨文、金文象肉块横放之形,战国文字将肉形竖置,最终演变为"肉",沿用至今。《说文》:"肉,胾(zì)肉。"这里"胾"指鸟兽的肉。"肉"本义指供食用的动物肉,如鱼肉、鸡肉。"肉"也可表示人的肌肉、蔬菜的可食用部分,比如"皮肉之苦""果肉"。凡以"肉"作为表意部件置于左边时都写作"月",与日月的"月"同形,其构意大多与人体或肌肉的意义有关,例如"肌""肤""肝""脏""肥"等。

肤(膚) fū

膚 — 膚 — 膚 — 膚 — 膚 — 肤
金文　战文　小篆　隶书　楷书　简化字

形声字,从肉膚(lú)声。《说文》:"肤,皮也。"《广韵》:"肤,皮肤。""肤"本义指人体的表皮,俗称皮肤,如"切肤之痛"。《诗经》有"手如柔荑(tí),肤如凝脂",意思是说(女子)手像白茅的嫩芽,皮肤像凝固的油脂,用的正是本义。"肤"也可表示树皮、浅薄、禽兽的肉等意义,比如"树肤""肤浅""肤肉"。"膚"简化字作"肤",是用笔画少的声符代替笔画多的声符。

肌 jī

肌 — 肌 — 肌
战文　小篆　隶书　楷书

形声字,从肉几声。《说文》:"肌,肉也。""肌"本义指肌肉,如"面黄肌瘦"。"肌"也可表示皮肤、植物的皮下物质等意义,比如"肌肤""肌虚"。

肩 jiān

肩 — 肩 — 肩 — 肩 — 肩
甲骨文　战文　小篆　隶书　楷书

本为象形字,甲骨文象肩胛骨之形,战国文字开始加"肉"表意,原本象肩胛骨的形体也讹变得和门户的"户"形近,至小篆固定成从肉从户的"肩",沿用至今。《说文》:"肩,髆(bó,肩胛骨)也。""肩"本义指肩部,就是人的颈下与两臂相连的部分,如"肩头""并肩"。"肩"也可表示担负、委任的意义，比如"肩负""肩任"。

腹 fù

形声字，甲骨文、金文从身（或从人）复声，至战国文字固定为从肉复声，沿用至今。《玉篇》："腹，腹肚也。""腹"本义指躯干胸以下的部位，俗称肚子。甲骨卜辞有"王腹不安"，意思是说王的肚子不舒服，用的就是本义。"腹"也可表示物体中间的部分或中空部分、内心、厚、前面的意义，比如"腹地""心腹""腹黑""腹背受敌"。

脊 jǐ

本为形声字，战国文字从肉朿声，至小篆已变得不见朿声，但还是保留了从肉的构意。《说文》："脊，背吕也。"这里"背吕"有背脊骨的意思。"脊"本义指背脊，就是人或动物背部中间的骨肉。"脊"也可表示物体中间高起的部分、条理的意义，比如"脊梁""伦脊"。

臂 bì

形声字，从肉辟声。《说文》："臂，手上也。""臂"本义指胳膊，就是从肩到腕的部分。《荀子》有"登高而招，臂非加长也，而见者远"，这里"臂"指胳膊，用的正是本义。"臂"也可表示动物的前肢、弓把手的意义，比如"螳螂臂""弓臂"。

肘 zhǒu

本为指事字，甲骨文在象手臂形的肘弯处加一竖笔，用来标示肘所在的部位，金文、战国文字还可见一短竖笔，后逐渐与表碗口的"寸"形体混同，遂追加"肉"表意，变成一个从肉从寸（zhǒu），寸兼表音的会意字。《说文》："肘，臂节也。从肉从寸。寸，手寸口也。"这里把"寸（zhǒu）"解释成寸口有误，应该是"肘"初文，与寸口的"寸（cùn）"正好同形，如"守""讨""纣""酎"等字，其实并不从寸，而是以"肘"初文作为声符的形声字。"肘"本义指臂节，就是上下臂交接处可以弯曲的部分，俗称胳膊肘，如成语"捉襟见肘"用的就是本义。"肘"也可表示拉住肘部、长度单位的意义，比如"掣肘""一肘二尺"。

臀 tún

甲骨文 — 金文 — 战文 — 小篆/或体 — 隶书 — 楷书

本为指事字，甲骨文象一人的侧面之形，左下方的圆弧线条标示人的臀部所在，本义指人的臀部，至小篆加"几"表意，象人臀坐在案几上之形，同时产生了一个从肉殿声的或体"臀"。今以"臀"为规范字，"屍"作为异体字废弃不用。《说文》："臀，髀（bì）也。"这里"髀"指大腿骨，在大腿骨和腰部相连接的部分就是臀部。"臀"也可表示器物底部义，如"器臀一寸"。

股 gǔ

战文 — 小篆 — 隶书 — 楷书

形声字，从肉殳声。《说文》："股，髀（bì）也。"这里"髀"有大腿的意思。"股"本义指大腿，就是从胯下到膝盖的部分，如"股骨""割股"。"股"也可表示车辐近毂的部分、资金或财物的一份、行政机构的意义，比如"车股""股票""人事股"。"股"也用作量词，如"一股清泉""一股敌军"。

脚 jiǎo

战文 — 小篆 — 隶书 — 楷书

形声字，从肉却声。《说文》："脚，胫也。""脚"本义指小腿，后泛指腿的下端至接触地面的部分，如脚趾、脚后跟等。"脚"也可表示脚掌、物体的下端、脚力的意义，比如"赤着脚""墙脚""脚夫"。

肯（肎）kěn

金文 — 战文 — 小篆 — 隶书 — 楷书 — 简化字

会意字，从肉从冖，其中"冖"为"冎（guǎ）"省形，表骨头义，整个字形会肉附在骨头上之意。《说文》:"肯,骨间肉。""肯"本义指附着在骨头上的肉,但这个意义文献比较少用。"肯"主要表示赞同、愿意、能够的意义,比如"首肯""肯来""肯不肯"。

唇(脣) chún 脣—脣—脣—脣—唇
<small>战文　小篆　隶书　楷书　简化字</small>

形声字,从肉辰声。《说文》:"脣,口耑(duān,端)也。""脣"本义指嘴唇,就是嘴口开端的地方,和牙齿相邻,如成语"唇亡齿寒"用的就是本义。"唇"也可表示圆状物的外圈、边缘的意义,比如"鼓唇""鬓唇"。"脣"简化字作"唇",是用笔画少的义符代替笔画多的义符。

胡 hú 胡—胡—胡—胡
<small>战文　小篆　隶书　楷书</small>

形声字,从肉古声。《说文》:"胡,牛颔垂也。""胡"本义指兽下巴的垂肉,胡须就是下巴下面长的髯须。"胡"也可表示喉咙、长寿、任意乱来、古代北方和西方的少数民族、姓氏的意义,比如"胡咙""胡考""胡乱""胡人""胡氏"。

胃 wèi 胃—胃—胃—胃—胃
<small>金文　战文　小篆　隶书　楷书</small>

象形字,金文从肉从❀,❀象胃形,里面的小点象食物的残渣,由于形状不够明确,遂加了一个表意的"肉"来衬托和突出,小篆的上部还清晰可见胃形,至隶书时就变得与田地的"田"同形。《说文》:"胃,谷府也。"古人认为胃是五脏六腑的源头,谷物都进入胃,所以称为谷府。"胃"本义指人和动物贮藏和消化食物的器官,与食道和肠相连,统称肠胃。

肠(腸) cháng 腸—腸—腸—肠—肠
<small>战文　小篆　隶书　楷书　简化字</small>

形声字,从肉易(yáng)声。《说文》:"肠,大小肠也。""肠"本义指

体内的主要消化器官,有大肠、小肠等。古人认为肠主感情,所以"肠"也可表示人的内心、感情的意义,比如"心肠好""衷肠"。

肝 gān　肝—肝—肝—肝
　　　　　战文　小篆　隶书　楷书

形声字,从肉干声。《说文》:"肝,木藏也。"古人认为肝五行属木,故称木藏。"肝"本义指肝脏,就是体内最大的腺体。"肝"也可表示人的内心,如"心肝宝贝"。

胆(膽) dǎn　膽—膽—膽—膽—胆
　　　　　　小篆　汉篆　隶书　楷书　简化字

形声字,从肉詹声。《说文》:"胆,连肝之府。""胆"本义指胆囊,就是连着肝脏的器官。"胆"也可表示胆量、心意、勇气的意义,比如"大胆""侠肝义胆""胆气"。"膽"简化字作"胆",是以笔画少的声符代替笔画多的声符。

膏 gāo　膏—膏—膏—膏—膏
　　　　　甲骨文　战文　小篆　隶书　楷书

形声字,从肉高声。《说文》:"膏,肥也。""膏"本义指肥、多肉,如"膏肥"。"膏"也可表示油脂、油脂类化妆品、浓稠的膏状物、肥沃、人民的财产等意义,比如"膏脂""洗发膏""药膏""膏沃""民脂民膏"。

脂 zhī　脂—脂—脂—脂
　　　　　战文　小篆　隶书　楷书

形声字,从肉旨声。《说文》:"脂,戴角者脂,无角者膏。""脂"本义指有角动物的油质,后多泛指一般的油脂或油膏,如"脂肪"。"脂"也可表示像油脂的渗出物、含脂的化妆品等意义,比如"松脂""胭脂"。

肥 féi　肥—肥—肥—肥
　　　　　战文　小篆　隶书　楷书

形声字,从肉巴声。《说文》:"肥,多肉也。""肥"本义指多肉,就是脂肪多,俗称肥胖。"肥"也可表示植物茁壮、油脂、厚、富裕、肥沃、肥料的意义,比如"叶子肥""肥腻""肥厚""天下肥""地肥""施肥"。

肿(腫) zhǒng

形声字,战国文字从肉童声,小篆演变为从肉重声。《说文》:"肿,痈(yōng)也。"这里"痈"有肿疡的意思。"肿"本义指毒疮,俗称肿疮,也可表示肌肉浮胀、头部胀痛、向外突出的意义,比如"浮肿""肿风""肿起来"。"腫"简化字作"肿",是用笔画少的声符代替笔画多的声符。

胚(肧) pēi

形声字,从肉丕声。《说文》:"肧,妇孕一月也。"《正字通》:"肧,俗作胚。"今以俗体"胚"为规范字,"肧"作为异体字废弃不用。"胚"本义指初期发育的胎儿,俗称胚胎。"胚"也可表示事物的开端、毛坯的意义,比如"胚层""钢胚"。

胎 tāi

形声字,从肉台声。《说文》:"胎,妇孕三月也。""胎"本义指胎儿,就是人或哺乳动物孕于母体而未出生的幼体,如"怀胎十月"。"胎"也可表示事物的根源、养育、器物的初胚、舌上的垢腻等意义,比如"胎始""胎养""铜胎""舌胎黄"。

多 duō

会意字,甲骨文从二⊃,这里"⊃"不是"夕"或"月"字,而象肉形,会肉多之意,古代祭祀之后要分享那些祭祀求福用的肉,两块肉为多,故从二肉。《尔雅》:"多,众也。""多"本义指数量大,与

"少"相对,如"多灾多难"。"多"也可表示重、胜过、过多的、剩余、相差程度大的意义,比如"多谢""多过""多嘴""多余""好多了"。

肖 xiāo

肖 — 肖 — 肖 — 肖 — 肖
金文　战文　小篆　汉篆　隶书　楷书

形声字,从肉小声。《说文》:"肖,骨肉相似也。""肖"读音 xiào,本义指相貌相似,俗称肖像。"肖"也引申为一般的相像、仿效的意义,比如"惟妙惟肖""仿肖"。"肖"又音 xiāo,表示细微、姓氏的意义,如"肖小""肖氏"。

腊(臘) là

臘 — 臘 — 臘 — 臘 — 腊
小篆　汉篆　隶书　楷书　简化字

形声字,从肉巤(liè)声。《说文》:"臘,冬至后三戌,臘祭百神。""腊"本义指祭祀名,就是在冬至后三戌祭祀百神,俗称腊祭。"腊"也可表示农历十二月、冬季腌制的肉类等意义,比如"腊月""腊肉"。"臘"简化字作"腊",是用笔画少的义符代替笔画多的声符。

膳 shàn

膳 — 膳 — 膳 — 膳 — 膳
金文　战文　小篆　隶书　楷书

形声字,从肉善声。《说文》:"膳,具食也。"段玉裁注:"具者,供置也,欲善其事也。"意思是说具就是提供准备好食物。"膳"本义指准备食物,如"备膳",也可表示进献食物、饭食、吃饭的意义,比如"进膳""玉膳""用膳"。

有 yǒu

有 — 有 — 有 — 有 — 有
金文　战文　小篆　隶书　楷书

形声字,从肉从又,又兼表音,金文象以手持肉形,本义指持有。《说文》:"有,不宜有也。"《玉篇》:"有,不无也。"这里"有"和"无"相对,表示具有、拥有的意义。"有"也可表示取得、保存、丰收的意义,比如"取有""保有""富有"。

筋 jīn

筋—𦉪—節—筋
战文　小篆　隶书　楷书

会意字，从肉从力从竹，本义指肌腱或骨头上的韧带，故字可从力从肉，从竹大概取竹子多节，正好与筋附着骨关节相似。《说文》："筋，肉之力也。"说的正是肌腱的本义。"筋"也可表示肌肉、静脉血管、筋状物的意义，比如"筋疲力尽""青筋""橡皮筋"。

骨 gǔ

ㄗ(冎)—ㄗ—骨骨—骨—骨—骨
甲骨文　　金文　战文　小篆　隶书　楷书

本为象形字，甲骨文、金文作"冎(guǎ)"，象骨架之形，是"骨"的初文，至战国文字开始加"肉"表意，分化出从肉从冎的"骨"，沿用至今。《说文》："骨，肉之覈(hé，核)也。"意思是说骨就是肌肉所包裹的内核，骨上有肉。"骨"本义指骨头，就是人和脊椎动物体内支持身体、保护内脏的坚硬组织，有长骨、短骨、扁骨等。"骨"也可表示人的尸骨、物体本身起支撑作用的架子、人品气概、风格的意义，比如"尸骨""伞骨""骨气""风骨"。

体(體) tǐ

軆—體—體—體—体
战文　小篆　隶书　楷书　简化字

形声字，从骨豊(lǐ)声。《说文》："体，总十二属也。"《广雅》："体，身也。""体"本义指全身的总称，俗称身体。"体"也可表示肢体、区分、形体、表现、本体的意义，比如"五体投地""体例""固体""体现""主体"。"體"简化字"体"是新造会意字，从人从本，会身体为人的根本之意。

身 shēn

ϟ—身—身—身—身—身
甲骨文　金文　战文　小篆　隶书　楷书

象形字，甲骨文、金文象人怀有身孕之形，也象人的整个身躯形。《说文》："身，躬也。象人之身。"说的就是身躯的构意。"身"本义指人或动物的躯体，俗称身体。"身"又指怀孕、身孕义，如《诗经》有"大任有身，生此文王"，这里"有身"就是有身孕的意思。"身"

也可表示物体的主干部分、生命、一辈子、亲自、身份的意义，比如"机身""献身""终身""亲身""身败名裂"。

吕 lǚ 甲骨文 金文 战文 小篆 隶书 楷书

象形字，传统的观点认为甲骨文、金文象脊骨形，本义指脊骨。《说文》："吕，脊骨也。"就是这种观点。这个意义后来写作"膂"。"吕"也可表示古代乐律中的音律总称、古地名、姓氏的意义，比如"吕律""吕县""吕氏"。

躬（躳）gōng 战文 小篆/或体 隶书 楷书

会意字，战国文字从身从吕，会身躯脊骨之意，小篆承袭了战国文字的写法，或体则改作从弓，大概取身体弯垂成弓形的构意，同时"弓"兼表读音。今以"躬"为规范字，"躳"作为异体字废弃不用。《说文》："躳，身也。躬，躳或从弓。""躬"本义指身体，如"鞠躬"。《尚书》有"尔所弗勖（xù），其予尔躬有戮"，意思是说你们如果不努力，将对你们自身有杀戮，用的正是本义。"躬"也可表示自己、亲自、弯曲的意义，比如"自躬""躬亲""躬身"。

页（頁）yè 甲骨文 金文 战文 小篆 隶书 楷书 简化字

象形字，甲骨文象人首形，为突出人的头部，就在人首下加一跪坐的人形，后字形逐渐演变，至隶书已变得完全不见人头形。《说文》："頁，头也。""頁"读音 xié，本义指人头，凡以"頁"作为表意部件的字大多与头部的意义相关，如"顶""頭""颜"等。"页"又音 yè，用作量词，表示书册的一张，如"一页纸""活页"。

头（頭）tóu 战文 小篆 隶书 楷书 简化字

形声字，从页（xié）豆声。《说文》："头，首也。""头"本义指人或动物的头部，如人头、狗头。"头"也可表示为首的人、物体的顶端或末梢、事情的始末等意义，比如"头领""两头儿""从头"。"头"也用作量词，如"一头牛"。

顶（頂）dǐng　🦴鼎—顤—丁頁—顶—顶
　　　　　　　　　战文　小篆　隶书　楷书　简化字

形声字，战国文字从页（xié）鼎声，至小篆演变作从页丁声，并沿用至今。《说文》："顶，颠也。""顶"本义指头的最上部，如"灭顶之灾"。"顶"也可表示物体的最上部、以头承戴、抵拒、代替的意义，比如"山顶""顶头上""顶撞""顶替"。

颠（顛）diān　🦴顛—顛—顛—颠—颠
　　　　　　　　　战文　小篆　隶书　楷书　简化字

形声字，从页（xié）真声。《说文》："颠，顶也。""颠"本义指头顶。《墨子》有"华发隳（huī，毁坏）颠"，用的正是本义。"颠"也可物体顶部、始、坠落、颠簸的意义，比如"泰山之颠""颠末""颠下马""路很颠"。

颜（顏）yán　🦴—顏—顏—顏—颜—颜
　　　　　　　　　金文　战文　小篆　隶书　楷书　简化字

形声字，从页（xié）彦声。《说文》："颜，眉目之间也。""颜"本义指两眉之间，俗称印堂。"颜"也引申为额头，整个面部容貌、色彩的意义，比如"龙颜""颜容""颜色"。

颂（頌）sòng　🦴—頌—頌—頌—颂—颂
　　　　　　　　　金文　战文　小篆　隶书　楷书　简化字

形声字，从页（xié）公声。《说文》："颂，貌也。""颂"读音 róng，本义指仪容，后这个意义专由"容"来记录。"颂"又音 sòng，主要表示称扬成功，祝颂、占兆之词、《诗经》体裁之一等意义，比如"歌颂""顺颂安好""颂词""风雅颂"。

题（題）tí　　題—題—題—题—题
　　　　　　　　战文　小篆　隶书　楷书　简化字

形声字，从页（xié）是声。《说文》："题，额也。""题"本义指额头，如"黑齿雕题"。"题"也可表示物体的一端、书签、题目、写上、标志的意义，比如"箭题""书题""命题""题字""题识"。

颊(頰) jiá

형声字，从页(xié)夾声。《说文》："颊，面旁也。""颊"本义指脸的两侧从眼到下颌的部分，俗称脸颊、面颊。"颊"也可表示堂内正室旁边的房间、姓氏的意义，比如"颊室""颊氏"。

颈(頸) jǐng

形声字，从页(xié)巠声。《说文》："颈，头茎也。""颈"本义指人或动物头和躯干相连接的部分，就是颈项，俗称脖子。"颈"也可表示脖子前面的部分(脖子后面的部分称"项")、器物像颈的部分，如"颈椎""瓶颈"。

项(項) xiàng

形声字，从页(xié)工声。《说文》："项，头后也。""项"本义指脖子的后部，后多泛指整个脖子，如"项上人头"。"项"也可表示条目、经费的意义，比如"项目""款项"。"项"也用作量词，如"一项工程"。

领(領) lǐng

形声字，从页(xié)令声。《说文》："领，项也。""领"本义指项、脖子，如"引领北望"。"领"也可表示衣领、事物的要点、引领、接受、领会、统率的意义，比如"领子""要领""领路""领取""领悟""统领"。

须(須) xū

本为象形字，金文象人面部的胡须形，为了突出胡须，便画上了人面的形状,至小篆固定为从页(xié)从彡(shān)的会意字。《说文》:"须,面毛也。""须"本义指胡须,如"髯须",也可表示动植物像须的东西、要求、用、片刻、必要的意义,比如"触须""须要""所须""须臾""必须"。

颗(顆) kē

形声字,从页(xié)果声。《说文》:"顆,小头。""颗"读音 kě,本义指小头,但这个意义文献罕用。"颗"又音 kē,主要表示小而圆的形状,如"颗粒",也用作量词,如"一颗瓜子"。

顿(頓) dùn

形声字,从页(xié)屯声。《说文》:"顿,下首也。""顿"本义指以头叩地,俗称顿首,也可表示安放、用力牵引、上下抖动使整齐、困顿、立刻的意义,比如"安顿""顿紧来""顿衣服""劳顿""顿时"。"顿"也用作量词,表示动作的次数,如"吃一顿""打了一顿"。

顷(頃) qǐng

会意字,从页(xié)从匕,大概会头不正之意。《说文》:"顷,头不正也。""顷"读音 qīng,本义指头不正,后多泛指倾斜、偏侧义,如"顷耳"。《诗经》有"采采卷耳,不盈顷筐",这里"顷筐"指斜口的竹筐,用的正是倾斜义。这个意义后来多用"倾"记录。"顷"又音 qǐng,主要表示土地面积单位、短时间、当时的意义,比如"百亩为顷""顷刻之间""是顷"。

顾(顧) gù

形声字,从页(xié)雇声。《说文》:"顾,还视也。""顾"本义指回头看、回视,俗称回顾。"顾"也可表示一般的看、探望、照应、眷念、返回的意义,比如"左顾右盼""光顾""照顾""眷顾""义无反顾"。

顺(順) shùn

会意字,从页(xié)川声。"顺"本义指肌肤的纹理,也引申指一般的纹理、道理。《说文》:"顺,理也。"说的就是道理的意思。"顺"也可表示顺应、沿着同一个方向、趁便、通顺、次序的意义,比如"依顺""顺风顺水""顺手牵羊""文从字顺""顺序"。

烦(煩) fán

会意字,从火从页(xié),大概会头上发烧上火之意。《说文》:"烦,热头痛也。""烦"本义指发热头痛,但这个意义文献少用。"烦"主要表示疲劳、繁多、混乱、心情郁闷的意义,比如"烦劳""繁琐""烦乱""烦闷"。

显(顯) xiǎn

形声字,从页(xié)㬎(xiǎn)声。《说文》:"显,头明饰也。""显"本义指头上的明亮装饰,但这个意义文献少用。"显"主要表示光明、公开、显著、高贵、见、外面的意义,比如"明显""显露""显扬""显赫""显见""显性"。"顯"简化字作"显",是直接省略了原字的一部分形体。

硕(碩) shuò

形声字,从页(xié)石声。《说文》:"硕,头大也。""硕"本义指头大,但这个意义文献少用。"硕"主要表示一般的大、远、学识渊博的人、姓氏的意义,比如"硕大""硕谋""硕老""硕士"。

面 miàn

象形字,甲骨文象人目外包围的侧脸轮廓形,金文象人头的侧脸轮廓形，演变至小篆时已不见侧脸形，最终演变成"面"，沿用至今。《说文》："面，颜前也。""面"本义指人头前面的部分，就是人的整个脸部，俗称脸面、面孔。"面"也可表示当面、面具、相见、前方、对着、物体的表层、方面的意义，比如"面谈""铁面无私""见面""前面""面对""表面""正反面"。今"面"也是"麵"的简化字，表示面粉、面条的意义。

元 yuán 甲骨文 金文 战文 小篆 隶书 楷书

象形字，甲骨文、金文象人头形，上面的一短横是由象征人头的圆点演化而来，本义指人头。《尔雅》："元，首也。"说的正是本义。《左传》有"狄人归其元，面如生"，用的也是本义。"元"也可表示为首要的、开始、大、货币名称的意义，比如"元凶""元旦""元龟""银元"。

首 shǒu 甲骨文 金文 战文 小篆 隶书 楷书

象形字，甲骨文象动物的头形，金文则象人头有发形，后逐渐演变成"首"，沿用至今。《广韵》："首，头也。""首"本义指人或动物的头，如"昂首挺胸"。"首"也可表示首领、初始、最早、第一、服罪的意义，比如"首长""岁首""首先""首席""自首"。

县（縣）xiàn 金文 战文 小篆 隶书 楷书 简化字

本为象形字，金文象在树上系着一个人首之形，当是悬挂的"悬"本字。《说文》："县，系也。"就是悬挂的意思。"县"读音 xuán，本义指悬挂，后这个本义专由"悬"来记录。"县"又音 xiàn，主要表示官府、行政区划单位名的意义，比如"县府""南昌县"。

毛 máo 金文 战文 小篆 隶书 楷书

象形字，金文象毛发形。《说文》："毛，眉发之属及兽毛也。""毛"

本义指动物的毛发。《左传》有"皮之不存,毛将安傅(附)",用的正是本义。"毛"也可表示人的须发、地面植物的通称、粗糙的、细微、粗率、急躁发火、惊慌的意义,比如"眉毛""不毛之地""毛坯""毛细血管""毛手毛脚""惹毛""心里发毛"。

而 ér   甲骨文 金文 战文 小篆 隶书 楷书

象形字,甲骨文象人的颊(jiá)毛,上部象脸颊,下垂的象颊毛,有三画、四画或五画不等,金文的上下象形逐渐分开,最终演变成楷书的"而",已不见颊毛形。《说文》:"而,颊毛也。象毛之形。"说的正是这个构意。"而"本义指人的颊毛,但这个意义文献罕用。"而"主要借用为人称代词,相当于"你",也用作其他虚词,表示而且、因而、然而等语义关系。

发[1](髮) fà   金文 战文 小篆 隶书 楷书 简化字

形声字,金文从首从犬,但构意不明,至小篆演变为从髟(biāo,长发下垂)犮(bá)声的形声字。《说文》:"髮,顶上毛也。""发"主要指头顶上的毛发,俗称头发,如黑发、白发等。"发"也可表示草木、古代长度单位的意义,比如"穷发""毫发"。"发"也是"發"的简化字,读音 fā,表示发射、出发等意义。

发[2](發) fā   甲骨文 金文 战文 小篆 隶书 楷书 简化字

本为指事字,甲骨文象箭射出后弓弦不断颤动形,以示刚刚发弓之意,或加"攴"表示以手发弓,金文逐渐演变成从弓癶(bá)声的形声字,沿用至今。《说文》:"發,射發也。""发"本义指发射,如"百发百中",也可表示启行、派遣、送出、开始、启发、公布、扩大、揭露的意义,比如"出发""发配""发送""发端""发明""发布""发扬""揭发"。"发"也是"髮"的简化字,这个意义读音 fà,所以"发"既表示发射、出发等意义,也可指头发义。

牙 yá

象形字，金文象上下牙交错之形，本义指大牙。《说文》："牙，牡齿也。"牡齿就是壮齿，这里说的正是本义。"牙"也引申为一般的牙齿、咬、形状像牙齿的东西等意义，比如"白牙""以牙还牙""月牙"。

齿（齒）chǐ

本为象形字，甲骨文象口中牙齿形，有两个或四个门齿不等，为突出门齿，连带画出了人口，金文开始加"止"表音，变成一个从止得声的形声字。《说文》："齒，口齗（yín）骨也。象口齿之形，止声。"这里的齗骨就是牙齿。"齿"本义指牙齿，也可表示齿形物、牛马的年岁、人的年龄、同辈、谈说的意义，比如"锯齿""数齿""幼齿""朋齿""不足挂齿"。

龄（齡）líng

形声字，从齒令声。《说文》："齡，年也。""龄"本义指岁数、年龄，也可表示年数、生物学上某些动植物的生长阶段等意义，比如"工龄""一龄虫"。

舌 shé

象形字，甲骨文象舌自口出之形，其中两旁的小点可能是唾液，表示口中舌头之意。《说文》："舌，在口，所以言也，别味也。""舌"本义指舌头，就是能够发音和辨识味道的器官。"舌"也可表示言语、舌状物的意义，比如"舌战""火舌"。

自 zì

象形字，甲骨文象鼻孔、鼻身俱全的鼻子形，是"鼻"的初文，本义指鼻子。《说文》:"自,鼻也。"说的正是本义。甲骨文有"贞:有疾自",大意是说鼻子有疾病,用的也是本义。后来为这个本义另造了从自畀(bì)声的"鼻"来记录,"自"就很少记录鼻子义了。"自"主要假借作第一人称代词,表示自己、本身的意义,比如"自爱""自给自足"。"自"也可表示开头的意义,比如"来源有自""自从"。

鼻 bí　鼻鼻—鼻—鼻鼻—鼻
　　　　战文　小篆　隶书　楷书

形声字,从自畀(bì)声,"自"甲骨文象鼻子形,是"鼻"的初文,后在"自"下加"畀"表音分化出"鼻"。《说文》:"鼻,引气自畀也。""鼻"本义指鼻子,就是人和动物呼吸兼嗅觉的器官。"鼻"也可表示器物的凸起部分、壶嘴、创始的意义,比如"鼻钮""壶鼻""鼻祖"。

耳 ěr　 ︶—︶—亘—耳—耳—耳
　　　　甲骨文　金文　战文　小篆　隶书　楷书

象形字,甲骨文象耳朵之形,后字形逐渐演变,最终变作楷书"耳",沿用至今。《说文》:"耳,主听也。"意思是说耳主听觉。"耳"本义指耳朵,也可表示听闻、形状像耳朵的、位置在旁边的意义,比如"耳其高论""木耳""耳门"。"耳"也用作语气词,表示罢了的意思,如"仅开心耳"。

联(聯) lián　䜌—䜌—聮—聯—聯—联
　　　　　　　甲骨文　金文　战文　小篆　汉篆　楷书　简化字

会意字,甲骨文、金文象三糸(或二糸)相连接形,至战国文字开始加"耳"表意,变成从耳从䜌(guān),䜌兼表音的会意字。《说文》:"联,连也。""联"本义指连接,如"联接"。"联"也可表示结合、彼此交接发生关系、缀连、对偶的意义,比如"联结""联系""联缀""对联"。

圣(聖) shèng　聖—聖—墅—聖—聖—圣
　　　　　　　甲骨文　金文　战文　小篆　汉篆　楷书　简化字

会意字,甲骨文从人从口从耳,象人的上面有大耳、旁边还有口,大概会听觉感官敏锐通达之意。《说文》:"圣,通也。""圣"本义指通达或无所不通,也可表示学识或技艺极高的人、德行高尚的人、聪明、封建时代对帝王的尊称等意义,比如"圣手""孔圣人""圣明""圣旨"。

听(聽) tīng

甲骨文 — 金文 — 战文 — 小篆 — 汉篆 — 楷书 — 简化字

会意字,甲骨文、金文从口从耳,大概会口有所言,耳就能听声音之意。《说文》:"听,聆也。"这里"聆"有听的意思。"听"本义指用耳朵接受声音,如听音、听话。"听"也可表示听取、顺从、允许、审理诉讼案件的意义,比如"听话""听从""听许""听狱"。

声(聲) shēng

甲骨文 — 战文 — 小篆 — 隶书 — 楷书 — 简化字

会意字,甲骨文从殳从耳(听),大概会手持鼓槌叩击悬磬使空气振动,传至耳朵所感听到的就是声音之意。《说文》:"声,音也。""声"本义指乐音,俗称声乐。"声"也可表示一般的声音、发声、声调、言语、张扬、名誉的意义,比如"鸟声""不声不响""四声""恶声""声张""声誉"。

闻(聞) wén

甲骨文 — 金文 — 战文 — 小篆 — 隶书 — 楷书 — 简化字

本为会意字,甲骨文象人跪坐用手靠近耳朵聆听之形,后逐渐演变成从耳門声的形声字,沿用至今。《说文》:"闻,知闻也。""闻"本义指听见、听到,如"听而不闻"。"闻"也可表示知识、传扬、听到的事情、著称、嗅到的意义,比如"见闻""传闻""新闻""闻名""闻气味"。

聋(聾) lóng

金文 — 战文 — 小篆 — 隶书 — 楷书 — 简化字

形声字,从耳龍声,金文作右形左声,至小篆固定为上形下声结构。

《说文》："聋，无闻也。""聋"本义指耳朵听不见声音，如"聋子"。"聋"也可表示糊涂、没有知觉的意义，比如"装聋作哑""振聋发聩(kuì)"。

耻(恥) chǐ

会意字，从心从耳，耳兼表音，大概会因耻辱而面红耳赤之意。《说文》："恥，辱也。""恥"本义指羞辱、侮辱，如"奇耻大辱"。"恥"也可表示羞愧、感到耻辱之事的意义，比如"愧耻""会稽之耻"。"恥"简化字作"耻"，是由小篆演变为隶书时"心""止"二旁形近混同所致，同时"止"又正好可以用来标示读音。

职(職) zhí

形声字，金文从首戠(zhí)声，至战国文字开始演变成从耳戠声，小篆承袭了战国文字的写法，沿用至楷书。《说文》："职，记微也。""职"本义指识记，但这个意义文献罕用。"职"主要表示职务、职业、职责、功能、职位的意义，比如"任职""求职""尽心尽职""职能""身居高职"。"職"简化字作"职"，是以笔画少的声符代替笔画多的声符。

聂(聶) niè

会意字，从三耳，大概会耳多仔细听之意。《说文》："聶，附耳私小语也。""聶"本义指附在耳朵旁小声说话，类似窃窃私语。"聶"也可表示古代地名、姓氏的意义，如"聂县""聂耳"。

目 mù

象形字，甲骨文、金文象有眼眶和眼珠的眼睛形，本义指人的眼睛。《说文》："目，人眼。"说的正是本义。"目"也可表示看、看法、眼力、要目、目录、标题的意义，比如"目视""易心改目""目力所及""条目""栏目""题目"。凡从目的字大多与眼睛或看的意义相关，例如"眼""盼""相""看"等。

眼 yǎn

形声字，甲骨文、战国文字以"艮"为"眼"，至小篆加"目"表意，制造出从目艮（gèn）声的"眼"，沿用至今。《说文》："眼，目也。""眼"本义指眼睛，后也引申为眼珠、眼神、眼力的意义。"眼"也可表示线索、孔穴、曲子中的节拍等意义，比如"眼线""泉眼""有板有眼"。

眉 méi

象形字，甲骨文、金文象目上有眉毛形，象眉毛形，由于不太明显，于是在下面加一只眼睛来衬托和突出它，至小篆还依稀可见眉毛的形状，后逐渐演变成"眉"，沿用至今。《说文》："眉，目上毛也。""眉"本义指眉毛，也可表示题额、长寿、美女的意义，比如"书眉""眉寿""美眉"。

看 kàn

会意字，从手从目，战国文字略有变异，小篆象目在手下形，表示以手遮挡眼睛望的意思。《说文》："看，睎（xī）也。"这里"睎"有望的意思。"看"读音kàn，本义指用手遮挡眼睛观望，也可表示观察、观赏、探望、看待、诊治的意义，比如"观看""看风景""看望""刮目相看""看病"。"看"又读kān，表示守护义，如"看守""看门"。

盼 pàn

会意字，从目从分，分兼表音，大概会眼睛分明之意。《说文》："盼，

《诗》曰:'美目盼兮。'从目分声。""盼"本义指眼睛黑白分明,灵动好看。《诗经》有"美目盼兮",用的正是本义。"盼"也可表示回头看、企望、探望的意义,比如"左顾右盼""企盼""盼望"。

相 xiàng

甲骨文 金文 战文 小篆 隶书 楷书

会意字,从目从木,甲骨文、金文象以目视树木形,会察看之意。《说文》:"相,省视也。"省视就是认真看、仔细看的意思。"相"读音 xiàng,本义指察看、仔细看,如"相马"。"相"也可表示形貌、辅助、治理、古代官名的意义,比如"狼狈相""相扶""相天下""宰相"。"相"又读 xiāng,表示交互、一方对另一方有所动作的意义,比如"互相""相亲"。

省 shěng

甲骨文 金文 战文 小篆 隶书 楷书

形声字,甲骨文、金文从目屮声,屮是"生"的省形(隶书演变成"少"),在这里用作纯粹的声符。《说文》:"省,视也。""省"读音 xǐng,本义指察看,也可表示检查、探望、明白的意义,如"三省吾身""省亲""省悟"。"省"又音 shěng,主要表示减少、节约、废去、行政区域名称的意义,比如"省略""省钱""省去""海南省"。

睡 shuì

战文 小篆 隶书 楷书

形声字,从目从垂,垂兼表音,会眼睛垂落下来以闭目休息之意。《说文》:"睡,坐寐也。"这里"寐"有睡觉的意思。"睡"本义指坐着打瞌睡。《汉书》有"将吏被介胄而睡",大意是说将吏披着盔甲坐着打瞌睡,用的正是本义。"睡"也引申为一般的睡觉、躺卧的意义,比如"睡眠""睡床上"。

眯 mī

战文 小篆 汉篆 隶书 楷书

形声字,从目米声。《说文》:"眯,草入目中也。""眯"读音 mí,本义指有东西进入眼睛而模糊视线,比如"眯眼"。"眯"又读 mī,表示眼皮微微闭上的意义,比如"眯眼睛""眯起"。

盲 máng
甲文 小篆 隶书 楷书

会意字,从目从亡,亡兼表音,会目亡失之意,本义指眼睛失明。《说文》:"盲,目无牟子。"牟子即眸子,就是眼珠子,这里指无眼珠的眼睛失明,有眼珠的眼睛失明也称盲,俗称睁眼瞎。"盲"也可表示失明的人、昏暗、不明事理的意义,比如"盲人""晦盲""文盲"。

见(見) jiàn
甲骨文 金文 战文 小篆 隶书 楷书 简化字

象形字,甲骨文象一个人站立而视之形,后字形逐渐演变,至楷书演变成从目从儿的会意字。《说文》:"见,视也。""见"本义指看到、看见。《易经》有"行其庭,不见其人",用的正是本义。"见"也可表示进见、接待、遇到、接触、见地、预料、比试的意义,比如"会见""接见""遇见""见水""高见""预见""见高低"。

视(視) shì
金文 战文 小篆 隶书 楷书 简化字

形声字,金文从见氏声,后逐渐演变成从见示声,沿用至今。《说文》:"视,瞻也。"这里"瞻"有看的意思。"视"本义指看,如"虎视眈眈"。"视""见"都表示看的意思,但还是有细微的差别,"见"主要强调看的内容和结果,如"看见""见到";而"视"更侧重在看的动作和过程,对结果不太关注,如"视而不见"。"视"也可表示观察、看待、生存的意义,比如"视察""视死如归""长生久视"。

观(觀) guān
甲骨文 金文 战文 小篆 隶书 楷书 简化字

甲骨文、金文以"雚(guàn)"为"觀",至战国文字开始加"见"表意,最终分化出从见雚声的形声字"觀",沿用至今。《说文》:"观,谛视也。"这里"谛视"有仔细看的意思。"观"读音 guān，本义指仔细看，俗称观看。"观"也可表示一般的察看、欣赏、容饰、景象、对事物的认识或看法、游玩的意义，比如"观察""观赏""外观""景观""观点""观览"。"观"又音 guàn，主要表示古代宫门外的高台建筑、一般的高大建筑等意义，如"台观""楼观"。"觀"简化字作"观"，是用笔画少的符号代替原字的声符。

觉（覺）jué

覺—覺—覺—覺—觉
战文　小篆　隶书　楷书　简化字

形声字，从見學声，且"學"有省形。《说文》："觉，悟也。""觉"读音 jué，本义指醒悟、明白，如"觉醒"，也可表示告发、意识到、发现的意义，比如"发觉""不知不觉""觉察"。"觉"又音 jiào，表示睡眠义，如"睡觉""午觉"。

览（覽）lǎn

覽—覽—覽—覽—览
小篆　汉篆　隶书　楷书　简化字

会意字，从見从監，監兼表音，会观看之意。《说文》："览，观也。""览"本义指观察。《楚辞》有"览椒兰其若兹兮"，用的正是本义。"览"也可表示阅读、登高眺望、游历的意义，比如"阅览""一览众山小""游览"。

望（朢）wàng

朢—朢—朢—朢—朢—朢
甲骨文　金文　战文　小篆　隶书　楷书

朢—朢—望—望
金文　战文　小篆　隶书　楷书

会意字，甲骨文象一人站立地上竖起眼睛向前方或后方远望之形，本义指向远处看，金文开始加"月"表意，有远远望月之意，后逐渐演变成"朢"。金文或又作"望"，将表示眼睛的"臣"替换为声符"亡"，演变成形声字"望"，沿用至今。《说文》："望，出门在外，望其还也。"这里"望"就是往远处看的意思。"望"也可表示仰视、期待、希图、边际、拜访、名望、有名的人或物、对着的意义，比如"仰望""期望""希望""无望""看望""声望""望族""相望"。

监（監）jiān

会意字，甲骨文象一跪坐的人竖起眼睛俯视器皿之形，金文的器皿中有水，表示以水照容貌之意。"监"读音 jiàn，本义指以水为镜照视自己，后这个意义另造从金的"鑑（鉴）"来记录。"监"主要表示视察、明白、古代官署名的意义，如"监定""监明""秘书监"。"监"又音 jiān，主要表示督察、关押、监狱、率领的意义，比如"监视""监禁""监狱""监领"。

临（臨）lín

会意字，金文象一个人俯首下视一堆物品之形，本义指从上往下俯视。《说文》："临，监临也。"说的正是本义。《荀子》有"不临深渊，不知地之厚也"，用的也是本义。"临"也可表示从上面到下面去、进攻、来到、面对、照着字画模仿的意义，比如"降临""如临大敌""双喜临门""面临""临摹"。

膝（厀）xī

形声字，从卪（jié）桼（qī）声，"卪"古文字象人跪坐之形，杨树达认为是"厀"的初文，故字从卪表意。《说文》："厀，胫头卪（节）也。"隶书出现了从"肉（月）"的"膝"，沿用至今。"膝"本义指膝盖，就是大腿与小腿相连的关节的前部，如"双膝"。"膝"也用作动词，表示用膝盖走路，如"膝行"。

心 xīn

象形字，甲骨文、金文象心脏之形，后字形逐渐演变，至小篆还依稀可见心脏的大概轮廓，最终演变成"心"，沿用至今。《说文》："心，人心。土藏，在身之中。""心"本义指心脏，就是人和脊椎动物身体内推动血液循环的器官。"心"也可表示内心、物体的中央、植物的花蕊、品行的意义，比如"心里苦""掌心""花心""有心人"。古人认为心脏是人思维的器官，相当于大脑，如心得、心思、心情等都与思维有关。故凡以"心"作为义符的字大多与人的思维或情绪的意义相关，如"思""虑""意""志"等。

思 sī

战文—小篆—隶书—楷书

会意字，从心从囟（xìn，脑门），会用心和大脑思考之意，至隶书"囟"讹变作"田"，沿用至今。《集韵》："思，虑也。""思"本义指思考、想问题，如"思索"。"思"也可表示想念、爱怜、心绪、创作构想的意义，比如"思念""哀思""思绪""构思"。

虑（慮）lǜ

战文—小篆—隶书—楷书—简化字

形声字，从思虍（hū）声。《说文》："虑，谋思也。""虑"本义指谋划，如"谋虑"。"虑"也可表示思考、担心、心思的意义，比如"考虑""忧虑""思虑"。

志 zhì

战文—小篆—隶书—楷书

形声字，战国文字从心之声，至隶书演变作从心士声，沿用至今。《说文》："志，意也。""志"本义指心意、意念。《尚书》有"诗言志，歌永言"，用的正是本义。"志"也可表示志向、神志、向往、专一的意义，比如"志愿""失志""志在功名""专心致志"。

意 yì

战文—小篆—汉篆—隶书—楷书

会意字，从心从音，大概会言为心声之意。《说文》："意，志也。从心察言而知意也。"说的就是这个构意。"意"本义指心愿,俗称心意。"意"也可表示意向、放在心上、意思、情趣、气势的意义,比如"好意""在意""词不达意""意趣""意气"。

应(應) yīng   懬—懬—應—應—应
战文　小篆　隶书　楷书　简化字

形声字,从心雁(yīng)声。《说文》:"应,当也。""应"读音yīng,本义指应当、应该。《诗经》有"文王既勤止,我应受之",大意是说文王创业既辛苦,我们应当享国在今朝,用的正是本义。"应"也可表示是、古国名、姓氏的意义,如"应是""应国""应氏"。"应"又音yìng,主要表示承诺、回答、应和、适合、对付、供给的意义,比如"应允""答应""相应""适应""应付""供应"。

念 niàn   念—念—念—念—念
金文　战文　小篆　隶书　楷书

形声字,从心今声。《说文》:"念,常思也。""念"本义指思念、想念。唐白居易《伤远行赋》有"惟母念子之心,心可测而可量",用的正是本义。"念"也可表示思考、想法、诵读的意义,比如"观念""念头""念经"。

慈 cí   慈—慈—慈—慈—慈
金文　战文　小篆　隶书　楷书

形声字,从心兹声。《说文》:"慈,爱也。""慈"本义指慈爱,主要指上对下、长辈对晚辈的爱,后又特指父母疼爱子女,如"母慈子孝"。"慈"也可表示仁爱、母亲、古州名、姓氏的意义,比如"慈爱""家慈""慈州""慈氏"。

恩 ēn   恩—恩—恩—恩
战文　小篆　隶书　楷书

形声字,从心因声。《说文》:"恩,惠也。"《广韵》:"恩,恩泽也,惠也。""恩"本义指恩惠,如"报恩"。"恩"也可表示宠爱、厚待、感谢的意义，比如"恩宠""施恩""感恩"。

忠 zhōng

会意字，从心从中，中兼表音，会内心中允之意。《说文》："忠，敬也，尽心曰忠。""忠"本义指尽心竭力，如"尽忠"。《论语》有"为人谋而不忠乎"，用的正是本义。"忠"可表示厚、正直的意义，比如"忠厚""忠直"。

爱（愛）ài

形声字，战国文字以"悉"为"爱"，是慈爱的"爱"的初文，后加"夂（suī）"表意，变成从夂从悉（ài），悉兼表音的"愛"。《说文》："爱，行貌。"这里"爱"指行走的样子，但这个意义文献罕用。"爱"主要表示仁惠、亲爱、喜欢、舍不得、男女间的情爱、容易的意义，比如"仁爱""爱人""喜爱""爱惜""恋爱""爱哭"。

庆（慶）qìng

会意字，甲骨文从鹿从心，战文加"夂（suī）"表意，至小篆固定为从心从夂从鹿省的"慶"，大概会拿着鹿皮真心诚意前往祝贺之意，本义指祝贺。《说文》："庆，行贺人也。"《广雅》："庆，贺也。"说的都是本义。"庆"也可表示赏赐、福、值得庆祝的周年纪念日、古州名的意义，比如"庆赏""福庆""国庆""庆州"。"慶"简化字作"庆"，是用笔画简单的符号替代了原字的一部分。

急 jí

形声字，战国文字从心及声，后字形逐渐演变，至隶书已变得不见及声。《玉篇》："急，迫切也。""急"本义指迫切、急迫，如"急事""急件"。"急"也可表示迅速、急躁、着急、紧急、窘迫的意义，比如

"急速""性子急""急了""危急""燃眉之急"。

忽 hū　战文—小篆—隶书—楷书

形声字，从心勿声。《说文》："忽，忘也。""忽"本义指忽略、不注意，如"疏忽"。"忽"也可表示轻视、迅速、轻易的意义，比如"忽视""忽然""轻忽"。

忘 wàng　金文—战文—小篆—隶书—楷书

会意字，从心从亡，亡兼表音，会心不在而忘记之意，本义指忘记、记不得。《说文》："忘，不识(zhì)也。"这里"识"有记住的意思，不识就是记不住，说的正是本义。"忘"也可表示遗失、舍弃的意义，比如"遗忘""弃忘"。

愚 yú　战文—小篆—隶书—楷书

形声字，从心禺声。《说文》："愚，戆(zhuàng)也。"这里"戆"有愚笨的意思。"愚"本义指笨拙、愚笨，如"愚公移山"。"愚"也可表示欺骗、古人自谦的意义，比如"愚弄""愚见"。

忌 jì　金文—战文—小篆—隶书—楷书

形声字，从心己声。《说文》："忌，憎恶也。""忌"本义指憎恶、怨恨，如"忌恨"。"忌"也可表示嫉妒、畏惧、禁忌、戒除的意义，比如"忌才""顾忌""忌口""忌烟酒"。

怨 yuàn　战文—小篆—隶书—楷书

形声字，从心夗(yuàn)声。《说文》："怨，恚(huì)也。"这里"恚"有怨恨的意思。"怨"本义指仇恨、怨恨，如"以德报怨"。"怨"也可表示责备、仇人、违背的意义，比如"埋怨""怨仇""相怨"。

怒 nù

甲文 — 小篆 — 隶书 — 楷书

形声字,从心奴声。《说文》:"怒,恚(huì)也。"这里"恚"有愤怒的意思。"怒"本义指生气、愤怒,如"怒发冲冠"。"怒"也可表示谴责、气势很盛、奋发、威武的意义,比如"怒责""怒放""怒起""威怒"。

恶(惡)è

甲文 — 小篆 — 隶书 — 楷书 — 简化字

形声字,从心亞声。《说文》:"恶,过也。""恶"读音 è,本义指罪过,如"罪恶",也可表示不好、腐坏、凶猛、收成不好的意义,比如"恶言相向""恶肉""凶恶""岁恶"。"恶"又音 wù,主要表示讨厌、羞耻的意义,如"憎恶""羞恶之心"。

悲 bēi

甲文 — 小篆 — 隶书 — 楷书

形声字,从心非声。《说文》:"悲,痛也。""悲"本义指哀痛、伤心,如"悲痛"。"悲"也可表示哀怜、苦、救人出苦难的意义,比如"悲怜""悲苦""大慈大悲"。

闷(悶)mèn

甲文 — 小篆 — 隶书 — 楷书 — 简化字

形声字,从心門声。《说文》:"闷,懑(mèn)也。""闷"本义指烦懑、不爽快,如"烦闷"。"闷"也引申为不透气、失去知觉的意义,比如"很闷""闷倒"。

感 gǎn

金文 — 甲文 — 小篆 — 隶书 — 楷书

形声字,从心咸声。《说文》:"感,动人心也。""感"本义指打动人心、感动,如"感化"。"感"也可表示相互影响、触着、感觉、感谢、感受、思念的意义,比如"感应""感触""美感""感激""感到""感念"。

恐 kǒng 战文—小篆—隶书—楷书

形声字，战国文字从心巩（或工）声，小篆承袭了战国文字从心巩声的写法，沿用至今。《说文》："恐，惧也。""恐"本义指畏惧，如"恐惧"，也引申表示使害怕、担心的意义，比如"恐吓""恐怕"。

忍 rěn 金文—战文—小篆—隶书—楷书

形声字，从心刃声。《说文》："忍，能也。"这里"能"有能耐的意思。"忍"本义指忍耐、容忍。《论语》有"是可忍也，孰不可忍也"，用的正是本义。"忍"也可表示克制、狠心、舍得的意义，比如"忍不住""残忍""不忍离去"。

惠 huì 金文—战文—小篆—隶书—楷书

形声字，从心叀（huì）声。《说文》："惠，仁也。""惠"本义指仁爱，如"惠仁"。"惠"也可表示恩惠、宠爱、柔顺、敬辞的意义，比如"小恩小惠""惠爱""贤惠""惠赠"。

慧 huì 战文—小篆—隶书—楷书

形声字，从心彗声。《说文》："慧，儇（xuān）也。"这里"儇"有聪敏的意思。"慧"本义指聪明、智慧，如"聪慧"。"慧"也可表示清爽、了悟、狡黠（xiá）的意义，比如"爽慧""慧根""佞慧"。

忿 fèn 战文—小篆—隶书—楷书

形声字，从心分声。《说文》："忿，悁（yuān）也。"这里"悁"有恼怒的意思。"忿"本义指愤怒、怨恨，如"忿忿不平"。"忿"也可表示振作义，如"忿力"。

想 xiǎng

形声字，从心相声。《说文》："想，冀思也。""想"本义指想象，如"幻想"。《史记》有"余读孔氏书，想见其为人"，用的正是本义。"想"也可表示思索、希望、怀念、估计的意义，比如"想一想""想看看""想家""料想"。

愿¹ yuàn

形声字，从心原声。《说文》："愿，谨也。""愿"本义指恭谨、谨慎，如"温愿"。《尚书》有"愿而恭"，意思是说谨慎而恭敬，用的正是本义。"愿"也是"願"的简化字，表示愿望、愿意的意义。

愿²（願）yuàn

形声字，从頁(xié)原声。《说文》："願，大头也。从页原声。""願"本义指大头，但这个意义文献罕用。"願"主要表示愿望、愿意、希望、祈祷神佛所许下的酬谢等意义，比如"心愿""心甘情愿""愿景""还愿"。"願"简化字作"愿"不是新造字形，而是合并了表示恭谨的"愿"，所以"愿"既是"願"的简化字，也是温愿的"愿"本字。

息 xī

会意字，从心从自，自兼表音，"自"是"鼻"的初文，整个字形会鼻子呼吸与心脏跳动密切相关之意。《说文》："息，喘也。"这里"喘"有快速呼吸的意思。"息"本义指呼吸时进出的气流，称为气息。"息"也可表示叹气、生长、停止、放松、消失的意义，比如"叹息""生息""停息""休息""息事宁人"。

宪（憲）xiàn

形声字，金文从目丰声，这里"丰"为"害"省形，用作纯粹的声符，

六　人体类　　　　　恕惑态性　233

战国文字加"心"表意,演变成一个从目从心害省声的形声字,沿用至今。《说文》:"宪,敏也。""宪"本义指敏捷、聪颖。金文《墙盘》有"宪圣成王",用的就是本义。"宪"也可表示法令、公布、宪法的简称、典范的意义,比如"宪令""宪布""立宪""垂宪"。

恕 shù
战文—小篆—隶书—楷书

形声字,战国文字从心女声,小篆演变成从心如声,沿用至今。《说文》:"恕,仁也。""恕"本义指恕道,就是由己之心推想他人之心。《论语》有"其恕乎！己所不欲,勿施于人",说的就是本义。"恕"也可表示原谅、客套话的意义,比如"宽恕""恕难从命"。

惑 huò
金文—战文—小篆—隶书—楷书

形声字,从心或声。《说文》:"惑,乱也。"《玉篇》:"惑,迷也。""惑"本义指迷乱。《管子》有"国则不惑,行之职也",用的正是本义。"惑"也可表示疑问、欺骗的意义,比如"疑惑""蛊惑"。

态(態) tài
小篆/或体—隶书—楷书—简化字

会意字,小篆从心从能,或体从人从能,隶书承袭了小篆的写法,大概表示心能其事就反映在态度上的意思。《说文》:"态,意态也。""态"本义指神情、态度,也可表示姿态、情状、风致的意义,比如"体态""状态""仪态万千"。"態"简化字作"态",是用笔画少的声符代替笔画多的义符。

性 xìng
生(生)—小篆—隶书—楷书

会意字,从心从生,生兼表音,会本性是由心而生之意。金文以"生"为"性",至小篆开始加表意的"心"旁,分化出"性"字。《说文》:"性,人之阳气性善者也。"意思是说人的善良本性是从属于阳的心气。"性"本义指人的本性。《论语》有"性相近也，习相远也"，用的就是本义。"性"也可表示事物的性质、性情、生命、与生殖有关的、思想感情及态度、一定的范畴方式等意义，比如"药性""脾性""性命""性欲""党性""全国性"。

情 qíng　战文—小篆—隶书—楷书

形声字，从心青声，战国文字或作上声下形组合，小篆固定为左形右声的"情"，沿用至今。《说文》："情，人之阴气有欲者。"意思是说人有所欲求的情感是从属于阴的心气。"情"本义指感情、情绪，是发自内心的一种情感。"情"也可表示本性、意志、常理、情意、情欲、爱情的意义，比如"性情""任情""情理""领情""发情""情书"。

恬 tián　战文—小篆—汉篆—隶书—楷书

形声字，从心甜声，且"甜"有省形。《说文》："恬，安也。""恬"本义指安静，如"恬静"。《庄子》有"古之治道者，以恬养知"，意思是说古时修道之人用恬静颐养智慧，用的正是本义。"恬"也可表示舒适、淡泊、安然的意义，比如"恬适""恬淡""恬不知耻"。

惜 xī　小篆—汉篆—隶书—楷书

形声字，从心昔声。《说文》："惜，痛也。""惜"本义指痛惜、哀伤，如"怜惜"。《古诗十九首》有"不惜歌者苦，但伤知音惜"，这里"惜""伤"对举出现，都表示痛惜、哀伤的意思，用的正是本义。"惜"也可表示爱惜、舍不得、害怕的意义，比如"珍惜""吝惜""不惜代价"。

忧（憂）yōu　金文—战文—小篆—隶书—楷书—简化字

本为会意字，金文象人心中有所思表现为以手掩面忧愁形，战国文字从心从页,并开始加"夂"表意,最终固定为从夂从惪(yōu),惪兼表音的"憂",沿用至楷书。"忧"本义指忧虑、担忧。《诗经》有"心之忧矣,其谁知之",用的正是本义。"忧"也可表示困难、疾病、姓氏的意义,比如"忧患""忧病""忧氏"。"憂"简化字作"忧",是用笔画少的声符代替笔画多的声符。

愤（憤）fèn

形声字,从心賁(bēn)声。《说文》:"憤,懑也。"这里"懑"有烦闷的意思。"愤"本义指郁结于心、憋闷。《论语》有"不愤不启",意思是说不到心中郁结就不启发,用的正是本义。"愤"也可表示发怒、怨恨、发的意义,比如"愤怒""私愤""发愤"。

惧（懼）jù

形声字,从心瞿(jù)声。《说文》:"惧,恐也。""惧"本义指害怕、恐惧。《论语》有"仁者不忧,勇者不惧",用的正是本义。"惧"也可表示戒惧、恐吓的意义,比如"畏惧""惧吓"。

怪 guài

形声字,从心圣(kū)声。《说文》:"怪,异也。""怪"本义指奇异的、罕见的意义,如"怪石""怪人"。"怪"也可表示传说中的怪物、惊奇、责备、很的意义,比如"妖怪""大惊小怪""责怪""怪可爱"。

愉 yú

形声字,从心俞声,金文作上俞下心组合,至小篆固定为左形右声,沿用至今。《尔雅》:"愉,乐也。""愉"本义指快乐,俗称愉快,也可表示和悦的意义,比如"愉悦"。

快 kuài

形声字,从心夬(guài)声,战国文字或作上声下形组合,小篆固定为左形右声,沿用至今。《说文》:"快,喜也。""快"本义指高兴、喜悦,如"愉快"。"快"也可表示舒畅、称心、直爽、锋利、迅速的意义,比如"畅快""乘龙快婿""爽快""刀很快""快速"。

悔 huǐ

形声字,从心每声,战国文字或作上声下形组合,小篆固定为左形右声,沿用至今。《说文》:"悔,悔恨也。"段玉裁注:"悔者,自恨之意。""悔"本义指悔恨,就是自己恨自己,如"悔不当初"。"悔"也可表示改过、灾祸的意义,比如"悔过""悔咎"。

恨 hèn

形声字,从心艮(gèn)声。《说文》:"恨,怨也。""恨"本义指怨恨、仇恨,如"愤恨"。《荀子》有"禄厚者民怨之,位尊者君恨之",用的正是本义。"恨"也可表示遗憾义,如"相见恨晚"。

悟 wù

形声字,战国文字从欠吾声,或将"吾"部繁写,至小篆固定为从心吾声,沿用至今。《说文》:"悟,觉也。""悟"本义指理解、明白,如"觉悟"。"悟"也可表示醒悟、启发的意义,比如"恍然大悟""领悟"。

怀(懷)huái

会意字,从心从褱(huái),褱兼表音。金文不从心,有学者认为金文象从衣中横目而有泪水形,表示怀想之意,战国文字开始加"心"

六　人体类　　　　怜慢恒慕　　237

表意,大概表示用心怀念的意思。《说文》:"怀,念思也。""怀"本义指思念,如"怀念""念想"。"怀"也可表示胸前、胸怀、情意、怀孕的意义,比如"怀里""怀抱""情怀""怀胎"。"懷"简化字作"怀",是用笔画少的声符代替笔画多的声符。

怜(憐) lián

燐—憐—憐—憐—怜
战文　小篆　隶书　楷书　简化字

形声字,从心粦声,战国文字作上声下形组合,至小篆固定为左形右声,沿用至今。《说文》:"憐,哀也。""怜"本义指哀怜、同情,如"哀怜""可怜"。"怜"也可表示爱、吝惜的意义,比如"爱怜""怜惜"。"憐"简化字作"怜",是用笔画少的声符代替笔画多的声符。

慢 màn

慢—慢—慢—慢
小篆　秦隶　汉隶　楷书

形声字,从心曼声。《说文》:"慢,惰也。""慢"本义指懒惰、怠惰,如"怠慢"。"慢"也可表示轻视、骄傲、慢走、缓慢、放肆的意义,比如"轻慢""傲慢""慢步""慢吞吞""骄慢"。

恒 héng

亙—亙—亙—亙—恒—恒
甲骨文　金文　战文　小篆　隶书　楷书

会意字,甲骨文、金文作"亙",从月在二横线之间,大概会月在天地之间圆缺往复而寓永恒之意,金文开始加"心"表意,表示内心长久的构意,至小篆演变为从心从亙,亙兼表音的"恒",沿用至今。《说文》:"恒,常也。"这里"常"指长的意思。"恒"本义指长久,如"永恒"。"恒"也可表示平常的、常法、经常、山名的意义,比如"恒情""恒法""不能恒得""恒山"。

慕 mù

慕—慕—慕—慕
战文　小篆　隶书　楷书

形声字,从心莫声。《说文》:"慕,习也。"这里"慕"指模仿、效仿的意思,或称效慕,但这个意义文献少用。《玉篇》:"慕,思也。""慕"

主要指思念、思慕，也可表示羡慕、贪念、姓氏的意义，比如"慕名而来""贪慕""慕氏"。

恭 gōng　甲骨文—金文—战文—小篆—隶书—楷书

形声字，甲骨文、金文从廾从龍作"龏"，有学者认为是"恭"的初文，至战国文字演变成从心共声的"恭"，沿用至今。《说文》："恭，肃也。""恭"本义指肃敬、恭敬。《论语》有"居处恭，执事敬"，意思是说日常生活恭谨，做事认真敬业，用的正是本义。"恭"也可表示奉行、端正、作揖的意义，比如"恭行""恭笔""恭揖"。

七 手部动作类

手 shǒu

手—手—手—手—手
金文 战文 小篆 隶书 楷书

象形字，金文象手伸开五指之形，本义指手，就是腕以下的指掌部分。《说文》："手，拳也。"五个手指握住即为拳，说的就是本义。《诗经》有"执子之手，与子偕老"，用的也是本义。"手"也表示一般的人体上肢、亲自、笔迹、便于手头携带的、手艺的意义，比如"手臂""亲手""手迹""手册""眼高手低"。凡以"手"作为表意部件置于左边时都写作"扌"，表示和手相关的事物或动作等意义，例如"指""扶""拘""操"等。

拳 quán

拳—拳—拳—拳
战文 小篆 隶书 楷书

形声字，从手从丳（juǎn，卷省），丳兼表音，会手指卷曲之意。《说文》："拳，手也。"段玉裁注："合掌指而为手。""拳"本义指屈指卷握的手，就是拳头，也可表示勇力、拳术、爱的意义，比如"拳勇""太极拳""拳拳之心"。"拳"也用作量词，表拳头打人的动作，如"打一拳"。

掌 zhǎng

掌—掌—掌—掌—掌
战文 小篆 汉篆 隶书 楷书

形声字，从手尚声，其中战国文字"尚"有省形。《说文》："掌，手中也。""掌"本义指手心，俗称手掌。"掌"也可表示用手掌打、手拿、主管、支撑的意义，比如"掌嘴巴""掌大旗""掌管""掌不住"。

拿（拏）ná

拏—拏—拏—拿
小篆 隶书 楷书 简化字

形声字，从手奴声。《说文》："拏，牵引。"又："挐，持也。"《正字通》："拿，俗拏字。""拏""挐"属一字异体，本义当指握持，也引申为牵引义，后这对异体字又产生了俗体"拿"，从合从手，会合手握持之意。今以"拿"为规范字，"拏""挐"就很少使用。"拿"也可表示用手取、捕捉、装模作样、抬、用强力取的意义，比如"拿来""拿获""拿腔作势""拿起脚""拿下"。

摩 mó

形声字,从手麻声。《说文》:"摩,研也。"《广韵》:"摩,研摩。""摩"本义指摩擦、研摩。《易经》有"是故刚柔相摩,八卦相荡",用的正是摩擦的本义。"摩"也可表示按摩、抚摸、切磋的意义,比如"揉摩""抚摩""摩磋"。

指 zhǐ

形声字,从手旨声。《说文》:"指,手指也。""指"本义指手指,如"十指相扣"。"指"也可表示指向、象一定的目标前进、指示、指责的意义,比如"指着""直指""指点""指斥"。

扶 fú

本为会意字,金文从又从夫,夫兼表音,会用手扶人走路之意,战国文字演变为从手夫声的形声字"扶",沿用至今。《说文》:"扶,左也。"这里"左"有佐助的意思。"扶"本义指佐助、帮助,如"扶危济困"。"扶"也可表示扶持、挂持的意义,比如"扶老携幼""扶杖"。

搏 bó

形声字,金文从干尃(fū)声,从干表示与武器的意义相关,至小篆演变为从手尃声的"搏",沿用至今。《说文》:"搏,索持也。"这里"索持"指摸索而持,也就是搜捕、捕捉的意思。"搏"本义指搜捕、捕捉。《周礼》有"若不可禁,则搏而戮之",用的正是本义。"搏"也可表示一般的获取、拍击、对打、跳动的意义,比如"博取""搏击""搏斗""脉搏"。

择(擇) zé

形声字,金文从廾(gǒng)睪(zé)声,小篆演变为从手睪声。《说文》:"择,柬(jiǎn)选也。"这里"柬选"有拣选的意思。"择"本义指挑选,如"选择""择善而从"。"择"又读 zhái,表示选、区别的意义,比如"择菜""择不开"。

抱 bào

抱—抱—抱—抱
战文　小篆　隶书　楷书

会意字,从手从包,包兼表音,会以手包围之意。"抱"本义指用手臂围住。《庄子》有"抱瓮而出灌",意思是说抱着水瓮去灌溉,用的正是本义。"抱"也可表示持守、胸怀、怀藏、环绕、领养的意义,比如"抱恨""怀抱""抱负""四面环抱""抱养"。

把 bǎ

把—把—把—把
战文　小篆　隶书　楷书

形声字,从手巴声。《说文》:"把,握也。""把"读音 bǎ,本义指握持,如"把刀"。"把"也可表示控制、看守、掌管、结盟的意义,比如"把持""把守""把家""拜把子"。"把"也用作量词,如"一把米""推了一把"。"把"又读 bà,表示器物便于手拿的部分,如"刀把""门把"。

握 wò

握—握—握握—握
战文　小篆　汉篆　隶书

形声字,从手屋声。战国文字作上手下屋,且字形略有讹变,至小篆固定为左形右声的"握",沿用至今。《说文》:"握,搤(è)持也。"《广雅》:"握,持也。""握"本义指攥、持,如成语"怀瑾握瑜"用的正是本义。"握"也可表示屈指成拳、掌控的意义,比如"握拳""掌握"。

操 cāo

操—操—操—操
战文　小篆　隶书　楷书

形声字,从手喿声。《说文》:"操,把持也。""操"本义指把持、拿持,如"操家伙"。"操"也可表示操作、从事、演习、弹奏、急迫、品德的意义,比如"主操""操舟""操练""操琴""操之过急""节操"。

持 chí

金文 小篆 隶书 楷书

形声字，金文从又止声，至小篆加"手"表意，演变成从手寺声的"持"，沿用至今。《说文》："持，握也。""持"本义指握住、拿着，如"握持"。"持"也可表示掌管、保持、支撑、扶助、控制、对抗的意义，比如"主持""持久""支持""扶持""不能自持""争持不下"。

扬（揚）yáng

金文 战文 小篆 隶书 楷书 简化字

本为会意字，学者大多认为金文象人双手捧圆形的玉环上举对太阳做颂扬之状，本义指颂扬，后字形逐渐演变，至小篆变成从手昜(yáng)声的形声字。《说文》："扬，飞举也。""扬"主要表示举起、飞起的意义，如"扬起来""飞扬"。"扬"也可表示显露、称说、传播、继承、张大的意义，比如"扬声""称扬""传扬""发扬""张扬"。

援 yuán

战文 小篆 隶书 楷书

形声字，从手爰声。《说文》："援，引也。""援"本义指牵引，如"援手"。"援"也可表示攀附、引用、救助的意义，比如"攀援""援用""救援"。

拾 shí

战文 小篆 隶书 楷书

形声字，从手合声。《说文》："拾，掇(duō)也。"这里"掇"有拾取的意思。"拾"本义指捡取，如"拾金不昧"。"拾"也可表示收敛、抓住的意义，比如"收拾""拾着"。

拔 bá

战文 小篆 隶书 楷书

本为会意字，战国文字象用两手拔取草木一类的东西，至小篆演变为从手犮(bá)声的形声字"拔"，沿用至今。《说文》："拔，擢

(zhuó)也。"这里"擢"有抽出的意思。"拔"本义指抽出、连根拽出，如"拔草"。"拔"也可表示选取、超出、挺、攻取、动摇、吸出的意义，比如"选拔""拔地而起""挺拔""攻城拔寨""坚韧不拔""拔毒"。

折 zhé 甲骨文—金文—战文—小篆—隶书—楷书

会意字，甲骨文从斤从断木，会以斧斤断木之意，金文、战国文字逐渐将断木演变成从二屮(cǎo)，并加了二短横，至小篆演变为从手从斤的"折"，会用手和斧斤砍断之意。《说文》："折，断也。""折"本义表弄断，如"折断"。"折"也可表示挫败、减损、折磨、回转、弯曲、早死的意义，比如"百折不挠""打折""折腾""转折""折腰""夭折"。

拱 gǒng 甲骨文—金文—小篆—隶书—楷书

本为会意字，甲骨文、金文从二手作"廾"，象两手对举形，表示两手抱拳相拱作揖之意，应是"拱"的初文，至小篆分化出从手共声的形声字，沿用至今。《说文》："拱，敛手也。""拱"本义指抱拳或两手在胸前相合以示恭敬，如"拱手作揖"。"拱"也可表示执持、环绕、建筑物作弧形的、向上或向前掀顶的意义，比如"拱稽""众星拱月""拱桥""拱起来"。

推 tuī 小篆—汉篆—隶书—楷书

形声字，从手隹声。《说文》："推，排也。""推"本义指以手向外用力使物体向前移动，如"推动"。"推"也可表示扩充、兴起、排除、迁移、举荐、尊崇、寻求的意义，比如"推广""推行""推陈出新""推移""推举""推崇""推求"。

拘 jū 战文—小篆—隶书—楷书

会意字，从手从句，句兼表音，会使手弯曲之意。《广韵》："拘，执也。""拘"本义指逮捕扣押。《尚书》有"尽执拘以归于周,予其杀",大意是说全部逮捕起来解送在西周京城,我要把他们杀掉,用的正是本义。"拘"也可表示制约、局限、死板的意义,比如"拘束""拘守""拘泥"。

捕 bǔ　 捕—捕—捕—捕
　　　　　战文　小篆　隶书　楷书

形声字,从手甫声。《说文》:"捕,取也。""捕"本义指捉拿、逮捕,如"追捕""被捕"。"捕"也可表示古代衙门担任缉捕的官吏、追寻的意义,比如"捕快""捕风捉影"。

捉 zhuō　 捉—捉—捉—捉
　　　　　战文　小篆　汉篆　隶书

形声字,从手足声。《说文》:"捉,握也。""捉"本义指握、持,如"捉刀"。"捉"也可表示抓、趁、把握的意义,比如"捉住""捉空儿""捉不定主意"。

招 zhāo　 招—招—招—招
　　　　　战文　小篆　隶书　楷书

形声字,战国文字从手邵声,至小篆演变为从手召声,沿用至今。《说文》:"招,手呼也。""招"本义指打手势呼人,俗称招呼。"招"也可表示寻求、邀约、招致、承认罪行、惹、招式或手段的意义,比如"招贤纳士""不招而至""满招损""招供""招惹""花招"。

投 tóu　 投—投—投—投
　　　　　战文　小篆　隶书　楷书

会意字,从手从殳,会以手投击之意。《说文》:"投,擿(zhì)也。"这里"擿"有投掷的意思。"投"本义指抛、掷,如"投篮""投石问路"。"投"也可表示投入、置放、投奔、相合、递寄、赠送的意义,比如"投资""投放""投靠""情投意合""投稿""投怀送抱"。

接 jiē
小篆—汉篆—隶书—楷书

形声字，从手妾声。《说文》："接，交也。""接"本义指交接、会合，如"短兵相接"。"接"也可表示连接、连续、靠近、对付、托住、迎接的意义，比如"嫁接""接二连三""接触""接待""接球""接送"。

抚（撫）fǔ
战文—小篆—隶书—楷书—简化字

形声字，战国文字从辵亡声，至小篆固定为从手無声，沿用至今。《说文》："抚，揗（xún）也。"这里"揗"有抚摩的意思。"抚"本义指抚摸、抚摩，如"轻抚""抚脸"。"抚"也可表示轻击、拨弄、握持、安慰、爱护的意义，比如"抚拍""抚琴""抚持""安抚""抚育"。

扰（擾）rǎo
小篆—隶书—楷书—简化字

形声字，从手憂声。《说文》："扰，烦也。""扰"本义指烦劳，但这个意义文献少用。"扰"主要表示扰乱、侵扰的意义，比如"庸人自扰""打扰"。"擾"简化字作"扰"，是用笔画少的声符代替笔画多的声符。

振 zhèn
小篆—汉篆—隶书—楷书

形声字，从手辰声。《说文》："振，举救也。一曰奋也。""振"本义指救助，后这个意义多由"赈"来记录。"振"主要表示举起、显扬、奋起、动、整顿的意义，比如"提振""振扬""振奋""振动""振顿朝纲"。

损（損）sǔn
战文—小篆—隶书—楷书—简化字

形声字，从手員声。《说文》："损，减也。""损"本义指减少。《老子》有"损有余而奉不足"，用的正是本义。"损"也可表示丧失、伤害、毁坏、贬损、刻薄的意义,比如"损兵折将""损害""损毁""损友""损话"。

播 bō
播—播—播—播
甲文　小篆　隶书　楷书

形声字,从手番声。《说文》:"播,种也。一曰布也。""播"本义指下种、撒种,俗称播种。《诗经》有"播厥百谷",用的正是本义。"播"也可表示传布、分散的意义,比如"传播""散播"。

掘 jué
掘—掘—掘—掘
甲文　小篆　隶书　楷书

形声字,从手屈声。《广韵》:"掘,掘地。""掘"本义指挖,如"挖掘""掘土"。《易经》有"断木为杵,掘地为臼",用的正是本义。"掘"也可表示倔强、直立不动、愚笨的意义,比如"很掘""掘若槁木""掘笨"。

掩 yǎn
掩—掩—掩—掩
甲文　小篆　隶书　楷书

形声字,从手奄声。《说文》:"掩,敛也,小上曰掩。""掩"本义指隐蔽遮盖,如"掩体"。《礼记》有"君子斋戒,处必掩身",用的正是本义。"掩"也可表示闭合、隐藏、尽的意义,比如"虚掩房门""掩藏""收掩"。

扑(撲) pū
撲—撲—撲—撲—扑
甲文　小篆　隶书　楷书　简化字

形声字,战国文字从戈美声,小篆演变为从手美声。《说文》:"扑,挨也。""扑"本义指打、击,如"扑打"。"扑"也可表示拍拭、翅膀拍击、用力向前冲、倒下的意义,比如"扑拭""扑腾""扑上去""扑倒"。"撲"简化字作"扑",是用笔画少的声符代替笔画多的声符。

抗 kàng
抗—抗—抗—抗
甲文　小篆　隶书　楷书

形声字,从手亢声。《说文》:"抗,扞(hàn)也。"这里"扞"有捍卫的意思。"抗"本义指抵御、抵抗，如"抗战"。"抗"也可表示匹敌、举、刚直的意义，比如"对抗""抗鞭""抗直"。

捐 juān
战文 — 小篆 — 汉篆 — 隶书 — 楷书

形声字，从手肙(yuān)声。《说文》："捐，弃也。""捐"本义指舍弃、捐弃，如成语"细大不捐"用的正是本义。"捐"也可表示除去、捐助、旧时纳资求官、花费的意义，比如"捐除""捐献""捐官""花捐"。

扣 kòu
战文 — 小篆 — 隶书 — 楷书

形声字，从手口声。《说文》："扣，牵马也。""扣"本义指牵住或勒住，如"十指相扣"。"扣"也可表示敲击、触碰、拉开、询问、扣押、减去一部分的意义。比如"扣门""扣头""扣动扳机""扣问""扣留""扣工资"。

搜 sōu
甲骨文(叟) — 小篆 — 隶书 — 楷书

本为会意字，甲骨文从宀(mián)从又从火作"叜(叟)"，象手持火炬在屋内搜索之形，是"搜"的初文，小篆加"手"表意，分化出从手从叟，叟兼表音的"搜"，沿用至今。《说文》："搜，求也。""搜"本义指搜求，也可表示聚集、搜索、检查、掏挖的意义，比如"搜集""搜身""搜查""搜出来"。

摇 yáo
小篆 — 汉篆 — 隶书 — 楷书

形声字，从手䍃声。《说文》："摇，动也。"《广韵》："摇，摇动。""摇"本义指晃动、摆动，如"摇头""摇一摇"。"摇"也可表示疾速、上升、飘扬的意义，比如"摇起""风举云摇""飘摇"。

扔 rēng
甲骨文 — 小篆 — 隶书 — 楷书

形声字，甲骨文从又乃声，至小篆演变为从手乃声，沿用至今。《广韵》："扔,引也。"《说文》："扔,因也。"段玉裁改"因"为"捆",有牵引的意思。"扔"读音 rèng,本义指牵引或拉,但这个意义文献少用。"扔"又音 rēng,主要表示抛掷、丢弃的意义,比如"扔球""扔掉"。

据(據)^{jù} 㨿—擄—據—據—据
　　　　　战文　小篆　汉篆　隶书　楷书　简化字

形声字,从手豦声。《说文》："據,杖持也。""据"读音 jù,本义指依仗、依托。《诗经》有"亦有兄弟,不可以据",用的正是本义。"据"也可表示按着、依据、占有、证明、援引的意义,比如"据膝""根据""占据""证据""引经据典"。"據"简化字作"据",是合并了表示拮据义的"据(jū)",记录了它们的全部读音和意义。

技^{jì} 技—技—技—技
　　　小篆　汉篆　隶书　楷书

形声字,从手支声。《说文》："技,巧也。"《玉篇》："技,技艺也。""技"本义指技能、本领,如"技艺""技巧"。《尚书》有"人之有技,若己有之",大意是说别人有了本领,就像自己有本领一样,用的正是本义。"技"也可表示有才艺的人,比如"技师""技工"。

拂^{fú} 拂—拂—拂—拂
　　　小篆　汉篆　隶书　楷书

形声字,从手弗声。《说文》："拂,过击。"这里"过击"指掠过,就是有轻微碰触地过。"拂"本义指掠过,如"春风拂面"。"拂"也可表示擦拭、甩动、除去、撩起、接近、振动的意义,比如"拂拭""拂手而去""拂之不去""拂衣""拂晓""拂翼"。

掠^{lüè} 㑣—掠—掠—掠
　　　　战文　小篆　隶书　楷书

形声字,从手京声,战国文字或从肉,但从肉构意不明,很可能是"手"旁的书写讹误。《说文》："掠,夺取也。"《玉篇》："掠,掠劫财物。""掠"本义指夺取、抢夺,俗称掠夺。"掠"也可表示窃取、砍伐、轻轻擦过的意义,比如"掠取""掠杀""掠过"。

挠(撓) náo

挠—撓—挠—挠
小篆　隶书　楷书　简化字

形声字,从手尧声。《说文》:"挠,扰也。""挠"本义指扰乱。《左传》有"挠乱我同盟,倾覆我国家",用的正是本义。"挠"也可表示搅动、抓搔、屈服的意义,比如"挠浊""挠痒痒""百折不挠"。

排 pái

排—排—排—排
小篆　秦隶　汉隶　楷书

形声字,从手非声。《说文》:"排,挤也。"《广雅》:"排,推也。""排"本义指推、推挤,如"排挤"。"排"也可表示排解、排斥、疏通、设置、排演、编次、一个挨一个的意义,比如"排忧""排外""排下水管""安排""排练""排列""排队"。

撇(撆) piē

撆—撆—撆—撇
小篆　隶书　楷书　简化字

形声字,从手敝声。《说文》:"撆,一曰击也。"《集韵》:"撆,亦书作撇。"今以"撇"为规范字,"撆"作为异体字废弃不用。"撇"读音piē,主要指击义,但这个意义文献少用。"撇"也可表示抛弃、从液体面上舀、掠过的意义,比如"撇掉""撇油""撇过"。"撇"又音piě,表示汉字笔画、撇开、扁(嘴)等意义,如"一撇一捺""撇网""撇嘴"。

抛 pāo

抛—抛—抛—抛
战文　小篆　隶书　楷书

形声字,从手从力(大概会手用力扔出之意)尤(yóu)声。《玉篇》:"抛,掷也。""抛"本义指扔、掷,如"抛锚""抛砖引玉"。《说文》:"抛,弃也。"这里指丢弃义,应是由扔的本义引申而来。"抛"也可表示挥洒、显露的意义,比如"抛洒""抛头露面"。

拥(擁) yōng

形声字,从手雍声。《说文》:"拥,抱也。""拥"本义指抱、拥抱,如"左拥右抱"。"拥"也可表示聚集、围裹、护卫、占据的意义,比如"拥兵自重""一拥而上""拥护""拥据"。"擁"简化字作"拥",是以笔画少的声符代替笔画多的声符。

拨(撥) bō

形声字,从手發声。《说文》:"拨,治也。"《广韵》:"拨,理也。""拨"本义指治理。《诗经》有"玄王桓拨",这里"桓拨"指大治,用的正是本义。"拨"也可表示分开、指点、弹拨弦乐器、调配的意义,比如"拨开""点拨""拨琴""拨款"。

捣(擣) dǎo

形声字,从手壽声,隶书或从手鳥声。《说文》:"捣,手椎也。""捣"本义指捶、舂。《仪礼》有"捣珍,取牛羊麋鹿麕之肉,必脄(méi)",大意是说取牛羊鹿等脊两侧的肉捣制成精美的食物,用的正是本义。"捣"也可表示冲破、攻击的意义,比如"捣毁""捣乱"。"擣"简化字作"捣",是以笔画少的声符代替笔画多的声符。

拓 tuò

形声字,战国文字从手石声,小篆承袭了战国文字的写法,同时产生了从手庶声的或体。《说文》:"拓,拾也。摭,拓或从庶。""拓"读音 zhí,本义指拾取,后这个意义多由"摭"来记录。"拓"又音 tuò,主要表示开辟、张开、宏大、托起的意义,比如"拓荒""拓开""宏拓""拓举"。"拓"又读 tà,表示把石碑或器物上的文字或图画摹印在纸上,如"拓本""拓片"等。

措 cuò

形声字,战国文字从支昔声,小篆演变为从手昔声,沿用至今。《说文》:"措,置也。""措"本义指安置、安放,如"手足无措"。"措"也可表示举措、设置、筹措的意义,比如"措施""措置""措敛"。

抽 chōu

形声字,战国文字从手秀声,小篆演变成从手留声,同时产生了从手由声的或体。今以或体"抽"为规范字,"擂"作为异体字废弃不用。《说文》:"擂,引也。抽,擂或从由。""抽"本义指引、引出,如"抽出"。"抽"也可表示拔出、抽取、长出、收缩、打的意义,比如"抽丝剥茧""抽空""抽芽""抽筋""抽打"。

探 tàn

形声字,从手罙(shēn)声。《说文》:"探,远取之也。""探"本义指摸取,就是把手伸进去取东西,如"探囊取物"。"探"也可表示试探、看望、侦察、向前伸出的意义,比如"探测""探望""侦探""探身"。

提 tí

形声字,从手是声。《说文》:"提,挈(qiè)也。"这里"挈"有悬持的意思。"提"本义指悬持、拎,如"提包""提东西"。"提"也可表示说起、举拔、取出、率领的意义,比如"提起""提拔""提取""提辖"。

拜 bài

会意字,金文从手从𡴂,象用手连根拔掉某种植物之形,后字形逐渐演变,至或体演变成从二手的"拜",会双手下拜之意,沿用至今。《说文》:"拜,首至地也。""拜"本义指用头叩地,一种表示敬意的礼节,俗称跪拜。"拜"也可表示尊崇、提拔、以礼会见、恭敬地、通过仪式结成某种关系等意义,比如"崇拜""拜上卿""拜访""拜读""拜把子"。

失 shī 关—类—失—失—失
金文　战文　小篆　隶书　楷书

形声字,金文、战国文字从手乙声,表示与手的意义相关,至隶书演变成独体字"失",沿用至今。《说文》:"失,纵也。"这里"纵"有放弃的意思。"失"本义指遗失、丧失。《论语》有"学如不及,犹恐失之",用的正是本义。"失"也可表示耽误、不满足、控制不好、找不着、消失、错误的意义,比如"机不可失""失望""失态""迷失""失踪""过失"。

举(舉) jǔ 𦦙—𦦙—舉—舉—举
战文　小篆　隶书　楷书　简化字

形声字,从手與(yú)声。《说文》:"举,对举也。"这里"对举"就是两手举起的意思。"举"本义指双手向上托物,如"举手"。"举"也可表示一般的拿着、推荐、行动、兴办、发动的意义,比如"举杯""举荐""举动""举办""举兵"。

奉 fèng 𢀈—𢀈—𤯅—奉—奉
金文　战文　小篆　隶书　楷书

形声字,金文从廾(gǒng)丰声,"廾"甲骨文象双手向上承物之状,有承奉的意思,小篆又在下方加"手"表意,变成一个从手从廾丰声的形声字,隶书变作"奉",沿用至今。《说文》:"奉,承也。""奉"本义指承受、接受,如"奉承"。"奉"也可表示进献、给与、侍候、讨好、遵循、祭祀、供给的意义,比如"奉献""奉送""侍奉""奉承""信奉""奉神""奉养"。

奏 zòu 𡙁—𡙁—奏—奏
战文　小篆　隶书　楷书

会意字,小篆从廾从屮从夲(tāo,快速前进),大概会双手捧着某种植物趋步进献之意，隶书变作"奏"，沿用至今。《说文》："奏，进也。""奏"本义指进献，如"进奏"。"奏"也可表示向帝王上书或进言、取得、作乐演奏、乐章的意义，比如"启奏""奏效""奏乐""奏章"。

承 chéng　甲骨文—金文—战文—小篆—隶书—楷书

会意字，甲骨文、金文从廾(gǒng)从人，象跪坐的人被双手捧着或接着之形，会承托或承捧之意。《说文》："承，奉也，受也。"这里"奉"就是捧着的意思。"承"本义指承托、承受，也可表示蒙受、承担、继续、奉迎的意义，比如"承蒙""承办""继承""奉承"。

丞 chéng　甲骨文—战文—小篆—隶书—楷书

会意字，甲骨文从廾(gǒng)从人从凵(kǎn)，象一人落入深坎中，上有双手往上拽拉拯救之形，是"拯"的初文。本义指拯救，后这个本义主要由从手的"拯"来记录。《广韵》："丞，佐也。""丞"主要指辅助、古代辅佐帝王的最高官吏等意义，比如"丞辅""丞相"。

具 jù　金文—战文—小篆—隶书—楷书

会意字，金文从廾(gǒng)从鼎(或从贝，"鼎"省形所致，后来"贝"战国文字又省作"目")，鼎是烹饪食器，双手捧鼎，大概会置办酒食之意。《说文》："具，共置也。""具"本义指供置，就是准备、备办的意思。《左传》有"缮甲兵，具卒乘，将袭郑"，大意是说修缮好铠甲兵器，准备步兵和兵车，将轻袭郑国，用的正是本义。"具"也可表示酒食、器物、完备、详尽的意义，比如"草具""器具""完具""具体"。

共 gòng　金文—战文—小篆—隶书—楷书

会意字，从廾(gǒng)从廿(niàn)，廾兼表音，"廿"是两个"十"并列,战国文字连为一体,整个字形表示双手捧两个十,以会共同之意。《说文》:"共,同也。""共"本义指共同或共同具有。《论语》有"愿车马,衣轻裘,与朋友共",用的正是本义。"共"也可表示一同、合计、共产党的简称等意义,比如"共谋生路""共计""中共"。

兴(興) xīng

甲骨文 — 金文 — 战文 — 小篆 — 隶书 — 楷书 — 简化字

会意字,甲骨文象四角各有一手共同抬起一个大盘的形状,金文又加"口"表意,表示众手共同用力、口呼号子的意思。《说文》:"兴,起也。""兴"读音 xīng,本义指起、兴起。《诗经》有"百堵皆兴",用的正是本义。"兴"也可表示建立、办理、昌盛、奋发的意义,比如"兴建""兴办""兴盛""兴奋"。"兴"又音 xìng,主要表示情趣、喜爱的意义,如"兴趣""高兴"。

与(與) yǔ

金文 — 战文 — 小篆/古文 — 隶书 — 楷书 — 简化字

战文 — 小篆 — 楷书

形声字,金文从舁(yú)牙声,"舁"金文象上下各两手共举形,战国文字继承了金文的写法,同时表音的"牙"部开始单用,且逐渐讹变,至小篆演变作"与"。今以简体"与"为规范字,"與"作为异体字废弃不用。《说文》:"與,党与也。""与"主要指朋党义,俗称党与,也可表示盟国、交往、等待的意义,比如"与国""相与""岁不我与"。"与"也用作虚词,表示和、向、对的语义关系。

异(異) yì

甲骨文 — 金文 — 战文 — 小篆 — 隶书 — 楷书 — 简化字

本为象形字,甲骨文、金文象双手举物戴在头上之形,是"戴"的初文,本义指载物于头上,后这个意义另造了"戴"来记录。《说文》:"異,分也。""异"主要表示分开义,如"分异"。《礼记》有"群居五人,则长者必异席",意思是说五个人在一起,长者必须分开坐席,用的正是分开义。"异"也可表示不同、其他、奇怪、背叛的意义,比如"相异""异客""怪异""异心"。

戴 dài　甲骨文（異）— 金文 — 战文 — 小篆 — 隶书 — 楷书

形声字,从異弋(yì)声,甲骨文、金文作"異",象双手举物戴在头上之形,战国文字开始加"弋"表音,且讹作戈形,至小篆固定为从異𢦏(zāi)声的形声字,沿用至今。《玉篇》:"戴,在首也。""戴"本义是载物于头上,如"戴帽子"。"戴"也可表示加于物上、正对、推崇的意义,比如"戴眼镜""披星戴月""爱戴"。

弃(棄) qì　甲骨文 — 战文 — 小篆/古文 — 隶书 — 楷书 — 简化字

会意字,甲骨文从𠬞(gǒng)从子置于箕上,象把婴儿置于簸箕中用手丢弃之形,旁边的小点象血水形,表示舍弃、丢弃的意思,战国文字出现了从𠬞从倒子的简体。今以简体"弃"为规范字,"棄"作为异体字废弃不用。《说文》:"弃,捐也。"这里"捐"有舍弃的意思。"弃"本义指舍弃、丢弃,如"弃车保帅"。"弃"也可表示废除、遗忘、放逐的意义,比如"废弃""遗弃""放弃"。

粪(糞) fèn　甲骨文 — 金文 — 小篆 — 隶书 — 楷书 — 简化字

会意字,甲骨文从𠬞(gǒng)从箕,象双手持簸箕有所弃除之形,后逐渐演变成从米从異的"糞",沿用至今。《说文》:"糞,弃除也。""糞"本义指扫除、弃置。《左传》有"小人糞除先人之敝庐",这里"糞除"有扫除的意思,用的正是本义。"糞"也可表示大便、施肥、肥料的意义,比如"粪便""粪田""粪料"。

左 zuǒ　金文 — 战文 — 小篆 — 隶书 — 楷书

本为象形字,金文从𠂇(zuǒ)从口或工,其中"𠂇"金文作𠂇,象人的左手形,本义指左手,"口""工"都是区别性符号,无实际意义,至小篆固定为从广从工的"左",沿用至今。《说文》:"左,手相左助也",这里"左"指辅佐、帮助义,后这个意义专由"佐"来记录。"左"主要指方位名,与"右"相对,如"左边"。古人以右为尊位,左为卑位,故"左"也可表示卑下、贬官、偏斜、不合、第二的意义,比如"左物""左迁""旁门左道""意见相左""左夫人"。

右 yòu 甲骨文—金文—战文—小篆—隶书—楷书

本为象形字,甲骨文作"又",象右手形,本义指右手,金文开始加"口",但这个"口"是区别性符号,无实际意义,"又"既是象形表意,也兼表音。"右"在金文中还常指佑助义,这个意义在秦汉时期比较常见,如《说文》:"右,手口相助也。"说的就是这个意义,后这个意义专由"佑"来记录。今"右"主要表示右手一边的方位,与"左"相对。"右"也可表示高贵、崇尚、政治保守的意义,比如"无出其右""右贤尚功""右派"。

差 chā 金文—战文—小篆—隶书—楷书

形声字,小篆从左巫(chuí)声。隶书演变作"差",沿用至今。《说文》:"差,贰(tè)也。"这里"贰"有差错的意思。"差"读音 chā,本义指失当、差错,也可表示区别、稍微的意义,如"差别""差强人意"。"差"又读 chà,表示不好、欠缺的意义,如"成绩差""差得多"。"差"又音 chāi,表示派遣、被派遣的人、职务的意义,比如"出差""信差""差事"。

又 yòu 甲骨文—金文—战文—小篆—隶书—楷书

象形字,甲骨文、金文象右手形,本义指右手。《说文》:"又,手也。"说的正是本义,后这个本义专由"右"来记录。"又"主要假借用作副词,表示动作的重复、递进、同时存在等语义关系,比如"又一次""又来了""又红又专"。凡以"又"作为义符的字,大都与手或手部动作有关,如"友""取""叔""度"等。

父 fù 甲骨文—金文—战文—小篆—隶书—楷书

会意字,甲骨文、金文象手持物之形。《说文》:"父,矩也,家长率教者。从又持杖。"一般认为手持之物是权杖,"父"表示行使教育权利的家长。但商周更为形象的金文所举之物不像杖,郭沫若认为其象石斧形,"父"是以手持石斧表示从事劳作的家庭劳动力。"父"造字意图究竟是哪个目前还没有定论,但它的基本意义指父亲,这是没有问题的。"父"也可表示男性长辈、雄性动物的意义,比如"父辈""父马"。

尹 yǐn 甲骨文—金文—战文—小篆—隶书—楷书

会意字,甲骨文象手持物之形,至于手持为何物,一般认为是杖或笔,笔即古代的聿(yù),会用手持笔(或杖)以治事之意。《说文》:"尹,治也。从又、丿,握事者也。"说的就是这个构意。"尹"本义指治理、治事,又可表示治事的官员、姓氏的意义,如"尹长""尹氏"。

友 yǒu 甲骨文—金文—战文—小篆—隶书—楷书

会意字,从二又,象两人两手相交以表示友好,类似于今天的握手,本义指友好、朋友。《说文》:"友,同志为友。从二又,相交友也。"说的正是本义。"友"也可表示结交、亲善、有友好关系的、兄弟相敬爱的意义,比如"交友""友善""友军""兄友弟恭"。

及 jí 甲骨文—金文—战文—小篆—隶书—楷书

会意字,从人从又,会以手抓住人之意,本义指追上、逮住的意思。《说文》:"及,逮也。"说的正是本义。《国语》有"往言不可及也",

用的也是本义。"及"由赶上义又引申出到达、连及的意义,如"力所能及""殃及池鱼"。"及"也可表示比得上、兼顾、和的意义,比如"不及""不相及""以及"。

取 qǔ 甲骨文—金文—战文—小篆—隶书—楷书

会意字,从耳从又,象以手割取左耳朵形,大概会有所获取之意。《说文》:"取,捕取也。""取"本义指获取。《周礼》:"获者取左耳。"古代战争杀死敌人,取其左耳献上记功,故字作从手执耳形。"取"也可表示捕捉、接受、寻求、选取、拿出、战胜的意义,比如"捉取""受取""索取""取景""取东西""取胜"。

秉 bǐng 甲骨文—金文—战文—小篆—隶书—楷书

会意字,从禾从又,甲骨文、金文象手持稻禾形,表示握持以及禾束的意思,后字形逐渐演变,至楷书已演变得不见手形。"秉"用作名词,表禾束义,如《说文》:"秉,禾束也。"说的就是这个意义。《诗经》有"彼有遗(wèi,赠送)秉",用的也是禾束义。"秉"用作动词,表示拿着或持有的意义,如"秉握""秉烛夜谈",也可表示操持、遵循、依据的意义,比如"秉持""秉时""秉公执法"。

兼 jiān 金文—战文—小篆—隶书—楷书

会意字,金文从又从二禾,象手同时持有两把禾稻形,表示同时获得之意,至隶书形体还依稀可见手握两把禾的构形,楷书已变得完全不见禾形。《说文》:"兼,并也。""兼"本义指同时得到或同时涉及多种事物,如兼得、兼职等。"兼"也可表示合并、加倍、连同的意义,比如"兼并""风雨兼程""兼时"。

反 fǎn 甲骨文—金文—战文—小篆—隶书—楷书

会意字,从又从厂(hǎn),厂兼表音,大概会以手攀崖之意,有学者认为是"扳"的初文。《说文》:"反,覆也。""反"主要指翻转义,比如"易如反掌"。"反"也可表示掉转、方向相背、归还、违背、反省、类推的意义,比如"反转""反向""反还""违反""反思""举一反三"。

叔 shū

金文 战文 小篆 隶书 楷书

会意字,甲骨文、金文象手持弋(yì,挖掘工具)掘土收芋的形象。《说文》:"叔,拾也。汝南名收芋为叔。""叔"本义指收芋,但这个意义文献罕用,而主要表示一般的收拾或拾取。《诗经》有"九月叔苴(jū)",就是在九月收取大麻籽实,用的就是拾取义。"叔"也可表示称呼丈夫弟弟、父亲的弟弟等意义,比如"小叔子""叔叔"。

度 dù

战文 小篆 隶书 楷书

形声字,从又庶(shí)声,"庶"为"石"异写,这种写法在秦代文字常见。《玉篇》:"度,尺曰度。"一尺就是一度。"度"本义指度量衡,就是计算长短标准的量器,古代测量是参照人手的长度,故可从又表意。"度"也可表示法制、限额、胸襟、风采、按一定标准划分的单位、度过的意义,比如"法度""限度""气度""风度""温度""度日如年"。

叙(敘) xù

甲骨文 战文 小篆 隶书 楷书 简化字

形声字,甲骨文从又余声,战国文字演变为从攴余声,小篆承袭了战国文字的构形,隶书则保留了从又、从攴的两种写法。今以"叙"为规范字,"敘"作为异体字废弃不用。《说文》:"叙,次弟也。""叙"本义指次序、次第。《尚书》有"五者来备,各以其叙",这里"各以其叙"意思指各以次序,用的正是本义。"叙"也可表示头绪、陈述、序言的意义,比如"端叙""叙述""叙言"。

史 shǐ

甲骨文　金文　战文　小篆　隶书　楷书

会意字，甲骨文从又从中，"中"象猎具形，会手持猎具治事之意。《说文》："史，记事者也。从又持中，中，正也。"这里将"中"理解为中正，认为记事者需要执中、公正，应是汉代人的理解，不一定符合造字之初的本意。"史"本义当指做事、记事，后多引申指记事的官吏，即史官。"史"也可表示历史、记载历史的书籍等意义，比如"史实""四史"。

事 shì

甲骨文　金文　战文　小篆　隶书　楷书

会意字，甲骨文从又从中，"中"象猎具形，表示手持猎具以治事的意思。"事""史""吏"甲骨文本为一字，至西周金文"事"开始从"史"分化出来，主要表示职务的意义。《说文》："事，职也。"这里"职"指官职、职务的意思。"事"也可表示事情、变故、侍奉、奉行、治理的意义，比如"做事""事故""事父母""从事""治事"。

吏 lì

甲骨文　金文　战文　小篆　隶书　楷书

会意字，甲骨文从又从中，"中"象猎具形，表示手持猎具以治事之意。"事""史""吏"甲骨文本为一字，后逐渐分化为不同的字。典籍中"吏"一般用作古代百官的通称。《说文》："吏，治人者也。"说的正是官员的意思。"吏"也可表示官府中的小官和差役、姓氏的意义，比如"小吏""吏氏"。

使 shǐ

甲骨文　金文　战文　小篆　隶书　楷书

会意字，甲骨文从又从中，会手持猎具以做事之意，"事""史""吏"本一字分化，其中"事"从"史"分化出来，主要记录职务义，"史"主要记载历史义，"吏"专指官吏义。战国文字又开始加"人"表意，最终分化出"使"，表示使用、使役等意义。《广韵》："使，役也。"说的就是这个意义。"使"也可表示命令、让、用、做、听从的意义,比如"使令""致使""不够使""使不得""使唤"。

卑 bēi

会意字,甲骨文从又从甲,甲为带柄的器械,大概表示以手持器械做事之意。古代持械做事是下等人所为,所以"卑"本义指身份或职位低下,与"尊"相对。《说文》:"卑,贱也,执事也。从ナ甲。"说的正是本义。"卑"也可表示地势低下、低劣、轻视、衰微、谦恭的意义,比如"高卑""卑劣""卑贱""卑微""谦卑"。

攴 pū

本为会意字,甲骨文从又从卜,象手持器具击打形,战国文字将"卜"改成"卜",变成从又卜声的形声字,沿用至今。《说文》:"攴,小击也。从又卜声。""攴"本义指小击、轻击,但这个意义在文献中很少使用。"攴"主要用作表意偏旁置于右旁作"攵",表示与击打或手部动作相关的构意,例如"放""效""故""政"等。

牧 mù

会意字,甲骨文从攴从牛,也有从羊或从马者,金文开始固定从牛从攴,象手持器械驱赶牛羊等牲畜形,大概会放养牲畜之意。《玉篇》:"牧,畜养也。""牧"本义指放养牲畜,如"放牧""牧羊"。"牧"也可表示放养牲畜的人、放牧的地方、郊外的意义,比如"牧人""牧场""牧郊"。

放 fàng

形声字,从攴方声。《说文》:"放,逐也。""放"本义指驱逐、流放,这里暗含有使用暴力的意思在里面,所以字可从攴。"放"也可表示舍弃、免去、不拘束、散放、发出、花开的意义，比如"放弃""流放""豪放""放学""放枪""百花齐放"。

启（啟）qǐ

甲骨文　金文　战文　小篆　隶书　楷书　简化字

会意字，甲骨文从又从户，象手开门之形，后加"口"表意，大概表示手拉、口喊开门的意思，至小篆固定为从户从攴从口的会意字。《广雅》："启，开也。""启"本义指打开，如"启开"。"启"也可表示开拓、开始、开发、教导的意义，比如"开启""启航""启发""启蒙"。"啟"简化字作"启"，是截取了原字形的一部分。

败（敗）bài

甲骨文　金文　战文　小篆　隶书　楷书　简化字

会意字，甲骨文从攴从贝，金文或从二贝，大概会敲击贝壳使之毁坏之意。《说文》："败，毁也。""败"本义指毁坏，如"败坏"。"败"也可表示损坏、荒废、破烂、失败、不好的、解除的意义，比如"败坏""废败""败衣""兵败""败行""败火"。

数（數）shǔ

战文　小篆　隶书　楷书　简化字

形声字，从攴娄(lóu)声。《说文》："数，计也。""数"读音 shǔ，本义指计算，古人计算时大概是以手轻轻敲击，故字从攴表意。"数"也引申为责备、称说、考察的意义，如"数落""诵数""悉数"。"数"又读 shù，表示数目、几个、算术、历术、气运、等级的意义，比如"人数""数年""数学""历数""气数已尽""礼数"。

效 xiào

甲骨文　金文　战文　小篆　隶书　楷书

形声字，从攴交声。《说文》："效，象也。"这里"象"是效法、模仿的意思。"效"本义指模仿，如"上行下效"。"效"也可表示献出、功效、验证的意义，比如"效力""药效""效果"。

故 gù

金文　战文　小篆　隶书　楷书

形声字，从攴古声。《说文》："故，使为之也。"这里"使为之"就是使这样做的原因。"故"本义指原因，如"何故""缘故"。"故"也可表示事情、意外的事变、巧诈、过去的事物、死亡的意义，比如"故事""事故""故意""故友""病故"。

政 zhèng

甲骨文　金文　战文　小篆　隶书　楷书

会意字，从攴从正，正兼表音，大概会小击使正确之意。《说文》："政，正也。""政"本义指匡正、使正确，如"肃政"。"政"也可表示治理国事、政治、政府的简称、政策、主事者的意义，比如"政事""政党""拥政爱民""政令""主政"。

变（變）biàn

战文　小篆　隶书　楷书　简化字

会意字，从攴（或从又）从纞（luán），纞兼表音，"纞"表乱义，合起来大概会小击使之乱而变化之意。《说文》："变，更也。""变"本义指改变、变化，也可表示移动、变通、奇异的、重大突发事件的意义，比如"变动""权变""变态""政变"。

更 gēng

甲骨文　金文　战文　小篆　隶书　楷书

形声字，甲骨文从攴丙声，金文又累加了一个表音的"丙"旁，隶书将两个部件黏连在一块，最终演变成独体字"更"，沿用至今。《说文》："更，改也。""更"读音 gēng，本义指改变，也可表示替代、变易、交替的意义，如"更替""更换""更迭"。"更"又读 gèng，主要用作副词，表示再、越的意义，比如"更上一层""更加"。

改 gǎi

甲骨文　金文　战文　小篆　隶书　楷书

形声字，甲骨文、金文从攴巳声，小篆变作从攴己声，沿用至今。

《说文》："改，更也。""改"本义指变更，俗称改变。"改"也可表示改正、修改的意义，比如"改邪归正""改衣服"。

救 jiù

金文—战文—小篆—隶书—楷书

形声字，从攴求声。《说文》："救，止也。""救"本义指禁止、阻止。《管子》有"山泽救于火，草木殖成，国之富也"，用的正是本义。"救"也可表示援助、救护、治疗、纠正的意义，比如"援救""救死扶伤""救治""救正"。

寇 kòu

金文—战文—小篆—隶书—楷书

会意字，金文从宀(mián)从元从攴，象手持器械在室内击打人头之形，表示施暴的意思。《说文》："寇，暴也。""寇"本义指施暴、暴乱。《尚书》有"无敢寇攘，逾垣墙"，大意是说不敢施暴掠夺、跨过围墙，用的正是本义。"寇"也可表示侵犯、盗贼、仇敌、姓氏的意义，比如"寇边""寇贼""仇寇""寇氏"。

敏 mǐn

甲骨文—金文—战文—小篆—隶书—楷书

形声字，甲骨文、金文从又每声，战国文字演变为从攴每声，沿用至今。《说文》："敏，疾也。""敏"本义指疾速、敏捷。《论语》有"君子欲讷(nè)于言而敏于行"，意思是说君子说话要迟钝而行动要敏捷，用的正是本义。"敏"也可表示聪慧、勤勉、审慎的意义，比如"聪敏""敏而好学""敏慎"。

敞 chǎng

战文—小篆—隶书—楷书

形声字，从攴尚声。《说文》："敞，平治高土，可以远望。"这里"敞"指将高起的土地筑成可供望远的平台，但这个意义文献罕用。"敞"主要表示宽阔、张开、露出的意义，比如"宽敞""敞着门""敞胸露怀"。

敛(斂) liǎn

斂—斂—斂斂—斂—敛
战文　小篆　隶书　楷书　简化字

形声字,从攴佥(qiān)声。《说文》:"敛,收也。""敛"本义指收聚、聚集,如"聚敛"。"敛"也可表示收获、索取、赋税、收缩、约束的意义,比如"秋敛""敛财""赋敛""收敛""敛束"。

敦 dūn

敦—敦敦—敦—敦—敦
金文　战文　小篆　隶书　楷书

形声字,从攴𦎫(chún,纯熟)声,隶书将"𦎫"变作"享",与享受的"享"同形。《说文》:"敦,怒也,诋也。""敦"主要表示恼怒、呵斥的意义,如"敦恶""敦斥"。"敦"也可表示督促、劝勉、质朴、厚实的意义,比如"敦促""敦勉""敦厚""敦实"。

散 sàn

散—散—散—散—散—散
甲骨文　金文　战文　小篆　隶书　楷书

会意字,甲骨文从林从攴,金文加"月"表音,大概会击打林木使之分离之意,至小篆讹变成从肉㪔(sàn)声,于是产生了和肉相关的构意。《说文》:"散,杂肉也。"这里"散"表示杂肉,也就是散肉的意思,但这个意义文献罕用。"散"读音 sàn,主要指分离义,与"聚"相对,如"烟消云散""一哄而散"。"散"也可表示散发、凋谢、失去、排遣的意义,如"散传单""散落""金银散尽""散心"。"散"又读 sǎn,表示松散、零碎的、闲散的、粉末状药物的意义,比如"散漫""散装""散官""健胃散"。

收 shōu

收—收—收—收
战文　小篆　隶书　楷书

形声字,从攴丩(jiū)声。《说文》:"收,捕也。""收"本义指逮捕,如"收押""收监"。"收"也可表示收集、获取、收割、取回、收缩、保存、结束的意义,比如"收邮票""收取""收稻子""收回""收敛"

"收藏""收工"。

敲 qiāo 歊—赾—敲—敲
战文　小篆　隶书　楷书

形声字,从攴高声。《说文》:"敲,横擿(zhì)也。"这里"横擿"有从旁横击的意思。"敲"本义指横击,如敲钟、敲锣打鼓。"敲"也可表示琢磨、杀、敲诈的意义,比如"推敲""敲杀""敲竹杠"。

攻 gōng 攻—攻—攻—攻攻—攻
金文　战文　小篆　隶书　楷书

形声字,从攴工声。《说文》:"攻,击也。""攻"本义指进击、攻打,如"攻坚""围攻"。"攻"也可表示治疗、指责、治理、专心从事的意义,比如"以毒攻毒""群起攻之""攻玉""攻读"。

敌(敵) dí 啻(啇)—敵—敵—敵敵—敵—敌
金文　战文　小篆　隶书　楷书　简化字

形声字,金文以"啻(chì)"为"敌",至战国文字开始加"攴"表意,制造出从攴啻(隶书变作"商")声的"敵"。《说文》:"敵,仇也。""敌"本义指仇人、仇敌。《左传》有"一日纵敌,数世之患也",用的正是本义。"敌"也可表示敌对的、对抗、同等、相对的意义,比如"敌国""所向无敌""匹敌""敌对"。

敬 jìng 敬—敬敬—敬—敬—敬
金文　战文　小篆　隶书　楷书

会意字,从苟(jì)从攴,"苟"甲骨文象一人跪坐形,但具体含义不明,金文以"苟"为"敬",后又加"攴"表意,分化出"敬",沿用至今。《说文》:"敬,肃也。""敬"主要指严肃义,如"肃敬"。"敬"也可表示慎重、尊重、以礼物表示敬意或谢意、有礼貌地献上、谦辞的意义,比如"敬重""敬爱""喜敬""敬酒""敬请"。

教 jiào 教—教教—教—教教—教
甲骨文　金文　战文　小篆　隶书　楷书

形声字,甲骨文从攴爻(yáo)声,或在左下方加"子"表意,大概表示手持器具施教小孩的意思。《说文》:"教,上所施下所效也。"教就是上面的人做示范、下面的人模仿。"教"读音 jiào,本义指效法、教化,也可表示教育、训练、某种学说或学派、宗教的简称等意义,比如"管教""教训""邪教""道教"。"教"又读 jiāo,表传授义,如"教书育人"。

学(學) xué

甲骨文 金文 战文 小篆 隶书 楷书 简化字

本为会意字,甲骨文从二手从宀(mián)会意,大概表示用双手在房屋学习,或又加"爻(爻省)"表音,金文又在"宀"下加"子"表意,突出学习的主体是小孩,至小篆固定为从二手从宀从子爻声的形声字。《广雅》:"学,效也。""学"本义指学习,也可表示互相讨论、模仿、学识、学校、学派、学科的意义,比如"讲学""鹦鹉学舌""学问""入学""学说""文学"。

厘(釐) lí

甲骨文 金文 战文 小篆 隶书 楷书 简化字

甲骨文从攴从来,象手持木棒类器具击打麦子形,或在麦子下加双手表意,大概表示获麦足食、丰收喜庆的意思,金文开始加"里"表音,至小篆固定为从斄(lí)里声的形声字"釐"。"厘"本义指丰收喜庆,但这个意义文献罕用。《说文》:"厘,家福也。"这里"厘"指福祉,应是由丰收喜庆的意义引申而来。"厘"也可表示治理、改正、分开、微小的意义,比如"厘政""厘正""厘清""毫厘"。"厘"也用作量词,表示长度单位,如"一厘米"。

整 zhěng

战文 小篆 隶书 楷书

会意字,从敕(chì)从正,正兼表音,"正"有中正的意思,"敕"表训诫义,整个字形会训诫使齐正之意。《说文》:"整,齐也。""整"本义指齐正,如"整整齐齐"。"整"也可表示端正、严肃、完整无缺、整数、整理的意义,比如"整风""整脸子""整套""整年""整编"。

殳 shū

会意字，甲骨文从又从𠁁，象手持棍棒类器械形，大概表示击打或器械的意思。《释名》："殳，殊也，长丈二尺而无刃。""殳"本义指古代的兵器名，一种以竹木制成，一端有棱的兵器。《诗经》有"伯也执殳，为王前驱"，用的正是本义。"殳"也可表示古代船尾用以控制方向的工具、姓氏的意义，比如"船殳""殳氏"。凡以"殳"作为表意偏旁的字，大多与击打或兵器的意义有关，如"役""殿""段""毅"等。

役 yì

会意字，甲骨文从人从殳，会战争或戍守之意，至小篆演变成从彳从殳，于是产生了与行路相关的构意。《说文》："役，戍边也。""役"本义指戍守边疆。《诗经》有"君子于役，如之何勿思"，意思是说丈夫在戍守边疆怎么能不思念，用的正是本义。"役"也可表示士卒、战争、出劳力的事、仆役、驱使的意义，比如"兵役""战役""徭役""差役""役使"。

段 duàn

会意字，金文从殳(shū)从厂(hǎn)，厂兼表音，象手持器具在山崖捶石之状，后字形逐渐演变，小篆已看不出山崖形，但还是保留了从殳的构意。《说文》："段，椎物也。"这里"椎物"就是锤击它物。"段"本义指锤击、捶打，后这个意义另造了从金的"锻"来记录。"段"主要表示物体或事情的一部分，比如"一段""段落"。

殷 yīn

会意字，金文象手持尖锐之物指向另一个人的腹部形，但构意不明，小篆演变成从月(yīn)从殳的"殷"，沿用至今。《说文》："殷，作乐之盛称殷。"这里"殷"指乐舞的意思。"殷"也可表示大、众多、富裕、深、古都邑名、朝代名的意义,比如"殷奠""殷众""殷实""殷勤""殷墟""殷商"。

殿 diàn

殿—殿—殿—殿—殿
战文　小篆　汉篆　隶书　楷书

形声字,从殳展(tún,臀)声,从殳表示和击打的意义有关。《说文》:"殿,击声。""殿"本义指敲击或击打的声音,但这个意义文献罕用。"殿"主要表示古代高大的房屋、行军走在后面、镇守的意义,比如"宫殿""殿后""殿守"。

毅 yì

毅—毅—毅—毅
金文　小篆　隶书　楷书

形声字,从殳豙(yì)声,从殳大概表示持器械坚决做事的构意。《说文》:"毅,有决也。"这里"决"有果决的意思。"毅"本义指果决、果敢,如"毅然决然"。"毅"也可表示严酷、坚韧、刚强的意义,比如"严毅""毅力""刚毅"。

杀(殺)shā

杀—殺—殺—殺—殺—杀
甲骨文　金文　战文　小篆　隶书　楷书　简化字

本为会意字,甲骨文象以戈截断人的散发形,表示杀戮之意,西周金文在散发下加人,杀戮的意义就更为明显。《说文》:"杀,戮也。""杀"本义指杀戮,如"杀人"。"杀"也可表示除去、伤害、讨伐、收割的意义,比如"消杀""杀害""砍杀""杀青"。"殺"简化字作"杀",是截取了原字形的一部分。

受 shòu

受—受—受—受—受
甲骨文　金文　战文　小篆　隶书　楷书

会意字,甲骨文、金文从二手从舟,舟兼表音,象上下两手授予和接受舟之形,至小篆"舟"已发生讹变,上下两手形也分别变作"爫(爪)"和"又",最终演变成"受",沿用至今。"受"本义兼有给予和接受两个意义。《说文》:"受,相付也。"说的是给予的本义,后这个意义另造了从手的"授"来记录。现在"受"专指接受,如"承受"。《尚书》有"满招损,谦受益",用的就是这个本义。"受"也可表示遭到、忍受、收取的意义,比如"遭受""受不了""收受"。

授 shòu　　小篆—汉篆—隶书—楷书

会意字,从手从受,受兼表音,会以手相授之意。《说文》:"授,予也。""授"本义指给予,俗称授予。《诗经》有"七月流火,九月授衣",用的正是本义。"授"也可表示任命、传授的意义,比如"授军衔""教授"。

争(爭) zhēng　　甲骨文—金文—战文—小篆—隶书—楷书—简化字

会意字,甲骨文从二手从冂,象上下二手持某物作争夺状,本义指争夺、夺取。《说文》:"争,引也。"徐灏注笺:"争之本义为两手争一物。"说的正是争夺的本义。《韩非子》有"争肥饶之田",用的也是本义。"争"也可表示较量、辩论、竞争的意义,比如"争斗""争辩""争功"。

敢 gǎn　　金文—战文—小篆—隶书—楷书

本为会意字,金文从口从二手上下相叠状,大概会手口争相并进之意,战国文字将"口"部讹作"古",变成从二手古声的形声字,小篆承袭了战国文字的写法,至隶书演变作"敢",沿用至今。《说文》:"敢,进取也。""敢"本义指勇于进取,俗称勇敢。"敢"也可表示有胆量做事、侵犯、谦辞的意义,比如"敢说敢做""敢犯""敢问"。

聿 yù　　甲骨文—金文—战文—小篆—隶书—楷书

会意字,从又从𦘒,𦘒是笔杆和笔毛的象形,甲骨文、金文象手持毛笔形,是"筆(笔)"的初文。《说文》:"聿,所以书也。""聿"本义指毛笔,就是用来书写的工具,后为这个意义另造了从竹的"筆"来记录。"聿"也可表示迅速、姓氏的意义,比如"聿越""聿氏"。

笔(筆) bǐ

筆—𥬰—筆—筆—笔
战文　小篆　隶书　楷书　简化字

会意字,从竹从聿(yù),"聿"古文字象手持毛笔形,是"笔"的初文,战国文字开始加"竹"表意,制造出"筆"来专门记录毛笔这个意义。《说文》:"筆,秦谓之筆。""筆"本义指古代用于书写的毛笔,因为用竹子制作笔杆,故字可从竹。"筆"也可以表示书写、文笔、笔画的意义,比如"笔述""妙笔生花""笔顺"。"笔"也用作量词,如"一笔钱""一笔生意"。"筆"简化字作"笔",是以笔画少的义符代替笔画多的义符。

书(書) shū

聿—𦘠𥻳—𦘠—書書—書—书
金文　战文　小篆　隶书　楷书　简化字

形声字,金文从聿(yù)者声,后字形逐渐演变,小篆还可见从聿者声,至隶书已变成下部作"日"的"書",沿用至楷书。《说文》:"书,箸也。""书"本义指书写、记载,由此也引申出一系列和书写记载相关联的意义,表示书籍、书体、书法、文书、书信等。"書"简化字作"书",是草书楷化的结果。

画(畫) huà

𤲙—𦘠𤰔—畫—畵—畫—画
甲骨文　金文　战文　小篆　隶书　楷书　简化字

会意字,甲骨文从聿(yù)从𤴔,象手持笔在规画的形象,金文开始将下方的𤴔形,变得象田地的形状,大概是为了突出划分田界之意,后逐渐演变成"畫"。《说文》:"画,分也,界也。""画"本义指划分界限。《左传》有"芒芒禹迹,画为九州",用的正是本义。"画"也可表示绘画、图画、装饰、签署、比画的意义,比如"画鸟""年画""画堂""画押""指手画脚"。

肄 yì

会意字，甲骨文从又从㣇（yì），"㣇"指长豪类兽畜，这里兼表读音，金文开始加"巾"表意，大概表示手持巾刷洗兽畜毫毛的构意。"肄"本义指洗刷兽畜，但这个意义文献未见使用。《说文》："肄，习也。""肄"主要指学习或练习，如"肄业"。"肄"也可表示检查、嫩条、劳苦的意义，比如"校肄""条肄""肄劳"。

寸 cùn

指事字，战国文字"又"下的一横线为示意符号，标示右手下的一寸处是寸口所在。《说文》："寸，十分也。人手却一寸动脉，谓之寸口。""寸"本义指寸口，就是离人手一寸的腕口，那里有动脉血管，由此也引申出十分为一寸的长度单位，如"尺寸"。"寸"也可表示极少或极短的意义，比如"一寸光阴一寸金""寸步不让"。

寺 sì

会意字，从又从之，之兼表音，"之"有前往的意思，这里会以手触之而持取的构意，是"持"的初文，本义指持取。《石鼓文》有"秀弓寺射"，意思就是说抽出弓持箭射击，用的正是本义，后这个本义另造了从手的"持"来记录。"寺"主要表示官署名、佛教庙宇的意义，比如"大理寺""寺庙"。

将（將）jiāng

会意字，金文从寸从肉从爿（chuáng），爿兼表音，大概会手持肉在床的意思。"将"本义当指持取，但这个意义文献未见使用。"将"读音 jiāng，主要用作副词，表示将要、快要的意义，如"将来""将近"。"将"又音 jiàng，表示将帅、统率、军衔的名称，比如"将领""将兵""上将"。

专(專) zhuān

甲骨文 — 金文 — 战文 — 小篆 — 隶书 — 楷书 — 简化字

会意字,甲骨文从又从叀(zhuān,纺专),叀兼表音,金文变成从寸从叀,大概会手持纺专之意。《说文》:"专,纺专。""专"本义指纺专,古代收丝用的一种器具,但这个意义文献少用。"专"也可表示专一、单独、专擅、专门从事的意义,比如"专心""专用""专权""专业"。"專"简化字作"专",是由草书楷化而来。

导(導) dǎo

金文 — 战文 — 小篆 — 隶书 — 楷书 — 简化字

会意字,从寸从道,道兼表音,会以手引导道路之意。《说文》:"导,导引也。""导"本义指引、带领。《孟子》有"有故而去,则君使人导之出疆",用的正是本义。"导"也可表示引路人、引起、启发、表达、传导的意义,比如"向导""导致""开导""导语""导电"。

对(對) duì

甲骨文 — 金文 — 小篆 — 隶书 — 楷书 — 简化字

构形不明,甲骨文象手持某种东西,但究为何物尚不可知,字的构形和本义还需要进一步探究。《广韵》:"对,答也。""对"基本义指回答。《诗经》有"听言则对",用的正是回答义。"对"也可表示朝向、相当、配偶、敌手、比照检查、投合、平分、相互的意义,比如"面对""相对""配对""对手""核对""对心眼""对开""对骂"。"對"简化字作"对",是用笔画少的符号代替原字形笔画多的部件。

爪 zhǎo

甲骨文 — 金文 — 小篆 — 隶书 — 楷书

象形字,甲骨文象鸟爪的形状,金文象人手指叉开,突出指端的指甲。《六书故》:"爪,鸟爪也。""爪"读音 zhǎo,本义指鸟爪,就是鸟兽的脚趾或趾甲,也常指人的指甲或趾甲,比如"凤爪""张牙舞爪"。"爪"也可表示像爪的东西、抓搯的意义,比如"猫爪""爪搔"。"爪"又音 zhuǎ,主要指人们口语中鸟兽的脚爪,如"爪子""爪尖儿"。

孚 fú
甲骨文—金文—战文—小篆—隶书—楷书

会意字,从手从子,会以手抓获小孩之意,是俘获的"俘"本字。"孚"读音fú,本义指抓获。金文有"孚人万三千八十一人",用的正是抓获的本义,后这个意义另造了"俘"来记录。"孚"也可表示诚信、符合的意义,比如"孚信""相孚"。《说文》:"孚,卵孚,从爪从子。""孚"又音fū,表示孵化的意思,后这个意义由"孵"来记录。

舀 yǎo
战文—小篆—隶书—楷书

会意字,战国文字从爪从米从臼,会人手从捣臼中掏取稻米之意,至小篆演变为从爪从臼的"舀",沿用至今。《说文》:"舀,抒臼也。""舀"本义指用瓢、勺等获取东西,如"舀水""舀汤"。

为(爲) wéi
甲骨文—金文—战文—小篆—隶书—楷书—简化字

会意字,甲骨文从又从象,金文变作从爪从象,象一只手牵着一头大象形,会劳作之意,本义指劳作、作为。在远古时期,中原地区气候温暖,人们驯服大象为人类劳作,甲骨文字形正好反映了这一古老的信息,后字形逐渐演变,至小篆已不见大象形,但还是保留了从爪的构意。"为"也可表示治理、担任、变成、行为、学习的意义,比如"为政""为官""成为""所作所为""为学"。

印 yìn
甲骨文—金文—战文—小篆—隶书—楷书

会意字,从爪从卪(jié),甲骨文象手按住人使跪下之形,是"抑"的初文,本义指按住、往下压,后这个意义另造了从手的"抑"来记录。《说文》:"印,执政所持信也。"这里"印"指印章,应是由按住的意义引申来。"印"也可表示相合、使物上留下痕迹、记号、印刷的意义,比如"心心相印""印上去""印记""印书。"

色^{sè} 甲骨文—战文—小篆—隶书—楷书

会意字,战国文字从爪从卩(jié),象手放在人的面前,有学者认为会面部颜色之意,或累加"頁(xié)"表示颜面,后字形逐渐演变,至楷书变作从刀从巴的"色",沿用至今。《说文》:"色,颜气也。""色"本义指脸上的神情气色,即脸色,如"谈虎色变"。"色"也可表示女色、情欲、颜色、景象、品种的意义,比如"美色""色欲""色彩""景色""各色各样"。

艺(藝)^{yì} 甲骨文—金文—战文—小篆—隶书—楷书—简化字

会意字,甲骨文、金文象一个人跪着用双手捧持禾苗或树苗栽种形,会种植之意,晚期金文开始将所持的木与双手分离,种植义不明显,后字形逐渐演变,至小篆变作"埶(yì)",已完全看不出种植的构意,隶书又繁化作"藝",沿用至楷书。《说文》:"埶,种也。"《集韵》:"埶,或作藝。""艺"本义指种植,如"园艺"。《孟子》有"后稷教民稼穑,树艺五谷",用的正是本义。"艺"也可表示才能、文章的意义,比如"才艺""文艺"。"藝"简化字作"艺",是以笔画少的声符代替笔画多的声符。

八

足部动作类

足 zú

甲骨文 金文 战文 小篆 隶书 楷书

象形字，甲骨文有繁简二体，繁体象连腿带脚的整个下肢之形，简体作从口从止，金文、战国文字承袭了甲骨文的简体写法，最终演变成"足"，沿用至今。《说文》："足，人之足也，在下。"《六书故》："足，自股胫而下通谓之足。""足"本义指人体下肢的总称，与"手"相对，统称手足，也泛指动物的蹄或爪、植物的根茎、物体的基部等。"足"也可表示充分、富裕、满、多、可以的意义，比如"充足""富足""满足""足够""足以"。

跟 gēn

小篆/或体 秦隶 汉隶 楷书

形声字，小篆从足艮声，或体从止艮声，隶书承袭了小篆的写法，沿用至今。《说文》："跟，足踵也。""跟"本义指脚后跟，俗称脚跟，如成语"接踵而至"，用的正是本义。"跟"也可表示物体底部或后部、追随、适合、同的意义，比如"鞋跟""跟随""跟脚""跟我走"。

践(踐) jiàn

战文 小篆 隶书 楷书 简化字

形声字，战国文字从彳戔(jiān)声，小篆演变为从足戔声，沿用至今。《说文》："践，履也。"这里"履"有踩的意思。"践"本义指踩踏，如"践踏"。"践"也可表示到、履行、依循、遵守的意义，比如"践临""践言""践迹""践行"。

跪 guì

战文 小篆 隶书 楷书

形声字，战国文字从止危声，小篆演变为从足危声，沿用至今。《说文》："跪，拜也。""跪"本义指屈膝，就是双膝或单膝着地，如"跪拜""跪下"。"跪"也可表示弯曲、足的意义，比如"跪手指""刖(yuè)跪"。

蹈 dǎo

形声字,从足舀声。《说文》:"蹈,践也。""蹈"本义指践踏,如"赴汤蹈火"。"蹈"也可表示跳、遵循、登上的意义,比如"舞蹈""循规蹈矩""蹈腾"。

路 lù

会意字,从足从各,各兼表音,"各"甲骨文象足至坎穴之形,有到达的意思,大概会足所到之处即为道路之意。《说文》:"路,道也。""路"本义指道路,如大路、水路等。"路"也可表示经过、规律、条理的意义,比如"路过""路数""纹路"。

距 jù

会意字,从足巨声。《说文》:"距,鸡距也。""距"本义指鸡、鸟等腿后突出的像脚趾的部分,也泛指兽类腿后像趾的突出部分,如足距、爪距等。"距"也可表示为弯曲似距之物(例如古代兵器上或鱼钩上的倒刺)、到达、违离的意义,比如"锋距""距今""距离"。

止 zhǐ

象形字,甲骨文象人足之形,有填实和勾勒轮廓两种写法,是"趾"的初文,本义指足。《广韵》:"止,足也。"说的正是本义。"止"也引申指脚趾,后这个意义另造了从足的"趾"来记录。足在人体的下面,所以又引申为地基义,如《说文》:"止,下基也。"说的就是这个意义。"止"也可表示停止、静止、阻拦、容止的意义,比如"止步""心如止水""禁止""举止"。

之 zhī

会意字,甲骨文从止从一,"一"代表地面,会足趾从地面离开前往某处之意，本义指前往。《尔雅》："之，往也。"说的就是这个本义。《孟子》有"滕文公为世子，将之楚，过宋而见孟子"，用的也是本义。"之"主要用作代词，相当于它、他、这、那等语义关系。

正 zhèng　甲骨文—金文—战文—小篆—隶书—楷书

会意字，甲骨文从止从囗，囗象城邑之形，会征伐城邑之意，本义是指征伐，后这个本义另造了"征"来记录。《说文》："正，是也。""正"主要指正中、平正义，如《尚书》有"惟木从绳则正"，用的就是正中的意义。"正"也可表示正直、匡正、治罪、正面、颜色或味道不杂、常例、与"负"相对的意义，比如"公正""纠正""正法""正反两面""纯正""正常""正数"。

征¹ zhēng　甲骨文—金文—战文—小篆—隶书—楷书

会意字，从彳从正，正兼表音，"彳"是"行"左半字形，有道路的意思，"正"是"征"初文，合起来会在道路上远征或征伐之意。《说文》："征，正行也。""征"本义指征伐，如"征战"，也可表示远行、争夺的意义，比如"长征""征利"。"征"也是"徵"的简化字，表示征召、征求、征收的意义。

征²（**徵**）zhēng　金文—战文—小篆—隶书—楷书—简化字

会意字，金文从辵从𢼄，从𢼄构意不明，小篆演变成从壬从微省的会意字，具体构意也不明晰。《说文》："徵，召也。""征"主要指征召义。《史记》有"于是黄帝乃征师诸侯，与蚩尤战于涿（zhuō）鹿之野"，用的正是征召的意思。"征"也可表示求取、敛收、租税、迹象的意义，比如"征求""征收""征税""征兆"。"徵"简化字作"征"不是新造字形，而是合并了远征的"征"，今"征"既是"徵"的简化字，也是远征的"征"本字。

乏 fá

指事字,战国文字"乏"与"正"仅一笔之差,"正"是横笔而"乏"作斜笔,大概取非正即乏的造字意图。《说文》:"乏,《春秋传》曰:'反正为乏。'"说的就是这个构意。"乏"本义指不正,但这个意义文献罕用。"乏"主要表示缺少、疲倦、废的意义,比如"缺乏""困乏""乏废"。

奔 bēn

会意字,从夭从三止,金文象一人摆动双臂疾速快跑之形,三止表示足多而跑得快,合起来会快速跑动之意。《说文》:"奔,走也。"这里"走"有跑的意思。"奔"本义指快速跑,如成语"奔走相告"用的就是本义。"奔"也可表示逃跑、追逐、崩落、古时女子私去与男子结合的意义,比如"奔逃""奔驰""奔溃""私奔"。

是 shì

会意字,从日从正,早期金文构形不明,说法不一,郭沫若认为是钥匙的"匙"本字,也有学者认为是虫类,至小篆固定为从日从正的会意字,沿用至今。《说文》:"是,直也。""是"主要指直或正,与"曲"相对,如"是非曲直"。"是"也可表示正确、肯定的意义,比如"一无是处""是的"。"是"也用作虚词,相当于此、这、于是等意义。

前(歬) qián

会意字,甲骨文从止从舟从行,象人足在舟上形,从行表示与道路或行走相关,金文省作从止从舟的"歬",会前进之意,至战国文字演变为"前",沿用至今。《说文》:"歬,不行而进谓之歬。从止在舟上。""前"本义指前进、往前走,后多泛指在方位和时间上与"后"相对,如"前门""前天"。"前"也可表示近距离、预先、未来的意义,比如"跟前""先前""前景"。"歬"简化字作"前",是沿用了战国文字和隶书的写法。

历¹(歷) lì　𣥺—歷—歷—歷—歷—历
　　　　　　　甲骨文　金文　小篆　隶书　楷书　简化字

形声字,甲骨文从止秝(lì)声,金文变作从止厤(lì)声,沿用至楷书。《说文》:"歷,过也。""历"本义指经过、经历,也可表示越过、遍、各个或各次的意义,比如"历位""历举""历年"。"歷"还引申为日月星辰的运行现象,后来这个意义另造了从日的"曆"来记录,专指历法、天象义。今"歷""曆"二字合并,都以"历"作为它们的简化字。

历²(曆) lì　曆—曆—曆—曆—历
　　　　　　　小篆　汉篆　隶书　楷书　简化字

形声字,从日厤(lì)声。《玉篇》:"曆,象星辰,分节序四时之逆从也。""曆"本义指推算日月星辰运行及季节时令的方法,俗称历法,也可表示历书、年代、数目的意义,比如"老黄历""历年""历数"。"歷"是"曆"的初文,二字文献古通,今又合并为一字,都以"历"作为它们的简化字,所以"历"既指经历义,也表示历法等意义。

归(歸) guī　𨑝—𨑝—𨑝—歸—歸—歸—归
　　　　　　　甲骨文　金文　战文　小篆　隶书　楷书　简化字

形声字,甲骨文从帚(zhǒu,婦省)𠂤(duī)声,金文开始加"辵"表意,表示和行走的意义相关,小篆承袭了金文的写法,最终演变成从帚从止𠂤声的"歸"。《说文》:"归,女嫁也。""归"本义指女子出嫁。《国语》有"秦伯归女五人",大意是说秦穆公把五个女子出嫁给(重耳),用的正是本义。"归"也可表示返回、归还、向往、专任、结局的意义,比如"归家""完璧归赵""归依""归属""归宿"。

步 bù　𣥒—𣥒—𣥒—步—步—步
　　　　　　　甲骨文　金文　战文　小篆　隶书　楷书

会意字,甲骨文、金文从二止,象左右足一前一后相承之形,会行走之意。《说文》:"步,行也。""步"本义指行走,俗称步行。"步"也可表示慢走、跟随、测量、古代长度单位、步兵、步伐的意义,比如"踱步""步随""步量""六尺为步""步军""迈步"。

岁(歲) suì

甲骨文　金文　战文　小篆　隶书　楷书　简化字

形声字,从步戉(yuè)声,金文、战国文字延续了这种写法,小篆将"戉"变作"戌(xū)",变成从步戌声的形声字。《说文》:"岁,木星也。""岁"本义指木星,木星运行一星次为十二个月,也就是一年,所以"岁"又引申为年,俗称年岁,一岁即一年。"岁"也可表示时光、年龄、年景的意义,比如"岁月""岁数""丰岁"。

此 cǐ

甲骨文　金文　战文　小篆　隶书　楷书

会意字,从人从止,会以足踏人之意,本义指踩踏,是"跐(cǐ,践踏)"的初文。甲骨文、金文中"此"多用作人名或代词。"此"主要用作代词,相当于这、这个,比如"此人""顾此失彼",也可表示时间,相当于今,如"此时""此刻"。

出 chū

甲骨文　金文　战文　小篆　隶书　楷书

会意字,甲骨文从止从凵(kǎn),表示人的足趾从坎穴离出之意,后字形不断演变,至隶书演变成"出",沿用至今。《集韵》:"出,自内而外也。""出"本义指从里面到外面,与"入""进"相对,如出入、进出等。"出"也可表示离开、出现、产生、制作、到、超出的意义,比如"出去""水落石出""产出""出品""出席""出轨"。

先 xiān

甲骨文　金文　战文　小篆　隶书　楷书

会意字,甲骨文从止从兀(wù,人首),会行在人前之意,后字形逐渐演变,至小篆已变得不见止形,隶书演变作"先",沿用至今。《说文》："先，前进也。""先"本义指前进，但这个意义文献罕用。"先"主要表示时间或次序在前的、首要的事情、古代、称呼已去世的尊长、祖先的意义，比如"先前""以民为先""先民""先姑""先人"。

登 dēng

会意字，甲骨文从癶（bō）从豆，或加"廾（gǒng）"表意，这里的"豆"不是表器皿或蔬菜的"豆"，而是象车之形，"癶"表两足张开，整个字形会人两足张开上车，并以两手捧登车之物的构意，本义指上车。《说文》："登，上车也。"说的正是本义。"登"也可表示升、高、升迁、丰收、记载的意义，比如"登天""登高""荣登""五谷丰登""登载"。

韦（韋）wěi

会意字，甲骨文从囗（wéi）从二止，"囗"象城邑形，"止"指足趾义，合起来会围在城邑四周攻城或守城之意，本义当指围城，但这个意义文献罕用。"韦"主要表示熟皮、加工皮革的工匠、姓氏的意义，比如"韦编三绝""韦匠""韦氏"。

韩（韓）hán

形声字，小篆从韦倝（gàn）声，隶书省去右上的"入"作"韓"，沿用至今。《说文》："韩，井垣也。"这里"垣"有墙壁的意思。"韩"本义指水井周围的栏圈，但这个意义文献少用。"韩"主要表示古国名、姓氏的意义，比如"韩国""韩氏"。

迹 jì

形声字，金文从辵（chuò）朿（cì）声，战国文字变作从辵亦声，小篆承袭了战国文字的写法，沿用至今。这里"辵"甲骨文作 ，从彳从止,会人足在道路上行走之意,楷书偏旁简化作"辶",常用在字的左旁表意,表示和足部动作或行走相关的构意。《说文》:"迹,步处也。""迹"本义指脚印、足迹。《庄子》有"夫迹,履之所出",说的就是本义。"迹"也可表示行踪、业绩、痕迹、效法、追踪的意义,比如"行迹""事迹""血迹""有迹可循""踪迹"。

徒 tú

形声字,从辵土声,隶书将"辵"的"彳"变作"亻",同时把"土"和左下的"止"合并,变成一个从彳从走的会意字,沿用至今。《说文》:"徒,步行也。""徒"本义指步行,俗称徒步或徒行。"徒"也可表示跟从的人、同一派别的人、门人、服劳役的犯人、空的、白白的意义,比如"同徒""徒党""徒弟""囚徒""徒手""徒劳"。

述 shù

形声字,从辵术声。《说文》:"述,循也。""述"本义指遵循。《礼记》有"父作之,子述之",用的正是本义。"述"也可表示记叙、阐述前人的成说、古代的一种文体等意义,比如"申述""著述""序述"。

随(隨) suí

形声字,从辵隋(suí)声,战国文字、小篆的"随"都是从辵隋声的左右结构,隶书将"辵"穿插于"隋"中间,变成"随",沿用至今。《说文》:"随,从也。""随"本义表跟从、随从,如"跟随"。"随"也可表示顺着、顺便、放任、追逐、接着的意义,比如"随风""随笔""随意""随寻""随即"。

适(適) shì

形声字,从辵啇(dí)声。《说文》:"適,之也。"这里"之"有前往、到的意思。"适"本义指到、前往。《诗经》有"适子之馆兮",大意是说前往你的房屋,用的正是本义。"适"可表示符合、恰当、快乐、调理的意义,比如"适合""适当""舒适""调适"。"適"简化字作"适",是以笔画少的声符代替笔画多的声符,同时与音 kuò 的"适"(疾速,主要用于人名)同形,二字现都作"适"。

过(過)guò

金文 — 战文 — 小篆 — 隶书 楷书 — 简化字

形声字,金文从辵(或从止)呙(guǎ)声,至战国文字演变成从辵咼(guō)声的"過",沿用至楷书。《说文》:"过,度也。"这里"度"有经过的意思。"过"本义指经过,如"三过家门"。"过"还表示渡过、去世、过失、转移、度过的意义,比如"过江""过世""过错""过户""过活"。

进(進)jìn

甲骨文 金文 战文 小篆 隶书 楷书 简化字

会意字,甲骨文从止从隹,象人足靠近鸟之形,表示上前的意思,金文变作从辵从隹,沿用至楷书。《说文》"进,登也。""进"本义指向前、向上移动,如"前进""进步"。"进"也可表示行走、长进、增强、举荐、奉献、进入的意义,比如"行进""进步""促进""引进""进酒""进城门"。"進"简化字作"进",是以笔画少的声符代替笔画多的义符。

造 zào

金文 战文 小篆 隶书 楷书

形声字,从辵从告,告兼表音,会行走告知之意。《小尔雅》:"造,适也。""造"本义指去到某处、前往,如"造访"。"造"也可表示成就、给予生命、制作、开始、建立、虚构的意义,比如"造就""再造之恩""制造""造始""建造""伪造"。

迅 xùn

战文 小篆 隶书 楷书

会意字,从辵从卂(xùn),卂兼表音,"卂"金文作 ,象鸟疾飞而不见羽毛形,本义指疾飞,是"迅"的初文,至战国文字开始加"辶"表意,分化出"迅",沿用至今。《说文》:"迅,疾也。""迅"本义指速度快、疾速的意义,如"迅速""迅猛"。《论语》有"迅雷风烈必变",用的正是本义。

速 sù 甲骨文—金文—战文—小篆—隶书—楷书

形声字,甲骨文从彳束声,金文演变为从辶束声,小篆承袭了金文的写法,沿用至今。《说文》:"速,疾也。""速"本义指迅速。《论语》有"欲速则不达,见小利则大事不成",用的正是本义。"速"也可表示招请、速度的意义,比如"不速之客""车速"。

通 tōng 甲骨文—金文—战文—小篆—隶书—楷书

形声字,甲骨文、金文从辶用声,至小篆演变为从辶甬(yǒng)声,沿用至今。《说文》:"通,达也。""通"本义指到达,如"通达"。《国语》有"道远难通,望大难走",用的正是本义。"通"也可表示贯穿、交换、交往、顺畅、连接、明白、传达、透彻的意义,比如"贯通""流通""交通""通顺""接通""通晓""通报""通透"。

还(還) hái 金文—战文—小篆—隶书—楷书—简化字

形声字,从辶睘声。《说文》:"还,复也。""还"读音 huán,本义指返回,如"返还"。"还"也可表示恢复、交还、回头、偿还、回击的意义,如"还原""归还""还顾""还钱""还嘴"。"还"又音 hái,用作副词,表示持续、转折、选择的语义关系,如"还在""还有""还是"。

返 fǎn 金文—战文—小篆—隶书—楷书

会意字,从辶从反,反兼表音,会往回走之意。《说文》:"返,还也。""返"本义指回归、回来,如"返回"。"返"也可表示归还、回转的意义,比如"返现""折返"。

选(選) xuǎn 　 𢁴—選—選—選—选
　　　　　　　　战文　小篆　隶书　楷书　简化字

会意字,从辵从巽(xùn,消散),巽兼表音,会散开或遣散之意。《说文》:"选,遣也。""选"本义指遣送、放逐,也可表示选择、选举、选本的意义,比如"挑选""选代表""文选"。"選"简化字作"选",是以笔画少的声符代替笔画多的声符。

逮 dài 　 𨒌—逮—逮肆—逮
　　　　　　　战文　小篆　隶书　楷书

会意字,从辵从隶(dài),隶兼表音,"隶"金文作𪑛,象手持牛尾形,本义指追赶上、逮住,是"逮"的初文,战国文字加"辵"表意,分化创造出"逮",沿用至今。《说文》:"逮,及也。""逮"本义指追赶上,如"逮及"。"逮"也可表示抓捕、抓住的意义,比如"逮捕""逮住"。

迁(遷) qiān 　 𠨧—𠨭—𢍱—遷—遷—迁
　　　　　　　　金文　战文　小篆　隶书　楷书　简化字

会意字,金文以"罨(qiān)"为"迁",战国文字加"辵"表意,变成从辵从罨,罨兼表音的会意字。《说文》:"迁,登也。""迁"本义指向上移。《诗经》有"出自幽谷,迁于乔木",用的正是本义。"迁"也可表示移换所在地、移动、变更、晋升、流放、降职的意义,比如"乔迁之喜""迁徙""变迁""升迁""迁谪""南迁"。"遷"简化字作"迁",是用笔画少的声符代替笔画多的声符。

运(運) yùn 　 蓮—蓮—運—運—运
　　　　　　　　小篆　汉篆　隶书　楷书　简化字

形声字,从辵軍声。《说文》:"运,迻(yí)徙也。"这里"迻徙"有移动的意思。"运"本义指移动,如"运动""运行"。"运"也可表示转动、运送、运用、气数的意义,比如"运转""运粮食""运筹帷幄""命运"。"運"简化字作"运",是用笔画少的声符代替笔画多的声符。

送 sòng

会意字，从辵从弁(zhuàn)，从弁构意不明，至楷书演变从辵从关的"送"，沿用至今。《说文》："送，遣也。""送"本义指遣去、送亲。《春秋》有"夏，单伯送王姬"用的正是本义。"送"也可表示陪送、输送、馈赠、了结的意义，比如"送行""送茶送饭""赠送""断送"。

迟(遲) chí

形声字，甲骨文从彳犀声，金文加"止"表意，最终演变成从辵犀声，沿用至楷书。《说文》："迟，徐行也。"意思是说缓慢地行走即为迟。"迟"本义指缓慢走。《诗经》有"行道迟迟，中心有违"，这里"迟迟"指缓慢走，用的正是本义。"迟"也可表示缓慢、晚、反应慢、犹豫的意义，比如"迟缓""迟到""迟钝""迟疑"。"遲"简化字作"迟"，是以笔画少的声符代替笔画多的声符。

连(連) lián

会意字，从辵从車，会拉车前行之意。《说文》："连，负车也。"这里"负"是指背负，负车就是拉车。"连"本义指古代用人拉的车，但这个意义文献罕用。"连"主要表示联合、连接、连续、缝补、连同、牵连的意义，比如"连句""心连心""接连不断""缝连""连带""连累"。

达(達) dá

会意字，从辵奎(dá)声，"奎"从羊大声，本义指小羊羔，这里用作纯粹的声符。《玉篇》："达，通也。""达"本义指通畅，如"四通八达"。"达"也可以表示一般的到、全面、豁然、显贵、表述、传送的意义，比如"到达""达观""豁达""达官贵人""达意""传达"。"達"简化字作"达"，是以笔画少的声符代替笔画多的声符。

遗(遺) yí 金文—战文—小篆—隶书—楷书—简化字

会意字，金文从辵(或从彳)从貴，貴兼表音，"貴"金文作 ，象小物有所遗失形，含有丢失的意思，整个字形会行有所失之意。《说文》："遺，亡也。""遗"本义指丢失、遗失。《韩非子》有"齐桓公饮酒醉，遗其冠"，用的正是本义。"遗"也可表示遗漏、遗失的东西、舍弃、留下、剩余、脱离的意义，比如"补遗""路不拾遗""遗弃""遗留""暴露无遗""遗世"。

迷 mí 战文—小篆—隶书—楷书

形声字，从辵米声。《说文》："迷，惑也。""迷"本义指困惑，如"迷乱"。"迷"也可表示不辨方向、失误、遮盖、媚惑、沉醉于某一事物的意义，比如"迷路""迷失""迷眼睛""迷人""球迷"。

追 zhuī 甲骨文—金文—战文—小篆—隶书—楷书

会意字，从辵从自(duī)，自兼表音，"自"在《说文》训为小土堆，但在甲骨文、金文中多借作"師(师)"指军队的意思，这里大概会追赶军队之意。《说文》："追，逐也。""追"本义为追赶，追赶的对象一般为人，如追寇、追戎。"追"也可表示随从、回溯、补救、探究、逮捕、收缴、祭祀先人、召回的意义，比如"追随""追溯""追悔""追究""追捕""追缴""追念""追回"。

逐 zhú 甲骨文—金文—战文—小篆—隶书—楷书

会意字，甲骨文从止(趾)从豕(shǐ)，象野猪跑而追赶形，金文变作从辵从犬，作追犬之状，但凡追逐动物都可称作逐。《说文》："逐，追也。""逐"本义指追赶，在甲骨文中追赶的对象一般为兽类，也可表示驱赶、竞争、依次的意义，比如"驱逐""竞逐""逐一"。"追""逐"都可以表示追赶的意思，但是古文字的造意不同，用法也有细微差别,今天的某些词语中还保留了这种区别的印记,如"追求"不说"逐求",因为追的对象是人;"逐鹿中原"不说"追鹿中原"等。

近 jīn

形声字,从辵斤声。《说文》:"近,附也。"这里"附"有附近的意思。"近"本义指附近,与"远"相对。"近"也可表示历时短、逼近、接近、浅显、接近的意义,比如"近期""靠近""临近""浅近""将近"。

远(遠) yuǎn

形声字,从辵袁声。《说文》:"远,辽也。""远"本义指遥远,即空间的距离大,也可指久远,即时间的距离长。"远"也可表示一般的差距大、深奥、高、大、疏离的意义,比如"远处""深远""高远""远大""疏远"。"遠"简化字作"远",是用笔画少的声符代替笔画多的声符。

遥 yáo

形声字,从辵䍃(yáo)声,"䍃"从肉缶声,今写作"䍃",在这里用作纯粹的声符。《方言》卷六:"遥,远也。梁楚曰遥。""遥"本义指远,俗称遥远。《礼记》有"自江至于衡山,千里而遥",用的正是本义。"遥"也可表示长、飘荡、逍遥的意义,比如"遥遥无期""遥荡""逍遥游"。

辽(遼) liáo

形声字,从辵尞(liáo)声。《说文》:"辽,远也。""辽"本义指遥远,如"辽视"。"辽"也可表示开阔、久远、河流名、朝代名、辽宁省的简称等意义,比如"辽阔""辽远""辽河""辽国""辽东"。"遼"简化字作"辽",是以笔画少的声符代替笔画多的声符。

道 dào

金文 战文 小篆 隶书 楷书

会意字，金文从行从首，首兼表音，或又加"止"表意，大概表示人行走在道路上，或人首在行路上引导的构意。《说文》："道，所行道也。"说的是人行于道上的意思。"道"本义指道路。《诗经》有"其道如砥，其直如矢"，用的正是本义。"道"也引申出了许多和道路相关的意义，表示路程、经过、水道、门类、方法、道德等，比如"水陆两道""取道""河道""门道""经世之道""道义"。

边（邊）biān

金文 战文 小篆 隶书 楷书 简化字

形声字，金文从彳臱（biān）声，战国文字开始加"止"表意，演变成从辵臱声，沿用至楷书。《说文》："边，行垂崖也。"这里"垂崖"表山崖的意思，行垂崖就是行走在山崖边上。"边"本义指边际，就是事物的界限，如"无边无际"。"边"也可表示旁边、边缘、边境、尽头的意义，比如"左边""镶边""边界""望不到边"。

逃 táo

金文 战文 小篆 隶书 楷书

形声字，金文从彳兆声，至战国文字加"止"表意，最终演变成从辵兆声，沿用至今。《说文》："逃，亡也。""逃"本义指逃亡、逃走，如"逃跑"。"逃"也可表示躲避、离开、窜匿的意义，比如"逃避""逃离""逃窜"。

退 tuì

战文 小篆/古文 隶书 楷书

会意字，战国文字从辵从夊（suī，象倒足形）从日，小篆演变成从彳从夊从日，都是表示在路上倒行的构意。《说文》："退，却也。""退"本义指退却、后退，如"退步"。"退"也可表示离去、返回、谦让、消失、除去的意义，比如"引退""退回""退让""退潮""退毛"。

迈(邁) mài

形声字,从辵萬声。《说文》:"迈,远行也。""迈"本义指远行、出行。《诗经》有"我日斯迈,而月斯征",大意是说我天天在外奔波,月月在外远行,用的正是本义。"迈"也可表示向前举步、远离、时光消逝、超越的意义,比如"迈步""逾迈""年迈""超古迈今"。

巡 xún

形声字,从辵巜(川)声。《说文》:"巡,延行貌。""巡"本义指来往查看,俗称巡视,如"巡查""巡警"。"巡"也可表示一般的行走、抚慰、遍的意义,比如"巡行""巡靖黎民""酒过三巡"。

遵 zūn

形声字,从辵尊声。《说文》:"遵,循也。""遵"本义指沿、顺着,如"遵循"。"遵"也可表示依照、俊才、羊枣的意义,比如"遵命""遵俊""遵枣"。

逾 yú

形声字,从辵俞声。《说文》:"逾,越进也。"越进就是有所超越而进。"逾"本义指越过。《尚书》有"逾于洛,至于南河",大意是说越过洛河,到达南河,用的正是本义。"逾"也可表示经过、超过、愈加的意义,比如"逾寒冬""逾十年""逾新"。

迎 yíng

形声字,从辵卬(áng)声。《说文》:"迎,逢也。""迎"本义指遇、相逢,如"迎接"。"迎"也可引申为奉承、面向着、往迎的意义,比如"迎合""迎面""迎亲"。

逆 nì

会意字，从辵从屰(nì)，屰兼表音，"屰"甲骨文、金文象倒人形，是"逆"的初文，有不顺的意思，从辵表示与行走的意义有关。《说文》："逆，迎也。"这里"逆"指迎接义。《方言》有"逆，迎也。自关而东曰逆，自关而西或曰迎"，"迎""逆"在表迎接的意义上主要是方言用字的差异。"逆"主要表示倒着、不顺从、拒绝、叛乱的意义，比如"倒行逆施""忤逆""逆苦""叛逆"。

避 bì

形声字，从辵辟声。《说文》："避，回也。"这里"回"有回避的意思。"避"本义指回避、躲避，如"避实就虚"。"避"也可表示离开、辞让、防止的意义，比如"避开""避退""避免"。

遇 yù

形声字，金文从辵寓声，战国文字变作从辵禺声，小篆承袭了战国文字的写法，沿用至今。《说文》："遇，逢也。""遇"本义指相逢、不期而会，如"遇见""不期而遇"。"遇"也可表示遭受、得志、机会、抵挡、对待的意义，比如"遭遇""知遇之恩""际遇""遇敌""待遇"。

遣 qiǎn

本为会意字，甲骨文从二手从𠂤(duī)，是"遣"的初文，但构意不明；金文开始加"辵"表意，演变成从辵从𠳋(qiǎn)，𠳋兼表音的形声字，沿用至今。《说文》："遣，纵也。"《玉篇》："遣，送也。""遣"主要指释放、派遣义，如"遣散""遣送"。"遣"也可表示放逐、排除、古代丈夫休妻等意义，比如"遣官""派遣""遣妻"。

违(違) wéi

衛—躗—韓—違—違—违
甲骨文　金文　战文　小篆　隶书　楷书

形声字,从辵韋声。《说文》:"违,离也。""违"本义指离别,如"久违"。《诗经》有"行道迟迟,中心有违",用的正是本义。"违"也可表示违背、避开、过失、改变的意义,比如"违反""违寒""违失""违心"。

遂 suì

遂—遂—遂遂—遂
战文　小篆　隶书　楷书

形声字,从辵㒸声。《说文》:"遂,亡也。""遂"本义指逃亡,但这个意义文献罕用。"遂"主要表示成功、生长、称心、顺应的意义,比如"不遂""草木自遂""遂心如意""遂顺"。"遂"也用作副词,表示于是、竟然、终于等语义关系。

走 zǒu

夭—苍—走—走—走走—走
甲骨文　金文　战文　小篆　隶书　楷书

本为象形字,甲骨文象人跑摇摆两手之形,金文加"止"表意,大概会摆动双手在跑之意。《说文》:"走,趋也。"这里"趋"指小步快跑。"走"本义指跑、疾趋,如"奔走相告"。"走"也可表示逃跑、交往、离开、经过、步行的意义,比如"败走""走动""别走""走过场""走路"。

趋(趨) qū

趨—趨—趨趨—趨—趋
小篆　汉篆　隶书　楷书　简化字

形声字,从走芻声。《说文》:"趋,走也。"这里"走"有跑的意思。"趋"本义小步快跑,古人趋行以示恭敬。"趋"也可表示一般的行走、奔赴、追赶、投向、依附的意义,比如"趋行""趋赴""趋之若鹜""趋向""趋附"。

起 qǐ

起—起—起—起—起
战文　小篆　隶书　楷书

形声字,小篆从走巳(sì)声,楷书演变作从走己声,沿用至今。《说文》:"起,能立也。""起"本义指立,就是由躺而坐或由坐而立,俗称起立。"起"也可表示物体竖立、升起、凸起、动身、举用、兴建的意义,比如"竖起""起雾""隆起""起身""起用""起造"。

赵（趙）zhào

金文—战文—小篆—隶书—楷书—简化字

形声字,从走肖声。《说文》:"赵,趋赵也。"这里"趋赵"有小步快跑的意思。"赵"本义指疾行,但这个意义文献罕用。"赵"主要表示古国名、姓氏的意义,比如"赵国""赵氏"。"趙"简化字作"赵",是用笔画少的符号替代笔画多的声符。

越 yuè

战文—小篆—隶书—楷书

形声字,从走戉(yuè)声。《说文》:"越,度也。""越"本义指度过、跨过,如"越墙""跨越"。"越"也可表示经过、超出、更加的意义,比如"越过""超越""越发"。

趣 qù

金文—战文—小篆—隶书—楷书

形声字,从走取声。《说文》:"趣,疾也。""趣"本义指疾速、行动迅速,但这个意义文献罕用。"趣"主要表示旨意、好尚、趣味、情态或风致的意义,比如"意趣""志趣""兴趣""情趣"。

赴 fù

战文—小篆—隶书—楷书

形声字,从走卜声。《说文》:"赴,趋也。""赴"本义指趋走、前往,如"奔赴"。"赴"也可表示到达、跳进、投身、向前跌倒的意义,比如"赴会""赴江""赴战""前赴后继"。

超 chāo

小篆—汉篆—隶书—楷书

形声字,从走召声。《说文》:"超,跳也。""超"本义指跃上、跳上。

《左传》有"左右射,超乘而出",这里"超乘"指跳车,用的正是本义。"超"也可表示胜过、迅速、超脱、远的意义,比如"超出""超速""超凡脱俗""超远"。

延 yán

会意字,金文从彳从止,会在路上行走之意,小篆将"彳"变作"廴(yǐn)",于是产生了长行的构意,沿用至今。《说文》:"延,长行也。"《尔雅》:"延,长也。""延"本义指长行,也引申为一般的长或久,如"延长"。"延"也可表示伸长、拖延、播扬、连及的意义,比如"延伸""延期""延誉""蔓延"。

廷 tíng

形声字,从廴(yǐn)壬(tǐng)声,从廴构意不明。《说文》:"廷,朝中也。""廷"主要指朝廷义,就是君王上朝布政的地方,有中廷、大廷、东廷等。"廷"也可表示一般的官署、庭院、正直的意义,比如"府廷""廷内""廷正"。

建 jiàn

会意字,从廴(yǐn)从聿(yù),但构意不明。《说文》:"建,立朝律也。"这里"建"指国家立法的意思,但这个意义文献少用。"建"主要表示一般的建立、设置、封赐、树立、提议的意义,比如"建党""建设""封建""建立""建议"。

致 zhì

会意字,甲骨文从至从卩(jié),象一个人跪着到来的样子,大概表示送来或送到之意,战国文字演变为从至从夊(suī),小篆承袭了战国文字的写法,楷书又变"夊"为"夂"。《说文》:"致,送诣(yì)

也。"这里"送诣"有送到的意思。"致"本义指送到,如"致以问候"。"致"也可表示传达、招引、导致、情趣的意义,比如"致敬""招致""致使""兴致"。

各 gè — 甲骨文 — 金文 — 战文 — 小篆 — 隶书 — 楷书

会意字,甲骨文从夂(zhǐ)从凵(kǎn),会足走向坎穴之意,本义指来、到。金文有"王各于成宫",大意是说王来到成宫,用的正是本义,但这个意义传世文献很少使用。"各"主要用作代词,指一定群体中的不同个体,比如"各个""各自"。

九

口部动作类

口 kǒu

甲骨文 金文 战文 小篆 隶书 楷书

象形字，甲骨文、金文象人口之形，本义指口。《说文》："口，人所以言食也。"意思是说口是人用来言语和进食的器官，说的正是本义。"口"也引申指口才、亲口、口味、人口的意义，还可表示容器通外面的部分、出入通过的地方等意义，比如"瓶口""入口"。凡以"口"作表意偏旁的字大多与口的意义相关，如"品""名""命""和"等。

品 pǐn

甲骨文 金文 小篆 隶书 楷书

会意字，从三口，会人口众多意，甲骨文有两种写法，后来逐渐固定为上一口下二口的结构，沿用至今。《说文》："品，众庶也。"这里"众庶"就是众多人的意思。"品"本义指众多，如"品物"。"品"也可表示事物的种类、等级、德行、格调、标准、评论的意义，比如"品种""上品""品德""品格""品味""品头论足"。

只¹ zhǐ

战文 小篆 隶书 楷书

指事字，战国文字"口"下的二斜线为示意符号，表示口中气流往下引之状，本义指发声的语气。《说文》："只，语已词也，象气下引之形。""只"用作句末语气词，表示感叹等语气。如《诗经》"母也天只，不谅人只"，大意是说我的妈啊，我的天啊，不体谅人啊，这里"只"表感叹的语气。"只"也用作副词，表示仅仅的意思，比如"只是""只有"。"只"也是"隻"的简化字，读音 zhī，如"一只鸟"。

只²（隻） zhī

甲骨文 金文 战文 小篆 隶书 楷书 简化字

会意字，从隹从又，会用手抓捕鸟之意，本义指擒获，后这个意义主要由"獲（获）"来记录。《说文》："隻，鸟一枚。""只"本义指禽鸟一只，但这个意义文献少用。"只"主要表示单、孤独的意义，比如"只日""只身"。"只"也可用作量词，如"一只鸡""三只船"。

九　口部动作类　　　　　　吻名君吉　301

"隻"简化字作"只"不是新造字形,而是合并了只有的"只",今"只"既是"隻"的简化字,也是"只(zhǐ)"本字。

吻 wěn　吻—吻臄—吻—吻
　　　　　战文　小篆/或体　隶书　楷书

形声字,战国文字从口勿声,《说文》或体又作从肉昏(hūn)声,小篆承袭了战国文字的写法,沿用至今。《说文》:"吻,口边也。""吻"本义指嘴唇,如"口吻"。"吻"也表示用嘴唇去接触人或物以表示爱的感情,比如"接吻""亲吻"。

名 míng　名—名—名—名—名
　　　　　甲骨文　金文　战文　小篆　隶书　楷书

会意字,从口从夕,可能是表示夜晚目不能相见用口自名之意。甲骨文中"名"不表名称义,多用作地名或祭祀名。"名"本义兼有名词和动词两用,用作名词,表示人的名字;用作动词,主要指自己称呼自己的名字。《说文》:"名,自命也。"说的就是自呼名字的意思。"名"也可表示指事物的名称、名分、声誉、出名的、种类的意义,比如"定名""名义""名声""名将""名目"。

君 jūn　君—君—君—君—君君—君
　　　　　甲骨文　金文　战文　小篆　隶书　楷书

会意字,从口从尹,尹兼表音,"尹"象手执权杖形,"口"表发号施令,合起来会手持权杖发布命令之意。《说文》:"君,尊也。从尹,发号,故从口。"说的就是这个构意。"君"本义指古代大夫以上具有土地的各级统治者的统称,可以是帝王,也可以是诸侯、大夫。"君"也可表示统治、封号、敬称的意义,比如"君国""孟尝君""夫君"。

吉 jí　吉—吉—吉—吉—吉—吉
　　　　　甲骨文　金文　战文　小篆　隶书　楷书

本为象形字,但所象不明,有学者认为甲骨文象竖起来的兵器形,也有的认为象玉圭之形,至今没有定论,至战国文字演变成从口从土的"吉",沿用至今。《说文》:"吉,善也。""吉"主要表示好、善的意义,如吉祥、吉语等。"吉"也可表示古代祭祀鬼神的礼仪、古州名、姓氏的意义,如"吉礼""吉安市""吉氏"。

和 hé

金文—战文—小篆—隶书—楷书

形声字,从口禾声。《说文》:"和,相应也。""和"读音 hè,本义指声音相应和,也可表示响应、答应、以诗歌酬答的意义,如"附和""应和""和诗"。"和"又音 hé,主要表示协调、适中、喜悦、和顺、融洽、和解、温暖的意义,比如"和谐""中和""和悦""心平气和""和睦""和平""温和"。"和"也用作虚词,连接两个并列的事物,如"我和你"。

问(問)wèn

甲骨文—金文—战文—小篆—隶书—楷书—简化字

形声字,从口門声。《说文》:"问,讯也。""问"本义指问讯、询问,也可表示考察、追究、打听、探望、讨论的意义,比如"过问""责问""问路""慰问""问政"。"問"简化字作"问",是由声符"門"简化字作"门"类推而来。

味 wèi

战文—小篆—隶书—楷书

形声字,从口未声。《说文》:"味,滋味也。""味"本义指滋味、味道,就是舌头尝到东西得到的感觉,如甜味、苦味等。"味"也可表示品尝、鼻子闻东西的感觉、体会的意义,比如"口味""气味""玩味"。

吃 chī

战文—小篆—隶书—楷书

形声字,从口乞声。《说文》:"吃,言蹇(jiǎn)难也。"这里"蹇"有言语不流利的意思。"吃"本义指口吃,就是说话结巴不流利。"吃"也可表示行动迟缓艰难、吞咽食物、下棋用语、耗费的意义,比如"吃力""吃饭""吃棋子""吃劲"。

含 hán

形声字,从口今声。《说文》:"含,嗛(xián)也。"这里"嗛"有用嘴含的意思。"含"本义指把东西放在口里,不咽下也不吐出来,如"含在嘴里"。"含"也可表示包容、藏在里面、忍受的意义,比如"包含""含有""含恨"。

召 zhào

形声字,从口刀声。《说文》:"召,𧦝(hū)也。"这里"𧦝"有呼唤的意思。"召"本义指呼唤、召唤,如"召呼"。《诗经》有"东方未明,颠倒衣裳,颠之倒之,自公召之",大意是说东方还没有天明,衣裳颠倒胡乱穿上,是因公家召唤,用的正是本义。"召"也可表示请、招致、征召、感召的意义,比如"召请""召祸""召兵""邀召"。

叫 jiào

形声字,从口丩声。《说文》:"叫,嘑(hū)也。"这里"嘑"有呼喊的意思。"叫"本义指呼喊,如"大喊大叫"。"叫"也可表示动物鸣叫、算是、召唤、使令的意义,比如"鸡叫""真叫忙""叫唤""叫高山低头"。

乎 hū

形声字,甲骨文从丨丨丨丂(kǎo)声,"丨丨丨"象气息分散上扬之形。《说文》:"乎,语之余也。从丂,象声上越扬之形也。"说的就是这个构意。"乎"本义指招呼或呼叫。甲骨文卜辞有"乎雀伐望?"意思是说招呼灵雀征伐望这个方国吗,用的正是本义。后这个本义主要由"評"(今并入"呼")来记录。"乎"主要用作语气词,表示疑问的语气,如"信乎?"

呼 hū　丫(乎)—乎—唿—呼呼—呼
　　　　甲骨文　金文　小篆　隶书　楷书

会意字,甲骨文、金文以"乎"为"呼",至小篆开始加"口"表意,分化出从口从乎,乎兼表音的"呼"。《说文》:"呼,外息也。""呼"本义指吐气,使气从口或鼻中出来,与"吸"相对,合称呼吸。"呼"也可表示大声叫喊、召唤、称道的意义,比如"呼喊""呼唤""称呼"。

号¹ háo　号—号—号号—号
　　　　　战文　小篆　隶书　楷书

形声字,从口丂(kǎo)声。《说文》:"号,痛声。""号"读音 háo,本义指大声哭,也引申为呼喊的意义,如"号叫""呼号"。"号"又音 hào,表示称谓、号令的意义,比如"称号""发号施令"。"号"也是"號"的简化字,记录了"號"的全部意义和用法。

号²(號) háo　號—號—號—號—号
　　　　　　　战文　小篆　隶书　楷书　简化字

形声字,从号虎声。《说文》:"號,呼也。""號"读音 háo,本义指大声呼叫。《诗经》有"式号式呼,俾昼作夜",用的正是本义。"号"也可表示动物鸣叫、风发出声音、大声哭的意义,如"鬼哭狼号""风号""号哭"。"号"又音 hào,表示召唤、命令、称谓、名称、标志、乐器名的意义,比如"号召""号令""称号""国号""记号""军号"。今"號""号"合并,以"号"记录它们的全部意义和用法。

吁 yù　吁—吁—吁—吁—吁
　　　　金文　战文　小篆　隶书　楷书

形声字,从口于声。《说文》:"吁,惊也。""吁"读音 xū,主要表示

九　口部动作类　　　唬喜同唐　305

惊叹的语气、叹息的意义,如"吁,小心""长吁短叹"。"吁"又音 yù,表示呼喊的意义,如"呼吁"。

唬 hǔ　　甲骨文—金文—战文—小篆—隶书—楷书

会意字,从口从虎,虎兼表音,会虎口发声之意。《说文》:"唬,虎声。""唬"读音 xiāo,本义指虎怒声,但这个意义文献罕用。"唬"又读 hǔ,表示脸色下沉、恐吓的意义,比如"唬起脸""吓唬"。

喜 xǐ　　甲骨文—金文—战文—小篆—隶书—楷书

会意字,从壴(zhù)从口,"壴"是"鼓"的初文,听到鼓乐声就快乐、欢乐的情绪表现在笑语中,故字从壴从口会意。《说文》:"喜,乐也。""喜"本义指欢乐、喜悦,如"欢喜""喜笑颜开"。"喜"也可表示吉庆的事、妇女怀孕、爱好的意义,比如"喜讯""有喜""喜爱"。

同 tóng　　甲骨文—金文—战文—小篆—隶书—楷书

会意字,甲骨文从口从廾,"廾"象一种四人抬东西的用具形,字形大概会四人用口令协调行动之意,本义指共同做事,后字形逐渐变异,最终演变成"同",沿用至今。《说文》:"同,会合也。"这里"同"指会合,应是由共同做事的意义引申而来。"同"也可表示诸侯朝见天子、相同、统一、共、和平的意义,比如"会同""同样""九州同""共同""大同"。

唐 táng　　甲骨文—金文—战文—小篆—隶书—楷书

形声字,甲骨文、金文从口庚声,后字形逐渐演变,至隶书演变作"唐",已几乎不见庚形。《说文》:"唐,大言也。""唐"本义指大话,如"荒唐"。"唐"也可表示朝代名、地名、姓氏的意义,比如"唐朝""唐山""唐氏"。

哀 āi

形声字，从口衣声。《说文》："哀，闵(mǐn)也。""哀"本义指怜悯、哀怜。《诗经》有"爰及矜人，哀此鳏寡"，大意是说可怜都是穷苦人，老而无妻及老而无夫之人心里伤悲，用的正是本义。"哀"也可表示悲伤、悲痛、凄清的意义，比如"悲哀""哀痛""哀嚎"。

嗣 sì

形声字，从口从册司声，大概表示以口宣读册命的意思。《说文》："嗣，诸侯嗣国也。""嗣"本义指继承君位，如"嗣君位"。"嗣"也可表示一般的继承、继承人的意义，比如"继嗣""子嗣"。

咳 ké

形声字，小篆从口亥声，古文从子亥声，隶书继承了小篆的写法，沿用至今。《说文》："咳，小儿笑也。孩，古文咳从子。""咳"读音 hái，本义指婴儿笑，也引申指小孩，后这两个意义主要由"孩"来记录。今"咳"已不再记录小孩义，而是完全分化成一个新字，读音 ké，主要表示咳嗽义，如"咳喘""咳痰"。

喘 chuǎn

形声字，从口耑(duān)声。《说文》："喘，疾息也。""喘"本义指急促呼吸，如"累得直喘"。"喘"也可表示轻声说话、气息的意义，比如"喘言""喘息"。

唯 wéi

形声字，从口隹声。《说文》："唯，诺也。""唯"读音 wěi，本义指应答声，是一个象声词，用于对长辈以表恭敬。"唯"又音 wéi，主要用作虚词，表示范围、原因、希望的语义关系，比如"唯有""唯君故""唯留意"。

咨 zī

形声字，从口次声。《说文》："咨，谋事曰咨。""咨"本义指商议、咨询。"咨"也可表示古代的一种公文、叹息的意义，比如"咨报""民怨民咨"。

咸¹ xián

会意字，从口从戌(xū)，"戌"甲骨文象斧钺形，从口意义不明，本义指杀伐。《逸周书》有"则咸刘商纣王"，这里"咸""刘"同义连文，都是杀伐的意思，用的正是本义。《说文》："咸，皆也、悉也。""咸"主要指普遍义，也可表示全部、感知的意义，比如"咸集""咸知"。"咸"也是"鹹"的简化字，表示像盐那样的味道，如"咸淡"。

咸²(鹹) xián

形声字，从卤(lǔ，盐卤)咸声。《广韵》："鹹，不淡。"《字汇》："鹹，盐味。""鹹"本义指像盐那样的味道，与"淡"相对。"鹹"也可表示苦、古地名的意义，比如"鹹苦""鹹地"。"咸""鹹"本为两个不同的字，今将"鹹"并入"咸"，所以"咸"既是咸集的"咸"本字，也是"鹹"的简化字。

呈 chéng

金文本为象形字，但所象不明，后字形逐渐讹变，至小篆演变为从口壬(tǐng)声的形声字，沿用至今。《广韵》："呈，示也，见也。""呈"主要指显露、呈现的意义，也可表示恭敬地送上、旧时的一种公文、姓氏的意义，比如"呈送""辞呈""呈氏"。

吐 tǔ

小篆 汉篆 隶书 楷书

形声字,从口土声。《说文》:"吐,写(泻)也。"《释名》:"扬、豫以东,谓泻为吐也。""吐"本义指使东西从嘴里出来,如"口吐白沫"。《诗经》有"柔则茹之,刚则吐之",用的正是本义。"吐"也可表示唾弃、发出或说出、开放的意义,比如"吐弃""吐字""吐荣"。

知 zhī

战文 小篆 隶书 楷书

形声字,从口矢声。《说文》:"知,词也。"这里"词"有知识的意思。"知"本义指知识,如"求知欲""旧学新知"。"知"也可表示感觉、知道、要好、知己的意义,比如"知觉""知无不言""相知""知音"。

否 fǒu

金文 战文 小篆 隶书 楷书

会意字,从口从不,不兼表音,会否定之意。《说文》:"否,不也。""否"读音 fǒu,用作副词,表示否定的意思。"否"又音 pǐ,主要表示闭塞、困穷、恶劣的意义,比如"否塞""否极泰来""善否"。

舍 shě

金文 战文 小篆 隶书 楷书

形声字,从口余声,且"余"有省形。"舍"读音 shě,本义指口头发布,如金文"舍令"就是口头发布命令,用的正是本义。"舍"也可表示放弃、离开的意思,如"舍弃""舍去"。"舍"又读 shè,表示处所、养家畜的圈、住宿的意义,比如"房舍""猪舍""宿舍"。

哦 é

金文 战文 小篆 隶书 楷书

形声字,从口我声。《说文》:"哦,吟也。""哦"音 é,本义指吟咏,如"吟哦"。"哦"又读 ó 或 ò,用作感叹词,表示将信将疑、领会的意思,比如"哦(ó),他也入选了?""哦(ò),明白了!"

九　口部动作类　　　可哥歌叹

可 kě
甲骨文　金文　战文　小篆　隶书　楷书

形声字,从口丂(kǎo)声。"可"本义指歌咏,是"歌"的古字(《集韵》:"歌,古作可。"),它的繁体"哥"本义也是歌咏,后又另造从欠从哥的"歌"来专门记录这个意义。《说文》:"可,肯也。"这里"肯"是肯定的意思。"可"主要假借表示肯定义,如"许可""认可",也表示能够、适合、却的意义,比如"可能""可口""可是"。

哥 gē
战文　小篆　隶书　楷书

"哥"是"可"的繁化字,从二可,本义指歌咏。《说文》:"哥,声也。从二可。古文以为謌(歌)字。"说的就是本义,但这个意义文献比较少用。《广韵》:"哥,今呼为兄也。""哥"主要借为兄长,就是对同父母或同族同辈而年龄比自己大的男子的称呼,如"哥哥""大哥"。"哥"也可表示满族父母称呼儿子、对年稍长者的敬称等意义,比如"阿哥""老大哥"。

歌 gē
战文　小篆／或体　隶书　楷书

会意字,从哥从欠,"哥"本义指歌咏,至战国文字开始加"言"或"欠"表意,最终制造出"謌"和"歌",今以"歌"为规范字,"謌"作为异体字废弃不用。《说文》:"歌,咏也。从欠哥声。謌,歌或从言。"这里"咏"是歌唱的意思。"歌"本义指歌咏,就是按一定的乐曲或节拍咏唱。《诗经》有"心之忧矣,我歌且谣",用的正是本义。"歌"也可表示歌谣、颂扬的意义,比如"民歌""歌颂"。

叹[1] (嘆) tàn
小篆　汉篆　隶书　楷书

从口歎声,且"歎"有省形。《说文》:"叹,吞歎也。从口歎省声。一曰太息也。"南唐徐锴解释为"欲言不能,吞恨而太息也",意思是说想言又不能言,只能含恨叹息。"叹"本义指叹息、叹气,也可表示吟诵、赞美的意义,比如"叹诵""赞叹"。

叹²(歎) tàn　鸛—歎—歎—歎—叹
　　　　　　　战文　小篆　汉篆　隶书　楷书

形声字,战国文字从欠難声,至小篆"難"有省形,隶书固定作"歎"。《说文》:"歎,吟也。""叹"本义指吟诵,也可表示赞许、叹息的意义,比如"赞叹""叹气"。"嘆""歎"二字古通,今合并为一字,都以"叹"作为简化字,记录它们的全部意义和用法。

周 zhōu　囲—田—周—周—周—周
　　　　　　甲骨文　金文　战文　小篆　隶书　楷书

本为象形字,但造字意图不明。有学者认为甲骨文象方格纵横、刻画文采之形,是"彫(diāo)"的初文;也有的认为象界划分明的农田,其中小点象禾苗之形,至今没有定论。至金文开始附加了一个不表实际音义的"口"旁,最终演变成"周",沿用至今。甲骨文中"周"用为方国名,金文中主要指周朝。《说文》:"周,密也。""周"基本义指严密、严谨,如"周密"。"周"也可表示牢固、亲密、普遍、圆周、姓氏的意义,比如"紧密""密切""周身""四周""周氏"。

司 sī　▽—司—司—司—司—司
　　　　　甲骨文　金文　战文　小篆　隶书　楷书

会意字,从口从ㄅ,但构意不明。《说文》:"司,臣司事于外者。"意思是说主管外事的大臣为司。"司"主要指官吏的意思,如"百司"指各级官吏。"司"也可表示掌管、官署名、古代州名的意义,比如"司仪""外交部亚洲司""司州"。

吴(吳) wú　吴—吴—吴—吴—吴—吴
　　　　　　　金文　战文　小篆　隶书　楷书　简化字

会意字,从口从矢(zè,倾头),会歪着头大声说话之意。《说文》:"吴,大言也。""吴"本义指大声说话。《诗经》有"不吴不敖",意思是说不大声说话也不傲慢,用的正是本义。"吴"也可表示一般的大、古国名、姓氏的意义，比如"吴榜""吴国""吴氏"。

令 lìng 甲骨文—金文—战文—小篆—隶书—楷书

会意字，从 A（倒口）从卩（jié），象一人跪坐接受命令之形，也有学者认为 A 为"集"初文，会集合众人而命令之意，似不可信。《说文》："令，发号也。""令"本义指发出命令。《孟子》有"既不能令，又不受命，是绝物也"，用的正是本义。"令"也可表示法令、让使、词调名、季节的意义，比如"律令""令人感动""小令""时令"。

命 mìng 金文—战文—小篆—隶书—楷书

会意字，从口从令，令兼表音，"令"表示人跪着接受命令，金文"命"在"令"的基础上又叠加了一个表意的"口"，变成从口从令的会意字。《说文》："命，使也。""命"本义指命令，含有差遣、指示的意思，如"听命"。"命"也可表示委任、命运、阳寿、生命、逃走的意义，比如"任命""天命""寿命""送命""逃命"。

今 jīn 甲骨文—金文—战文—小篆—隶书—楷书

指事字，甲骨文象倒立的"曰"，从 A 从一，"A"象倒口形，下加一短横以示口吟之意，是"吟"的初文，本义指口吟，但这个意义文献罕用。《说文》："今，是时也。""今"主要表示现在的意义。《诗经》有"自今以始，岁其有"，这里的"自今以始"就是从现在开始。"今"也可表示现代、立刻的意义，比如"当今""今儿起"。

单（單） dān 甲骨文—金文—战文—小篆—隶书—楷书—简化字

象形字，甲骨文象古代狩猎用的武器形，竿上有杈，两端束缚石块，象狩猎的工具，至战国文字逐渐讹变成从二"口"的"單"。"单"本义指一种狩猎的工具，但这个意义文献罕用。《玉篇》："单，一也，只也。""单"主要指单独、一个，如"单枪匹马""落单"。"单"也可表示奇数的、弱、简单、单子、孤独的意义，比如"单数""单薄""单纯""传单""孤单"。

哭 kū

哭—哭—哭—哭
甲文　小篆　隶书　楷书

会意字，从吅（xuān，喧闹）从犬，会犬喧闹、嗥叫之意。"哭"本义指犬嗥，后多指人的哀哭声。《说文》："哭，哀声也。"说的就是人的哀叫之声。"哭"也可表示一般的流眼泪、伤心地说、吊唁的意义，比如"哭泣""哭诉""哭丧"。

丧（喪）sàng

喪—喪—喪—喪—丧—丧
甲骨文　金文　战文　小篆　隶书　楷书　简化字

会意字，甲骨文形体繁复，有从二口、三口、四口等，但造字意图不明，金文开始变成从四口从亡，至小篆演变成从哭从亡，亡兼表声的"喪"。《说文》："丧，亡也。""丧"读音 sàng，主要表示逃亡、亡失的意义。《诗经》有"好攻战，则国人多丧矣"，这里"丧"就是逃亡的意思。"丧"也可表示失去、沮丧、失败的意义，比如"丧家犬""丧气""丧败"。"丧"又音 sāng，表示哀葬死者的礼仪、姓氏的意义，如"丧葬""丧氏"。

嚣（囂）xiāo

囂—囂—囂—囂—嚣—嚣
金文　战文　小篆　隶书　楷书　简化字

会意字，从頁从㗊（jí），"㗊"从四口，有大声喧哗的意思，整个字形会人大声喧哗之意。《说文》："嚣，声也。""嚣"本义指喧哗，如"喧嚣"。"嚣"也可表示轻狂、放肆、悠闲自得的意义，比如"嚣狂""嚣张""嚣然自得"。

器 qì

器—器—器—器—器
金文　战文　小篆　隶书　楷书

会意字，从犬从㗊（jí），这里"㗊"的众口表示器物，"犬"表示守护着以防丢失。《说文》："器，皿也。象器之口，犬所以守之。"说的就是这个构意。"器"本义指器皿、器具。"器"也可表示手段、生物的器官、古代标志名位爵位的器物、器量、人才、赏识的意义,比如"利器""呼吸器""名器""器度""大器晚成""器重"。

严(嚴) yán

金文 战文 小篆 隶书 楷书 简化字

形声字,金文从二口从厂敢声,但构意不明。《说文》:"严,教命急也。""严"主要指紧急、急迫义,如"紧严"。"严"也可表示严峻、严厉、威武、端庄、警戒、加重、严密的意义,比如"森严""严格""威严""严肃""戒严""严重""门关严"。

曰 yuē

甲骨文 金文 战文 小篆 隶书 楷书

指事字,甲骨文、金文在"口"上加一短横,用一短横来标示人张口说话时的气流,以示说话之意。《说文》:"曰,词也。"《广雅》:"曰,言也。""曰"本义指说话,如"某某曰",也可表示叫做的意义,比如"美名曰"。

皆 jiē

金文 战文 小篆 隶书 楷书

会意字,金文从曰从比,大概会二人都在说话之意,至小篆"曰"讹作"白",最终演变成"皆",沿用至今。《说文》:"皆,俱词也。""皆"本义指都、总括的意思,如"皆是""皆如此"。"皆"也可表示一同、相同的意义,比如"皆行""皆亡"。

智 zhì

金文 战文 小篆 隶书 楷书

会意字,金文从曰从知从于,知兼表音,从曰从知表示与言语、心智的意义相关,"于"是"竽"初文,大概表示通过吹竽来表露心迹的构意。《说文》:"智,识词也。"《释名》:"智,知也,无所不知也。""智"本义指智慧、聪明。《老子》有"绝圣去智,民利百倍,"用的正是本义。"智"也可表示谋略、有智慧的人、姓氏的意义，比如"智谋""智者""智氏"。

言 yán

甲骨文 金文 战国文字 小篆 隶书 楷书

指事字，甲骨文、金文在"舌"上加一区别性符号"一"，以标示舌上言语之意，战国文字"舌"上的一横变成两横，象舌形的部分与"口"分离，后逐渐演变成"言"，沿用至今。《说文》："言，直言曰言。""言"本义指说话，俗称言语、言说。"言"也可表示谈论、告知、陈述、见解、盟誓的意义，比如"言谈""欲言又止""言之无物""言论""誓言"。凡以"言"作为义符置于左旁时都写作"讠"，表示与说话或言语相关的意义，如"信""说""论""设"等。

信 xìn

战文 小篆 隶书 楷书

会意字，从人从言，会人言可信之意。《左传》："人言为信。"《说文》："信，诚也。""信"本义指诚实、不欺骗，如"诚信"。"信"也可表示相信、信仰、信件、消息、使者的意义，比如"信任""信佛""来信""信息""信使"。

说（説）shuō

战文 小篆 隶书 楷书 简化字

会意字，从言从兑，兑兼表音，大概会以言语取悦之意。《说文》："说，说释也。从言、兑。一曰谈说。"段玉裁认为"说释"为"悦怿（yì）"，有喜悦的意思。"说"读音 yuè，指喜悦义，后这个意义专由"悦"来记录。"说"又音 shuō，主要指谈说、说话，也可表示解释、评议、道理、告诉、劝告、说合、劝说别人等意义，比如"解说""评说""学说""诉说""劝说""说亲""说客"。

论（論）lùn

战文 小篆 隶书 楷书 简化字

会意字，从言从仑，仑兼表音，会有条理地言说之意。《说文》："论，议也。""论"本义指议论,就是对是非好坏的评说判断,如论说、理论。"论"也可表示衡量、定罪、推知、叙说、顾及、依据的意义,比如"论功行赏""论罪""推论""论说""论及""论据"。

词(詞) cí 词—詞—詞—词—词
　　　　　　　　战文　小篆　隶书　楷书　简化字

形声字,从言司声。《说文》:"词,意内而言外也。"意思是说词是包含一定意义的声音。"词"的语言学定义是:语言中最小的能独立运用的音义单位。"词"也可表示文辞、话语、文体名的意义,比如"词采""陈词""唐诗宋词"。

设(設) shè 設—設設—設—设
　　　　　　　小篆　隶书　楷书　简化字

会意字,从言从殳(shū),大概会用言语使人有所行动之意。《说文》:"设,施陈也。""设"本义指陈列、安置,如"陈设"。"设"也可表示制定、建立、完备、合、宴饮的意义,比如"设定""建设""设备""天造地设""设宴"。

计(計) jì 計計—計—計十—計—计
　　　　　　　　战文　小篆　隶书　楷书　简化字

会意字,从言从十,大概是会用言语计算或合计之意。《说文》:"计,会(kuài)也,算也。""计"本义指总计、计算,如"会计"。"计"也可表示估量、商议、谋划、审核、经济开支的意义,比如"估计""商计""计划""审计""国计民生"。

讲(講) jiǎng 講—講—講講—講—讲
　　　　　　　　战文　小篆　隶书　楷书　简化字

会意字,从言从冓(gòu),"冓"有遇到、交会的意思,整个字形会用言语沟通和解之意。《说文》:"讲,和解也。""讲"本义指和解,如"讲和"。"讲"也可表示评议、商议、讲解、演习、重视的意义,比如"讲评""讲价钱""讲课""演讲""讲文明"。

谊(誼) yì

小篆 — 隶书 — 楷书 — 简化字

会意字,从言从宜,宜兼表音,大概会言语适宜之意,《说文》:"谊,人所宜也。"《玉篇》:"谊,理也。""谊"本义指正确的道理、合理的原则,但这个意义文献少用。"谊"主要指交情义,如"友谊""情谊"。

讨(討) tǎo

战文 小篆 隶书 楷书 简化字

会意字,从言从寸,战国文字略有省形,"寸"有分寸、法度的意思,整个字形大概会用言辞使之有法度的构意。《说文》:"讨,治也。""讨"主要指治理义,也可表示研究、寻找、公开谴责、诛杀、索取、娶妻、招惹的意义,比如"探讨""讨寻""声讨""讨伐""讨取""讨老婆""讨厌"。

识(識) shí

战文 小篆 隶书 楷书 简化字

会意字,从言从戠(zhí),戠兼表音,大概会言语识记之意。《玉篇》:"识,记也。""识"读音 zhì,主要表示记住、加上标记、记载的意义,比如"记识""标识""识事"。"识"又音 shí,表示知道、认识、知识、见解、思想的意义,比如"识得""识字""学识""见识""意识"。今以第二种读音和意义更为常用。"識"简化字作"识",是以笔画少的声符代替笔画多的声符。

语(語) yǔ

金文 战文 小篆 隶书 楷书 简化字

形声字,从言吾声,金文或从两个"五"作为声符。《说文》:"语,论也。""语"本义指议论。《论语》有"子不语怪力乱神",用的正是本义。"语"也可表示交谈、说的话、用以示意的动作或信号、诗文中的字等意义,比如"言语""语言""手语""语句"。

谈(談)　tán

形声字，从言炎声。《说文》："谈，语也。""谈"本义指对话、谈论，也可表示言论、平淡、戏谑、歌颂美德使之远扬的意义，比如"言谈举止""谈语（平淡之语）""谈笑""美谈"。

许(許)　xǔ

形声字，从言午声。《说文》："许，听也。""许"本义指听从、应允，如"许诺"。"许"也可表示认可、给予、称赞、期望、略约估计的数量、可能的意义，比如"许可""许配""称许""期许""许多""或许"。

请(請)　qǐng

形声字，从言青声。《说文》："请，谒（yè）也。""请"本义指拜谒、谒见，这是汉代的常用义，汉代法律规定秋天朝见叫做"请"，后多引申为拜谒长者的通称。《墨子》有"豪杰之外多交诸侯者，常请之"，用的正是本义。"请"也可表示请求、询问、告诉、召邀、愿意、敬辞的意义，比如"请见""请问""请告""邀请""请罪""请坐"。

谢(謝)　xiè

形声字，从言射声。《说文》："谢，辞去也。""谢"本义指辞去，如"辞谢"。"谢"也可表示拒绝、辞去官职、凋落、感谢、报酬、道歉的意义，比如"谢绝""谢官""调谢""谢天谢地""酬谢""谢罪"。

让(讓)　ràng

形声字，从言襄声。《说文》："让，相责让。""让"本义指责备，如"责让"。《左传》有"夷吾诉之。公使让之"，用的正是本义。"让"

也可表示谦让、避让、推辞、容忍的意义,比如"辞让""退让""推让""忍让"。"讓"简化字作"让",是以笔画少的声符代替笔画多的声符。

谁(誰) shuí

谁—誰—誰—誰誰—誰—谁
金文　战文　小篆　隶书　　楷书　简化字

形声字,从言隹声。《说文》:"谁,何也。""谁"主要用作疑问代词,用以指人,表示哪个、哪位的意义。

诵(誦) sòng

誦—誦誦—誦—诵
小篆　　隶书　　楷书　简化字

形声字,从言甬(yǒng)声。《说文》:"诵,讽也。"这里"讽"有读诵的意思。"诵"本义指朗诵,古代一种带有腔调的读法,这一意义沿用至今,如诵读、诵诗。"诵"也可表示述说、以婉言讽谏、背诵的意义,比如"诵述""诵谏""诵记"。

读(讀) dú

讀—讀讀—讀—读
小篆　　隶书　楷书　简化字

形声字,从言賣声。"賣(賣)"读音 yù,隶书、楷书与买卖的"賣(简化字作'卖')"同形,不是一个字。《说文》:"读,诵书也。""读"本义指诵读或理解书,类似于今天的阅读理解。"读"也可表示看阅、说出的意义,比如"阅读""读出"。

课(課) kè

課—課—課—課—课
战文　小篆　隶书　楷书　简化字

形声字,从言果声。《说文》:"课,试也。""课"本义指考试、考核,俗称课考。《管子》有"成器不课不用",大意是说已制成的兵器不经过考核试验就不正式使用,用的正是本义。"课"也可表示督促、按规定的内容讲授或学习、赋税的意义,比如"督课""上课""课税"。

话(話) huà

話—話—話—話—话
战文　小篆　隶书　楷书　简化字

形声字,从言昏(guā)声,"昏"表塞口义,在这里用作纯粹的声符,隶变作"舌",正好和舌头的"舌"同形,类似的还有"话""括""刮"等。《说文》:"话,合会善言也。""话"本义指话语,就是人们用来表达思想感情的声音,包括用文字记录的书面语。《诗经》有"慎尔出话,敬尔威仪",意思是说开口说出的话要谨慎,行为举止要端正,用的正是本义。"话"也可表示话题、谈说的意义,比如"不在话下""话说当年"。

诗(詩) shī

形声字,从言寺声。《说文》:"诗,志也。""诗"主要指诗歌,一种文学的体裁,也专指《诗经》的简称,俗称"诗三百"。

谚(諺) yàn

形声字,从言彦声,战国文字"彦"有省形。《说文》:"谚,传言也。"这里"传言"就是流传已久的话语。"谚"本义指流传已久的古语或老话,俗称谚语,有农谚、民谚等。

记(記) jì

形声字,从言己声。《说文》:"记,疏也。"这里"疏"有疏导的意思。"记"本义指用言语去疏导,并由此引申为记录、记住义。"记"也可表示典籍、叙事文体、标志的意义,比如"史记""杂记""记号"。

诉(訴) sù

形声字,从言斥声。《说文》:"诉,告也。""诉"本义指告诉、诉说。"诉"也可表示告状、说别人坏话、求助的意义,比如"控诉""投诉""诉诸"。

谅(諒) liàng

形声字,从言京声。《说文》:"谅,信也。""谅"本义指诚信。《论语》有"友直、友谅、友多闻",这里的"友谅"指朋友诚信,用的正是本义。"谅"也可表示体察、原谅、料想的意义,比如"体谅""见谅""谅你不敢"。

诺(諾) nuò

諾—諾—諾—諾—诺
小篆　汉篆　隶书　楷书　简化字

形声字,从言若声。《说文》:"诺,应也。""诺"本义指答应,如"允诺""一诺千金"。"诺"也可表示答应的声音,相当于现代汉语中的"嗯""哦"之类,比如"诺,先生休矣""诺,吾将仕矣"。

谓(謂) wèi

謂—謂—謂—謂—谓
战文　小篆　隶书　楷书　简化字

形声字,从言胃声。《说文》:"谓,报也。""谓"本义指评论。《论语》有"孔子谓季氏",意思是说孔子评论季氏,用的正是本义。"谓"也可表示告诉、说、意义、称呼的意义,比如"谓之曰""谓曰""何谓""称谓"。

诸(諸) zhū

諸—諸—諸—諸—诸
战文　小篆　隶书　楷书　简化字

形声字,从言者声。《说文》:"诸,辩也。""诸"本义指区别之词,但这个意义文献罕用。"诸"主要表示众、各个的意义,比如"诸侯""诸位"。

训(訓) xùn

訓—訓—訓—訓—训
战文　小篆　隶书　楷书　简化字

形声字,从言川声,战国文字"川"略有省形。《说文》:"训,说教也。""训"本义指教导、教诲,如"教训""遗训"。"训"也可表示告诫、训练、解说、典范的意义,比如"训诫""集训""训诂""不可为训"。

诲(誨) huì

誨—誨—誨—誨—诲
金文　战文　小篆　隶书　楷书　简化字

形声字,从言每声。《说文》:"诲,晓教也。""诲"本义指教导,如成语"诲人不倦"用的正是本义。"诲"也可表示诱使、劝谏的话等意义,比如"诲诱""纳诲"。

谋(謀) móu

形声字,从言某声。《说文》:"谋,虑难曰谋。""谋"本义指考虑、谋划,也可表示策略、商议、图谋、会合的意义,比如"计谋""不谋而合""谋生""神谋"。

访(訪) fǎng

形声字,从言方声。《说文》:"访,泛谋曰访。"这里"泛谋"有广泛地咨询的意思。"访"本义指咨询、征求意见,如"访问""访求"。"访"也可表示调查、探寻、探望的意义,比如"查访""探访""拜访"。

议(議) yì

形声字,从言義声。《说文》:"议,语也。""议"本义指言谈、谈论,如"议论""谈议",也可表示谋虑、评论是非、意见、古代文体的意义,比如"谋议""评议""异议""奏议"。

讯(訊) xùn

本为会意字,甲骨文象一人反缚双手,临之以口,会审讯之意,或是加上绳索,缚手的意义就更为突出,后字形逐渐演变,至小篆演变成从言卂声的形声字"訊",沿用至今。《说文》:"讯,问也。""讯"本义指审问,俗称审讯或问讯,也可表示问候、告诉、书信的意义,比如"奉讯""讯告""音讯"。

诚(誠) chéng

形声字,从言成声。《说文》:"诚,信也。""诚"本义指相信,如"诚信"。"诚"也可表示真实、确实的意义，比如"诚实""生命诚可贵"。

讳（諱） huì

形声字，从言韋声。《说文》："讳，忌也。""讳"本义指避忌，就是对不便明说的有所回避，古人忌讳的事情很多，如讳名、讳字、讳老、讳死等。"讳"也可表示隐瞒、畏惧、所隐讳的事物、死的婉称等意义，比如"隐讳""讳惧""犯讳""凶讳"。

誓 shì

形声字，从言折声。《说文》："誓，约束也。""誓"本义指古代军中告诫、约束将士的言辞。《尚书》有"称尔戈、比尔干、立尔矛，予其誓"，这里"予其誓"就是我要告诫将士们，用的正是本义。"誓"也可表示发誓、盟约、告知的意义，比如"信誓旦旦""盟誓""誓告"。

证（證） zhèng

形声字，从言登声。《说文》："證，告也。""证"本义指告发。《论语》有"吾党有直躬者，其父攘羊，其子证之"，大意是说我家乡有个正直的人，他父亲偷了别人的羊，他便出来告发，用的正是本义。"证"也可表示验证、凭据、修行得道的意义，比如"证明""证据""证果"。"證"简化字作"证"，是用笔画较少的声符代替笔画多的声符。

试（試） shì

形声字，从言式声。《说文》："试，用也。""试"本义指使用，如"试用"。"试"也可表示尝试、初次使用、考查、刺探的意义，比如"试一试""试验""考试""试探"。

调（調） tiáo

形声字，从言周声。《说文》："调，和也。""调"读音 tiáo，本义指和谐、协调，也可表示调试、演奏、调济、调配、治疗、嘲弄的意义，如"调音""调琴""调剂""调味""调理""调戏"。"调"又读 diào，主要表示选拔、征收、转动、互换、歌曲的谱子、人的风格才情等意义，比如"选调""调集""掉头""对调""音调""格调"。

谐(諧) xié 龤—諧—諧—谐
<small>战文　小篆　隶书　楷书　简化字</small>

形声字，从言皆声，战国文字或从言虘(jiē)声。《说文》："谐，洽也。"《玉篇》："谐，和也。""谐"本义指融洽、和谐，如"谐调"。《尚书》有"八音克谐，无相夺伦"，意思是说八种乐器能够相互和谐，不失去相互间的次序，用的正是本义。"谐"也可表示办成功、商定、诙谐的意义，比如"事必谐""谐议""谐星"。

讶(訝) yà 訝—訝—讶
<small>小篆/或体　隶书　楷书　简化字</small>

形声字，小篆从言牙声，或体从辵牙声，隶书承袭了小篆的写法，沿用至今。《说文》："讶，相迎也。""讶"本义指迎接。《仪礼》有"厥明，讶宾于馆"，用的正是本义，后这个意义多由或体"迓"来记录。《广韵》："讶，嗟讶。""讶"主要表示惊奇、诧异、责怪的意义，比如"惊讶""讶异""怪讶"。

谨(謹) jǐn 謹—謹—謹—謹—谨
<small>战文　小篆　汉篆　隶书　楷书　简化字</small>

形声字，从言堇声。《说文》："谨，慎也。""谨"本义指慎重、小心，如"谨慎""谨小慎微"。"谨"也可表示严禁、恭敬、礼节的意义，比如"谨防""谨此致谢""细谨"。

谦(謙) qiān 謙—謙—謙—谦
<small>小篆　汉篆　隶书　楷书　简化字</small>

形声字，从言兼声。《说文》："谦，敬也。""谦"本义指谦虚、谦让。《尚书》有"满招损，谦受益"，用的正是本义。"谦"也可表示丧失、

六十四卦之一、姓氏的意义,比如"益谦亏盈""谦卦""谦氏"。

讽(諷) fěng

諷—諷—諷—讽
小篆　隶书　楷书　简化字

形声字,从言風声。《说文》:"讽,诵也。""讽"本义指背诵,俗称讽诵。"讽"也可表示用委婉的语言暗示或劝告、讽刺的意义,比如"讽谏""讥讽"。

谤(謗) bàng

謗—謗—謗—谤—谤
战文　小篆　隶书　楷书　简化字

形声字,从言旁声。《说文》:"谤,毁也。""谤"本义指公开议论他人的过失。《国语》有"厉王虐,国人谤王",意思是说周厉王残暴,国都里的人公开议论他的过失,用的正是本义。"谤"也可表示毁谤、怨恨的意义,比如"诽谤""谤怨"。

误(誤) wù

誤—誤—誤—误—误
战文　小篆　隶书　楷书　简化字

形声字,从言吴声。《说文》:"误,谬也。""误"本义指错误,如"谬误""讹误"。"误"也可表示耽误、妨碍、迷惑的意义,比如"贻误""误事""迷误"。

讹(訛) é

訛—訛—訛—訛—讹
金文　战文　小篆　隶书　楷书　简化字

形声字,从言化声。《广韵》:"讹,谬也。""讹"本义指差错、错误,如"讹谬""讹误"。"讹"也可表示谣言、恐吓、变化的意义。比如"讹言""讹诈""讹化"。

诈(詐) zhà

詐—詐—詐—詐—诈
金文　战文　小篆　隶书　楷书　简化字

形声字,从言乍声。《说文》:"诈,欺也。""诈"本义指欺骗,如"诈骗""奸诈"。"诈"也可表示假装、用言语试探的意义,比如"诈降""诈探"。

讼(訟) sòng

讼 金文 — 訟 战文 — 訟 小篆 — 訟 隶书 — 訟 楷书 — 讼 简化字

形声字,从言公声。《说文》:"讼,争也。""讼"本义指争辩、争论,如"聚讼纷纭"。"讼"也可表示诉讼、为人辩冤、责备的意义,比如"讼词""讼冤""自讼"。

诊(診) zhěn

診 战文 — 診 小篆 — 診 隶书 — 診 楷书 — 诊 简化字

形声字,从言参(zhěn)声。《说文》:"诊,视也。"《玉篇》:"诊,验也。""诊"本义指省视、查考,如"诊视"。"诊"也可表示候脉、诊断、症状的意义,比如"诊脉""诊病""诊状"。

谍(諜) dié

諜 战文 — 諜 小篆 — 諜 隶书 — 諜 楷书 — 谍 简化字

形声字,从言枼声。《说文》:"谍,军中反间也。""谍"本义指侦探、间谍。《左传》有"晋人获秦谍",用的正是本义。"谍"也可表示刺探军情、传递情报的意义,比如"谍探""谍报"。

该(該) gāi

該 小篆 — 該 隶书 — 該 楷书 — 该 简化字

形声字,从言亥声。《说文》:"该,军中约也。""该"本义指军中戒约,但这个意义文献罕用。"该"主要表示具备、富有、注定、理应如此的意义,比如"该备""该富""该有""应该"。

询(詢) xún

詢 战文 — 詢 小篆 — 詢 隶书 — 詢 楷书 — 询 简化字

形声字,从言旬声。《玉篇》:"询,咨也。""询"本义指求教、询问,如"咨询"。"询"也可表示查考、协调的意义,比如"询查""询调"。

咏(詠) yǒng

咏 金文 — 詠 小篆/或体 — 詠 咏 隶书 — 詠 楷书 — 咏 简化字

形声字,金文从口永声作"咏",至小篆演变为从言永声作"詠",隶书则保留了从口、从言的两种写法。今以"咏"为规范字,"詠"作为异体字废弃不用。《说文》:"詠,歌也。咏,詠或从口。""咏"本义指歌唱,如"歌咏"。"咏"也可表示用诗词等抒写、诗词、歌颂的意义,比如"咏志""佳咏""咏梅"。

誉(譽) yù
战文 小篆 隶书 楷书

形声字,从言與声。《说文》:"誉,称也。""誉"本义指称颂。《论语》有"吾之于人也,谁毁谁誉",大意是说我对待别人,毁誉谁称赞谁,用的正是本义。"誉"也可表示声誉、欢乐、姓氏的意义,比如"美誉""誉满天下""誉氏"。

善 shàn
金文 战文 小篆 隶书 楷书

会意字,金文从二言从羊,小篆从言从羊,但构意不明,隶书演变作"善",沿用至今。《说文》:"善,吉也。""善"主要指吉祥、美好义,如"尽善尽美"。"善"也可表示善行、擅长、处理好、和善、友好、多的意义,比如"与人为善""能歌善舞""善后""慈善""友善""善变"。

音 yīn
金文 战文 小篆 隶书 楷书

指事字,金文在"言"的"口"旁中加一短横或短竖,作为区别性符号,表示音和言密切相关,发言为声,声成文谓之音。《说文》:"音,声也。生于心有节于外谓之音。"说的就是这个意义。"音"本义表示乐音,如"音律"。"音"也可表示一般的声音、乐曲、语音、言辞的意义,比如"音量""音乐""口音""佳音"。

响(響) xiǎng
小篆 汉篆 隶书 楷书 简化字

形声字,从音鄉声。《说文》:"响,声也。""响"本义指回声。唐王维《鹿柴》有"空山不见人,但闻人语响",用的正是本义。"响"后多泛指为一般的声音,如"响声",也可表示发出声音、声音高而大、音讯的意义,比如"响起""响亮""嘉响"。"響"简化字作"响",是以笔画少的声符和义符替换笔画多的声符和义符。

章 zhāng

金文 战文 小篆 隶书 楷书

会意字,甲骨文构形不明,有学者认为可能是"璋"的初文,至小篆演变为从十从音的"章",沿用至今。《说文》:"章,乐竟为一章。从音从十。十,数指终也。"这里大概表示音乐一曲终结为一章的意思。"章"主要表示段落、法规、条目、标记、印章的意义,比如"文章""章程""章节""徽章""公章"。

欠 qiàn

甲骨文 金文 战文 小篆 隶书 楷书

象形字,甲骨文、金文象人跪坐张口出气形,本义指人张口出气,即今天说的呵欠。《说文》:"欠,张口气悟也。象气从人上出之形。"说的正是本义。"欠"也可表示不足、亏欠、身体一部分向前微倾的意义,比如"亏欠""欠债""欠身"。凡以"欠"作表意偏旁的字,大多与张口的意义相关,如"吹""歌""欢"等。

吹 chuī

甲骨文 金文 小篆 隶书 楷书

会意字,从口从欠,甲骨文正象人跪坐张口出气形,旁边的"口"起提示作用,大概会张开出气之意。《说文》:"吹,嘘也。"段玉裁注:"口欠则气出。""吹"本义指噘起嘴唇急促地吐出气流,俗称哈气。《韩非子》有"不吹毛而求小疵",用的正是本义。"吹"也可表示空气流动触动物体、吹奏、说大话、交情破裂的意义,比如"吹拂""吹笛""吹牛""告吹"。

欢(歡) huān

战文 小篆 隶书 楷书 简化字

形声字,从欠雚(guàn)声。《说文》:"欢,喜乐也。""欢"本义指喜乐、喜乐的状态一般都张口表达出来，故字从欠表意，如"欢喜""欢天喜地"。"欢"也可表示交好、起劲的意义，比如"交欢""闹得欢"。"歡"简化字作"欢"，是用笔画少的符号替代了笔画多的部件。

欲 yù

形声字，从欠谷声。《说文》："欲，贪欲也。""欲"本义指欲望，即内心所想所要，这种情绪需要张口表达出来，故字从欠表意，如"食欲""求知欲"。"欲"也可表示想、将要的意义，比如"欲言又止""欲前往"。

次 cì

会意字，从欠从二，大概会欠缺、次等之意。《说文》："次，不前、不精也。"这里"不前不精"含有次等的意思。"次"本义指次等，也可表示顺序、第二的、质量较差的、职位、处所、排列的意义，比如"次序""次子""次品""官次""造次""编次"。"次"也用作量词，如"一次""两次"。

欺 qī

形声字，从欠其声。《说文》："欺，诈也。""欺"本义指欺诈、欺骗。《论语》有"吾谁欺，欺天乎"，用的正是本义。"欺"也可表示欺负、压倒的意义，比如"欺人太甚""欺压"。

饮（飲）yǐn

会意字，甲骨文象人张口吐舌吮吸酒尊中的流食或酒水之形，至小篆演变成从欠酓（yǎn）声的"歕"，隶书继承了小篆的写法，同时产生了从欠从食的"飲"。传世文献多通行"飲"，而"歕"少用，今以"饮"为规范字，"歕""飲"都作为异体字废弃不用。《说文》："歕，歠（chuò，喝）也。""饮"本义指喝，如成语"茹毛饮血"用的正是本义。《孟子》有"冬日则饮汤,夏日则饮水",用的也是本义。"饮"也可表示饮料、饮食的统称、含、没入的意义,比如"冷饮""饮品""饮恨终身""饮弹"。

欣 xīn

形声字,从欠斤声。《说文》:"欣,笑喜也。"《尔雅》:"欣,乐也。""欣"本义指喜悦、高兴,如"欣喜"。"欣"也可表示欣赏、姓氏的意义,比如"欣慕""欣氏"。

款 kuǎn

形声字,战国文字从欠柰(nài)声。《说文》:"款,意有所欲也。""款"本义指心有所欲望,就是想要的意思,但这个意义文献罕见。"款"主要表示亲密、诚恳、招待、规格、条目、钱财的意义,比如"款密""款款深情""款待""款式""条款""钱款"。

欧(歐)ōu

形声字,从欠區声。《说文》:"欧,吐也。""欧"读音 ǒu,本义指呕吐,后这个意义多由"呕"来记录。"欧"又音 ōu,主要表示欧洲的简称、姓氏的意义,比如"欧美""欧阳修"。

盗(盜)dào

会意字,甲骨文从舟从次(xián,从欠从水会口水意),战国文字变作从皿从次,象口液流入小舟或器皿形,大概表示流口水了非常想要的意思。《说文》:"盗,私利物也。"意思说盗就是把好的东西私为己有。"盗"本义指私取他人财物,即偷窃,如成语"掩耳盗铃"用的正是本义。"盗"也可表示抢劫财物的人、诈骗、男女私通、抢掠的意义,比如"强盗""相盗""男盗女娼""盗掠"。

十 衣食类

衣 yī

象形字，甲骨文、金文象有曲领、两袖中空的上衣形，本义指上衣。《说文》："衣，依也。上曰衣，下曰裳。象覆二人之形。"先秦时期人们将上衣称衣，下衣称裳，合称衣裳，如《诗经》有"绿衣黄裳"，用的就是本义。"衣"也可表示器物的外罩、胎盘和胎膜、果实的薄皮等意义，如"剑衣""胞衣""花生衣"。

表 biǎo

会意字，战国文字从衣从毛，至隶书时已不见毛形，最终演变成独体字"表"，沿用至今。古人穿皮衣，毛在外面，这里从毛从衣大概会外衣之意。《说文》："表，上衣也。古者衣裘，以毛为表。"说的就是这个构意。"表"本义指加在衣服外面的衣服，俗称外衣。"表"也可表示外面、仪范、计时器、测量器具、表亲、显扬的意义，比如"表面""仪表""手表""水表""表妹""表扬"。

衷 zhōng

会意字，从衣从中，中兼表音，会中间的衣服之意。《说文》："衷，里亵(xiè)衣也。"这里"里亵衣"就是穿在里面的居家衣服。"衷"本义指内衣，就里面贴身穿的衣服。"衷"也可表示内心、正中、诚恳的意义，比如"言不由衷""衷正""衷恳"。

衰 shuāi

本为象形字，有学者认为古文上象笠、中间象人面，下象蓑衣之形，象人穿蓑衣戴斗笠的形象，战国文字从衣从𦮋，中间的𦮋就是蓑衣的象形，应是"蓑"的初文。《说文》："衰，艸雨衣也。""衰"读音 suō，本义指下雨天用的蓑衣，后这个本义另造了从艸的"蓑"来记录。"衰"又音 shuāi，主要表示事物由强转向微弱、减退的意义，比如"裹弱""老而不裹"。

裹 guǒ　战文—小篆—汉篆—隶书

形声字，从衣果声。《说文》："裹，缠也。""裹"本义指缠绕、包扎，如"裹脚"。"裹"也可表示包罗、包裹的物品、吸的意义，比如"包裹""药裹""裹奶"。

装（裝）zhuāng　战文—小篆—汉篆—隶书

形声字，从衣壮声。《说文》："装，裹也。""装"本义指包裹，如"装裹"。"装"也可表示衣服、打扮、贮放、假装、装修、书籍或字画装订的式样等意义，比如"服装""装扮""装东西""装饰""精装""装裱"。

裂 liè　战文—小篆—汉篆—隶书

形声字，从衣列声。《说文》："裂，缯（zēng）余也。""裂"本义指缯帛的残余，但这个意义文献罕用。"裂"主要表示破开、分裂、分割、裁剪、扯开的意义，比如"开裂""四分五裂""割裂""裂帛""扯裂"。

裘 qiú　甲骨文—金文—战文—小篆/古文—隶书—楷书

本为象形字，甲骨文象用兽皮制成的毛皮衣而兽毛在外表形，金文加"又"表音，朝两个方向演变：一是"又"和外表的兽毛形连在一起，省讹成 、 等省体；二是省体 和省去兽毛形的"衣"组合，变成一个从衣求声的形声字。小篆承袭了金文的后一种写法，古文则是保留了金文的省体写法。今以"裘"为规范字，"求"完全分化出来，变成另外一个字。《说文》："裘，皮衣也。从衣求声。求，古文省衣。""裘"本义指皮衣。《诗经》有"彼都人士，狐裘黄黄"，狐裘就是狐皮做的皮衣，用的正是本义。"裘"也可表示穿上皮衣、姓氏的意义，比如"天子始裘""裘氏"。

求 qiú　金文—战文—小篆/古文—隶书—楷书

象形字，最初来源于"裘"的金文省体，象皮衣之形。《说文》："裘，皮衣也。求，古文省衣。""求"本义指皮衣，后这个意义专由"裘"来记录。《玉篇》："求，索也。""求"主要表示寻找、探索义。《诗经》有"知我者，谓我心忧，不知我者，谓我何求"，用的正是求索的意义。"求"也可表示贪图、请求、要求、感应的意义，比如"求富贵""乞求""需求""相求"。

卒 zú　甲骨文—战文—小篆—隶书—楷书

本为象形字，甲骨文象在"衣"形上加交叉线，表示衣服已经缝制完毕，以此来表示终卒、完毕的意思。"卒"读音 zú，本义指终、完毕。《诗经》有"无衣无褐，何以卒岁"，意思是说没有上衣没有粗麻衣，用什么终结这年岁，用的正是本义，"卒"由终结义进一步引申指死亡，如"某年某月卒"。"卒"也可表示古代供隶役穿的一种著有标记的衣服、古代劳役的奴隶、步兵等意义，比如"卒衣""役卒""小卒"。"卒"又音 cù，表示仓促、突然的意义，如"急卒""卒来"。

被 bèi　战文—小篆—隶书—楷书

形声字，从衣皮声。《说文》："被，寝衣也。"寝衣就是睡觉时盖在身上的衣物，类似今天的被子。《论语》有"必有寝衣，长一身有半"，寝衣就是比人的身体还长一半的被子。"被"本义指被子，如棉被、毛巾被。"被"也可表示表面、施加、遭受的意义，比如"被表""被动""被打骂"。

袍 páo　战文—小篆—隶书—楷书

会意字，从衣从包，包兼表音，会用衣服包裹之意。《说文》："袍，襺

(jiǎn)也。"这里"襺"有丝绵衣的意思。"袍"本义指一种在夹层中絮有丝绵的长衣,如长袍、棉袍等。"袍"也可表示长衣、外衣、战袍的意义,比如"睡袍""龙袍""袍甲"。

裙（帬）qún 帬—帬帬—帬—帬—裙
　　　　　　　　战文　小篆/或体　隶书　楷书　简化字

形声字,战国文字从巾君声,小篆承袭了战国文字的写法,同时产生了从衣君声的或体"裙",今以或体"裙"为规范字,"帬"作为异体字废弃不用。《说文》:"帬,下裳也。裙,帬或从衣。""裙"本义指下裳,今专指裙子,如连衣裙、格子裙等。

裕 yù 裕—裕—裕裕—裕
　　　　　战文　小篆　隶书　楷书

形声字,从衣谷声。《说文》:"裕,衣物饶也。""裕"本义指衣物富余,后多引申指一般的富足、使富裕、宽容的意义,比如"富裕""节用裕民""宽裕"。

补（補）bǔ 補—補—補—補—補—补
　　　　　　　战文　小篆　汉篆　隶书　楷书　简化字

形声字,从衣甫声。《说文》:"补,完衣也。""补"本义指缝补衣服。《礼记》有"衣裳绽裂,纫箴请补缀",用的正是本义。"补"也可表示修补、弥补、补助、裨益、填入空缺的意义,比如"补墙角""补救""补充""补品""补缺"。"補"简化字作"补",是以笔画少的声符代替笔画多的声符。

杂（雜）zá 雧—雜—雜—雜—杂
　　　　　　　战文　小篆　隶书　楷书　简化字

形声字,从衣集声。《说文》"杂,五彩相会。"五彩相会就是把五彩纹饰制作成五色的衣服。"杂"本义指各种彩色搭配制作衣服,但这个意义文献罕用。"杂"主要表示参合、驳杂不纯、紊乱、众多、琐碎的意义,比如"参杂""杂种""杂乱""人多嘴杂""杂事"。

冒 mào

金文 战文 小篆 隶书 楷书

会意字,从冃(mào,帽子)从目,金文象目上戴着帽子形,是"帽"的初文,其中"冃"金文象帽子形,在楷书中写作"冃",与"曰"和"日"形近,容易混淆。"冒"本义指帽子,后这个意义另造了从巾的"帽"来记录。《玉篇》:"冒,覆也。""冒"主要指覆盖义,如"覆冒万物"。"冒"也可表示触犯、顶着、轻率、冒充、向外透、漫溢的意义,比如"冒犯""冒险""冒昧""冒牌""冒烟""冒水"。

冠 guàn

战文 小篆 隶书 楷书

会意字,从冖(mì,覆盖)从元从寸,大概会人手往头上戴帽子之意。《说文》:"冠,弁(biàn)冕之总名也。""冠"读音 guān,本义指帽子的总称,如"衣冠",也可指形状像帽子或在顶端的东西,如鸡冠、树冠等。"冠"又音 guàn,主要表示戴帽子、覆盖、位居第一、加在前面的意义,比如"未冠""冠盖""冠军""冠名"。

巾 jīn

甲骨文 金文 小篆 隶书 楷书

象形字,甲骨文象下垂的佩巾,后逐渐演变成楷书"巾",沿用至今。《说文》:"巾,佩巾也。""巾"本义指古代擦抹用的布,有丝巾、手巾等。"巾"也可表示缠束或覆盖用的织物、头巾的意义,比如"红领巾""方巾"。

帅(帥) shuài

金文 战文 小篆 隶书 楷书 简化字

会意字,金文从巾从寻,至小篆演变成从𠂤(duī)从巾的"帥",沿用至楷书。《说文》:"帥,佩巾也。""帅"本义指佩巾,但这个意义文献罕用。"帅"主要表示率领、军中主将、人漂亮或举止潇洒的意义,比如"帅众""主帅""太帅了"。

带(帶) dài

战文　小篆　隶书　楷书　简化字

象形字,战国文字象古人捆扎衣服的腰带,本义当指腰带。《说文》:"带,绅也。"绅是古代官员束腰的大带,这里说的正是本义。"带"由腰带的本义也引申出各种带子或像带子的东西,如鞋带、彩带、海带等。"带"也可表示捆扎、佩戴、随身拿着、围绕、带领、区域的意义,比如"束带""佩带""携带""依山带水""带徒弟""地带"。

常 cháng

战文　小篆/或体　隶书　楷书

形声字,战国文字从巾尚声,小篆承袭了战国文字的写法,同时产生了从衣尚声的或体。《说文》:"常,下裙也。裳,常或从衣。"段玉裁注:"今字裳行而常废矣。""常"本义指下身的衣服,即裙子,后这个意义专由"裳"来记录。"常"主要表示常规、纲常、经常、固定不变的、一般的、日常的意义,比如"常法""伦常""时常""常年""常情""常态"。

裳 cháng

小篆/或体　秦隶　汉隶　楷书

形声字,从衣尚声。《说文》:"常,下裙也。裳,常或从衣。""常""裳"本是一对异体字,后分化成两个不同的字。"常"主要记录常规、经常、日常等意义。"裳"读音 cháng,专指下身的衣服义。《诗经》有"绿兮衣兮,绿衣黄裳",用的正是本义。"裳"又音 shang,泛指一般的衣服,如"衣裳"。

布 bù

金文　战文　小篆　隶书　楷书

形声字,从巾父声。《说文》:"布,枲(xǐ)织也。"这里"枲"有麻的意思。"布"本义指麻布、麻织品,后多泛指棉、麻、葛(gé)等织物的通称,如棉布、葛布等。"布"也可表示古代钱币、宣告、设置、展开、散布、施予的意义，比如"钱布""宣布""布置""布开""分布""布施"。

帛 bó

形声字，从巾白声，白兼表音，会白色的织品之意。《说文》："帛，缯（zēng）也。"这里"缯"有丝织品的意思。"帛"本义指丝织品的总称，俗称丝帛。"帛"也可表示币帛、帛书的意义，比如"束帛""简帛"。

幅 fú

形声字，从巾畐声。《说文》："幅，布帛广也。""幅"本义指布帛的宽度。《汉书》有"布帛广二尺二寸为幅，长四丈为匹"，用的正是本义。"幅"也可表示一般的宽度、限度、衣服的边饰、布帛或纸张的意义，比如"篇幅""幅度""不修边幅""横幅"。"幅"也用作量词，如"一幅画""一幅地图"。

饰（飾） shì

形声字，从巾从人食声，大概表示人持巾擦拭的意思。《说文》："饰，刷也。""饰"本义指刷拭。《周礼》有"凡祭祀，饰其牛牲"，用的正是本义。"饰"也可表示装饰、饰物、表彰、伪装的意义，比如"修饰""首饰""饰贤良""掩饰"。

帚 zhǒu

象形字，甲骨文、金文象扫帚形，古代以某种植物为帚，中间捆扎。"帚"本义指扫帚，如成语"敝帚自珍"用的正是本义。《说文》："帚，粪也。"这里"帚"指扫除义，应是由扫帚的意义引申而来，如"帚除"。

席 xí 席—席—席—席
<small>战文　小篆　隶书　楷书</small>

形声字，从巾庶(shí)声，"庶"为"石"异写，这种写法在秦代文字较为常见。《说文》："席，籍也。""席"本义指席子，就是用芦苇、竹篾、蒲草等编成的坐卧铺垫用具，有炕席、凉席、竹席等。"席"也可表示席位、职位、酒筵、船帆的意义，比如"入席""主席""筵席""帆席"。"席"也用作量词，如"一席酒肴""一席话"。

帐(帳) zhàng 帳—帳—帳—帐—帐
<small>小篆　汉篆　隶书　楷书　简化字</small>

形声字，从巾長声。《说文》："帐，张也。""帐"本义指床帐，床帐有在床上张开的特点，所以《说文》解释为张开的意思。"帐"也可表示帷幕、古代游牧民族计算人户的单位、账目的意义，比如"帐幕""帐户""籍帐"。

幕 mù 幕—幕—幕—幕
<small>小篆　汉篆　隶书　楷书</small>

形声字，从巾莫声。《说文》："幕，帷在上曰幕。""幕"本义指遮在上面的帷幔，俗称帷幕。"幕"也可表示篷帐、覆盖物体的织物、幕府的简称、覆盖的意义，比如"帐幕""幕布""幕僚""幕盖"。

希 xī 希—希—希—希—希
<small>战文　小篆　隶书　楷书</small>

形声字，从巾爻声。《尔雅》："希，罕也。""希"本义指罕见、稀少，后这个意义主要由"稀"来记录。"希"主要表示希望、仰慕、寂静无声的意义，比如"希冀""希慕""大音希声"。

锦(錦) jǐn 錦—錦—錦—锦—锦
<small>战文　小篆　隶书　楷书　简化字</small>

形声字，从帛金声。《说文》："锦，襄色织文。""锦"本义指有彩色花纹的丝织品，俗称织锦，如"衣锦还乡"。"锦"也可表示鲜艳华

美的、奖赏的意义,比如"锦霞""锦旗"。

敝 bì 甲骨文—战文—小篆—隶书—楷书

会意字,甲骨文从巾从攴,象手持木棒抽打巾,旁边的小点象破碎的布屑,至小篆固定为从攴从㡀的"敝",沿用至今。《说文》:"敝,败衣。""敝"本义指破旧的衣服,如"敝衣"。"敝"也可表示一般的破旧、衰弱、疲困、丢弃、谦辞的意义,比如"敝车""衰敝""疲敝""敝弃""敝姓"。

系[1] xì 甲骨文—金文—战文—小篆—隶书—楷书

会意字,甲骨文从爪(手)从丝,会以手联接众丝之意,后字形逐渐简省,最终演变作"系",沿用至今。《说文》:"系,繋也。"这里"繋"有连接的意思。"系"本义指连接、联属,如"联系""联结"。"系"也可表示世系、继承、高校教学的行政单位等意义,比如"谱系""系承""中文系"。

系[2](繫) xì 小篆—隶书—楷书—简化字

形声字,从糸毄(jǐ)声。《说文》:"繫,一曰恶絮。""系"读音 xì(旧读 jì),本义指粗劣的丝絮,但这个意义文献罕用。"系"主要表示栓、约束、拘囚、挂念、关连、联缀、系统的意义,比如"系皮带""无拘无系""系狱""心系祖国""关系""维系""体系"。"繫"简化字作"系"不是新造字形,而是合并了联系的"系",所以"系"既是"繫"的简化字,也是联系的"系"本字。

孙(孫) sūn 甲骨文—金文—战文—小篆—隶书—楷书—简化字

会意字,从子从糸,"糸"有连绵不绝的意思,整个字形大概会子续孙如丝般连绵不绝之意。《说文》:"孙,子之子曰孙。""孙"本义指儿子的儿子,俗称孙子。"孙"也可表示再生或孳生的植物、姓氏的意义,比如"孙竹""孙氏"。

绵(綿) mián　绵—緜—帛糸—綿—绵
　　　　　　　战文　小篆　隶书　楷书　简化字

会意字,从糸从帛,会糸帛成绵之意,本义指蚕丝结成的片或团,俗称丝绵。丝绵具有联结细密不断的特点,所以"绵"又引申出连绵不断、联结细密的意义。《说文》:"绵,联微也。"《玉篇》:"绵,绵绵不绝也。"说的就是这个引申义。"绵"也可表示薄弱、软弱、丝絮状物的意义,比如"绵薄之力""软绵绵""棉絮"。

茧(繭) jiǎn　絸—繭—顲繭—繭—茧
　　　　　　　战文　小篆　隶书　楷书　简化字

形声字,战国文字从糸见声作"絸",小篆变作从糸从虫萠(zhǐ)声作"繭"。《说文》:"茧,蚕衣也。""茧"本义指蚕吐丝做成的壳,俗称蚕茧。"茧"也可表示丝绵袍、脚掌或手掌起的硬皮等意义,比如"茧衣""起老茧"。

纯(純) chún　純—纯—純—純—纯
　　　　　　　金文　战文　小篆　隶书　楷书　简化字

形声字,从糸屯声。《说文》:"纯,丝也。""纯"本义指蚕丝,如"纯衣"。"纯"也可表示同一种颜色、不含杂质、专一、厚实、质朴、至善至美的意义,比如"纯色""纯净""单纯""纯厚""纯朴""纯粹"。

经(經) jīng　經—經—經—經—經—经
　　　　　　　金文　战文　小篆　隶书　楷书　简化字

形声字,从糸巠声。《说文》:"经,织也。""经"本义指织布机上的纵线,俗称经线。"经"也可表示道路、经过、治理、典范、义理、经受的意义,比如"途经""经历""经营""经典""经义""身经百战"。

绝(絕) jué　𢇽—𢆶—𢆶—絕 絕—絕—绝
　　　　　　甲骨文　金文　战文　小篆　隶书　楷书　简化字

会意字,甲骨文从刀从丝,会刀断丝之意,战国文字繁化作二糸或四糸,至小篆演变成从丝从刀从卩的会意字"绝",沿用至今。《说文》:"绝,断丝也。"《广雅》:"绝,断也。""绝"本义指断绝。《史记》有"秦王惊,自引而起,袖绝",用的正是本义。"绝"也可表示气息中止、断根、距离远、横渡、绝句、没有活动余地的、免除、完全的意义,比如"气绝身亡""死绝""隔绝""横绝""七绝""绝地""杜绝""绝对"。

继(繼) jì

本为指事字,金文从二糸(其中右下的"二"为省略符号,无实义),中间横线表示接续,大概表示丝相连接的构意,汉代隶书仍见从二糸的写法,至小篆演变从糸从䋃(绝)的会意字。《说文》:"继,续也。""继"本义指延续、继续。"继"也可表示继承、接着、接济的意义,比如"后继有人""日以继夜""继接"。

续(續) xù

形声字,从糸賣(yù)声。《说文》:"续,连也。""续"本义指连接,如"续弦"。"续"也可表示继承、延续、妻死再娶、添加的意义,比如"继续""以夜续昼""续房""续酒"。

细(細) xì

形声字,从糸囟(xìn)声,隶书将"囟"变作"田",沿用至今。《说文》:"细,微也。""细"本义指微小的丝,后多泛指事物微小,与"大"相对,如"细微"。"细"也可表示微弱、繁重、柔弱、精致、具体的意义,比如"细雨""繁细""细柳""细密""详细"。

级(級) jí

形声字,从糸及声。《说文》:"级,丝次弟也。"这里"次弟"就是次第的意思。"级"本义指丝的优劣等次，但这个意义文献罕用。"级"主要表示为一般的等级、官阶爵位的品级、古代砍下的人头、石阶的意义，比如"年级""官升三级""首级""石级"。

结（結）jiē 結結—結—結—结—结
　　　　　　　战文　小篆　隶书　楷书　简化字

形声字，从糸吉声。《说文》："结，缔也。""结"本义指打结，如"结绳"。《易经》有"上古结绳而治，后世圣人易之以书契"，用的正是本义。"结"也可表示结子、束缚、建造、联合、结交、组织的意义，比如"喉结""结束""结构""结合""结拜""结盟"。

给（給）gěi 給—給—給—给—给
　　　　　　　战文　小篆　隶书　楷书　简化字

形声字，从糸合声。《说文》："给，相足也。""给"读音 jǐ，本义指丰足、富裕，如"自给自足"，也可表示供应、供事、赐予的意义，如"供给""给事""给予"。"给"又读 gěi，主要表示交付、叫或让、替、被的意义，比如"交给""不给喝""给他""给打了"。

绿（綠）lǜ 汆—绿—緑—绿—绿—绿
　　　　　　甲骨文　战文　小篆　隶书　楷书　简化字

形声字，从糸录声。《说文》："绿，帛青黄色也。"蓝颜料和黄颜料配合时就呈绿色，古时谓之青黄色。"绿"本义指绿色，就是像草和树叶壮盛时的颜色。"绿"也可表示绿叶、乌黑色的意义，如"绿肥红瘦""绿发"。

红（紅）hóng 紅紅—紅—紅—红—红
　　　　　　　　战文　小篆　隶书　楷书　简化字

形声字，从糸工声。《说文》："红，帛赤白色也。""红"读音 hóng，本义指浅白色的帛，后多泛指粉红色、桃红色。"红"也可表示像鲜血一样的颜色、红绫类织物、鲜血、花的代称、显达、红利的意义，比如"红旗""两匹红""吐红""落红""红人""分红"。"红"也读

gōng，表示女子所做的织布等工作，如"女红"。

组（組）zǔ　组—termination—組—組—組—组
金文　战文　小篆　隶书　楷书　简化字

形声字，从糸且声。《说文》："组，绶也。其小者，以为冕缨。"这里"绶"指丝带，冕缨就是系帽的带子。"组"本义指宽而薄的丝带，古时经常用它来佩印或佩玉。"组"也可表示编织、组织、成套的事物等意义，比如"成组""组阁""两组"。

编（編）biān　编—編—編—编—编
甲骨文　小篆　隶书　楷书　简化字

本为会意字，甲骨文从糸从册，大概会以糸的次序来排列竹简之意，小篆演变成从糸扁声的形声字，沿用至今。《说文》："编，次简也。""编"本义指编排竹简，也引申为一般的按次序排列，如编排、编列等。"编"也可表示古代用以穿联竹简的皮条或绳子、连接、交织、编书、捏造的意义，比如"编条""编连""编织""主编""编故事"。

纷（紛）fēn　纷—紛—紛—纷—纷
战文　小篆　隶书　楷书　简化字

形声字，从糸分声。《说文》："纷，马尾韬也。"这里"韬"有衣套的意思。"纷"本义指马尾做的套子，但这个意义文献罕用。"纷"主要表示扰乱、混杂、祸乱、争执、众多的意义，比如"纷扰""纷乱""离纷""纠纷""纷纷飘落"。

纸（紙）zhǐ　纸—紙—紙—紙—纸
战文　小篆　隶书　楷书　简化字

形声字，从糸氏声。《说文》："纸，絮一苫(shān)也。""苫"段玉裁改作"箈(qián)"，是造纸漂浆用的竹帘。"纸"本义指漂洗丝絮时附着在漂器上的絮渣，呈方形，后专指以丝为原料的缣帛。东汉蔡伦造纸用的材料主要是树皮、麻头及敝布、渔网等，也就是今天纸的源头。"纸"也可表示书信或文件的张数、冥钱、文契的意义,比如"一纸空文""烧纸钱""文纸"。

绩(績) jì 纃—纃—績—績—绩
<small>战文　小篆　隶书　楷书　简化字</small>

形声字,从糸責声。《说文》:"绩,缉(jī)也。"这里"缉"有把麻搓捻成线的意思。"绩"本义指把麻或其他纤维搓捻成绳或线,俗称纺绩。"绩"也可表示承继、功业、成绩的意义,比如"承绩""功绩""业绩"。

约(約) yuē 豹約—紛—約—約—约
<small>战文　小篆　隶书　楷书　简化字</small>

形声字,从糸勺声。《说文》:"约,缠束也。""约"本义指缠束、捆缚,如"约束"。"约"也可表示节制、结盟、约会、共同规定遵守的条件、节俭的意义,比如"约制""约定""赴约""契约""节约"。

绳(繩) shéng 繩—繩—繩繩—繩—绳
<small>战文　小篆　隶书　楷书　简化字</small>

形声字,从糸黾(měng)声。《说文》:"绳,索也。""绳"本义指绳子,如"结绳"。"绳"也可表示木匠用来正曲直的工具、准则、约束、捆绑的意义,比如"墨绳""准绳""绳之以法""绳束"。

丝(絲) sī 丝—丝—絲—絲—絲—丝—丝
<small>甲骨文　金文　战文　小篆　隶书　楷书　简化字</small>

象形字,象二糸并束之形,本义指蚕丝。《说文》:"丝,蚕所吐也。"说的正是本义。"丝"也可表示丝织物、像丝一样细小的东西、细微、细纹的意义,比如"丝布""钢丝""一丝不苟""纹丝"。

索 suǒ 索—索索—索—索索—索
<small>甲骨文　战文　小篆　隶书　楷书</small>

象形字,甲骨文象丝或麻搓成的绳索,两头还有扎系的细绳之状,后字形逐渐演变,至楷书还一直保留着从糸的构意。《说文》:"索,

艸有茎叶可作绳索。""索"本义指大绳子,后多泛指各种绳索以及链条,如草索、铁索、索桥等。"索"也可表示像绳索状的东西、探求、寻找、请求、取用、搜捕的意义,比如"琵琶索""探索""求索""索求""索取""搜索"。

率 shuài　※—氽—臬—率—率—率
　　　　　　甲骨文　金文　战文　小篆　隶书　楷书

象形字,甲骨文、金文象绞麻作为绳索之形,旁边的小点象多出的麻籽状。《说文》:"率,捕鸟毕也。"认为率是古代捕鸟的器具。从字形上看,"率"本义当指大索,一种绞索的工具,但这个意义文献未见使用。"率"主要表示带领、遵循、榜样、首领、直爽、轻视的意义,比如"率领""率行""表率""将率""直率""轻率"。

绪(緒) xù　繸—繻—緒—绪—绪
　　　　　　战文　小篆　隶书　楷书　简化字

形声字,从糸者声。《说文》:"绪,丝耑(duān,端)也。""绪"本义指丝头,如"丝绪"。"绪"也可表示开端、次序、行列、情绪、剩余、开头的意义,比如"头绪""次绪""纲绪""思绪""绪余""绪论"。

纬(緯) wěi　緯—緯—緯—緯—纬
　　　　　　战文　小篆　隶书　楷书　简化字

形声字,从糸韦声。《说文》:"纬,织横丝也。""纬"本义指织物的横线,与"经"相对,合称经纬。"纬"也可表示地球上东西为纬、编织、缠捆、治理的意义,比如"纬线""纬编三绝""纬束""经邦纬国"。

织(織) zhī　繣—織—織—織—织
　　　　　　战文　小篆　隶书　楷书　简化字

形声字,从糸戠(zhí)声。《说文》:"织,作布帛之总名也。""织"本义指布帛等织物的总称,如"蚕织""丝织品"。"织"也可表示用相互勾连的方法编制物品、搜罗的意义,比如"织毛衣""罗织"。"織"简化字作"织",是以笔画少的声符代替笔画多的声符。

综（綜）zōng

形声字，从糸宗声。《说文》："综，机缕也。""综"读音 zòng，本义指织机上经线和纬线能交织的装置，但这个意义文献罕用。"综"又音 zōng，主要表述总聚、治理、归纳、精通的意义，比如"综合""综理""综述""综通"。

统（統）tǒng

形声字，从糸充声。《说文》："统，纪也。""统"本义指丝的头绪，俗称统绪。"统"也可表示系统、首领、纲要、率领、总括、治理的意义，比如"传统""统领""统纲""统帅""统一""统治"。

纪（紀）jì

形声字，从糸己声。《说文》："纪，系别也。""纪"本义指丝缕的头绪，也引申一般的头绪或开端，如"纪元"。"纪"也可表示要领、治理、法度、纪律、世代、年岁的意义，比如"纪要""纲纪""法纪""军纪""世纪""年纪"。

纳（納）nà

形声字，从糸内声。《说文》："纳，丝湿纳纳也。""纳"本义指濡湿的样子，但这个意义文献罕用。"纳"主要表示收藏、接收、引入、容受、娶妻、交纳、缝补的意义，比如"收纳""接纳""纳入""容纳""纳妾""纳贡""纳鞋底"。

纺（紡）fǎng

形声字，从糸方声。《说文》："纺，纺丝也。""纺"本义指绸属，就是古代的素色纱绢，如"纺绸"。"纺"也可表示丝麻纤维制成纱或线,比如"纺麻""纺织"。

纵(縱) zòng

战文—小篆—隶书—楷书—简化字

形声字,从糸從声。《说文》:"纵,缓也。""纵"本义指松缓,如"松纵"。"纵"也可表示发箭、向敌进击、释放、不加拘束、与横相对的意义,比如"纵箭""纵兵""放纵""纵酒""纵横"。

缠(纏) chán

战文—小篆—汉篆—隶书—楷书—简化字

形声字,从糸廛声。《说文》:"缠,绕也。""缠"本义指盘绕,如"缠绕""盘缠"。"缠"也可表示骚扰、应付、包裹、蒙受的意义,比如"纠缠""难缠""缠东西""缠冤"。

绕(繞) ráo

战文—小篆—隶书—楷书—简化字

形声字,从糸堯声。《说文》:"绕,缠也。""绕"本义指缠绕、缠束,也可表示环绕、从侧面或后面迂回过去、纠缠、弯曲的意义,比如"围绕""绕过去""绕住""绕弯"。

纽(紐) niǔ

小篆—汉篆—隶书—楷书—简化字

形声字,从糸丑声。《说文》:"纽,系也。"《广韵》:"纽,结也。""纽"本义指打结、缠束,如"纽扣"。"纽"也可表示器物上用来提携或系绳带的部件、连结、用来控制的机键等意义,比如"圆纽""纽带""枢纽"。

总(總) zǒng

战文—小篆—隶书—楷书—简化字

形声字,从糸悤(cōng)声,战国文字"悤"略有变异。《说文》:"总,聚束也。""总"本义指聚束或系扎,如"总发"。"总"也可表示系结、集中、统领、全面、总共的意义,比如"总结""合总""总统""总进攻""总计"。

练(練) liàn 　𤳳—練—練—练
战文　小篆　隶书　楷书　简化字

形声字,从糸柬声。《说文》:"练,练缯也。""练"本义指把生丝或织品煮得柔软洁白,俗称练丝。"练"也可表示已练制的白色熟绢、精壮、熟悉、训练的意义,比如"白练""精炼""熟练""练习"。

绢(絹) juàn 　𦇧𦇧—絹—絹—绢—绢
战文　小篆　隶书　楷书　简化字

形声字,从糸肙(yuān)声。《说文》:"绢,缯如麦䅆。""绢"本义指麦青色的丝织物,后多泛指一般丝织物的通称、书画或装潢等物件的意义,比如"布绢""黄绢"。

绣(繡) xiù 　繡—繡—繡—繡—绣
战文　小篆　汉篆　隶书　楷书　简化字

形声字,从糸肃声。《说文》:"绣,五采备也。""绣"本义指通过刺绣和绘画设色而五彩具备,如"绣裳"。"绣"也可表示刺绣、有彩色花纹的丝织品、华丽的意义,比如"绣花""苏绣""绣丽"。"繡"简化字作"绣",是以笔画少的声符代替笔画多的声符。

缚(縛) fù 　繡𦇧—縛—縛—缚—缚
战文　小篆　隶书　楷书　简化字

形声字,从糸専声。《说文》:"缚,束也。""缚"本义指用绳索捆绑,就是束缚。"缚"也可表示拘束、捆东西的绳索等意义,比如"作茧自缚""缚带"。

绘(繪) huì 　繪—繪—繪—繪—绘
战文　小篆　隶书　楷书　简化字

形声字,从糸會声。《说文》:"绘,会五彩绣也。""绘"本义指五彩的刺绣,如"锦绘"。"绘"也可表示绘画、描写、图画的意义,比如"绘卷""绘声绘色""绘图"。

缕(縷) lǚ 金文—战文—小篆—隶书—楷书—简化字

形声字,从糸娄声。《说文》:"缕,线也。""缕"本义指丝线、麻线,如"不绝如缕"。"缕"也可表示丝状物、逐条地、刺绣、顺势疏导的意义,比如"云缕""缕述""绘缕""缕出头绪"。"缕"也用作量词,如"一缕阳光""一缕头发"。

紧(緊) jǐn 战文—小篆—隶书—楷书—简化字

会意字,从糸从臤(qiān,坚固),臤兼表音,大概会糸束缠绕在一起变得紧固之意。《说文》:"紧,缠丝急也。""紧"本义指缠丝时拉力的作用下呈现出的急张状态,也引申为一般的紧张或急迫状态,如"发紧""风声紧"。"紧"也可表示牢固、收缩、严密、拮据、重要的意义,比如"紧记""紧缩""紧密""手头紧""紧要"。

徽 huī 战文—小篆—隶书—楷书

形声字,从糸微声,且"微"有省形。《说文》:"徽,三纠绳也。""徽"本义指绳索,如"徽索"。"徽"也可表示系在琴上的绳、标志、旗帜、美善的意义,比如"琴徽""国徽""徽章""懿徽"。

维(維) wéi 金文—战文—小篆—隶书—楷书—简化字

形声字,从糸隹声。《说文》:"维,车盖维也。"就是指系车盖的大绳子。"维"本义指系物的大绳。《淮南子》有"天柱折,地维绝",意思是说支撑天的柱子折断,拴系地的大绳断绝,用的正是本义。"维"也可表示纲纪、连结、维护、角落的意义,比如"维纲""维舟""维持""西南维"。

絮 xù 战文—小篆—隶书—楷书

形声字,战国文字作从糸女声、从糸如声两种,小篆承袭了战国文字的后一种写法,沿用至今。《说文》:"絮,敝帛也。""絮"本义指质地差的丝绵,如"絮衣"。"絮"也可表示像絮一样轻柔洁白的东西、连续重复、头上巾的意义,比如"柳絮""絮絮叨叨""絮巾"。

络(絡) luò　絡—絡—絡—络—络
　　　　　　　　战文　小篆　隶书　楷书　简化字

形声字,从糸各声。《说文》:"络,絮也。一曰麻未沤(òu)。""络"本义指质地差的棉絮,也可表示未经浸泡的麻,但这两个意义文献都很少使用。"络"主要表示缠绕、环绕、覆盖、马笼头、网的意义,比如"盘络""缭络""笼络""金络""网络"。

终(終) zhōng　終—終—終終—終—终
　　　　　　　　　战文　小篆　隶书　楷书　简化字

会意字,从糸从冬,冬兼表音,大概会以丝终止之意。《说文》:"终,絿丝也。"这里"终"指把丝缠紧,但这个意义文献罕用。"终"主要表示穷尽、结局、人死、自始至终、完成的意义,比如"终究""终结""寿终""终日""百事不终"。

缀(綴) zhuì　綴—綴—綴—缀—缀
　　　　　　　　战文　小篆　隶书　楷书　简化字

会意字,从糸从叕(zhuó),叕兼表音,"叕"以互相连接的笔画来表示抽象的联缀意,是"缀"的初文,这里大概会以丝联缀之意。《说文》:"缀,合箸也。""缀"本义指缝补、缝合。《礼记》有"衣裳绽裂,纫箴请补缀",用的正是本义。"缀"也可表示连结、挂、装饰、物件边缘的装饰物等意义,比如"连缀""缀挂""点缀""缀饰"。

素 sù　素—素—素—素—素—素—素
　　　　甲骨文　金文　战文　小篆　汉篆　隶书　楷书

会意字,甲骨文、金文从糸从烝(chuí),从糸表示意义和丝相关,从烝构意不明。《说文》:"素,白緻缯也。""素"本义指没有染色的丝绸,后多泛指一般的纺织品,如"织素"。"素"也可表示白色、物质的基本成分、质朴、平素、蔬菜类食品的意义,比如"素丝""元素""朴素""素未谋面""素食"。

紊 wěn

甲骨文 — 小篆 — 隶书 — 楷书

形声字。从糸文声。《说文》:"紊,乱也。""紊"本义指乱,俗称紊乱。《尚书》有"若网在纲,有条而不紊",意思是说像网连在提网的大绳上,才会有条理不乱,用的正是本义。"紊"也可表示繁盛义,如"繁紊"。

绍(紹) shào

金文 — 小篆 — 汉篆 — 隶书 — 楷书 — 简化字

形声字,从糸召声。《说文》:"绍,继也。""绍"本义指继承、接续,如"绍继""绍续"。《尚书》有"绍复先王之大业",意思是说继承恢复先王的大业,用的正是本义。"绍"也可表示引荐、紧紧地缠绕、地名、姓氏的意义,比如"介绍""绍缭""绍兴""绍氏"。

缭(繚) liáo

战文 — 小篆 — 汉篆 — 隶书 — 楷书 — 简化字

形声字,从糸尞(liáo)声。《说文》:"缭,缠也。""缭"本义指缠绕,如"缭绕"。"缭"也可表示围绕、古代祭祀名、用以固定船帆的绳索等意义,比如"云山雾绕""缭祭""帆缭"。

缘(緣) yuán

战文 — 小篆 — 隶书 — 楷书 — 简化字

形声字,从糸彖(tuàn)声。《说文》:"缘,衣纯也。""缘"读音yuàn,本义指装饰衣边,如"缘边"。"缘"又音yuán,主要表示器物的边沿、攀登、牵连、顺沿、缘分、因缘的意义,比如"杯缘""缘木求鱼""缘累""缘江""无缘""结缘"。

纲(綱) gāng

战文 — 小篆 — 汉篆 — 隶书 — 楷书 — 简化字

本为会意字,战国文字从糸从木,大概会木上缠丝结网之意,小篆演变为从糸冈声的形声字,沿用至今。《说文》:"纲,维纮(hóng)绳也。"这里"维纮绳"表示系物的大网绳。"纲"本义指提网的总绳,俗称提纲。《吕氏春秋》有"一引其纲,万目皆张",意思是说一牵引提纲的总绳,一个个网眼就张开了,用的正是本义。"纲"也可表示事物的总要、国家法度、古代成批运货的组织、生物学分类等级的意义,比如"大纲""纲纪""盐纲""哺乳纲"。

线(綫) xiàn

形声字,战国文字从糸泉声,小篆固定为从糸戋(jiān)声,沿用至今。《说文》:"线,缕也。""线"本义指用丝、绵、麻或金属等制成的细长物,如丝线、绵线、麻线、金线等。"线"也可表示细长像线的东西、线索、交通路线、边界的地方等意义,比如"光线""明线""航线""边境线"。"线"也用作量词,比如"一线生机"。

缝(縫) féng

形声字,战国文字从糸奉声,小篆从糸逢声,至汉篆变作从糸夅声,楷书继承了小篆的写法,沿用至今。《说文》:"缝,以针紩(zhì)衣也。"这里"紩衣"是缝衣的意思。"缝"读音 féng,本义指用针线连缀。《诗经》有"掺掺女手,可以缝裳",用的正是本义。"缝"也可表示弥合义,如"缝合"。"缝"又音 fèng,表示缝合的地方、结合处、缝隙、差错或漏洞等意义,比如"衣缝""缝口""门缝""漏缝"。

累(纍) lěi

形声字,从糸畾(léi)声。《说文》:"累,缀得理也。一曰大索也。""累"读音 léi,本义指相连缀得其条理,但这个意义文献罕用,也可以表示绳索、拘系、负担的意义,如"累索""系累""累赘"。"累"又音 lěi,表示堆积、连续、增加、合计的意义,比如"累积""长年累月""累加""累数"。"累"又读 lèi,主要表示牵连、疲劳、罪行等意义,

绸(綢) chóu

綢 — 綢 — 綢 — 綢 — 绸
战文　小篆　隶书　楷书　简化字

形声字，从糸周声。《说文》："绸，缪也。""绸"本义指缠扎、束缚。《诗经》有"绸缪束薪，三星在天"，意思是说缠绕捆扎木柴，参星出现在天空，用的正是本义。"绸"也可表示丝织品的总称、致密的意义，比如"绸缎""绸密"。

玄 xuán

𤣥 — 𤣥 — 玄 — 玄 — 玄
金文　战文　小篆　隶书　楷书

本为象形字，金文象丝束之形，与表微小的"幺(yāo)"古本一字，专指物体的色度。《说文》："玄，黑而有赤色者为玄。""玄"本义指赤黑色。《诗经》有"何草不玄"，用的正是本义。"玄"也可表示深厚、远、神妙、寂静、道家学说的意义，比如"玄渊""玄远""玄妙""玄默""玄学"。

兹 zī

兹 — 兹 — 兹 — 兹 — 兹 — 兹
甲骨文　金文　战文　小篆　隶书　楷书

本为象形字，甲骨文、金文象二细丝并行，与"丝(yōu)"古本一字，战国文字开始加二短横作"兹"。《说文》："兹，黑也。从二玄。""兹"本义指黑、浊，如"水兹"就是水浊的意思。"兹"也可表示此、姓氏的意义，比如"兹有""兹氏"。

幽 yōu

幽 — 幽 — 幽 — 幽 — 幽 — 幽
甲骨文　金文　小篆　隶书　楷书　简化字

会意字，甲骨文从火从丝(yōu)，"丝"有微小的意思，这里大概会微火的构意，至金文"火"旁逐渐讹变成"山"，沿用至今。"幽"本义指微火，但这个意义文献罕见使用。《说文》："幽，隐也。""幽"主要指隐蔽义，应是由微火的意义引申而来。"幽"也可表示微弱、深远、郁结、恬静、高雅、昏暗不明的意义，比如"幽光""幽远"

"幽怨""清幽""幽雅""幽暗"。

幻 huàn

丨金文丨战文丨小篆丨隶书丨楷书丨

会意字，金文从幺从？，从？构意不明，意义当与微小相关。《说文》："幻，相诈惑也。""幻"主要指惑乱义，如"幻惑"，也可表示虚无的、奇异地变化、法术的意义，比如"虚幻""幻化""幻术"。

米 mǐ

丨甲骨文丨金文丨战文丨小篆丨隶书丨楷书丨

象形字，甲骨文、金文象一堆米粒之形，本义指米粒，就是去掉皮的粮食作物的子实。《说文》："米，粟实也。"说的正是这个本义。"米"也可表示脱去皮壳后的种子、小粒像米的东西等意义，比如"花生米""虾米"。"米"也用作量词，表示长度单位，如"一米长"。

粮（糧）liáng

丨战文丨小篆丨隶书丨楷书丨简化字丨

形声字，小篆从米量声，至隶书出现了从米良声的"粮"，后这个字形被简化字吸收，成为规范字，沿用至今。《说文》："粮，谷也。""粮"本义指干粮。《诗经》有"乃裹糇（hóu，干粮）粮"，用的正是本义。"粮"也可表示一般的谷物粮食、薪饷、田赋的意义，比如"粮草""粮饷""口粮"。

粱 liáng

丨金文丨战文丨小篆丨隶书丨楷书丨

形声字，金文从米刅（chuāng，"创"本字）声，或在底部加"米"表意，变成从米汱（liáng）声的形声字，小篆承袭了后一种写法，沿用至今。《说文》："粱，米名也。""粱"本义指一种似谷子但更大而长的谷类作物，俗称高粱。"粱"也可表示细粮、精美的饭食等意义，比如"精粱""粱肉"。

精 jīng

粩—精—精—精
战文　小篆　隶书　楷书

形声字,从米青声。《说文》:"精,择米也。""精"本义指经过加工挑选的优质纯净的米,俗称精米。"精"也可表示完美、精华、专一、严密、娴熟、神灵、心神、力量的意义,比如"精益求精""香精""精志""精密""精通""精灵""精神""精力"。

粗¹ cū

粗—粗—粗—粗
小篆　汉篆　隶书　楷书

形声字,从米且声。《说文》:"粗,疏也。""粗"本义指糙米、粗粮。《庄子》有"吾食也执粗而不臧(zāng)",大意是说我吃的是不精美的粗粮,用的正是本义。"粗"由粗粮义进一步引申为粗糙、粗疏、粗野、粗大、粗略、粗壮等意义。由于古籍常借"麤"为"粗",且"麤"本义罕用,今"粗""麤"合并为一字,以"粗"为规范字,"麤"作为异体字废弃不用。

粗²(麤) cū

麤—麤—麤—麤—粗
甲骨文　小篆　隶书　楷书　简化字

会意字,甲骨文从二鹿、小篆从三鹿,大概会鹿多行走很远之意,隶书"鹿"或省去足形。《说文》:"麤,行超远也。"段玉裁注:"鹿善惊跃,三鹿齐跳,行超远之意。"说的就是这个构意。"麤"本义指行超远,但这个意义文献罕用,而主要假借为粗疏、粗糙等意义,如《广雅》:"麤,不精也。"《玉篇》:"麤,疏也。""粗"也假借表示粗壮、粗野、粗鄙、大略、粗布的意义,比如"粗豪""粗暴""粗贱""粗略""粗麻"。"麤"简化字作"粗"不是新造字形,而是合并了粗粮的"粗",所以"粗"既是"麤"的简化字,也是粗粮的"粗"本字,记录了它们的全部意义和用法。

粟 sù

粟—粟—粟—粟—粟—粟
甲骨文　战文　小篆　汉篆　隶书　楷书

象形字,甲骨文象粟的果实下垂之形,后字形逐渐演变,至隶书变作从西从米的"粟",沿用至今。《说文》:"粟,嘉谷实也。""粟"本义指古代谷类作物的总称,如"粟谷"。"粟"也可表示颗粒如粟状的东西、俸禄的意义,比如"丹粟""俸粟"。

粒 lì　战文—小篆—隶书—楷书

形声字,战国文字从食立声,小篆演变成从米立声,沿用至今。《说文》:"粒,糂(sǎn)也。"这里"糂"有饭粒的意思。"粒"本义指米粒、谷粒,也引申为一般的粒状物,比如"豆粒""盐粒"。"粒"也用作量词,如"一粒米"。

粉 fěn　战文—小篆—隶书—楷书

形声字,从米分声,本义指用米、豆等加工成的粉末,如米粉、豆粉等。《说文》:"粉,傅面者也。"这里指化妆敷面用的粉末,应是由本义引申而来。"粉"也可表示一般的粉末、用淀粉制成的食品、粉碎、粉红色的、绘画颜料的意义,比如"辣椒粉""凉粉""粉身碎骨""粉牡丹""画粉"。

康 kāng　甲骨文—战文—小篆/或体—汉篆—隶书—楷书

会意字,甲骨文从庚从四个小点,象振动悬钟落下灰尘之形,是康乐的"康"本字,后下面的小点逐渐讹变为"米",最终演变成从米庚声的"康",小篆又加"禾"表意,变成从禾从康,康兼表音的"穅"。"康""穅"古本一字,后逐渐分化成两个不同的字,其中"穅"主要记录谷皮义,"康"记录康乐等相关意义。《尔雅》:"康,乐也。"说的正是安乐的意思。"康"也可表示和悦、富裕、健康、四通八达的大路、古地名的意义,比如"悦康""康富""安康""康庄大道""西康"。

糠(穅) kāng　甲骨文(康)—战文—小篆/或体—隶书—楷书

会意字,甲骨文本作"康",小篆开始加"禾"表意,分化出从禾从康,康兼表音的"穅",至隶书演变作从米康声的"糠",沿用至今。《说文》:"穅,谷皮也。康,穅或省。"《玉篇》:"糠,俗穅字。""糠"本义指谷物子实脱下的皮或壳,如谷糠、稻糠等。"糠"也可表示空虚、恶食之名的意义,比如"糠虚""糠糟"。

甫 fǔ
甲骨文 金文 战文 小篆 隶书 楷书

本为会意字,甲骨文从田从屮(cǎo),象田地里生长着蔬草形,当是"圃"的初文,金文将下面的"田"讹变成"用",至小篆演变成从用父声的形声字,沿用至今。《说文》:"甫,男子美称也。""甫"主要指古代对男子的美称,也可表示大、开始、古国名的意义,比如"甫田""甫始""甫国"。"甫"多用作声符,和不同的义符组合成字,如"捕""铺""哺""逋"等。

圃 pú
甲骨文 金文 战文 小篆 隶书 楷书

会意字,甲骨文从田从屮(cǎo)作"甫",象田里长有蔬草形,金文加"囗(wéi)"表意,表示田地有界围之意,至小篆固定成从囗从甫,甫兼表音的形声字,沿用至今。《说文》:"圃,种菜曰圃。""圃"本义指菜园子,俗称菜圃。"圃"也可表示一般种植花草或苗木的园地、种菜的人、事物丛集之处、繁茂的意义,比如"苗圃""老圃""文圃""圃草"。

囿 yòu
甲骨文 战文 小篆 隶书 楷书

本为象形字,甲骨文象园子里有草木形,至战国文字开始演变成从囗(wéi)有声的形声字"囿",沿用至今。《说文》:"囿,苑有垣也。""囿"本义指古代有围墙的园林,用来畜养禽兽以供统治者玩赏,俗称园囿。"囿"也可表示一般有围栏的菜园或果园、集聚、事物萃集的地方、拘泥的意义,比如"林囿""聚囿""诗囿""囿于旧说"。

仓(倉) cāng 甲骨文—金文—战文—小篆—隶书—楷书—简化字

象形字，甲骨文、金文象上有苫(shān)盖，中间有门户，底部象坎形的一个半地穴式的仓库。《说文》："仓，谷藏也，仓黄取而藏之，故谓之仓。""仓"本义指粮仓，就是收藏谷物的地方，后多泛指一般储藏物资的建筑物，如盐仓、货仓等。"仓"也可表示监禁罪犯的场所、古代官名、姓氏的意义，比如"监仓""仓人""仓氏"。

酉 yǒu 甲骨文—金文—战文—小篆—隶书—楷书

象形字，甲骨文象酒器形，是"酒"的本字，本义指酒，后这个意义另造了从水的"酒"来记录。"酉"主要借为表地支的第十位，如"申酉戌亥"。"酉"也可表示十二生肖属鸡、河流名、姓氏的意义，比如"鸡酉""酉水""酉氏"。

酒 jiǔ 甲骨文—小篆—隶书—楷书

会意字，从水从酉，酉兼表音，会酒水之意。"酉""酒"古本一字，后逐渐分化为两个不同的字。《释名》："酒，酉也。酿之米麴(qū)酉泽，久而味美也。""酒"本义指酒水，一种用米麦等粮食或水果发酵制成的饮料，如水酒、白酒等。"酒"也可表示饮酒、以酒荐祖庙的意义，比如"酒驾""酒祭"。

奠 diàn 甲骨文—金文—战文—小篆—隶书—楷书

会意字，甲骨文从酉从一，"酉"象酒坛形，本义指酒，"一"表示地面或托垫物，会设酒祭祀之意，后字形逐渐演变，至小篆固定为从酋从丌(qí)的"奠"，沿用至今。《说文》："奠，置祭也。""奠"本义指把祭品放在神前祭祀，俗称祭奠。"奠"也可表示进献、放置、建立、确定的意义，比如"进奠""奠置""奠基""奠定"。

尊 zūn

甲骨文 — 金文 — 战文 — 小篆/或体 — 隶书 — 楷书

会意字，甲骨文、金文从廾(gǒng)从酉，象双手托举酒器形，战国文字将"酉"繁化作"酋"，"廾"变作"寸"，最终演变成从酋从寸的"尊"，沿用至今。《说文》："尊，酒器也。""尊"本义指一种用来盛酒的礼器，后这个意义多由"樽"来记录。"尊"主要表示敬重、推崇、拥戴、重视、高贵的意义，比如"尊敬""尊崇""尊奉""尊重""尊贵"。

配 pèi

甲骨文 — 金文 — 战文 — 小篆 — 隶书 — 楷书

本为会意字，甲骨文、金文从卩(jié)从酉，象一人跪坐在酒器前，有学者认为大概是会配酒之意，战国文字将象人形的"卩"讹作"己"，变成从酉己声的形声字，沿用至今。《说文》："配，酒色也。"这里"配"指酒的颜色，需要用不同颜色的酒配制而成，应是由配酒义引申而来。"配"也可表示配偶、成婚、结合、匹敌、够得上、调配的意义，比如"原配""婚配""配合""匹配""配得上""配眼镜"。

酷 kù

战文 — 小篆 — 隶书 — 楷书

形声字，从酉告声。《说文》："酷，酒厚味也。""酷"本义指酒味浓厚，如"酷酒"。"酷"也可表示香气浓盛、刑罚残酷、残暴、很的意义，比如"酷烈""酷刑""残酷""酷爱"。

酬(醻) chóu

小篆/或体 — 汉篆 — 隶书 — 楷书

形声字，小篆从酉壽声，或体州声。今以或体"酬"为规范字，"醻"作为异体字废弃不用。《说文》："酬，主人进客也。""酬"本义指古代酒宴礼节，也叫导饮，后多泛指一般的劝酒或敬酒，如"酬宾"。"酬"也可表示报答、应对、以财物相报、实现的意义，比如"酬谢""应酬""酬金""壮志未酬"。

醉 zuì

酸—醉—醉—醉
小篆　汉篆　隶书　楷书

形声字,从酉从卒,卒兼表音,大概会酒终之意。《说文》:"醉,卒也。卒其度量,不至于乱也。""醉"本义指饮酒适量,但这个意义文献少用。"醉"主要表示饮酒过量、沉酣入迷、糊涂、用酒浸制的意义,比如"醉酒""心醉""昏醉""醉虾"。

酸 suān

酸—酸—酸—酸酸—酸
战文　小篆　汉篆　　隶书　　楷书

形声字,从酉夋(qūn)声。《说文》:"酸,酢(cù)也。关东谓酢曰酸。""酸"本义指醋,如"酸醋",也可表示酸味、悲痛、迂腐、妒忌的意义,比如"橘子酸""心酸""酸秀才""酸溜溜"。

医(醫) yī

醫—醫—医醫—醫—醫—医
战文　小篆　汉篆　　隶书　楷书　简化字

形声字,从酉殹(yì)声。《说文》:"医,治病工也。""医"本义指治病的人,俗称医生或医师。"医"也可表示治疗、治理、医术、官名的意义,比如"医疗""医治""医学""太医令"。"醫"简化字作"医",是截取了原字形的一部分。

酱(醬) jiàng

瘤脂—膟—膧—牆—酱—酱
战文　　小篆　汉篆　隶书　楷书　简化字

形声字,战国文字从酉爿声,至小篆加"肉"表意,演变成从酉从肉爿声的形声字,沿用至今。《说文》:"酱,醢(hǎi)也。"这里"醢"有肉酱的意思。"酱"本义指肉酱,也可表示豆、麦等发酵后做成的调味品、用酱腌的菜、混杂的意义,比如"豆瓣酱""酱萝卜""酱东西"。

盐(鹽) yán

鹽—鹽—鹽—鹽—盐
战文　小篆　隶书　楷书　简化字

形声字,从卤(lǔ)监声。《说文》:"盐,鹹(xián)也。古者宿沙初作煮海盐。""盐"读音 yán,本义指食盐,一种为食用提供咸味的调料，如"吃盐""盐水"，也可表示姓氏义，如"盐氏"。"盐"又音yàn，表示用盐腌制，如"盐萝卜""盐白菜"。

食 shí

甲骨文 金文 战文 小篆 隶书 楷书

会意字，甲骨文从A（倒口）从皀（guǐ），象人张口靠近器皿吃饭食形，会饭食或进食之意。《说文》："食，一米也。"段玉裁改"一米"为"亼（jí）米"，就是集众米而成食之意。"食"本义指饭食，后多泛指粮食、食物的总称，如"食粮""甜食"。"食"也可表示吃、消灭、背弃、享受、使用的意义，比如"寝食不安""吞食""食言""自食其果""食用"。

饭（飯）fàn

战文 小篆 隶书 楷书 简化字

形声字，从食反声。《说文》："饭，食也。""饭"本义指吃饭。《论语》有"饭疏食"，意思就是吃粗粮，用的正是本义。"饭"也可表示米饭、古时将米贝等放入死者口中的意义，比如"饭菜""饭含"。

饼（餅）bǐng

小篆 隶书 楷书 简化字

形声字，从食并声。《说文》："饼，麫（miàn）餈（cí）也。"这里"麫餈"有稻饼的意思。"饼"本义指用面粉制成的食品，如蒸饼、烧饼等。"饼"也可表示饼状物，如"铁饼"。

饱（飽）bǎo

小篆 隶书 楷书 简化字

形声字，从食包声。《说文》："饱，猒（yàn，饱）也。"《广韵》："饱，食多也。""饱"本义指吃足，与"饥"相对，如"饱餐"。"饱"也可表示养、满足的意义，比如"饱养""饱满"。

馆（館）guǎn

战文 小篆 汉篆 隶书 楷书 简化字

形声字，从食官声，战国文字"官"有省形。《说文》："馆，客舍也。"

"馆"本义指古代接待宾客的房屋,如宾馆、客馆。"馆"也可表示供客饮食娱乐的场所、华丽住宅、官署名、文化等公共场所的意义,比如"茶馆""别馆""大使馆""书馆"。

养(養) yǎng

养—养—养养—養—养
甲文　小篆　　隶书　楷书　简化字

形声字,从食羊声。《说文》:"养,供养也。""养"本义指供养义,如"养父母"。"养"也可表示饲养、培育、教育、修养、养护、生育的意义,比如"养鸡""培养""教养""修身养性""养神""养育"。

饶(饒) ráo

饶—饒—饒—饶—饶
小篆　汉篆　隶书　楷书　简化字

形声字,从食尧声。《说文》:"饶,饱也。""饶"本义指饱,如"饶饱"。"饶"也可表示剩余、丰富、肥沃、安逸、宽恕的意义,比如"余饶""富饶""沃饶""饶乐""饶恕"。

饥¹(飢) jī

飢—飢—飢—飢—饥
甲文　小篆　隶书　楷书　简化字

形声字,从食几声。《说文》:"飢,饿也。""饥"本义指腹中无食,如"饥饿"。《尚书》有"黎民阻饥",用的正是本义。"饥"也是"饑"的简化字,表示灾荒义,如"饥荒"。

饥²(饑) jī

饑—饑—饑—饥
小篆　隶书　楷书　简化字

形声字,从食幾声。《说文》:"饑,谷不熟为饑。""饥"本义指五谷不收、荒年的意义,如"饥荒""饥馑"。《诗经》有"降丧饥馑,斩伐四国",用的正是本义。今"饑""飢"合并为一字,都以"饥"作为简化字,记录它们的全部意义和用法。

饿(餓) è

餓—餓—餓—餓—饿
甲文　小篆　隶书　楷书　简化字

形声字,从食我声。《说文》:"饿,饥也。""饿"本义指饥得厉害,就是饿坏、饿得受不了的状态,程度比饥深。《淮南子》有"宁一月饥,无一旬饿",说明了二字在意义上的细微区别。"饿"也可表示缺少的意义,比如"水田饿肥"。今"饥""饿"连用,泛指一般的饥饿,意义上已没有明显的区别。

即 jí

甲骨文 — 金文 — 战文 — 小篆 — 隶书 — 楷书 — 即

会意字,从卩(jié)从皀(guǐ),甲骨文、金文象人跪坐或站立在盛满食物的食器前,表示就食的意思。《说文》:"即,即食也。""即"本义指就食,就是靠近吃东西,后多泛指一般的靠近。《诗经》有"匪来贸丝,来即我谋",大意是说不是真的来交易丝,而是来接近我谈婚事,用的正是本义。"即"主要用作虚词,表示即刻、仅仅、只是、即使等意义。

既 jì

甲骨文 — 金文 — 战文 — 小篆 — 隶书 — 楷书 — 既

会意字,从旡(jì)从皀(guǐ),甲骨文、金文象人虽坐在盛满食物的食器旁,但转头向后,表示用食完毕之意。"既"本义指吃完食物,也表示一般的完、尽,如《广雅》:"既,尽也。"说的就个意义。"既"也可表示失掉、到的意义,比如"不既信""既去"。

乡(鄉) xiāng

甲骨文 — 金文 — 战文 — 小篆 — 隶书 — 楷书 — 简化字 — 乡

会意字,象两人面对面相向而食,是"饗(xiǎng)"的初文,本义指乡人相聚宴饮,后这个意义主要由"飨"来记录。《说文》:"乡,国离邑,民所封乡也。""乡"主要表示基层行政区划名,如"五里为乡",也可以表示乡村、出生地、处所的意义,比如"下乡""家乡""无人乡"。"鄉"简化字作"乡",是截取了原字形的一部分。

十一 住行类

家 jiā

甲骨文 — 金文 — 战文 — 小篆 — 隶书 — 楷书

会意字,从宀(mián)从豕(shǐ),甲骨文、金文象屋里有猪之形。古人驯养野猪是把它们关在简易的房屋里,人类和家畜都有了固定的居处,能稳定地居住,就逐渐形成了家的概念。《说文》:"家,居也。"《玉篇》:"家,人所居,通曰家。""家"本义指住所。《诗经》有"古公亶(dǎn)父,陶复陶穴,未有家室",用的正是本义。"家"也可表示家庭、定居、古称夫或妻、都城、朝廷、学术流派、具有某种专长的人的意义,比如"家人""居家""夫家""国家""王家""儒家""科学家"。"家"也用作量词,如"一家工厂"。

宅 zhái

甲骨文 — 金文 — 战文 — 小篆 — 隶书 — 楷书

形声字,从宀(mián)乇(zhé)声,"宀"甲骨文象房屋的形状,本义指古代的房屋,凡以"宀"作表意偏旁的字大多与房屋的意义相关。《玉篇》:"宅,人所居舍曰宅。""宅"本义指住宅、房舍,就是人居处的地方。"宅"也可表示一般的居住区域、大家族、墓穴、居住、居于、心存的意义,比如"大宅""曹宅""阴宅""宅居""宅位""宅心仁厚"。

室 shì

甲骨文 — 金文 — 战文 — 小篆 — 隶书 — 楷书

会意字,从宀(mián)从至,至兼表音,大概会屋内人到达之意。《说文》:"室,堂之内,人所安止也。"说的就是这个构意。"室"本义指房间、内室,古时一般以户外为堂,户内为室,内室就是供人安息之所。"室"也引申为一般的房屋、家庭、朝廷、机关或工厂的内部工作单位等意义,比如"房室""家室""汉室""办公室"。

宣 xuān

甲骨文 — 金文 — 战文 — 小篆 — 隶书 — 楷书

形声字,从宀(mián)亘(xuān)声。《说文》:"宣,天子宣室也。"

"宣"本义指天子宣室,一种古代的宫室名。"宣"也可表示宽大、传播、疏散、显示的意义,比如"宣口""宣传""宣肺止咳""宣示"。

宇 yǔ　金文—战文—小篆—隶书—楷书

形声字,从宀(mián)于声。《说文》:"宇,屋边也。""宇"本义指屋檐。《诗经》有"七月在野,八月在宇",用的正是本义。"宇"也可表示房屋、住处、疆土、上下四方整个空间、风度的意义,比如"室宇""屋宇""宇内""宇宙""气宇轩昂"。

宙 zhòu　甲骨文—小篆—隶书—楷书

形声字,从宀(mián)由声,从宀表示与房屋的意义有关。《说文》:"宙,舟舆所极覆也。""宙"本义指舟车所到的地方,但这个意义文献罕用。"宙"主要表示天空、宇宙的意义,比如"上宙下宇""元宇宙"。

安 ān　甲骨文—金文—战文—小篆—隶书—楷书

会意字,从宀(mián)从女,甲骨文象一女子安静地跪坐在室内,会安静之意。《说文》:"安,静也。"说的就是个构意。"安"本义指安静。《易经》有"君子安其身而后动",用的正是本义。"安"也可表示安定、宁静、静止、稳定、安逸、乐意、身体健康的意义,比如"居安思危""安宁""安而不动""安稳""安适""安乐""安好"。

定 dìng　甲骨文—金文—战文—小篆—隶书—楷书

会意字,从宀(mián)从正,正兼表音,大概会安定之意。《说文》:"定,安也。""定"本义指安定,如"平定天下"。"定"也可表示镇静、停止、凝神、固定不变、必定、决定、订正、规定、约定的意义,比如"镇定""惊魂未定""定神""定论""一定""确定""审定""定时""定婚"。

宴 yàn

金文 — 战文 — 小篆 — 隶书 — 楷书

形声字，从宀（mián）妟（yàn）声。《说文》："宴，安也。""宴"本义指安逸、安闲，如"宴坐"。"宴"也可表示安居、喜乐、安定、宴请、筵席、内室的意义，比如"宴居""新婚宴尔""宴然""宴朋""国宴""宴室"。

寝（寢）qǐn

甲骨文 — 金文 — 战文 — 小篆 — 隶书 — 楷书 — 简化字

会意字，甲骨文、金文从宀（mián）从帚（zhǒu），象房屋中有笤帚，又象手持笤帚打扫房屋之形，后又加"爿（chuáng，床）"或"人"表意，大概会人卧床休息之意。"寝"本义指卧室、寝室，就是人们可以打扫和躺卧休息的住处。《说文》："寝，卧也。"这里指卧躺，应是由卧室义引申而来。"寝"也可表示睡觉、君王的宫室、宗庙后殿、止息、隐藏的意义，比如"就寝""寝宫""寝庙""寝兵""寝藏"。

寓 yù

金文 — 战文 — 小篆 — 汉篆 — 隶书 — 楷书

形声字，从宀（mián）禺声。《说文》："寓，寄也。""寓"本义指寄居。《孟子》有"无寓人于我室，毁伤其薪木"，意思是说不要让他人寄居在我的屋子，毁坏那些树木，用的正是本义。"寓"也可表示居处、投寄、寄托的意义，比如"公寓""寓书""寄寓山水"。

寡 guǎ

金文 — 战文 — 小篆 — 隶书 — 楷书

会意字，金文从宀（mián）从頁（xié），大概会一个人独居一室之意，后字形逐渐演变，至小篆固定为从宀从頒（"頁、分"竖置）的"寡"，沿用至今。"寡"本义指男女丧偶，如《左传》有"齐崔杼生成及彊而寡"，意思是说齐国崔杼生下成和彊就丧偶了，用的正是本义。后"寡"多专指女子丧偶，俗称寡妇。《说文》："寡，少也。"这里"寡"指少,应是由丧偶的意义引申而来。"寡"也可表示减少、孤单、倒霉、谦辞的意义,比如"寡少""孤寡""一肚寡气""寡人"。

向 xiàng
甲骨文 金文 战文 小篆 隶书 楷书

会意字,从宀(mián)从口,传统的观点认为甲骨文、金文象室内有孔洞形,本义指窗牖。《说文》:"向,北出牖(yǒu)也。"这里"向"指朝北的窗户,说的就是本义。也有学者认为 ᄇ 不是窗孔的象形,而是"口"字,象一人张口在室内说话产生回响,为"响(响)"的本字,本当指回响,后来才假借为朝北的窗户义,似未必可信。"向"也可表示方向、对着、接近、前往、从来的意义,比如"迷向""向着""向晚""向西""向来"。

写(寫) xiě
战文 小篆 隶书 楷书 简化字

形声字,从宀(mián)舄(xì)声,"舄"古文字象鸟形,本义指鸟名,这里用作纯粹的声符。《说文》:"写,置物也。""写"本义指放置、移置,但这个意义文献罕用。"写"主要表示倾吐、誊录、创作、描写、绘画的意义,比如"写意""书写""写作""写景""写生"。

富 fù
战文 小篆 隶书 楷书

形声字,从宀(mián)畐(fú)声。《说文》:"富,备也。""富"本义指完备,但这个意义文献少用。"富"主要表示多、财物、财物多、姓氏的意义,比如"富有""财富""富饶""富氏"。

亲¹(親) qīn
金文 战文 小篆 隶书 楷书 简化字

形声字,从见亲声。《说文》:"親,至也。"这里"至"有亲密无间的意思。"亲"本义指关系密切,如"亲密""亲切"。"亲"也可表示父母、有血缘或婚姻关系的人、婚姻、宠爱、接触、接吻、亲自的意义,比如"双亲""亲戚""娶亲""亲爱""亲近""亲吻""亲临"。"親"简化字作"亲",是省略了原字形的一部分。

亲²(親)qīn　𣂭—親—親—親—親—亲
甲骨文　金文　战文　小篆　楷书　简化字

形声字,从宀(mián)親声。《说文》:"親,至也。"这里"至"是亲密无间的意思。"親"本义指亲密无间,这个意义也常用"親"来记录,后"親"并入"親",它们的简化字均作"亲"。

实(實)shí　𡪀實—實—實—實—實—实
金文　战文　小篆　隶书　楷书　简化字

会意字,金文从宀(mián)从贝从田,会有房有田有财物之意,后演变为从宀从貫,大概表示屋内有钱财的构意。《说文》:"實,富也。""实"本义指财物富足、富裕,如"国富民强"。"实"也可表示物资、充满、填塞、果实、事实、纯朴的品质、真诚、验明的意义,比如"府实""充实""填实""籽实""实情""朴实""真实""核实"。

完 wán　完—完—完完—完
战文　小篆　隶书　楷书

形声字,从宀(mián)元声。《说文》:"完,全也。""完"本义指完整、完好,如成语"完璧归赵"用的就是本义。"完"也可表示保全、坚固、缴纳、完成、终结、品德完美无缺等意义,比如"完全""完固""完税""完工""完结""人无完人"。

察 chá　察—察—察察—察
战文　小篆　隶书　楷书

形声字,从宀(mián)祭声。《说文》:"察,覆审也。""察"本义指详审、细究。《左传》有"小大之狱,虽不能察,必以情",意思是说大大小小的案情虽不能详审,但必定依照实情,用的正是本义。"察"也可表示考察、细看、知晓、辨别、清楚的意义,比如"监察""察言观色""察识""察辨""察明"。

宽(寬) kuān

形声字,从宀(mián)莧(huán)声。《说文》:"宽,屋宽大也。""宽"本义指房屋宽敞,后多泛指一般的广阔,与"窄"相对,如"宽广"。"宽"也可表示横的距离、度量大、饶恕、宽慰、宽裕、解衣的意义,比如"两米宽""宽厚""宽恕""宽解""手头宽""宽衣解带"。

容 róng

本为形声字,甲骨文从宀(mián)公声,至小篆演变为从宀从谷,谷兼表音的会意字,沿用至今。《说文》:"容,盛也。""容"本义指装盛、容纳,如"容放"。"容"也可表示收留、不局促、原谅、容貌、欢喜的意义,比如"收容""从容""宽容""仪容""动容"。

宰 zǎi

会意字,从宀(mián)从辛,大概会屋下有罪人之意。《说文》:"宰,罪人在屋下执事者。从宀从辛,辛,罪也。"说的就是这个构意。"宰"本义指充当家奴的罪人,如"家宰"。"宰"也可表示古代官名、治理、杀牲割肉、支配的意义,比如"宰相""宰国""宰杀""主宰"。

守 shǒu

会意字,从宀(mián)从寸(zhǒu,肘初文),寸兼表音,大概会以手守持房室之意,本义指守持、保守。《说文》:"守,守官也。"这里"守"指官吏的职责,应是由守持的意义引申而来。"守"也可表示节操、掌管、遵照、防卫、守候、依靠的意义,比如"操守""守山""遵守""守卫""空守""相守"。

宠(寵) chǒng

会意字,从宀(mián)从龍,龍兼表音,会把神兽龙放置房内以示尊贵之意,本义指尊贵、尊崇。《说文》:"宠,尊居也。"说的正是本义。"宠"也可表示荣耀、恩惠、喜爱、骄纵的意义,比如"宠辱不惊""恩宠""宠爱""骄宠"。

宜 yí　甲骨文—金文—战文—小篆—隶书—楷书

本为象形字,甲骨文、金文象两块肉在砧板上之形,字形逐渐演变,至小篆上半形体已讹变成"宀(mián)",下面就只剩下一块肉形了,隶书固定为从宀从且的"宜",沿用至今。《尔雅》:"宜,肴也。""宜"本义指菜肴,但这个意义文献少用。"宜"主要表示安适、相称、应该的意义,比如"适宜""相宜""宜酒食"。

宿 sù　甲骨文—金文—战文—小篆—隶书—楷书

会意字,甲骨文从宀(mián)从人从囧(象簟席形),象人在屋子里躺在簟(diàn)席上睡觉之形,本义指夜间睡觉。《说文》:"宿,止也。"《玉篇》:"宿,夜止也。"说的就是本义。"宿"也可表示居住、住宿的地方、停留、隔夜的、旧的、有名望的人等意义,比如"住宿""民宿""宿营""宿酒""宿怨""名宿"。

客 kè　金文—战文—小篆—隶书—楷书

形声字,从宀(mián)从各,各兼表音,"各"有来到的意思,这里大概会屋里来人之意。《说文》:"客,寄也。""客"本义指寄居、旅居,如"客居""客死他乡",后多泛指寄居的人,如客人、宾客等。"客"也可表示门客、以礼相待、游子、顾客、次要的、实际存在的意义,比如"食客""客礼""游客""回头客""主客""客观"。

害 hài　金文—战文—小篆—隶书—楷书

形声字,从宀(mián)从口丯(jiè)声,但构意不明。《说文》:"害,伤也。""害"主要指伤害、损害义。"害"也可表示灾祸、残杀、妨碍、有害的、险要之地、得病的意义，比如"灾害""杀害""妨害""害虫""要害""害病"。

宋 sòng

甲骨文 金文 战文 小篆 隶书 楷书

会意字，从宀(mián)从木，象屋内有木床形，会居住之意。《说文》："宋，居也。""宋"本义指居住，但这个意义文献罕用。"宋"主要假借指国名、朝代名、古州名的意义，比如"宋国""宋朝""宋州"。

宫 gōng

甲骨文 金文 战文 小篆 隶书 楷书

会意字，甲骨文从宀(mián)从吕或吕，宀象房屋形，吕或吕象几个房间相连或并列之形。《说文》："宫，室也。""宫"本义指房屋的通称，如"宫室"。"宫"也可表示帝王的住所、宗庙、文化或娱乐场所的意义，比如"皇宫""宫观""少年宫"。

官 guān

甲骨文 金文 战文 小篆 隶书 楷书

会意字，从宀(mián)从𠂤，大概会屋舍居住人之意。《字汇》："官，官舍曰官。""官"本义指馆舍，后这个意义多由从食的"馆"来记录。"官"主要表示任所、职位、官员、居官、政府、职业的意义，比如"官署""官职""官吏""做官""官府""官职"。

宾(賓) bīn

甲骨文 金文 战文 小篆 隶书 楷书 简化字

本为会意字，甲骨文象主人(卩)在宀(mián)中迎接从外面进来的客人(丂)之形，本当指迎接客人，金文开始加"贝"表意，且有省形，最终演变成从贝丏(bīn)声的形声字，沿用至楷书。《说文》："宾，所敬也。""宾"主要指客人、宾客义。《诗经》有"我有嘉宾，鼓瑟吹笙",说的就是宾客的意思。"宾"也可表示尊敬、以客礼相待、作客、服从的意义,比如"宾敬""宾礼""来宾""宾服"。"賓"简化字作"宾",是以笔画少的声符代替原字的一部分。

宁(寧) níng

甲骨文 — 金文 — 战文 — 小篆 — 隶书 — 楷书 — 简化字

会意字,甲骨文从宀(mián)从丂,从丂构意不明,至金文加"心"表意,大概取内心安定的构意。《广韵》:"宁,安也。""宁"主要指安定、安宁义。《尚书》有"野无遗贤,万邦咸宁",用的正是安定义。"宁"也可表示静、止息、省亲、必定的意义,比如"宁静""息事宁人""归宁""宁愿"。

穴 xué

战文 — 小篆 — 隶书 — 楷书

象形字,战国文字象挖地建造的供居住用的洞穴,其中"宀(mián)"里面的"八"象洞穴之形。《说文》:"穴,土室也。""穴"本义指土室,如"穴居"。"穴"也可表示洞窟、虫蚁鸟兽栖息处、墓坑、穴道的意义,比如"洞穴""虎穴""墓穴""点穴"。

穿 chuān

战文 — 小篆 — 隶书 — 楷书

会意字,从牙从穴,大概会用牙咬出穴之意。《说文》:"穿,通也。"这里"通"有穿透、通透的意思。"穿"本义指穿透、打洞。《诗经》有"谁谓鼠无牙,何以穿我墉",用的正是本义。"穿"也可表示开凿、通过空隙、开通、着上衣物、揭出真相的意义,比如"穿渠""穿过""穿通""穿衣""看穿"。

窗 chuāng

战文 — 小篆/或体 — 隶书 — 楷书

本为象形字,战国文字作"囱",象通气透光的孔洞形,是"窗"的初文,小篆演变成从穴悤(cōng)声的"窻",同时产生了从穴从囱,囱兼表音的或体"窗"。《说文》:"囱,在墙曰牖(yǒu),在屋曰囱。窗或从穴。""窗"本义指天窗,就房屋顶上的孔洞。古时在墙上的孔洞称牖,即今天的窗户,在屋顶的孔洞称窗,就是天窗。《论衡》有"凿窗启牖,以助户明也",这里"窗"与"牖"对举出现,用的正是本义。今"窗"读音 chuāng,主要表示墙壁上的窗牖,俗称窗子,与"门""户"相对,如"门窗""窗户",而"窻"则作为异体字废弃不用。"囱"读作 cōng,则主要记录烟囱的意义。

灶(竈) zào

金文 — 战文 — 小篆/或体 — 隶书 楷书 简化字

形声字,从穴黾声,且"黾"有省形。《说文》:"竈,炊竈也。""灶"本义指生火炊煮食物的设备,如锅灶、行军灶等。"灶"也可表示一般的烧炼设备、灶神的意义,比如"丹灶""灶王"。"竈"简化字作"灶"是新造会意字,从火从土,大概会用土筑灶生火之意。

空 kōng

战文 — 小篆 — 隶书 楷书

形声字,从穴工声。《说文》:"空,窍(qiào)也。"这里"窍"有孔洞的意思。"空"读音 kǒng,本义指孔穴,后这个意义另由"孔"来记录。"空"又音 kōng,主要表示空虚、空间、天空、穷尽、没有、穿透、浮泛而不切实际的意义,比如"虚空""时空""长空""掏空""空手""穿空""空想"。

突 tū

战文 — 小篆 — 隶书 楷书

会意字,从穴从犬,会犬从穴中突然窜出之意。《说文》:"突,犬从穴中暂出也。从犬在穴中。"说的就是这个构意。"突"本义指犬从穴中忽然而出,但这个意义文献罕用。"突"主要表示忽然、袭击、冲撞、鼓起、穿破的意义,比如"突然""突击""冲突""突出来""突破"。

竄(竄) cuàn

竄—竄竄—竄—窜
小篆　隶书　楷书　简化字

会意字，从穴从鼠，会老鼠藏在穴中之意。《说文》："竄，匿也。"说的就是这个构意。"竄"本义指隐藏，如"竄藏"。"竄"也可表示放逐、逃跑、修改、掺杂的意义，比如"流竄""抱头鼠竄""竄改""竄入"。"竄"简化字作"窜"，是以笔画少的声符代替笔画多的义符。

穷(窮) qióng

窮窮—窮—窮窮—窮—穷
战文　小篆　隶书　楷书　简化字

形声字，小篆从穴躳（gōng，躬）声，隶书出现从穴躬声的"窮"，沿用至今。《说文》："窮，极也。""穷"本义指尽、到达极点，如"穷尽""山穷水尽"。"穷"也可表示彻底、寻根探究、理屈、自始至终、不得志、贫困、荒僻的意义，比如"穷追猛打""皓首穷经""词穷""穷年""穷寇""贫穷""穷乡僻壤"。

阱(穽) jǐng

阱—阱阱—阱穽—穽—阱
战文　小篆/或体　隶书　楷书　简化字

形声字，战国文字从穴井声，小篆演变作从阜井声，或体保留了战国文字的写法。今以"阱"为规范字，"穽"作为异体字废弃不用。《说文》："阱，陷也。从阜从井。穽，阱或从穴。""阱"本义指防御或捕捉野兽的陷坑，俗称陷阱。"阱"也可表示囚拘人的地方，如"阱牢""阱室"。

广(廣) guǎng

廣—廣—廣—廣—广
金文　战文　小篆　隶书　楷书　简化字

形声字，从广（yǎn，房屋）黄声。《说文》："廣，殿之大屋也。""广"本义指四周无壁的大屋，后多引申为一般的大，如"广大"。"广"也可表示远大、传播、普遍、辽阔、宽弘的意义，比如"才疏意广""广播""广泛""广阔""宽广"。"廣"简化字作"广"，是直接截取的原字形的一部分，正好和表示房屋的"广（yǎn）"同形。

府 fǔ

金文—战文—小篆—隶书—楷书

形声字，金文从宀(mián)从贝付声，表示府为收藏财货的地方，至小篆固定为从广付声的"府"，沿用至今。《说文》："府，文书藏也。""府"本义指库藏处所，就是储藏文书或财物的地方，如"府库"。"府"也可表示古代管理财货或文书的官、聚集之处、达官贵人的住宅、聚集、官署统称的意义，比如"少府""学府""相府""城府""官府"。

庭 tíng

(廷)战文—小篆—隶书—楷书

形声字，从广(yǎn)廷声，战国文字以"廷"为"庭"，至小篆加"广"表意，分化出从广廷声的"庭"，沿用至今。《说文》："庭，宫中也。""庭"本义指房屋的正室，如中庭、正庭。"庭"也可表示堂阶前的平地、朝廷、官署、法庭的意义，比如"闲庭信步""王庭""官庭""开庭"。

库(庫) kù

金文—战文—小篆—隶书—楷书—简化字

会意字，从广(yǎn)从車，会房屋内有车之意。《说文》："库，兵车藏也。""库"本义指收藏兵器和兵车的处所，俗称车库。"库"也可表示一般收藏钱粮物品的房屋、店铺、现代储存物品的建筑、国家预算资金的保管机关等意义，比如"府库""酒库""书库""金库"。"庫"简化字作"库"，是由"車"简化字作"车"类推而来。

厕(廁) cè

战文—小篆—隶书—楷书—简化字

形声字，从广(yǎn)则声，简化字改从厂(hǎn)。《说文》："厕，清也。"段玉裁认为厕是至污秽之所，宜修治使之清洁，所以这里解释为清洁的意思。"厕"本义指厕所，如厕就是上厕所。"厕"也可表示猪圈、隐蔽处的意义，比如"猪厕""置厕"。

底 dǐ

厎—庱—庭—底
战文　小篆　隶书　楷书　简化字

形声字,战国文字从厂(hǎn)氐(dǐ)声,小篆演变为从广(yǎn)氐声,沿用至今。《说文》:"底,下也。""底"主要指物体的下层或下面,如"底下"。"底"也可表示底子、底细、里面、尽头的意义,比如"白底红花""刨根问底""屋底""年底"。

庙(廟) miào

廟—廟—廟—廟—庙
金文　小篆　隶书　楷书　简化字

形声字,从广(yǎn)朝声。《说文》:"庙,尊先祖貌也。""庙"本义指供奉并祭祀祖先的建筑,俗称宗庙。"庙"也可表示供神佛或历史传说人物的建筑、古代贵族住房的前厅或王宫的前殿、朝廷的代称、朝会的意义,比如"寺庙""太庙""庙堂""庙会"。

庐(廬) lú

廬—廬—廬—廬—庐
金文　小篆　隶书　楷书　简化字

形声字,从广(yǎn)盧声。《说文》:"庐,寄也,秋冬去,春夏居。""庐"本义指农时寄居田野的棚舍,秋冬离开而春夏可居住,如草庐、茅庐等。"庐"也可表示简陋的房屋、寄居、山名、古州名的意义,比如"蓬庐""庐旅""庐山""庐州"。

序 xù

序—序—序—序
小篆　汉篆　隶书　楷书

形声字,从广(yǎn)予声。《说文》:"序,东西墙也。""序"本义指堂屋的东西墙,也可表示古代学校的别名、次序、位次、季节、叙述、开头的意义,比如"庠(xiáng)序""顺序""序列""四序""序述""序幕"。

廉 lián

廉—廉—廉—廉
战文　小篆　隶书　楷书

形声字,从广(yǎn)兼声。《说文》:"廉,仄也。"这里"仄"有狭窄的意思。"廉"本义指狭窄,但这个意义文献少用。"廉"主要表示侧边、正直、廉洁、节俭、价格低的意义，比如"堂廉""廉正""清廉""廉俭""低廉"。

废（廢） fèi

小篆　汉篆　隶书　楷书　简化字

形声字，从广（yǎn）發声。《说文》："废，屋顿也。"这里"屋顿"指房屋坍塌的意思。"废"本义指坍塌。《淮南子》有"四极废，九州裂"，意思是说支撑天地四方的四根柱子坍塌，大地裂开，用的正是本义。"废"也可表示破灭、放逐、无用的、废除、荒芜的意义，比如"废灭""废黜""废物""废弃""荒废"。

屋 wū

战文　小篆　隶书　楷书

会意字，从尸从至，大概会所到地方为房屋之意。《说文》："屋，居也。尸象屋形。从至。至，所至止。"说的就是这个构意。"屋"主要指屋盖、屋顶义。《诗经》有"彻我墙屋"，意思是说拆毁我的墙垣和屋顶，用的正是屋顶义。"屋"也可表示一般的房舍、古人帽子顶部高起的部分、家的意义，比如"房屋""帽屋""屋里"。

屏 píng

战文　小篆　汉篆　隶书　楷书

形声字，从尸并声，从尸表示与房屋的意义相关。"屏"读音 píng，本义指古代挡门的小墙。《荀子》有"天子外屏，诸侯内屏"，这里"屏"指小墙，用的正是本义。"屏"也可表示一般的屏障物、屏风、字画的条幅等意义，如"藩屏""画屏""条屏"。"屏"又音 bǐng，主要表示抑止、退避、隐藏、除去的意义，比如"屏住呼吸""屏退""屏藏""屏除"。

户 hù

甲骨文　金文　战文　小篆　隶书　楷书

象形字，甲骨文、金文象单扇门形，本义指单扇的门，多用在内室，与"门"相对，如"门户"。"户"也可表示房屋的出入口、人家、门第、从事某种职业的人或家庭的意义，比如"入户""住户""门当户对""个体户"。

房 fáng

战文 小篆 隶书 楷书

形声字，从户方声。《说文》："房，室在旁也。""房"本义指古代正室两旁的房间，如东房、西房等。"房"也可表示像房子一样的东西、家族的分支、妻室、政府机构、性行为的意义，比如"心房""长房""正房""尚书房""房事"。

扇 shàn

战文 小篆 隶书 楷书

会意字，从户从羽，大概表示门户开关像鸟翅膀活动一样。《说文》："扇，扉也。""扇"读音 shàn，本义指竹或苇编的门扇，也可表示扇子、板状遮盖物的意义，如"蒲扇""窗扇"。"扇"又音 shān，主要表示摇动扇子、风起、鼓动、宣扬的意义，比如"扇扇子""扇风""扇动""扇扬"。

扁 biǎn

战文 小篆 隶书 楷书

会意字，从户从册，大概会门上题字之意。《说文》："扁，署也。"《广韵》："扁，扁署门户。"这里"署"指署书，是秦代的八种书体之一，扁署门户就是用署书在门户上题字。"扁"本义指在门户上题字，俗称扁书。"扁"也可表示匾额、平而薄、走了样、小的意义，比如"牌扁""扁平""看扁""扁（piān）舟"。

门（門） mén

甲骨文 金文 战文 小篆 隶书 楷书 简化字

象形字，甲骨文、金文象两扇门形。《玉篇》："门，人所出入也。""门"本义指房屋的出入口，如房门、城门等，与"户"相对，单扇门称户，两扇门称门。"门"也可表示门外、形状像门的东西、门径、门第、学派、宗派、类别的意义,比如"门可罗雀""闸门""窍门""寒门""孔门弟子""佛门""门类"。

开(開) kāi　開—開—開—開—开
　　　　　　　战文　小篆　隶书　楷书　简化字

会意字,战国文字从門从廾从一,"一"象门栓形,下面是两只手,整个字形会两只手拉开门栓开门之意,小篆演变成从門开(jiān)声的形声字。《说文》:"開,张也。""开"本义指开门。《老子》有"善闭,无关楗而不可开",用的正是本义。"开"也可表示一般的打开、舒张、沸腾、开辟、开创、设置、举行、通过的意义,比如"开弓""放开""开水""开荒""别开生面""开工厂""开会""开通"。"開"简化字作"开",是截取了原字形的一部分。

间(間) jiàn　間—間—間—間—間—间
　　　　　　金文　战文　小篆　隶书　楷书　简化字

会意字,从門从月,会门有缝隙而从门内可以看到月光之意。《说文》:"间,隙(xì)也。"这里"隙"有缝隙的意思。"间"读音jiàn,本义指缝隙、空隙,如"亲密无间"。"间"也可表示距离、隔阂、奸细的意义,如"间离""间隔""间谍"。"间"又读jiān,主要表示中间、房间的意义,比如"期间""一间房"。

闲(閑) xián　閑—閑—閑—閑—闲
　　　　　　　金文　小篆　隶书　楷书　简化字

会意字,从門从木,表示门中有木栏之意。《说文》:"闲,阑(lán)也。从门中有木。"说的就是这个构意。"闲"本义指门栅栏,就是木栏一类的遮拦物。《周礼》有"舍则守王闲",这里"王闲"指天子出行时宿处所设的防卫木障,用的正是本义。"闲"也可表示马厩、空闲、清闲、安静的意义,比如"闲厩""闲话""悠闲""闲适"。

闭(閉) bì　閉—閉—閉—閉—閉—闭
　　　　　　金文　战文　小篆　隶书　楷书　简化字

会意字,金文从門从✦,象门内有关门的门楗之形,后表示门楗的

✦演变得与"才"同形，变成从门从才的"闭"，沿用至今。《说文》："闭，阖（hé，合）门也。""闭"本义指关门、合门，如"夜不闭户""闭门羹"。"门"也可表示一般的关闭、壅塞不通、停止、结束、掩盖的意义，比如"闭嘴""闭塞""闭经""闭会""白云闭日"。

关（關）guān 　閂—關—關—關—关
金文　战文　小篆　隶书　楷书　简化字

本为会意字，金文从门从丨丨，象门内有门闩形，本义指门闩，后逐渐演变成从门絲（guān）声的形声字"關"。《说文》："关，一木横持门户也。"说的正是门闩的本义。"关"也可表示合拢、城门外附近的地方、要塞、机器的发动处、重要的部位、涉及的意义，比如"关起来""关口""关塞""机关""关键""关系"。

阔（闊）kuò 　闊—闊—闊—阔
战文　小篆　隶书　楷书　简化字

形声字，从门活声。《说文》："阔，疏也。""阔"本义指疏远，如"疏阔"。"阔"也可表示空间距离大、不切实际、离散、稀疏、宽广、富有的意义，比如"宽阔""迂阔""阔别三日""稀阔""阔步""阔气"。

阅（閱）yuè 　閱—閱—閱—阅
战文　小篆　隶书　楷书　简化字

形声字，从门兑声。《说文》："阅，具数于门中也。""阅"本义指查点、计算，如"查阅"。"阅"也可表示检阅、考核、经历、看文字、校勘文书的意义，比如"阅兵""察阅""阅历""阅读""校阅"。

闸（閘）zhá 　閘—閘—閘—闸
小篆　汉篆　隶书　楷书　简化字

形声字，从门甲声。《说文》："闸，开闭门也。"段玉裁注："谓枢转轧（yà）轧有声。""闸"读音 yā，本义指开关门时门枢发出的喳喳声响，但这个意义文献少用。"闸"又音 zhá，主要表示可以随时启动的水门、制动器、截断、拦的意义，比如"船闸""电闸""闸断""闸水"。

阁(閣) gé 閣—閣—閣閣—閣—阁
小篆　汉篆　隶书　楷书　简化字

形声字,从門各声。《说文》:"阁,所以止扉也。"《尔雅》:"所以止扉谓之阁。""阁"本义指门开后插在两旁用来固定门扇的长木桩,称门阁,后也引申指一般架子上放置食物的木板,俗称阁板。"阁"也可表示夹室、宫廷收藏图书的房子、古代官署名、供游览眺望的楼房、内阁的意义,比如"阁间""藏书阁""尚书阁""亭台楼阁""组阁"。

阎(閻) yán 閻—閻—閻—閻—阎
小篆　汉篆　隶书　楷书　简化字

形声字,从門臽(xiàn)声。《说文》:"阎,里中门也。""阎"本义指里中门,就是里巷的门。"阎"也可表示里巷、佛教传说中的地狱主宰者、姓氏的意义,比如"穷阎(即陋巷)""阎王""阎氏"。

阐(闡) chǎn 闡—闡—闡—阐
小篆　隶书　楷书　简化字

形声字,从門單声。《说文》:"阐,开也。""阐"本义指开、开辟。《史记》有"阐并天下",用的正是本义。"阐"也可表示讲道理来开导人、发扬的意义,比如"阐述""阐扬"。

闪(閃) shǎn 閃—閃—閃—闪
小篆　隶书　楷书　简化字

会意字,从人从門,大概会人在门中偷看之意。《说文》:"闪,闚(kuī)头门中也。从人在门中。"这里"闚"有从门中偷看的意思。"闪"本义指从门中偷看,后引申为一般的偷看,如"闚闪"。"闪"也可表示突然出现、动摇不定、躲逃、扭伤、意外差错的意义,比如"闪现""忽闪忽闪""闪开""闪腰""闪失"。

余[1] yú 余—余—余—余—余—余
甲骨文　金文　战文　小篆　隶书　楷书

象形字,甲骨文象以木柱支撑屋顶的房屋形,是原始的地上住宅,与房舍的"舍"同义，金文的下方开始出现左右斜写的笔画，后逐渐演变成"余"，沿用至今。甲骨文、金文"余"多借用作第一人称代词，相当于"我"，这种用法也见于传世文献，如《尔雅》："余，我也。""余"也是"餘"的简化字，表示丰足、富余、剩余的意义。

余²（餘） yú　餘—餘—餘—餘—餘—余
　　　　　　　战文　小篆　隶书　楷书　简化字

形声字，从食余声。《说文》："餘，饶也。""余"本义指丰足、宽裕，如"富余"。"余"也可表示多出来的、残剩的、其他的、整数后的零数等意义，比如"余粮""残渣余孽""其余""余数"。"余""餘"文献古通，今二字合并为一，以"余"为规范字，"餘"作为异体字废弃不用。

邑 yì　邑—邑—邑—邑—邑—邑
　　　　甲骨文　金文　战文　小篆　隶书　楷书

会意字，甲骨文从囗从卩，象城邑下有跪坐臣服的人，有人有城，大概会城邑之意，本义指城邑。《说文》："邑，国也。"古代称国为邑，所以"邑"也引申指国家，如《左传》中称自己的国家为"敝邑"。"邑"也可表示国都、一般的城镇、封地、人聚居的地方等意义，比如"都邑""城邑""封邑""邑里"。凡以"邑"作为义符置于右旁时均写作"阝"，表示与城邑相关的意义，如"邦""都""邻"等。

邦 bāng　邦—邦—邦—邦—邦—邦
　　　　　甲骨文　金文　战文　小篆　隶书　楷书

本为会意字，甲骨文从田从丰，大概表示植树建立疆界之意，至金文演变成从邑丰声的形声字"邦"，沿用至今。《说文》："邦，国也。""邦"本义指古代诸侯封国的称呼，如"邦国"。"邦"也可表示国家、疆界、大城镇的意义，比如"兴国安邦""建邦""大邦"。

都 dū　都—都—都—都—都
　　　　金文　战文　小篆　隶书　楷书

形声字，从邑者声。《说文》："都，有先君之旧宗庙曰都。""都"本义指古代有先君宗庙的城邑,后多泛指一般的大城市、首都的意义,如"大都""旧都"。"都"也用作副词,表示全部、以及起强调语气的作用,比如"都是""比我都强"。

邻(鄰) lín

小篆—隶书—楷书—简化字

形声字,从邑舜声。《说文》:"邻,五家为邻。""邻"本义指古代居民组织的名称,常以五家为邻,也有以八家为邻、四家为邻等,后多指邻近的居住地,就是今天所说的邻居。"邻"也可表示相近、亲密、君主近臣的意义,比如"邻近""亲邻""邻臣"。"鄰"简化字作"邻",是以笔画少的声符代替笔画多的声符。

郊 jiāo

战文 小篆 隶书 楷书

形声字,从邑交声。《说文》:"郊,距国百里为郊。"这里指的是远郊,古时距国都十里、五十里均可称郊,是为近郊。"郊"本义指城市周围的地区,即今天所说的郊区。"郊"也可表示古祭祀名、古地名的意义,比如"郊祭""郊邑"。

部 bù

战文 小篆 隶书 楷书

形声字,从邑音(pǒu)声。《说文》:"部,天水狄部。"这里"部"指汉代地名,约在今甘肃省天水市,但这个意义文献罕用。"部"主要表示总领、布置、军队、部门、部落、部位、所有的意义,比如"总部""部署""部队""教育部""部族""上部""全部"。

那 nà

小篆 汉篆 隶书 楷书

形声字,从邑冄(rǎn)声,"冄"是"髯"的本字,在这里用作纯粹的声符。《说文》:"那,西夷国。""那"读音 nuó,本义指少数部族名,但这个意义文献罕用。"那"又音 nà,主要用作代词,与"这"相对,表示比较远的人和事物，如"那里""那些""那会儿"。

郭 guō

甲骨文—战文—小篆—隶书—楷书

本为象形字，甲骨文有繁简二体，象城郭四面或二面有亭的形状，表外城之意，战国文字开始加"邑"表意，至小篆演变为从邑从㕇（guō），㕇兼表音的会意字，隶书演变作"郭"，沿用至今。《释名》："郭，廓也，廓落在城外也。""郭"本义指外城，就是古代在城的周边加筑的一道城墙，俗称城郭，如"内城外郭"。"郭"也可表示古国名、姓氏、物体的外框等意义，比如"郭国""郭氏""轮郭"。

鄙 bǐ

（啚）甲骨文—金文—战文—小篆—隶书—楷书

会意字，甲骨文、金文从囗从靣（lǐn）作"啚"，"囗"象城邑形，"靣"有粮仓义，整个字形会城外所建的粮仓之意，本义指城外的粮仓或农田，至战国文字开始加"邑"表意，最终分化出从邑从啚，啚兼表音的"鄙"，沿用至今。《说文》："鄙，五酇（zàn）为鄙。"古代百家为酇，五百家为鄙，这里的"鄙"指周代的地方行政区划，应是由城外粮仓的本义引申而来。"鄙"也可表示采邑、郊野、边远的地方、小、庸俗、轻视的意义，比如"采鄙""鄙野""边鄙""鄙人""鄙陋""鄙视"。

邮（郵） yóu

战文—小篆—隶书—楷书—简化字

会意字，从垂从邑，会边陲的城邑之意。《说文》："邮，境上行书舍。"文书传递到边境，需要很多人马中转的驿站，这个驿站就是邮。"邮"本义指驿站，就是古代传递文书、供应食宿和车马的地方。"邮"也可表示传递文书或书信的人、邮递、田间小舍的意义，比如"邮差""邮寄""邮亭"。"郵"简化字作"邮"，是以笔画少的声符代替笔画多的义符。

郑(鄭) zhèng

鄭—鄭—鄭—鄭—鄭—鄭—郑
金文　战文　小篆　汉篆　隶书　楷书　简化字

形声字,从邑奠声。《说文》:"郑,京兆县。周厉王子友所封。""郑"本义指古国名,即春秋时期的郑国。《春秋》有"郑伯克段于鄢",这里"郑伯"就是郑国国君郑庄公。"郑"也可表示庄重、姓氏的意义,比如"郑重其事""郑氏"。

郎 láng

郎—郎—郎—郎
小篆　汉篆　隶书　楷书

形声字,从邑良声。《说文》:"郎,鲁亭也。""郎"本义指春秋时期的鲁国地名,在今山东省曲阜市附近。"郎"也可表示官名、古代妇女对丈夫或情人的称呼、一般男子的尊称、从事某种职业的称呼等意义,比如"郎中令""新郎""少年郎""卖货郎"。

邓(鄧) dèng

鄧—鄧—鄧—鄧—鄧—邓
战文　小篆　汉篆　隶书　楷书　简化字

形声字,从邑登声。《说文》:"邓,曼姓之国。""邓"本义指古国名,就是殷商时期的古邓国。"邓"也可表示古地名、逗弄、姓氏的意义,比如"邓县""邓弄""邓氏"。"鄧"简化字作"邓",是以笔画少的符号代替笔画多的声符。

巷 xiàng

巷—巷—巷—巷—巷—巷
战文　小篆/籀文　汉篆　隶书　楷书

形声字,战国文字从邑共声,籀文繁化作从㔾($xiàng$),都表示和城邑相关的构意。《说文》:"巷,里中道。""巷"本义指小巷,就是街里中的道路,如"大街小巷"。《诗经》有"巷无居人",用的正是本义。"巷"也可表示住宅、姓氏的意义,比如"陋巷""巷氏"。

亭 tíng

亭—亭—亭—亭—亭
战文　小篆　隶书　楷书

形声字,从高丁声,且"高"有省形。《说文》:"亭,民所安定也。"

"亭"本义指古代设在道路旁供行人停留可安定食宿的处所,如"亭楼"。"亭"也可表示秦汉时期的基层行政单位、有顶无墙可供人休息和观赏的亭子、形状像亭子的小房子等意义,比如"乡亭""亭台楼阁""邮亭"。

台¹(臺) tái　臺—𦤳—臺—臺—台
　　　　　　　战文　小篆　隶书　楷书　简化字

形声字,战国文字从至从高之声,且"高"有省形。《说文》:"臺,观,四方而高者。""台"本义指用土筑成的四方形的高而平的建筑物,俗称台观。"台"也可表示一般高而平的场地、像台的家具、作底座用的器物、古代对人尊称、山名、台湾省的简称等意义,比如"平台""写字台""灯台""兄台""五台山""台胞"。"臺"简化字作"台"不是新造字形,而是合并了表示喜悦的"台(yí)"和飓风的"颱"。

台² tái　台—台—台—台—台
　　　　　金文　战文　小篆　隶书　楷书

形声字,从口㠯(yǐ)声。《说文》:"台,说也。"这里"说"为"悦"古字,有喜悦的意思。"台"读音 yí,本义指喜悦,后这个意义主要由"怡"来记录。"台"又音 tāi,专指地名,如天台山,也是台州的简称。今"台"读音 tái,既用作敬辞和量词,比如"兄台""一台电脑",同时也合并了楼臺的"臺"和飓风的"颱",成为它们的简化字,比较特别。

或 huò　或—或—或域—或或—或
　　　　金文　战文　小篆/或体　隶书　楷书

会意字,金文从戈从口,"口"象城郭形,整个字形会以戈守城郭之意,是"域""國"二字的初文,小篆承袭了金文的写法,同时产生了从土从或的或体。《说文》:"或,邦也。域,或又从土。""或"读音 yù,本义指邦国,后这个意义主要由"域"来记录,同时也分化出一个从囗(wéi)的"國"来记录。"或"又音 huò,主要用作虚词,表示或者、或许的意义。

域 yù　或(或)—弐—或域—域—域
　　　　　金文　　战文　　小篆/或体　隶书　楷书

会意字,金文本作"或",后加"土"表意,分化出从土从或的"域",沿用至今。《说文》:"或,邦也。域,或又从土。"《广雅》:"域,国也。""域"本义指邦国、封邑,如"邦域"。《诗经》有"古帝命武汤,正域彼四方",意思是说古时天帝命令武汤,征伐那四方的邦国,用的正是本义。"域"也可表示区域、范围、住所的意义,比如"海域""西域""域所"。

国(國) guó　或囗—或國—國—國—國—国
　　　　　　金文　　战文　　小篆　隶书　楷书　简化字

会意字,金文从戈从口,表示用武器守卫城邑之意,又在外加"囗(wéi)"表意,会围起来的城邑或城邦之意,至小篆固定为从囗从或,或兼表音的会意字。《说文》:"国,邦也。""国"本义指城邦、城邑,俗称邦国。"国"也可表示国家、地域、中国的、代表国家的意义,比如"国法""南国""国画""国旗"。

图(圖) tú　圖圖—圖—圖—圖—圖—图
　　　　　金文　　战文　小篆　隶书　楷书　简化字

会意字,从囗(wéi)从啚(bǐ),"啚"是"鄙"的初文,有边邑、边鄙的意思,这里表示将边鄙围起来即为版图的构意。"图"本义指地图、版图。《周礼》有"职方氏掌天下之图,以掌天下之地",用的正是本义。"图"也可表示描绘或印出的形象、绘画、谋划、贪图的意义,比如"图像""图画""图谋""唯利是图"。

园(園) yuán　圖園—園—蘭—園—园
　　　　　　　战文　小篆　隶书　楷书　简化字

形声字,从囗(wéi)袁声。《说文》:"园,所以树果也。""园"本义指种植花果、树木和蔬菜的地方,四周通常围有篱笆,所以字可从囗，如菜园、花园、果园等。"园"也可表示供人休息或游乐的地方、帝王墓地的意义，比如"公园""陵园"。"園"简化字作"园"，是用笔画少的声符代替笔画多的声符。

因 yīn　金文—战文—小篆—隶书—楷书

会意字，金文从㐃从大，象衣服附着于人身上形，应是"衵"的初文，本义指贴身的内衣，战国文字已将象衣物形的㐃变作"囗"，最终演变成从囗从大的"因"，沿用至今。《说文》："因，就也。"这里"就"有靠近的意思。"因"主要指依靠、凭借义，如"因地制宜"。"因"也可表示沿袭、亲近、原因的意义，比如"因循""相因""病因"。

囚 qiú　金文—战文—小篆—隶书—楷书

会意字，从人在囗（wéi）中，金文象将人关在围栏之中，会关押或监禁之意。《说文》："囚，系也。"《尔雅》："囚，拘也。""囚"本义指监禁、拘禁，如"囚禁"。"囚"也可表示犯人、俘获、围困的意义，比如"死囚""囚徒""囚困"。

固 gù　战文—小篆—隶书—楷书

形声字，从囗（wéi）古声。《玉篇》："固，坚固也。""固"本义指坚牢、坚固，如成语"固若金汤"用的正是本义。"固"也可表示安定、专一、执着的意义，比如"固定""纯固""固执"。"固"也用作副词，表示一定、本来、确实等语义关系。

困 kùn　甲骨文—战文—小篆—隶书—楷书

会意字，从木在囗（wéi）中，但造字意图不明，有学者认为古文字象把木捆束起来，是"梱（kǔn）"的初文。《广雅》："困，穷也。""困"

主要表示艰难、窘迫义,如"困难""穷困"。"困"也可表示艰难的处境、疲倦、睡觉的意义,比如"困境""困乏""困觉"。

围（圍）wéi

金文 小篆 隶书 楷书 简化字

会意字,从囗（wéi）从韋,韋兼表音,"韋（韦）"是"围"的初文,古文字从囗从二止,本身就含有合围起来的意思。"围"本义指包围,就是四周拦挡起来使内外不通,如"围城"。《左传》有"八月甲午,晋侯围上阳",用的正是本义。"围"也可表示包裹、环绕、四周、防守、打猎的围场等意义,比如"围围巾""围护""周围""围守""围猎"。

圈 quān

战文 小篆 隶书 楷书

形声字,从囗（wéi）卷声。《说文》:"圈,养畜之闲也。"意思是说圈就是养牲畜的栅栏。"圈"读音 juàn,本义指养牲畜或禽兽等有栅栏的地方,如猪圈、羊圈等。"圈"又音 quān,表示环形物、画环形、划定范围、区域的意义,比如"圆圈""圈出""圈地""朋友圈"。

圆（圓）yuán

战文 小篆 隶书 楷书 简化字

会意字,从囗（wéi）从員,員兼表音,战国文字"囗"略有省形。"圆"本义指圆形,与"方"相对。《墨子》有"百工为方以矩,为圆以规",用的正是本义。《说文》:"圆,圜（yuán）,全也。"《玉篇》:"圆,周也。"这里"圆"指完整、周全义,应是由圆形的本义引申而来。"圆"也可表示使圆满、团圆、婉转、灵活、圆形的货币、推究的意义,比如"圆谎""破镜重圆""圆润""圆滑""银圆""圆梦"。

团（團）tuán

小篆 隶书 楷书 简化字

形声字,从囗（wéi）専（zhuān）声。《说文》:"团,圜（yuán）也。"

《玉篇》:"团,圆也。""团"本义指圆,如"团圆"。"团"也可表示圆形物、围绕、聚集、把东西揉成圆形、军队编制单位、工作或活动集体等意义,比如"线团""团坐而食""抱团""团起来""团长""旅行团"。"团"也用作量词,如"一团毛线""一团火"。

车(車) chē

甲骨文 — 金文 — 战文 — 小篆 — 隶书 — 楷书 — 简化字

象形字,甲骨文、金文象车轮、车辕、车轴等俱全的车形,或象只剩下车轮和车轴的简易车形,小篆承袭了金文的简体写法,沿用至今。《说文》:"车,舆轮之总名。夏后时奚仲所造。"意思是说车是车子总名,传说夏朝时奚仲所制造。"车"本义指车子,就是陆地上有轮子的交通工具。"车"也可表示驾车的人、像车一样旋转的工具等意义,比如"车士""纺车"。凡以"車"作为义符均简化作"车",表示与车相关的构意,如"轻""输""转""载"等。

轻(輕) qīng

战文 — 小篆 — 隶书 — 楷书 — 简化字

形声字,从車巠声。《说文》:"轻,轻车也。""轻"本义指轻便的车子,后多泛指分量不大,与"重"相对,如"轻重""举重若轻"。"轻"也可表示灵巧、程度浅、用力不猛、权力小、不审慎、不看重、随意的意义,比如"轻巧""轻风""轻走""位轻权微""轻率""轻视""轻意"。

输(輸) shū

战文 — 小篆 — 隶书 — 楷书 — 简化字

形声字,从車俞声。《说文》:"输,委输也。"这里"委输"有运转的意思。"输"本义指运转、运送,如"运输""输送"。"输"也可表示交出、捐献、在较量中失败的意义,比如"输出""输家产""输赢"。

转(轉) zhuǎn

金文 — 战文 — 小篆 — 隶书 — 楷书 — 简化字

形声字,从車專(zhuān)声。《说文》:"转,运也。""转"读音

十一　住行类　　　　载轨辅轩

zhuǎn，本义指用车运输，如"转运"。"转"也可表示回还、改变行动的方向、移动、变化、卖的意义，比如"转回""转头""转移""时来运转""转让"。"转"又读 zhuàn，表示旋转、绕着某物移动、游览的意义，如"转轮子""打转""转一转"。

载（載）zài　𨍹—𨎌—𨎌—載—载—载
　　　　　　　　金文　战文　小篆　隶书　楷书　简化字

形声字，从車㦰(zāi)声。《说文》："载，乘也。""载"读音 zài，本义指乘坐、乘载，如"载客"。"载"也可表示装运、承受、担任、充满的意义，比如"装载""厚德载物""载重""载满"。"载"又读 zǎi，主要表示年岁、记录的意义，如"七十载""记载"。

轨（軌）guǐ　軓—軌—軌—轨—轨
　　　　　　　　金文　小篆　隶书　楷书　简化字

形声字，从車九声。《说文》："轨，车彻(辙)也。""轨"本义指车走过留下的痕迹，如"车轨"。"轨"也可表示车子两轮间的距离、事物运行的路线、道路、法度的意义，比如"车同轨""轨迹""轨道""越轨"。

辅（輔）fǔ　𨋕—𨎌—𨎌—𨋕—輔—辅
　　　　　　　金文　战文　小篆　隶书　楷书　简化字

形声字，从車甫声。"辅"本义指绑在车轮外旁用以夹毂(gǔ)的两条直木。《诗经》有"其车既载，乃弃尔辅"，大意是说车箱已经装满，就丢掉车轮两旁的直木挡板，用的正是本义。"辅"也可表示佐助、佐证、古代官名的意义，比如"辅助""辅证""辅弼"。

轩（軒）xuān　軒軒—軒—軒—軒—轩
　　　　　　　　战文　小篆　隶书　楷书　简化字

形声字，从車干声。《说文》："轩，曲辀(zhōu)藩车。"曲辀藩车是三面有遮蔽的小车。"轩"本义指古代供大夫官员乘坐的有遮蔽的车，俗称轩车。"轩"也可表示一般的车子、窗、房室、起飞的样子等意义，比如"乘轩""轩窗""轩馆""气宇轩昂"。

辑（輯）jí　輯—𩊠—輯—輯—辑
小篆　汉篆　隶书　楷书　简化字

形声字，从車咠（qì）声。《说文》："辑，车和辑也。""辑"本义指车聚集众多材料，但这个意义文献罕用。"辑"主要表示聚集、收敛、整修、辑录的意义，比如"辑睦""辑杖""辑补""编辑"。

辐（輻）fú　輻—輻—辐—辐
小篆　隶书　楷书　简化字

形声字，从車畐（fú）声。《说文》："辐，轮轑（liǎo）也。""辐"本义指车条，就是连接车毂和车辋的直条，俗称车辐或辐条。《老子》有"三十辐共一毂"，意思是说三十根辐条凑集在一个车毂上，用的正是本义。

轮（輪）lún　輪—輪—輪—輪—轮
小篆　汉篆　隶书　楷书　简化字

形声字，从車侖声。《说文》："轮，有辐曰轮。""轮"本义指车轮，也可表示回转、依次更替、边缘、似轮的物体、高大的意义，比如"轮回""轮流""耳轮""轮月""美轮美奂"。

辈（輩）bèi　輩—輩—輩—輩—辈
小篆　汉篆　隶书　楷书　简化字

形声字，从車非声。《说文》："辈，若军发车百两为一辈。""辈"本义指车百辆，但这个意义文献少用。"辈"主要表示同类、尊卑长幼的行次、相比的意义，比如"我辈""前辈""辈比"。

辇（輦）niǎn　𨊠—輦—輦—輦—辇
金文　小篆　隶书　楷书　简化字

会意字，金文从二人从車，象二人拉车之形，至小篆演变为从二夫从車，会二人拉车之意。《说文》："辇，挽车也。从车从扶（bàn）在车前引之。"说的就是这个构意。"辇"本义指挽车，就是人挽或推的车。"辇"也可表示帝王后妃坐的车、搬运、担的意义，比如"玉辇""辇运""负辇而行"。

军（軍） jūn

軍—軍軍—軍—軍—軍—军
金文　战文　小篆　隶书　楷书　简化字

形声字，金文从车勻声，且"勻"有省形，后字形逐渐演变，最终变成从冖从车的"軍"，沿用至今。《说文》："军，圜（huán）围也。四千人为军。"这里"圜围"有环绕包围的意思。"军"本义指包围，如"军攻"，后多表示古代军队的编制单位，如"三军"。"军"也可表示营垒、驻扎、士兵、军队的意义，比如"军营""驻军""军民""解放军"。

斩（斬） zhǎn

斬—斬—斬—斩
战文　小篆　隶书　楷书　简化字

会意字，从车从斤，从斤表示斧钺类刑具，从车盖取车裂之意，整个字形会用斧斤和车裂处以死刑之意。《说文》："斩，截也。从车从斤，斩法车裂也。"说的就是这个构意。"斩"本义指一种古代死刑，类似于腰斩或斩首。"斩"也引申为一般的砍杀或砍断、断绝、裁剪的意义，比如"斩妖除魔""斩断""斩剪"。

舟 zhōu

舟—舟—舟—舟—舟—舟
甲骨文　金文　战文　小篆　隶书　楷书

象形字，甲骨文、金文象小木船形，后字形逐渐演变，最终演变成楷书"舟"，沿用至今。《说文》："舟，船也。""舟"本义指船，一种水上交通工具。《诗经》有"二子乘舟，泛泛其景"，用的正是本义。"舟"也可表示乘船、酒器的意义，比如"舟而不游""舟器"。

船 chuán

船—船—船—船
战文　小篆　隶书　楷书

形声字，从舟铅声，且"铅"有省形。《说文》："船，舟也。从舟铅省声。"《方言》卷九："舟，自关而西谓之船。""船"本义指舟，就是水上主要交通工具的总称。"船"关西的人称舟,关东的人称船,这是方言用字的不同。"船"也可表示船形的酒杯、姓氏的意义,比如"酒船""船氏"。

朕 zhèn

形声字,小篆从舟关(zhuàn)声,"关"有火种的意思,这里用作纯粹的声符,后字形逐渐讹变,至隶书变作从月从关的"朕",沿用至今。《说文》:"朕,我也。""朕"主要用作第一人称代词,后多指古代皇帝的自称。

般 bān

会意字,甲骨文从舟从攴,小篆演变从舟从殳,但构意不明。《说文》:"般,辟也。象舟之旋。"这里"般"读音pán,表示旋转义,后这个意义主要由从皿的"盤(盘)"来记录。"般"又音bān,主要表示一样、布列、齐等的意义,比如"一般""般布""般比"。

行 xíng

象形字,甲骨文、金文象十字路口的道路之形。"行"读音háng,本义指道路,也可表示为行列、排行、行业的意义。"行"由道路义还引申出行走的意义,这个常用义读作xíng。《说文》:"行,人之步趋也。"意思是说行就是人小步快走。"行"也可以表示出动、行装、流动、通晓、从事、赏赐、行为的意义,比如"出行""行李""流行""通行""行医""论功行赏""德行"。凡以"行"作为表意偏旁的字大多与道路或行走的意义相关,如"街""衛(卫)"等。

街 jiē

形声字,从行圭声。《说文》:"街,四通道也。""街"本义指四通八达的大道,如"大街小巷"。"街"也可表示路径、集市、姓氏的意义,比如"街道""逛街""街氏"。

卫(衛) wèi

甲骨文 — 金文 — 战文 — 小篆 — 隶书 — 楷书 — 简化字

会意字,甲骨文从行从上下二止,金文象四足环绕着城邑之形,后将表示城邑的"口"改成"方",最终演变成从行从韦(wéi,包围)的"衛"。《说文》:"卫,宿卫也。"这里"宿卫"有守卫的意思。"卫"本义指包围、守卫,如"护卫"。"卫"也可表示任守御防护之职的人、边陲、周朝国名、姓氏的意义,比如"门卫""四卫""卫国""卫氏"。

术(術) shù

战文 — 小篆 — 隶书 — 楷书 — 简化字

形声字,从行术(zhú)声。《说文》:"術,邑中道也。""术"本义指都邑中的道路,后多泛指一般的道路、沟渠的意义。"术"也可表示技艺、法令、策略、学说的意义,比如"技术""法术""攻心术""学术"。"術"简化字作"术",是截取了原字的一部分形体,合并了表示"白术(zhú)"的"术",今二字都用"术"记录。

衙 yá

战文 — 小篆 — 隶书 — 楷书

形声字,从行吾声。《说文》:"衙,衙衙,行貌。""衙"读音 yú,本义指列队行进,但这个意义文献罕用。"衙"又音 yá,主要表示旧时官署名称、排列成行的事物、地名的意义,比如"衙府""柳衙(柳树排列成行)""衙县"。

径(徑) jìng

小篆 — 隶书 — 楷书 — 简化字

形声字,从彳(chì)巠声。《说文》:"径,步道也。"步道就是步行的道路,这种道路不通车马,往往较小,所以"径"本义指小路,俗称小径。"径"也可表示一般的道路、行走、直截了当的意义，比如"石径""行径""径直"。"彳"是"行"的左半字形，表示道路和行走的意思，凡以"彳"作为义符的字大多与道路或行走的意义相关，如"径""得"等。

得 dé

甲骨文 金文 战文 小篆 隶书 楷书

会意字，从彳从贝从又(手)，甲骨文、金文象在路上手持贝壳之形，表示有所获得的意思，小篆将"贝"讹成"见"，最终演变成从彳寻(dé)声的"得"，沿用至今。《说文》："得，行有所得也。""得"本义指获取、得到，与"失"相对，如"得失"。"得"也可表示贪求、采取、投合、适合、了解、满足的意义，比如"贪得无厌""取得""相得益彰""得当""心得""得意"。

往 wǎng

甲骨文 金文 战文 小篆 隶书 楷书

形声字，甲骨文从止王声，为"往"的初文，金文开始加"彳"表意，至小篆演变为从彳坒(huáng)声的形声字，隶书演变作"往"，沿用至今。《说文》："往，之也。"这里"之"有前往的意思。"往"本义指到、去，与"来"相对，如"有来有往""往返"。"往"也可表示交际、过去、以后、送、归向的意义，比如"交往""过往""前往""送往""向往"。

徙 xǐ

甲骨文 金文 战文 小篆 隶书 楷书

会意字，甲骨文从行(或省去一半为"彳")从步，会人在道路上行走之意。《说文》："徙，迻(yí)也。"《玉篇》："徙，迁也。""徙"本义指迁移。《周礼》有"徙于国中及郊"，用的正是本义。"徙"也可表示调职、流放犯人到边远地方的意义，比如"徙官""谪徙"。

很 hěn

战文 小篆 隶书 楷书

会意字，从彳从艮(gèn)，艮兼表音，"艮"古文字象人上有一夸大的眼睛,是"见"的反写,见为往前看,艮为往后看,所以"艮"含有反、逆的构意。《说文》:"很,不听从也。""很"本义当指违反、不听从,也引申为凶狠义,后这个意义主要由"狠"来记录。今"很"主要用作副词,表示程度深,如"很多""很大"。

复¹(復)fù

会意字,从彳从复,复兼表音,甲骨文、金文本作"复",从攵从 ,"攵"象倒足形,从 构意不明,至金文加"彳"表意,应与行走的意义相关。《说文》:"復,往来也。""复"本义指返回,如"返复""回复"。"复"也可表示恢复、告诉、再次的意义,比如"复工""答复""重复"。"复"也是"複"的简化字,表示夹衣、双重的意义,如"复衣""复数"。

复²(複)fù

形声字,从衣复声。《说文》:"複,重衣也。""複"本义指有里子的衣服,即夹衣,也可表示重复、复杂、双重的意义。"複""復"古籍常见通用,今合并为一字,都以"复"作为简化字,记录了它们的全部意义和用法。

直 zhí

会意字,甲骨文从目从丨,会以目测量材料、使之不弯曲之意。《玉篇》:"直,不曲也。""直"本义指不弯曲。《诗经》有"其绳则直,缩版以载",用的正是本义。"直"也可表示端正、竖、挺直、合乎正义的意义,比如"端直""竖直""伸直""正直"。

德 dé

会意字,甲骨文从彳从 ," "表示以目测量材料、使之不弯曲的意思,是"直"的初文,金文开始在"直"下加"心"表意,最终变成一个从彳从悳(dé),悳兼表音的会意字,沿用至今。《说文》:"德,升也。"这里"德"指登、升义,但这个意义文献罕用。"德"主要表示品行、恩惠、感激、善政、心意的意义,比如"品德""恩德""感恩""德政""同心同德"。

微 wēi

甲骨文 — 金文 — 战文 — 小篆 — 隶书 — 楷书

会意字,甲骨文从攴(pū)从𠂉,从𠂉构意不明,有学者认为象人长有长发形,应是"长"的初文,至战国文字开始加"彳"表意,最终演变为从彳从散(wēi),散兼表音的会意字,沿用至今。《说文》:"微,隐行也。"这里"微"指隐蔽、隐藏义,但这个意义文献少用。"微"主要表示细、小、精妙、卑贱、衰弱的意义,比如"细微""微小""微妙""卑微""微弱"。

待 dài

金文 — 战文 — 小篆 — 隶书 — 楷书

形声字,从彳寺声。《说文》:"待,竢(sì)也。"这里"竢"有等待的意思。"待"本义指等候、等待,如"时不我待"。"待"也可表示防御、招呼、想要、停留的意义,比如"待寇""招待""正待""待(dāi)一会"。

疑 yí

甲骨文 — 金文 — 战文 — 小篆 — 隶书 — 楷书

本为会意字,甲骨文象一人持杖出行仰望天色之形,大概表示迷惑的意思,金文开始加"止"表意和"牛"表音,最终演变成楷书"疑",沿用至今。《说文》:"疑,惑也。""疑"本义指不明白、迷惑,如"疑惑"。"疑"也可表示疑问、怀疑、犹豫、猜忌、好像、害怕的意义,比如"质疑问难""半信半疑""迟疑""猜疑""疑似""疑惧"。

后¹(後) hòu

甲骨文 — 金文 — 战文 — 小篆 — 隶书 — 楷书 — 简化字

会意字,甲骨文从夂从幺(yāo),"幺"象束丝形,"夂"象倒足形,整个字形会足有所系而迟缓之意,金文开始加"彳"表意,表示与道路相关。《说文》:"後,迟也。""后"本义指行走迟后,多用来指时间较晚,与"先""前"相对。"后"也可以表示位置在后、落到后面、将来、子孙的意义,比如"后面""后进生""后来""后代"。"後"简化字作"后"不是新造字,而是合并了皇后的"后",今"后"既是"後"的简化字,又是皇后的"后"本字。

后² hòu

会意字,从人从口,但构意不明。《说文》:"后,继体君也。"意思是说后是继承的君主。"后"主要指君主义,如"夏后",也可表示诸侯、帝王的妻子等意义,比如"群后""皇后"。今"后"也是"後"的简化字,表示先后、前后、后来等意义。

遍(徧) biàn

形声字,战国文字从彳或从辵扁声。《广韵》:"徧,周也。""遍"本义指周遍、普遍,如"遍身""遍地"。"遍"也用作量词,表示从头到尾经历一次,比如"一遍""好几遍"。

彼 bǐ

形声字,金文以"皮"为"彼",战国文字加"彳"表意,分化出从彳皮声的形声字,沿用至今。"彼"主要用作代词,与"此"相对,如成语"顾此失彼""此起彼伏"。"彼"也用作第三人称代词,表示对方的意思,与"我"相对。《左传》有"彼竭我盈,故克之",这里"彼"就是对方的意思。

律 lǜ

形声字,从彳聿(yù)声。《说文》:"律,均布也。"均布就是平均分布。"律"本义指古代用来校正乐音标准的管状仪器,俗称管律。由于管律以管的长短来确定音阶,音阶间的位置都是均匀分布的,所以《说文》解释为"均布"。"律"也可表示音律、法令、规律、约束、律诗的意义,比如"乐律""法律""定律""严于律己""七律"。

御 yù

甲骨文 — 金文 — 战文 — 小篆 — 隶书 — 楷书

会意字,甲骨文从彳从午,象一个人跪坐持马鞭在道路上形,会驾驭之意,后又加"止(趾)"表意,最终演变成从彳从卸(xiè)的"御",沿用至今。《说文》:"御,使马也。""御"本义指驾驭车马,如御车、御马。"御"也可表示驾驭车马的人、乘、治理、侍从、进献的意义,比如"徒御""御风而行""御事""御使""御献"。

循 xún

战文 — 小篆 — 隶书 — 楷书

形声字,从彳盾声。《说文》:"循,行顺也。"这里"行顺"就是顺行,有顺着的意思。"循"本义指顺着、沿着。《左传》有"循墙而走",意思就是沿着墙跑,用的正是本义。"循"也可表示遵从、按次序、恭谨、善、安抚的意义,比如"遵循""循生""循事""循政""循抚百姓"。

徐 xú

战文 — 小篆 — 隶书 — 楷书

形声字,从彳余声。《说文》:"徐,安行也。"《广雅》:"徐,缓也。""徐"本义指缓慢、慢慢地,如"清风徐来""徐行"。"徐"也可表示安闲、舒展、古州名、古国名、姓氏的意义,比如"安徐""舒徐""徐州""徐国""徐氏"。

彻(徹) chè

甲骨文 — 金文 — 战文 — 小篆/古文 — 隶书 — 楷书 — 简化字

本为会意字,甲骨文从攴从鬲,鬲兼表音,金文加"火"表意,大概会用手将鬲器（从火上）撤离之意，后字形逐渐讹变，至小篆固定为从彳从攴从育的"徹"，沿用至今。"彻"本义指撤除、撤销，如《左传》有"诸侯相见，军卫不彻，警也"，用的正是本义，后这个意义另造了从手的"撤"来记录。"彻"主要表示通达、穿透、遍满、终了的意义，比如"通天彻地""透彻""彻夜""彻底"。

十二

器用类

皿 mǐn

甲骨文 — 金文 — 战文 — 小篆 — 隶书 — 楷书

象形字,甲骨文、金文象下有底座口沿外展的器皿之形,后字形逐渐演变,最终变成楷书"皿",沿用至今。《说文》:"皿,饭食之用器也。""皿"本义指器皿,就是碗碟杯盘一类的饮食用器。"皿"常在字的底部作表意偏旁,凡以"皿"作为义符的字大多表示与器皿相关的意义,如"益""盆""盛""盡(尽)"等。

益 yì

甲骨文 — 金文 — 战文 — 小篆 — 隶书 — 楷书

会意字,从水从皿,甲骨文象水漫出器皿形,至小篆还可见皿上水横置的象形,最后演变成楷书"益",沿用至今。"益"本义指水满漫出器皿,也泛指一般的水漫出来,后这两个意义主要由"溢"来记录。《说文》:"益,饶也。"这里"益"指富裕,是由本义引申而来。"益"还可表示增加、补助、利益、更加的意义,比如"增益""助益""收益""精益求精"。

溢 yì

甲骨文(益) — 金文 — 小篆 — 隶书 — 楷书

会意字,小篆从水从益,益兼表音,是"益"的分化字。《说文》:"溢,器满也。""溢"本义水漫出器皿,后多泛指一般的水漫出来。《楚辞》有"东流不溢,孰知其故",用的就是水漫出来的意思。"溢"也可表示水泛滥成灾、充满、过分、超出、外流的意义,比如"黄河溢""溢满""溢美之词""溢出""外溢"。

血 xuè

甲骨文 — 金文 — 战文 — 小篆 — 隶书 — 楷书

象形字,甲骨文"皿"形中的小圆圈象血滴形,由于不够突出,所以加器皿形以衬托,后小圆圈变成一竖或一短横,最终演变成"血"。《说文》:"血,祭所荐牲血也。""血"读音 xuè,本义指古代祭品时所用的动物的血,如"血祭"。"血"也可表示一般的血液、有血统关系的、红色、比喻刚强的意义,比如"血浆""血亲""血艳夺目""血性"。"血"也读 xiě,是口语的读音,比如"血晕""血块子"。

盛 chéng

金文　战文　小篆　隶书　楷书

形声字,从皿成声。《说文》:"盛,黍稷在器中以祀者也。""盛"读音 chéng,本义指放在祭器里的谷物。《周礼》有"不耕者祭无盛",用的正是本义。"盛"也可表示把食物和饮料等放进容器里、容纳、端正的意义,比如"盛饭""盛不了""盛服"。"盛"又音 shèng,表示兴旺、兴起、强大、繁茂、繁华、深厚、顶点的意义,比如"兴盛""盛传""鼎盛""茂盛""盛世""盛情""由盛而衰"。

尽(盡) jìn

甲骨文　金文　战文　小篆　隶书　楷书　简化字

会意字,甲骨文从皿从又持丨,象人手持握毛刷一类工具擦拭器皿内壁之形,表示饮食已尽而擦洗之,以此会完结之意。"尽"本义指完、终结。《说文》:"尽,器中空也。"就是器皿中没有东西了,也就是完结的意思。"尽"也可表示终止、死亡、达到极限、全部用完、全部的意义,比如"尽头""自尽""尽量""尽力""应有尽有"。

盈 yíng

战文　小篆　隶书　楷书

会意字,战国文字从皿,皿上字形构意不明,至小篆演变成从皿从夃(gǔ,买卖多得利),大概会器皿充满之意。《说文》:"盈,满器也。"《广雅》:"盈,充也。""盈"本义指用器皿盛满、充满,如"盈满"。《论衡》有"以囊橐盈粟米",用的正是本义。"盈"也可表示丰满、圆满、旺盛、足够、增加、骄傲的意义,比如"丰盈""盈月""蔓草盈""未盈""盈利""骄盈"。

盆 pén

金文　战文　小篆　隶书　楷书

形声字,从皿分声。《说文》:"盆,盎(àng)也。"盎就是大腹小口的瓦器。"盆"本义指一种盛东西或洗涤用的器皿，通常为圆形，口大底小，比盘深。"盆"也可表示计量单位、古炊器、姓氏的意义，比如"一盆水""盆盆罐罐""盆氏"。

盏（盞）zhǎn

金文 — 战文 — 小篆 — 隶书 — 楷书 — 简化字

形声字，金文从皿戋（jiān）声，小篆变作从酉戋声，隶书承袭了金文的写法，沿用至今。《方言》："盏，杯也。自关而东、赵魏之间或曰盏。""盏"本义指浅而小的杯子，如"金盏"。"盏"也可表示杯状器皿，以及用作量词，比如"灯盏""一盏酒"。

盘（盤）pán

金文 — 战文 — 小篆/籀文 — 楷书 — 简化字

形声字，金文从皿从般，般兼表音，至小篆变作从木般声，但籀文还是保留了从皿的构形。今以"盘"为规范字，"盤""槃"都作为异体字废弃不用。《说文》："盘，承盘也。""盘"本义指一种敞口扁浅的器皿，俗称盘子。"盘"也可表示形状或功能像盘的东西、盘曲、攀爬、经营、仔细地查问、转让、市场价格的意义，比如"棋盘""盘旋""盘上去""盘田""盘问""招盘""开盘"。"盤"简化字作"盘"，是省略了原字的一部分。

盟 méng

甲骨文 — 金文 — 战文 — 小篆/古文 — 隶书 — 楷书

形声字，甲骨文从囧（jiǒng）从皿，但从囧构意不明，金文开始加"月"旁，演变成从皿明声的形声字，小篆继承了甲骨文的构形，古文则保留了金文从皿明声的写法，并沿用至今。《说文》："盟，杀牲歃血，朱盘玉敦，以立牛耳。盟，古文从明。"《释名》："盟，明也，告其事于神明也。""盟"本义指古代诸侯在神灵前誓约或结盟，俗称盟誓，如"歃血为盟"。"盟"也可表示结约为朋友、个人向天发誓、集团或个人的联合等意义，比如"盟友""盟誓""同盟军"。

鬲 lì

甲骨文 — 金文 — 战文 — 小篆 — 汉篆 — 隶书 — 楷书

象形字,甲骨文、金文象一种圆口、三足中空的炊器形。《说文》:"鬲,鼎属,实五觳(hú),斗二升曰觳。象腹交文,三足。""鬲"读音 lì,本义指一种圆口、三足中空的炊器。新石器时代晚期已经出现陶鬲,商周时期陶鬲和青铜鬲并存,《说文》所说"鼎属"应该就是这类炊器。"鬲"又音 gé,主要表示针灸穴位名、县名的意义,比如"针鬲""鬲县"。

锅(䤬) guō

金文 — 小篆 — 隶书 — 楷书 — 简化字

形声字,战国文字从鬲从口,从口构意不明,小篆演变成从鬲牛(kuà)声的形声字。《说文》:"䤬,秦名土釜曰䤬。"段玉裁注:"今俗作鍋。"今以"锅"为规范字,"䤬""鍋"都作为异体字废弃不用。"锅"本义指一种烹煮食物的器具,如铁锅、砂锅等,也可表形状像锅的东西,如"烟锅"。

釜(䥉) fǔ

战文 — 小篆/或体 — 汉篆 — 隶书 — 楷书

形声字,战国文字从鬲甫声,小篆承袭了战国文字的写法,同时产生了从金父声的或体,今以或体"釜"为规范字,"䥉"作为异体字废弃不用。《说文》:"䥉,鍑属。从鬲甫声。釜,䥉或从金父声。""釜"本义指古炊器,敛口圆底,或有两耳,可放在灶上用来蒸煮,如成语"釜底抽薪""破釜沉舟"用的就是本义。"釜"也可表示古量器名、古河流名的意义,比如"釜器""釜水"。

融 róng

战文 — 小篆 — 汉篆 — 隶书 — 楷书

形声字,战国文字从鬲蟲声,小篆省作从鬲虫声,沿用至今。《说文》:"融,炊气上出也。""融"本义指炊气上出,如"暖气融融"。"融"也可表示融化、融合、和乐、流通、长久的意义,比如"消融"

"融会贯通""其乐融融""金融""融远"。

煮(鬻) zhǔ

形声字,战国文字从火者声,小篆变作从鬲(lì)者声,或体承袭了战国文字的写法,沿用至今。《说文》:"鬻,孚也。煮,鬻或从火。"这里"孚"意义不明,也有学者认为本应作"亨",就是"烹"的古字,表示烹饪的意思。"煮"本义指把食物放在有水的炊具里加热使熟,如煮盐、煮鸡蛋,这个基本义古今没有变化。

羹(鬻) gēng

会意字,战国文字从羔从美,小篆演变成从鬲(lì)从羔。今以"羹"为规范字,"鬻"作为异体字废弃不用。《说文》:"鬻,五味盉羹也。羹,小篆从羔从美。""羹"本义指用肉调和五味制成的带浓汁的食物,俗称肉羹,如成语"残羹冷炙"用的就是本义。"羹"也可表示用水果或蔬菜做成的汤汁、烹煮的意义,比如"莲子羹""羹蟹"。

粥(鬻) zhōu

形声字,小篆从米从鬲(lì),会热气腾腾的鬲中有米之意,战国文字将"鬻"省作"粥",后这个省体被汉代的小篆和隶书继承,一直沿用至今,成为规范字。《说文》:"鬻,键也。"《集韵》:"鬻,糜也。亦书作粥。""粥"本义指稀饭,后多泛指粮食或其他东西煮成的半流质食物,如莲子粥、八宝粥等。"粥"也可表示柔弱的样子、姓氏的意义,比如"粥粥无能""粥氏"。

饵(鬻) ěr

形声字,战国文字从食耳声,小篆变作从鬲(lì)耳声,或体承袭了战国文字的写法,一直沿用至楷书。今以"饵"为规范字,"鸸""餌"都作为异体字废弃不用。《说文》:"鸸,粉饼也。餌,鸸或从食。""饵"本义指糕饼,俗称饵糕。"饵"也可表示一般的食物、钓鱼或诱捕其他禽兽的食物、引诱的意义,比如"果饵""鱼饵""饵诱"。

用 yòng　甲骨文—金文—战文—小篆—隶书—楷书

象形字,甲骨文三竖两横一斜横,象木板串联成木桶形,应是"桶"的初文,至小篆还依稀可见桶形,后逐渐演变成楷书"用",沿用至今。《说文》:"用,可施行也。""用"基本义指施行、使用。《易经》有"初九,潜龙勿用",用的正是施用义。"用"也可表示任用、采纳、功用、费用的意义,比如"用人""采用""用处""用度"。

庸 yōng　甲骨文—金文—战文—小篆—隶书—楷书

会意字,甲骨文从庚从用,用兼表音,"庚"甲骨文象乐器形,字形大概会使用乐器之类的意思。《说文》:"庸,用也。""庸"本义指采用,如"无庸"。"庸"也可表示功劳、酬谢、平常、常人、愚的意义,比如"战庸""庸勋""平庸""庸人""庸医"。

去 qù　甲骨文—金文—战文—小篆—隶书—楷书

象形字,但所象不明。有学者认为甲骨文象一个有盖的器皿形,下端的"口"象器皿形,上端的"大"象盖形,是"筁(qū,饭器)"的初文,本义当指有盖的盛食器。也有学者认为是从大从口,会大口义,是"呿"(qū,开口)的初文,表开口义。但这两个意义文献都未见使用,未必可信。《说文》:"去,人相违也。"段玉裁注:"违,离也。""去"基本义指离开,如"去职""去世"。《诗经》有"鸟乃去矣,后稷呱矣",用的正是离开义。"去"也可表示距离、失掉、前往、过去的、去掉的意义,比如"去今已远""失去""去北京""去年""去皮"。

辰 chén

甲骨文 金文 战文 小篆 隶书 楷书

象形字,甲骨文、金文象蜃(shèn)蛤形,是"蜃"的本字,本义指蜃蛤,就是一种体形较大的蚌蛤。上古时期蜃蛤也用作耕作的器具,所以"辰"也指农具、耕器义。《说文》:"辰,震也。""辰"主要指振动义,这个意义文献较少使用,主要使用在汉字构形,大凡从辰的字多含有动的构意,如"振""震""赈""娠"等。"辰"也可表示地支的第五位、时间、星座名、众星的意义,比如"辰巳午未""时辰""北辰星""星辰"。

农(農) nóng

甲骨文 金文 战文 小篆 隶书 楷书 简化字

会意字,甲骨文从又从辰从艸,象手持农具除草形,会除草或耕作之意,金文开始加"田"表意,表示与田地的意义相关。《说文》:"农,耕也。""农"本义指耕作、耕种。《左传》有"其庶人力于农穑",这里"农穑"指耕种和收获,用的正是本义。"农"也可表示农事、农民的意义,比如"农业""工农兵"。"農"简化字作"农",是草书楷化的结果。

晨 chén

甲骨文 金文 战文 小篆 隶书 楷书

会意字,甲骨文从辰从二手,辰兼表音,会双手持农具劳作之意。古人晨作而暮息,故以双手持农具开始劳作来表示早晨之意,隶书将原先象双手形状的部件变作"日",最终演变成从日从辰的"晨",沿用至今。《说文》:"晨,早昧爽也。"昧爽是在天将明未明之时,也就是拂晓时分。"晨"本义指早晨,就是拂晓时分,如"清晨"。"晨"也可表示星名、辰时的意义,比如"星晨""晨时"。

辱 rǔ

战文 小篆 隶书 楷书

会意字,从辰从寸,会手持蜃器除去杂草之意,是"耨(nòu)"的初文,本义指除杂草,但这个意义文献罕用。《说文》:"辱,耻也。""辱"主要表示可耻义,如"耻辱"。"辱"也可表示污浊、委屈、辜负、承蒙的意义,比如"污辱""屈辱""不辱使命""辱赐"。

井 jǐng

甲骨文 金文 战文 小篆 隶书 楷书

象形字,甲骨文象用四木交搭的井口围栏之形,后字形逐渐演变,最终变作"井",沿用至今。《说文》:"井,八家一井,象构韩形。"这里"韩"指井上栏木,八家共一水井,并在水井口搭木围栏。"井"本义指水井,这一基本义古今未变。"井"也可表示形状像水井的东西、井田、人口聚集的地方、法度的意义,比如"矿井""井田制""市井""井井有条"。

耕 gēng

战文 小篆 隶书 楷书

会意字,战国文字从耒(lěi)从田从又,象手持耒犁田形,小篆将"田"改作"井",变成从耒从井,井兼表音的会意字,大概会以耒犁井田之意。《说文》:"耕,犁也。""耕"本义指犁田,俗称耕田。"耕"也可表示从事农业劳动、致力于某种事业的意义,比如"耕种""耕耘"。

臼 jiù

战文 小篆 隶书 楷书

象形字,战国文字象舂米用的里面有沟槽的捣器形,后字形逐渐演变,至楷书演变作"臼",沿用至今。《说文》:"臼,舂也。古者掘地为臼,其后穿木石。""臼"本义指舂米用的器具。《易经》有"断木为杵,掘地为臼",大意是说砍断树木制成杵,地上挖坑作为臼,这就是远古先人的生活状态。"臼"也可表示一般用来捣碎东西的容器、臼状物的意义,比如"茶臼""臼齿"。

舂 chōng

甲骨文 金文 战文 小篆 隶书 楷书

会意字,甲骨文、金文从臼从午(杵)从廾(gǒng),象两手握着杵在臼中捣物形,会舂捣之意,后字形逐渐演变,至隶书还保留了从臼的构意。《说文》:"舂,捣粟也。""舂"本义指用杵臼捣去谷物的外壳。《诗经》有"或舂或揄(yú,取出)",用的就是本义。"舂"也可表示古代做舂膳的奴隶、掘、将落的太阳等意义,比如"舂奴""舂穴""夕舂"。

革 gé 金文—战文—小篆—隶书—楷书

象形字,金文象一张悬挂着的头、身、尾巴俱全的兽皮形,本义指加工去毛的兽皮。《说文》:"革,兽皮治去其毛。"说的正是本义。把兽皮治去其毛变成革,是改变了状态,所以"革"引申出改变的意义,如改革、革命、革除、革职等。"革"也可表示人体的皮肤、革制品的意义,比如"肤革""兵革"。

鞭 biān 金文—战文—小篆/古文—隶书—楷书

形声字,金文从攴从⌒,"⌒"金文象帽子形,有学者认为是"冕"的初文,这里用作纯粹的声符,从攴表示鞭打驱赶之意,至小篆演变成从革便声的形声字"鞭",沿用至今。《说文》:"鞭,驱也。""鞭"本义指以鞭打马。《左传》有"马不出者,助之鞭之",用的正是本义。"鞭"也可表示一般的鞭打、马鞭、鞭子、古代兵器、竹根、爆竹的意义,比如"鞭人""鞭长莫及""教鞭""三棱鞭""新鞭""鞭炮"。

工 gōng 甲骨文—金文—战文—小篆—隶书—楷书

象形字,甲骨文象古代画直角或方形的工具曲尺。《说文》:"工,象人有规矩也。""工"本义指矩,即曲尺,但这个意义文献罕用。"工"主要表示工匠、一般的劳动者、官吏、精巧、工程、工业的意义,比如"木工""工人""百工""巧夺天工""施工""化工"。

式 shì

战文　小篆　汉篆　隶书　楷书

形声字，从工弋（yì）声。《说文》："式，法也。""式"本义指模范、榜样，如"法式""范式"。《尚书》有"世世享德，万邦作式"，大意是说（微子）累世享德，是万邦诸侯的榜样，用的正是本义。"式"也可表示规格、样式、效法、仪式的意义，比如"格式""各式各样""垂式""开幕式"。

巧 qiǎo

战文　小篆　隶书　楷书

形声字，从工丂（kǎo）声。《说文》："巧，技也。"《广韵》："巧，能也。""巧"本义指技能、技巧。《孟子》有"公输子之巧，不以规矩，不能成方圆"，用的正是本义。"巧"也可表示灵巧、聪明能干、美妙、虚浮不实、恰好、奇怪的意义，比如"心灵手巧""巧妇""巧妙""巧辩""碰巧""太巧"。

巨 jù

金文　战文　小篆　隶书　楷书

象形字，金文有繁简二体，简体象一个工形器具形，繁体象一个人分腿站立一手握着工形器具形，后简体逐渐变作"巨"（繁体演变作"矩"）。《说文》："巨，规矩也。从工、象手持之。""巨"本义指木工的方尺，即规矩，后这个意义分化出从矢的"矩"来记录。"巨"主要表示大、最、姓氏的意义，比如"巨大""巨痛""巨氏"。

矩 jǔ

金文　战文　小篆　隶书　楷书

象形字，金文象一人分腿站立，一手握着工形器具之形，与"巨"古本一字，至小篆分化出从矢从巨的"矩"，沿用至今。"矩"本义指木工的方尺。《荀子》有"五尺之矩，尽天下之方也"，用的正是本义。"矩"也可表示方形、法度、刻识的意义，比如"矩形""规矩""矩刻"。

巫 wū
甲骨文 金文 战文 小篆 隶书 楷书

象形字,甲骨文象与巫事有关的某种器具,有学者认为古代巫师以玉为灵物,字形象交错的玉形代表巫祝,较为可信,后逐渐演变成从工从二人的"巫",沿用至今。《说文》:"巫,祝也。女能事无形,以舞降神者也。"意思是说巫是能够敬奉无形迹的神灵,能用舞蹈请神灵降临的女人。"巫"本义指巫师,也专指女巫,还可表示古代医师、山名、地名的意义,比如"巫医""巫山""巫州"。

勺 sháo
战文 小篆 隶书 楷书

象形字,战国文字象一个勺子形,里面含有东西。《说文》:"勺,挹(yì,舀)取也。象形,中有实。"说的就是这个构意。"勺"读音sháo,本义指舀东西的用具,俗称勺子,古代用来从樽中舀酒,也舀其他食物。"勺"也表示像勺的物体,如"后脑勺",又用作表容量的量词,比如"一勺糖""一勺水"。"勺"又音zhuó,表示舀取、调和、古乐舞名的意义,如"勺取""勺和""勺乐"。

匕 bǐ
甲骨文 金文 战文 小篆 楷书

象形字,甲骨文象古代一种长柄浅勺的取食器具形,本义指取食器具,类似于今天的饭匙。《说文》:"匕,亦所以用匕取饭。"说的正是本义。《管子》有"左执虚豆,右执挟匕",意思是说左手拿着空食器,右手拿着筷子和羹勺,用的正是本义。"匕"也可表示匕首、箭头的意义,比如"图穷匕见""匕镞"。

比 bǐ
甲骨文 金文 战文 小篆 隶书 楷书

会意字,传统的观点认为从二人,象二人比肩形。《说文》:"比,密也。二人为从,反从为比。"说的就是这个构意。也有学者认为从二匕,匕兼表音,甲骨文象两个取食器具并列之形,会靠近或相邻之意。《玉篇》："比，近也、亲也。""比"本义指靠近、亲近。《尚书》有"远耆德，比顽童"，意思是说疏远贤德高士，亲近愚昧无知之人，用的正是本义。"比"也可表示并列、相连接、结党营私、齐同、较量、比方、仿照的意义，比如"比次""比邻""周而不比（合群而不勾结）""比齐""比较""比喻""比照"。

旨 zhǐ

甲骨文 — 金文 — 战文 — 小篆 — 隶书 — 楷书

会意字，甲骨文从口（或从甘）从匕，大概会用勺子向口中进食而味美之意，至小篆固定为从甘从匕，隶书、楷书变"甘"为"曰"，沿用至今。《说文》："旨，美也。""旨"本义指味美。《诗经》有"君子有酒，旨且多"，用的正是本义。"旨"也可表示美好、主张、命令、诏书的意义。比如"美旨""主旨""旨意""圣旨"。

尝（嘗）cháng

金文 — 战文 — 小篆 — 隶书 — 楷书 — 简化字

形声字，金文从旨尚声，且"尚"有省形，至小篆固定为从旨尚声的形声字。《说文》："嘗，口味之也。""尝"本义指用口舌辨别味道，如"品尝""尝一口"。"尝"也可表示吃、试探、经历的意义，比如"尝食""尝试""尝受"。

几[1] jī

战文 — 小篆 — 隶书 — 楷书

象形字，战国文字象古代踞（jù）几之形。《说文》："几，踞（jù）几也。""几"本义指古人席地而坐时供倚靠的器具。《尚书》有"相被冕服，凭玉几"，玉几就是玉制的踞几，这里用的正是本义。"几"也可表示搁置物件的小桌子，如"桌几"。"几"也是"幾"的简化字，表示几乎、几个的意义。

几[2]（幾）jī

金文 — 战文 — 小篆 — 隶书 — 楷书 — 简化字

会意字，从戍从丝（yōu，微小），大概会兵事隐微莫测之意。《说文》:"幾,微也。从丝从戍。""几"读音 jī,本义指细微的迹象,如"见几行事"。《易经》有"几者,动之微,吉之先见者也",用的正是本义。"几"也可表示危险、差不多的意义,如"趁人之几""几乎"。"几"又音 jǐ,表示询问数量多少、数量很少的意义,比如"几何""几个"。"幾"简化字作"几"不是新造字形,而是合并了踞(jù)几的"几",今"几"既是"幾"的简化字,又是踞几的"几"本字。

处(處) chǔ

金文 — 战文 — 小篆/或体 — 隶书 — 楷书 — 简化字

形声字,金文从几从夂(zhǐ)虍(hū)声,战国文字变作从几虎声,或体承袭了金文的写法,沿用至今。《说文》:"处(處),止也。"这里"止"有止息的意思。"处"读音 chǔ,本义指止息、休息。"处"也可表示居住、交往、女未嫁、位置在某处、决断、办理的意义,比如"居处""处得来""处女""设身处地""处决""处置"。"处"又读 chù,主要表示处所、地方、事物的方面或部分、机关部门的意义,如"住处""何处""长处""军机处"。

斗¹ dǒu

甲骨文 — 金文 — 战文 — 小篆 — 隶书 — 楷书

象形字,甲骨文象一个长柄圆口的器皿形,至小篆已变得看不见器皿的形状,最终演变成两点一横一竖组合的"斗",沿用至今。《说文》:"斗,十升也。象形,有柄。""斗"本义指量器,十升为一斗,如"斗米",也可表示斗形物、星宿名、微小的意义,比如"烟斗""北斗星""斗室"。"斗"也是"鬥"的简化字,读音 dòu,表示搏斗、争斗、战斗的意义。

斗²(鬥) dòu

甲骨文 — 小篆 — 隶书 — 楷书 — 简化字

象形字,甲骨文象披头散发的两个人徒手相搏之形,本义指搏斗、争斗。《说文》:"鬥,两士相对,兵杖在后。"说的正是本义。"斗"也可表示战争、比赛、揭露的意义,比如"战斗""斗鸡""斗恶霸"。

"鬥"简化字作"斗"不是新造字,而是合并了斗(dǒu)米的"斗",今"斗"既是"鬥"的简化字,又是斗米的"斗"本字。

料 liào

粼—䊊粦—耕—耒升—料
金文　战文　小篆　隶书　楷书

会意字,从斗从米,大概会斗中有米以称量之意。《说文》:"料,量也。从斗,米在其中。"说的就是这个构意。"料"本义指称量,但这个意义文献罕用。"料"主要表示预测、管理、照看、材质的意义,比如"料事如神""料理""照料""材料"。

魁 kuí

𩲒—魋—魋—魋ﾄ—魁
战文　小篆　汉篆　隶书　楷书

形声字,从斗鬼声。《说文》:"魁,羹斗。""魁"本义指舀汤的勺子,如"酒魁"。"魁"也可表示大、星名、主帅、状元的意义,比如"魁梧""斗魁""魁首""夺魁"。

升¹ shēng

鼠—昇—乥—昇—升—升
甲骨文　金文　战文　小篆　隶书　楷书

象形字,甲骨文、金文象一个长柄圆口的器皿之形,中间和旁边的小点象米粒形,本义指一种类似于斗的量器。《说文》:"升,十龠(yuè)也。"这里"龠"指古量器名,十龠合一升。"升""斗"古本一字,后来分化为两个不同的字,分别指大小量器。古时以十升为斗,所以升是小量器,斗是大量器。"升"也可表示上升、登、进献、体积单位的意义,比如"升旗""升堂""进升""一升"。

升²(昇) shēng

昇—昇—昇—升
小篆　隶书　楷书　简化字

形声字,从日升声。《说文》:"昇,日升也。""升"本义指太阳升起,如"旭日东升"。"升"也可表示登上、晋级、古州名的意义,比如"升堂""升级""升州"。今"昇""升"合并,以"升"为规范字,"昇"作为异体字废弃不用。

鼎 dǐng

金文 战文 小篆 隶书 楷书

象形字，金文象有三足两耳的鼎形。《说文》："鼎，三足两耳，和五味之宝器也。""鼎"本义指烹煮的食器，有三足两耳。鼎在古代也多用在宗庙祭祀，是国之重器，所以有天子九鼎之说。"鼎"也可表示盛大、显赫、三方并立的意义，比如"鼎盛""鼎鼎大名""鼎足而立"。

壶（壺）hú

甲骨文 金文 战文 小篆 隶书 楷书 简化字

象形字，甲骨文象壶身、底座、壶盖俱全的壶形，表示器皿壶的意思。《玉篇》："壶，盛饮器也。""壶"本义指一种盛装水或酒的大肚容器，后也用于盛装其他液体，如酒壶、茶壶、油壶等。"壶"也可表示古代漏水计时的器物、古乐器、娱乐用具的意义，比如"壶人""壶器""投壶"。

瓦 wǎ

战文 小篆 隶书 楷书

象形字，战国文字象两瓦片咬合形，表示瓦器之意。《说文》："瓦，土器已烧之总名。""瓦"本义指用土烧成的器物总称，俗称瓦器。"瓦"也可表示瓦制的、屋瓦、古地名的意义，比如"瓦罐""一片瓦""瓦岗"。

瓶（缾）píng

金文 战文 小篆/或体 汉篆 隶书 楷书

形声字，金文从缶比声，战国文字变作从缶并声，小篆承袭了战国文字的写法，同时产生了从瓦并声的或体"瓶"。今以或体"瓶"为规范字，"缾"作为异体字废弃不用。《说文》："缾，甕（wèng）也。瓶，缾或从瓦。"甕即瓮，是一种汲水容器。"瓶"本义指比缶小的容器，可以汲水和盛酒食，如金瓶、银瓶等。"瓶"也可表示花瓶、长颈大腹小口的瓷质或玻璃容器的意义，比如"胆瓶""酒瓶"。"瓶"也用作量词,如"一瓶酒"。

凡 fán 甲骨文—金文—战文—小篆—隶书—楷书

本为象形字,甲骨文、金文象高圈足的槃(pán)形,上象其槃,下象其足,是"槃"的初文,本义指槃,类似今天的盘子,后这意义主要用"槃"来记录。《说文》:"凡,最括也。""凡"主要指概括、纲要义,如"凡例""发凡"。"凡"也可表示总共、平常的、世俗的意义,比如"凡计""平凡""凡尘"。

曾 zēng 甲骨文—金文—战文—小篆—隶书—楷书

象形字,甲骨文下方"田"象器皿形,上方的倒"八"象器皿上散发的蒸汽,字形会蒸熟食物的器皿之意,是"甑(zēng)"的初文,后逐渐演变成"曾",沿用至今。"曾"在甲骨文、金文中多用为祭祀名、地方或方国名,如"曾祭""曾国"。"曾"读音 zēng,主要用作虚词,表示竟然、怎么的意思,也可表姓氏义,如"曾巩"。"曾"又音 céng,表示动作行为已经进行或发生,比如"曾经""曾是"。

豆 dòu 甲骨文—金文—战文—小篆—隶书—楷书

象形字,甲骨文、金文象高足、圆口、有盖的器皿形,本义指古代盛肉的食器。《说文》:"豆,古食肉器也。"说的正是本义。"豆"也可表示一般的容器、古代重量单位、豆类作物等意义,比如"四升为豆""一豆""大豆"。

其 qí 甲骨文—金文—战文—小篆—隶书—楷书

象形字,甲骨文、金文象簸箕之形,金文或在下方加象箕底支架状的"丌(qí)"旁,后逐渐演变成"其",沿用至今。"其"本义指簸箕,后这个意来另造了从竹的"箕"来记录。"其"主要用作虚词,表示他(们)、这、那、也许等语义关系。

箕 jī ∀—其—箕箕—箕—箕—箕
　　甲骨文　金文　战文　小篆　隶书　楷书

会意字,从竹从其,其兼表音,"其"甲骨文、金文象簸箕形,是"箕"的初文,后"其"借用作虚词,不再记录簸箕义,战国文字就开始在"其"上方加"竹"表意,分化制造出"箕",大概会用竹篾(miè)制作的簸箕之意。《说文》:"箕,簸也。""箕"本义指簸箕,一种扬米去糠的竹制器具,也可表示盛垃圾的器具、像簸箕状物的意义,比如"粪箕""斗箕"。

互 hù 互—筀—互—互
　　或体　小篆　隶书　楷书

象形字,或体象人手中握着用来收绳的器具形,小篆加"竹"表意,变成从竹从互,互兼表音的"筀"。《说文》:"筀,可以收绳也。从竹,象形,中象人手所推握也。互,筀或省。"这里把"互"解释为象人手所推握的器具形是对的,但"互"不是"筀"的省体,从字源来看,"互"是"筀"象形初文,"筀"产生在后。"互"本义指收绳器具,后这个意义专由"筀"来记录。"互"主要表示交错、相互的意义,比如"交互""互敬互爱"。

曲 qū ⺃—曲—凵—曲—曲—曲
　　金文　战文　小篆　隶书　楷书

"曲"象形字,金文象曲尺形,至小篆还依稀可见曲尺的形状,隶书就完全变成独体字"曲",沿用至今。《玉篇》:"曲,不直也。""曲"读音 qū,本义弯曲,与"直"相对,如"曲线"。"曲"也可表示弯折、理亏、周全、委屈的意义,比如"弯曲""理曲""委曲""曲从"。"曲"又音 qǔ,表示乐曲、韵文形式的意义,如"歌曲""元曲"。

尺 chǐ 尺—尺—尺尺—尺
　　战文　小篆　隶书　楷书

构形不明。《说文》:"尺,十寸也。人手却十分动脉为寸口,十寸为尺。""尺"古时指计量单位,十寸为一尺,后多引申为测量长度的器具尺子,如皮尺、卡尺等。"尺"也可表示像尺一样的条状物、法度、短小或狭小的意义,比如"戒尺""尺度""尺地"。

丈 zhàng

专—丰—支丈—丈
战文　小篆　隶书　楷书

会意字,从又从十,"十"不是指数目十,而是象丈量器形,整个字形会手持丈量器丈量之意。《说文》:"丈,十尺也。从又持十。"说的就是这个构意。"丈"本义指度量单位、十尺为一丈。《淮南子》有"十寸为尺,十尺为丈",说的就是本义。"丈"也可表示度量、长辈男子的称谓、丈夫的意义,比如"丈量""老丈人""妹丈"。

网 wǎng

𠔿𠔿—网—𠔿𠔿—网
甲骨文　小篆　隶书　楷书

象形字,甲骨文象用木棍等制作支架,并在支架上编织用以捕鱼和鸟兽的网形。《说文》:"网,庖牺所结绳以渔。""网"本义指捕鱼及鸟兽等用的网,如渔网、鸟网。"网"也引申为网状物、关系交错的组织或系统、搜罗的意义,比如"结网""法网""网罗"。

罕 hǎn

罕—罕—罕—罕—罕
战文　小篆　汉篆　隶书　楷书

会意字,从网从干,干兼表音,象上有丝网下有竿柄的器具形,至楷书演变成从冖(wǎng)从干的"罕",沿用至今。《说文》:"罕,网也。""罕"本义指捕鸟用的长柄小网。汉张衡《西京赋》有"飞罕潚箭",用的正是本义。"罕"也可表示稀少、旌旗、姓氏的意义,比如"罕见""罕旗""罕氏"。

罗(羅) luó

𦋊—𦋊—羅—羅—羅—罗
甲骨文　战文　小篆　隶书　楷书　简化字

会意字,甲骨文从网从隹,会以网捕鸟或捕鸟网之意,战国文字开始加"糸"表意,演变成从网从隹从糸的会意字,沿用至楷书。《说文》:"罗,以丝罟(gǔ,网)鸟也。""罗"本义指捕鸟的网。《诗经》有"有兔爰爰,雉离于罗",意思是说兔子逍遥自在,野鸡陷入捕鸟网,用的正是本义。"罗"也可表示用网捕鸟、搜寻、囊括、排列、丝织品的意义,比如"罗雀掘鼠""搜罗""包罗""星罗棋布""绫罗绸缎"。

置 zhì

置—置—置置—置
战文　小篆　　隶书　　楷书

形声字,从网直声。《说文》:"置,赦也。""置"本义指赦免、释放义,如"置免"。"置"也可表示豁免、停下、安置、设立、备办的意义,比如"置租赋""搁置""置身其中""设置""置办"。

罢(罷)bà

罷—罷—罷—罷—罢
战文　小篆　隶书　楷书　简化字

会意字,从网从能,从能构意不明,有学者认为"能"指熊属,表示熊在网下显出疲态的意思。《广韵》:"罢,倦也。""罢"读音 pí,本义当指疲劳。《国语》有"有优无匮,有逸无罢",大意是说生活优渥不匮乏,百姓安逸不疲劳,用的正是本义。"罢"又音 bà,主要表示遣归、免除、取消、停止、完毕的意义,比如"罢归""罢免""欲罢不能""罢工""罢了"。

毕(畢)bì

毕—畢—畢—畢—畢—畢—毕
甲骨文　金文　战文　小篆　隶书　楷书　简化字

象形字,甲骨文、金文象带有木柄的网状捕猎工具形,后字形逐渐演变,最终演变成楷书"畢",已不见网形。《说文》:"毕,田网也。"段玉裁注:"谓田猎之网。""毕"本义指古代用以掩捕野禽的长柄网,如"毕网"。"毕"也可表示用网捕猎、结束、完全的意义,比如"毕兔""毕业""毕恭毕敬"。

囊 náng

囊—囊—橐—橐囊—囊
金文　战文　小篆　隶书　楷书

本为象形字,金文象一个扎住袋口的囊,是"囊"的初文,至小篆变为从𢍰("橐"的初文)襄声,且"襄"有省形。《说文》:"囊,橐(tuó)也。""囊"本义指口袋、袋子。《诗经》有"乃(nǎi)裹糇粮,于橐于囊",大意是说于是就包起干粮,大袋小袋都装满,用的正是本义。"囊"也可表示用口袋、收藏、覆盖、袋状物的意义,比如"囊入""囊括""以布囊口""胆囊"。

匡 kuāng

形声字,从匚(fāng)㞷(huáng)声,隶书演变作从匚王声,沿用至今。匚是古代一种盛物的方形器,凡以"匚"作为义符的字,大都与盛器的意义相关。《说文》:"匡,食器,筥(jǔ)也。"这里"筥"有圆形竹筐的意思。"匡"本义指古代盛饭的方形竹筐,后这个意义另造了从竹的"筐"来记录。"匡"主要表示方正、纠正、救助的意义,比如"方匡""匡正""匡扶"。

匣 xiá

形声字,战国文字从竹甲声,至小篆演变为从匚(fāng)甲声的形声字,沿用至今。《说文》:"匣,匮(guì)也。"这里"匮"指收藏衣物的柜子。"匣"本义指收藏东西的器具,俗称匣子,如木匣、铁匣等。"匣"也可表示兽笼、牢房的意义,比如"匣笼""地匣"。

匪 fěi

形声字,从匚(fāng)非声。《说文》:"匪,器,似竹筐。""匪"本义指似竹筐的器具,后这个意义由从竹的"筐"来记录。"匪"主要表示行为不正的人、抢劫财物或危害人民的人、有文采的意义,比如"匪徒""土匪""文采匪然"。

匠 jiàng

会意字,从匚(fāng)从斤,会以斧斤制作器物之意。《说文》:"匠,木工也。从斤从匚，斤，所以作器也。"说的就是这个构意。"匠"本义指木工，如"木匠"。"匠"也可表示一般具有专门技术的工人、某方面造诣很深的人、制造、设计的意义，比如"工匠""匠手""匠刀""匠心独运"。

区(區) qū 金文—战文—小篆—隶书—楷书—简化字

会意字，甲骨文从品从﹂，大概会众物藏在曲形器之意，后逐渐演变成从品从匚的"區"，沿用至楷书。《说文》："区，藏匿也。""区"本义指隐藏，但这个意义文献罕用。"区"主要表示一定的地域范围、行政区划单位、划分、小的意义，比如"地区""行政区""区分""区区小事"。"區"简化字作"区"，是用笔画较少的符号替代了笔画较多的部件。

匹 pǐ 金文—战文—小篆—隶书—楷书

形声字，金文从石乙声，至小篆已演变得不见石形。《说文》："匹，四丈也。""匹"本义指布帛四丈为一匹，俗称布匹。《汉书》有"布帛广二尺二寸为幅，长四丈为匹"，用的正是本义。"匹"也可表示计算马的单位、比得上、配合、配偶、同类的意义，比如"一匹马""匹敌""匹配""匹偶""匹辈"。

册 cè 甲骨文—金文—战文—小篆—隶书—楷书

象形字，甲骨文、金文象中间有两道绳编的简册之形，本义指书简，就是古代文书用的竹简编联而成的册。后凡簿(bù)籍都可称"册"，如名册、画册、纪念册等。《说文》："册，符命也。诸侯进受于王也。象札一长一短，中有二编之形。"这里"册"特指皇帝的诏书，应是由书简的意义引申而来。"册"也可表示赐封、竖立的意义，比如"册太子""册立"。"册"也用作量词，如"一册书""上册"。

典 diǎn

甲骨文 — 金文 — 战文 — 小篆 — 隶书 — 楷书

会意字，从廾（gǒng）从册，甲骨文象双手捧竹册形，会典册之意，小篆上部还清晰可见竹册的形状，至隶书就完全变成了独体字"典"，沿用至今。《说文》："典，五帝之书也。""典"本义指典册，就是古代有垂范价值的重要文献书籍，俗称典籍、经典。"典"也可表示一般有指导和规范作用的工具书、法令、盛大的礼仪、古朴、故事的意义，比如"字典""重典""开国大典""古典""典故"。

鼓（皷）gǔ

甲骨文 — 金文 — 战文 — 小篆 — 隶书 — 楷书

会意字，甲骨文、金文从壴（zhù）从攴，壴兼表音，至小篆演变成从壴从攴，沿用至今。"壴"甲骨文、金文象上插羽毛装饰，下有脚座的圆鼓形，本义指鼓，是"鼓"的初文，后加"攴"表意制造出"皷"。"皷"甲骨文象手持鼓槌击鼓之状，所以"皷"有鼓和击鼓两个本义。"鼓"作名词，本义指鼓，一种打击乐器；用作动词，本义指击鼓，这个意义也写作"皷"，今又并入"鼓"字。"鼓"也可表示形状像鼓的物体、凸起、敲击或弹奏乐器、拍打、振动、激发的意义，比如"耳鼓""鼓起""鼓琴""鼓掌""鼓动""鼓励"。

彭 péng

甲骨文 — 金文 — 战文 — 小篆 — 隶书 — 楷书

会意字，从壴（zhù）从彡（shān），"壴"为"鼓"初文，"彡"标示飞扬散布的鼓声，合起来会击鼓的鼓声之意。《说文》："彭，鼓声也。""彭"本义指鼓声，用来描摹击鼓的声音，如"彭彭作响"。"彭"也可表示河流名、姓氏的意义，比如"彭水""彭氏"。

嘉 jiā

金文 — 战文 — 小篆 — 隶书 — 楷书

形声字，从壴（zhù）加声，大概取以鼓声取乐的构意。《说文》："嘉，美也。""嘉"本义指美好，如"嘉偶"。汉张衡《西京赋》有"嘉木树庭,芳草如积",用的正是本义。"嘉"也可表示吉祥、赞扬、欢娱、古代礼仪的意义,比如"嘉祥""嘉奖""嘉乐""嘉礼"。

琴 qín

形声字,从珡(qín)金声。"琴"本义指乐器名,一种拨弦乐器,又称七弦琴,俗称古琴,后多泛指某些乐器,如提琴、胡琴。"琴"也可表示弹琴、种植的意义,比如"善琴""播琴"。

贝(貝) bèi

象形字,甲骨文象海贝之形,本义指海贝、贝壳。《说文》:"贝,海介虫也。"说的正是本义。上古时期人们用贝壳作为货币进行交易,所以"贝"又指古代货币,俗称货贝。"贝"也可表示古乐器名、古州名的意义,比如"吹贝""贝县"。凡以"贝"作为表意偏旁的字大多与财物的意义相关,如"货""财""贱""贵"等。

员(員) yuán

会意字,从贝从○(yuán),○兼表音,金文有"○"字,是"圆"的初文,甲骨文由于锲刻不便,圆形往往被刻写成方形。"員"甲骨文从鼎,金文逐渐省讹得与"贝"形近,至战国文字演变为从贝从○的"員",沿用至今。"员"本义指圆、圆形。《孟子》有"不以规矩,不能成方员",用的正是本义,后这个意义另造了从囗的"圆"来记录。"员"主要表示周围、人或事物的数量、从事某种职业的人、参加某种团体的人员等意义,比如"幅员""人员""教员""党员"。

财(財) cái

形声字,从贝才声。《说文》:"财,人所宝也。""财"本义指财物,就是物资和货币的总称,如"理财""钱财"。"财"也可表示材料、才能、制裁的意义,比如"牛羊之财""财能""剪财"。

货(貨) huò 貨—貨—貨—貨—货
　　　　　　　战文　小篆　隶书　楷书　简化字

形声字,从贝化声。《说文》:"货,财也。""货"本义指财物,就是金钱珠玉布帛等物品。"货"也可表示商品、钱币、骂人或开玩笑的话等意义,比如"货物""货币""货色"。

贡(貢) gòng 貢—貢—貢—貢—贡
　　　　　　　战文　小篆　隶书　楷书　简化字

形声字,从贝工声。《说文》:"贡,献功也。""贡"本义指进献,俗称进贡,也特指把物品献给天子,如"朝贡"。"贡"也可表示贡品、进、举荐、姓氏的意义,比如"贡赋""贡上""贡士""贡氏"。

购(購) gòu 購—購—購—購—购
　　　　　　　战文　小篆　隶书　楷书　简化字

形声字,从贝冓(gòu)声。《说文》:"购,以财有所求也。""购"本义指重金收买、悬赏征求。《史记》有"吾闻汉购我头千金",用的正是本义。"购"也可表示一般意义的买、奖赏的意义,比如"购物""购赏"。"購"简化字作"购",是以笔画少的声符代替笔画多的声符。

赐(賜) cì 賜—賜—賜—賜—赐—赐
　　　　　　金文　战文　小篆　隶书　楷书　简化字

形声字,从贝易声。《说文》:"赐,予也。""赐"本义指给予、赏赐,如"赐给"。"赐"也可表示所赐予之物、敬词的意义,比如"恩赐""赐教"。

赋(賦) fù 賦—賦—賦—賦—赋—赋
　　　　　　金文　战文　小篆　隶书　楷书　简化字

形声字,从贝武声。《说文》:"赋,敛也。""赋"本义指敛取、征收,如"赋敛"。"赋"也可表示徭役、税、军队、特有的资质、授予的意义,比如"赋役""赋税""王赋""天赋""赋予"。

负(負) fù 負—貟—負—负—负
　　　　　　战文　小篆　隶书　楷书　简化字

会意字，从人从贝，会人背负财物之意。《玉篇》："负，担也，置之于背也。"意思是说负就是把东西担在背上。"负"本义指以背载物、负担，如"负重"。"负"也可表示凭恃、怀抱、所背负的东西、背弃、战败、亏欠、赔偿的意义，如"自负""抱负""不堪重负""负心""胜负""负债""负罪"。

贤(賢) xián 臤—賢—臤—賢—贤
　　　　　　金文　战文　小篆　隶书　楷书　简化字

形声字，从贝臤(qiān)声。"臤"从又从臣，象以手抠人眼睛之形，但造字意图不明，古文字中多借为"賢"，金文开始在"臤"下加"贝"表意，制造出"賢"，沿用至今。《说文》："贤，多才也。"这里"才"有财物的意思。"贤"本义指多财物，故字从贝表意。"贤"也可表示才能德行均好的人、美善、胜过、旧时对人敬称的意义，比如"贤士""贤明""贤于""贤弟"。

贺(賀) hè 賀—賀—賀—贺—贺
　　　　　　战文　小篆　隶书　楷书　简化字

形声字，从贝加声。《说文》："贺，以礼相奉庆也。""贺"本义指以礼物相互庆祝。《诗》有"受天之祐，四方来贺"，用的正是本义。"贺"也可表示一般的祝贺、姓氏的意义，如"贺辞""贺氏"。

赏(賞) shǎng 賞—賞—賞—賞—赏—赏
　　　　　　金文　战文　小篆　隶书　楷书　简化字

形声字，从贝尚声。《说文》："赏，赐有功也。""赏"本义指赐予、奖给，如"奖赏""赏赐"。"赏"也可表示一般的赠送、称赞、欣赏的意义，比如"赏给""赏识""赏心悦目"。

赞(贊) zàn 贊—贊—贊—赞—赞
　　　　　　战文　小篆　隶书　楷书　简化字

会意字，战国文字从贝从兟(bàn)，"兟"有并行、陪伴的意思，整个字形会以财物相伴之意,小篆演变作从兟(shēn)从貝的"赞",沿用至今。《小尔雅》:"赞,佐也。""赞"基本义指辅佐、帮助,如"赞助"。"赞"也可表示称颂、选拔、司仪、参与的意义,比如"称赞""赞进""赞礼""参赞"。

赢(贏) yíng

金文—战文—小篆—隶书—楷书—简化字

形声字,从貝羸(luǒ)声,"羸"金文象头有触角的虫形,是"蠃(luǒ)"的初文,这里用为纯粹的声符。《说文》:"贏,贾利也。""贏"本义指做买卖获得的利益,俗称赢利。"贏"也可表示有余、胜利、古邑名的意义,比如"有赢钱""打赢""赢县"。

质(質) zhì

金文—战文—小篆—隶书—楷书—简化字

形声字,从貝斦(zhì)声。《说文》:"質,以物相赘。"这里"赘"有抵押的意思。"质"本义指抵押,就是以财物或人作保证,如"质押""人质"。"质"也可表示底子、物类的本体、禀性、朴素、诘问、评量、内容的意义,比如"质地""本质""性质""质朴""质问""质量""文质彬彬"。

费(費) fèi

战文—小篆—隶书—楷书—简化字

形声字,从貝弗声。《说文》:"費,散财用也。""费"本义指用去钱财。《孙子》有"车甲之奉,日费千金",用的正是本义。"费"也引申为一般的损耗、财物支出、语句多余的意义,比如"费心费力""费用""费话"。

责(責) zé

甲骨文—金文—战文—小篆—隶书—楷书—简化字

形声字,古文字从貝朿(cì)声,至隶书"朿"已经讹变成三横一竖,不见朿声。《说文》:"責,求也。""责"本义指索求、索取,如"责求"。"责"也可表示要求做成某事、责任、批评、处罚的意义，比如"责令""责职""责备""责罚"。

买(買) mǎi
甲骨文 金文 战文 小篆 隶书 楷书 简化字

会意字，甲骨文从网从贝，会网罗钱财、获利之意。《说文》："买，市也。""买"本义指商品交易活动，兼有买、卖二义，后来专指交易中的买入行为，即以钱换物的行为，如"买东西"。"买"也可表示雇赁、招惹、博取的意义，比如"买庸""买祸""买名"。

卖(賣) mài
小篆 隶书 楷书 简化字

会意字，小篆从出从買，買兼表音，会卖出之意，后字形逐渐演变，至楷书变成从買从士的"賣"。"买"本指商品交易活动，兼有买、卖二义，后来为交易中的卖出行为专门造了一个从出从買的"賣"。《说文》："卖，出物货也。""卖"本义指以物换钱，与"买"相对，如"卖东西"。"卖"也可表示为了利益而背叛、炫耀、尽量使出的意义，比如"卖国""卖弄""卖力"。

赎(贖) shú
战文 小篆 汉篆 隶书 楷书 简化字

形声字，从貝賣(yù)声。《说文》："赎，贸也。""赎"本义指用财物换回人身自由或抵押品，如赎身、赎金等。"赎"也可表示以财物抵销罪过的意义，如"赎罪"。

贸(貿) mào
战文 小篆 汉篆 隶书 楷书 简化字

形声字，从貝卯声。《说文》："贸，易财也。"《尔雅》："贸，买也。""贸"本义指交换、交易。《诗经》有"氓之蚩蚩，抱布贸丝"，意思是说那个人老实忠厚，怀抱布匹来交换丝，用的就是本义。"贸"也可表示变易、杂乱、蒙昧不明的意义，比如"迁贸""相贸""贸然行事"。

贾(賈) jiǎ

形声字,从貝襾(yà)声。《说文》:"賈,市也。""賈"读音 gǔ,本义指做买卖。《韩非子》有"长袖善舞,多钱善賈",意思是说长衣袖合于舞蹈,本钱多便于做买卖,用的正是本义。"贾"也可表示商人、买、招引的意义,比如"商贾""贾马""贾祸"。"贾"又音 jiǎ,主要表示姓氏、古国名的意义,如"贾氏""贾国"。

贩(販) fàn

形声字,从貝反声。《说文》:"販,买贱卖贵者。""贩"本义指贩卖货物的行商或小商人,俗称商贩,如菜贩、小贩等。"贩"也可表示买货出卖、卖出的意义,比如"贩卖""贩水果"。

贪(貪) tān

形声字,从貝今声。《说文》:"貪,欲物也。""贪"本义指爱财,就是不择手段地求取财物,如贪财、贪钱等。"贪"也可表示拿赃受贿、没有满足、贪恋的意义,比如"贪赃枉法""贪食""贪生怕死"。

贫(貧) pín

会意字,从貝从分,分兼表音,大概会分出财物而变少之意。《说文》:"貧,乏财也。""贫"本义指财物缺乏。《荀子》有"强本而节用,则天不能贫",大意是说加强农业节约用度,那么大自然就不能使人们财物少,用的正是本义。"贫"也可表示一般的缺乏、穷困的意义,比如"贫血""贫困"。

贱(賤) jiàn

形声字,从貝戋(jiān)声。《说文》:"賤,贾少也。""贱"本义指价格低,与"贵"相对。唐白居易《卖炭翁》有"可怜身上衣正单,心忧炭贱愿天寒",用的正是本义。"贱"也可表示地位低下、轻视、谦辞的意义,比如"卑贱""轻贱""贱妾"。

贵(貴) guì

战文 — 小篆 — 隶书 — 楷书 — 简化字

形声字,战国文字从贝臾(yú)声,至隶书已变得不见臾形,但还保留从贝的构意。《说文》:"贵,物不贱也。""贵"本义指价格高,与"贱"相对,如"贵贱"。"贵"可表示社会地位高、重要、崇尚、尊重、敬辞的意义,比如"高贵""和为贵""贵在坚持""贵重""贵姓"。

贯(貫) guàn

金文 — 战文 — 小篆 — 隶书 — 楷书 — 简化字

本为象形字,金文象穿起来的贝壳形,是"贯"的初文,战国文字开始加"贝"表意,最终演变成从贝从毌,毌兼表音的会意字"贯",沿用至今。《说文》:"贯,钱贝之贯。""贯"本义指古代穿起来的钱贝,俗称钱贯。"贯"也可表示穿过、通过、实行、进入、统一、隶属的意义,比如"贯穿""贯通""贯彻""如雷贯耳""一以贯之""籍贯"。"贯"也用作量词,表示铜钱的数量,如"一贯钱"。

赘(贅) zhuì

战文 — 小篆 — 隶书 — 楷书 — 简化字

会意字,从贝从敖,大概会放出钱贝之意。《说文》:"赘,以物质钱也。从敖、贝,敖者,犹放贝当复取之也。"说的就是这个构意。"赘"本义指抵押,如"赘押""赘子"。"赘"也可表示入赘、连缀、会聚、多余的意义,比如"赘婿""赘衣""赘聚""赘肉"。

赠(贈) zèng

小篆 — 隶书 — 楷书 — 简化字

形声字,从贝曾声。《广韵》:"赠,相送也。""赠"本义指送给、赠送。《诗经》有"知子之来之,杂佩以赠之",用的正是本义。"赠"

也可表示驱除、对死者追封爵位的意义,比如"赠去""追赠"。

贷(貸) dài 貸－貸－貸－贷
小篆　隶书　楷书　简化字

形声字,从贝代声。《说文》:"贷,施也。""贷"本义指施予、给予。《左传》有"宋公子鲍礼于国人,宋饥,竭其粟而贷之",用的正是本义。"贷"也可表示借、推卸的意义,比如"借贷""责无旁贷"。

赖(賴) lài 賴－賴－賴－赖－赖
战文　小篆　隶书　楷书　简化字

形声字,从贝剌声。《说文》:"赖,赢也。"《广韵》:"赖,利也。""赖"本义指赢利、利益。《国语》有"相语以利,相示以赖",大意是说互相谈论生财之道,互相交流赢利经验,用的正是本义。"赖"也可表示依靠、拖欠、抵赖、诬枉、坏的意义,比如"依赖""赖账""耍赖""别赖人""好赖不分"。

火 huǒ 火－火－火－火－火
甲骨文　战文　小篆　隶书　楷书

象形字,甲骨文象物体燃烧时发出的光焰形,本义指火焰。《说文》:"火,燬(huǐ)也。"这里"燬"有烈火的意思,说的正是本义。"火"也可表示焚烧、用火将食物烹熟、枪炮弹药、暴躁、紧急的意义,比如"火灾""火食""军火""惹火""十万火急"。

烧(燒) shāo 燒－燒－燒 燒－燒－烧
战文　小篆　隶书　楷书　简化字

形声字,从火尧声。《说文》:"烧,爇(ruò)也。"这里"爇"有焚烧的意思。"烧"本义指使物着火,俗称烧火,如"烧山"。"烧"也可表示照射、因病而体温升高、烹饪的意义,比如"烧眼睛""发烧""烧烤"。

然 rán 然－然－然－然然－然
金文　战文　小篆　隶书　楷书

形声字,从火肰(rán)声。《说文》:"然,烧也。""然"本义指燃烧,后这个本义另造了从火的"燃"来记录。"然"主要用作虚词,表示虽然、然而、然后等语义关系。

烈 liè

金文—战文—小篆—隶书—楷书

形声字,从火列声。金文从朿从刀、不从火,至小篆固定成从火列声,沿用至今。《说文》:"烈,火猛也。""烈"本义指火势猛,俗称烈火。《左传》有"夫火烈,民望而畏之,故鲜死矣",用的正是本义。"烈"也可表示猛烈、厉害、味道浓烈、刚正、功业、为正义而牺牲的人等意义,比如"激烈""烈女""烈酒""刚烈""烈业""革命先烈"。

烛(燭) zhú

战文—小篆—隶书—楷书—简化字

形声字,从火蜀声。《说文》:"烛,庭燎火烛也。""烛"本义指火炬,俗称火烛,古时主要放在庭院里,用来照明。"烛"也可表示蜡烛、照亮、洞察的意义,比如"烛火""火光烛天""洞烛"。"燭"简化字作"烛",是省略了原来声符字形的一部分。

灰 huī

战文—小篆—隶书—楷书

会意字,从火从又,大概会用手撮取火灰之意。《说文》:"灰,死火余烬也。"意思是说火灭之后剩下的残留物。"灰"本义指物质燃烧后残留的粉状物,如"纸灰""烟灰"。"灰"也可表示烧毁、尘土、灰色、沮丧的意义,比如"烧灰""灰尘""银灰""灰心丧气"。

炭 tàn

战文—小篆—隶书—楷书

会意字,从山从厂(hǎn)从火,大概会火烧在山崖之下的构意。《说文》:"炭,烧木余也。""炭"本义指木炭,就是烧木材后留下的黑色物质。"炭"也可表示火、困难、灰的意义,比如"炭火""生灵涂炭""碳灰"。

烂(爛) làn

爛—爀—爓—爛—烂
战文　小篆　隶书　楷书　简化字

形声字,从火闌声。《说文》:"烂,孰也。"《玉篇》:"烂,火熟。""烂"本义指用火煮熟,如"煮烂"。"烂"也可表示食物或瓜果熟透、非常熟悉、程度深、破碎、腐朽的意义,比如"烂透了""烂熟于心""烂醉""破铜烂铁""腐烂"。"爛"简化字作"烂",是以笔画少的声符代替笔画多的声符。

炊 chuī

炊—烧—炊—炊
战文　小篆　隶书　楷书

形声字,从火吹声,且"吹"有省形。《说文》:"炊,爨(cuàn)也。"这里"爨"有烧火做饭的意思。"炊"本义指烧火煮熟食物。如"炊烟""野炊"。《墨子》有"不炊而自烹",用的正是本义。

热(熱) rè

熱—熱—熱—熱—热
战文　小篆　隶书　楷书　简化字

形声字,从火埶(yì)声。《说文》:"热,温也。""热"本义指温度高、与"冷"相对,如"冷热不均"。"热"也可表示烧灼、加热、烦躁、情感浓烈、受很多人喜爱的意义,比如"烧热""热饭""躁热""热爱""热门"。

焦 jiāo

焦—焦—焦焦—焦焦—焦
金文　战文　小篆／或体　隶书　楷书

会意字,金文从火从隹,大概会在火上烤鸟之意,小篆演变为从三隹从火,或体则承袭了金文的写法,并沿用至今。《说文》:"焦,火所伤也。""焦"本义指火伤物体使它黑黄发脆,如"烤焦"。"焦"也可表示干燥、烦躁、着急的意义,比如"焦死""焦躁""焦急"。

炮 pào

炮—炮—炮—炮
战文　小篆　隶书　楷书

会意字,从火从包,包兼表音,会包围起来用火烧烤之意。《说文》:

"炮,毛炙肉也。""炮"读音 páo,本义指把带毛的肉用泥涂裹在火上煨烤,后泛指一般的烧烤或焚烧。《诗经》有"有兔斯首,炮之燔之",意思是说把那白头的兔子裹上泥巴,放到火上烧烤,用的正是本义。"炮"又音 pào,主要表示一种能发射石弹丸或炮弹的重型兵器、爆竹、用炸药爆破土石的意义,比如"大炮""鞭炮""点炮眼"。

炼(煉) liàn

燣—燣—煉—炼
小篆　隶书　楷书　简化字

形声字,从火柬(jiǎn)声。《说文》:"炼,铄(shuò)冶金也。""炼"本义指冶炼,就是用加热等方法使物质溶化从而提高纯度或性能,如炼钢、炼焦。"炼"也可表示锻炼身体或意志、锤炼技艺的意义,比如"修炼""炼就"。

烟(煙) yān

䎽—䎽—煙烟—煙 囙—煙—烟
金文　战文　小篆/或体　隶书　楷书　简化字

形声字,从火垔(yīn)声。《说文》:"烟,火气也。""烟"本义是烧火时产生的气体,如烟火、炊烟。"烟"也可表示像烟一样的云气等物、烟熏所积的灰、烟草的意义,比如"云烟""烟灰""香烟"。

熏 xūn

熏—熏—熏—熏—熏
金文　战文　小篆　隶书　楷书

会意字,金文象火从窗上冒出形,战国文字的下部演变成"黑",大概表示熏黑之意。《说文》:"熏,火烟上出也。"《玉篇》:"熏,火上出也。""熏"本义指火烟向上冒出,但这个意义文献少用。"熏"主要表示用火烟熏炙、烧灼、烟气侵袭的意义,比如"熏烤""熏灼""烟熏"。

照 zhào

䎶—䎶—照—照—照
金文　小篆　汉篆　隶书　楷书

形声字,金文从火从攴(pū)召声,会手举火把照明之意,至小篆演变成从火昭声的"照",沿用至今。《说文》:"照,明也。""照"本义指照明、照耀。宋王安石《泊船瓜洲》有"春风又绿江南岸,明月何时照我还",用的正是本义。"照"也可表示日光、察知、告知、对比、拍摄、相片、看顾的意义,比如"晚照""照察""照会""对照""照相""艺术照""照顾"。

光 guāng

甲骨文 — 金文 — 战文 — 小篆 — 隶书 — 楷书

会意字,甲骨文象人头上顶着火光之形,大概会火在人上之意。《说文》:"光,明也。从火在人上,光明意也。"说的就是这个构意。"光"本义指明亮、光亮。"光"也可表示能发光的东西、光彩、荣耀、恩惠、照耀、景色、空、裸露的意义,比如"灯光""容光焕发""光荣""沾光""光耀""风光""弄光了""光身子"。

灭[1](烕) miè

战文 — 小篆 — 隶书 — 楷书 — 简化字

形声字,从火戌声。《说文》:"烕,灭也。""烕"本义指熄灭、灭亡,后这个意义主要由"灭"来记录。"烕"简化字作"灭"是新造会意字,从火从一,取用一覆盖物把火压灭的构意。

灭[2](滅) miè

战文 — 小篆 — 隶书 — 楷书 — 简化字

会意字,从水从烕,烕兼表音,会以水灭绝之意。《说文》:"滅,尽也。"《尔雅》:"灭,绝也。""灭"本义指灭绝、灭亡,也可表示淹没、消失、消除、抹平的意义,比如"淹灭""灭迹""灭除""抹灭"。"烕""滅"本一字异体,传世文献多通行"滅",而"烕"少用,今合并为一,以"灭"作为它们的简化字。

灾(烖) zāi

甲骨文 — 战文 — 小篆/或体 — 隶书 — 楷书

本为会意字,甲骨文从宀(mián)从火,会房舍着火成灾之意,小篆变作从火𢦏(zāi)声的形声字，或体则继承了甲骨文的构形，沿用至今。《说文》："𤆎，天火曰𤆎。灾或从宀、火。""灾"本义指自然发生的火灾，后泛指一切自然或人为的祸害，如灾难、灾害等。"灾"也可表示疾病或个人遭遇的不幸、罪恶的意义，比如"没病没灾""灾罪"。

赤 chì　甲骨文—金文—战文—小篆—隶书—楷书

会意字，从大从火，会大火之意。"赤"本义指火红色，俗称赤色。《释名》："赤，赫也，太阳之色也。"说的就是这个意义。"赤"也可表示空尽、光着、诛灭、纯真、象征革命的意义，比如"赤贫""赤脚""赤族""赤城""赤卫队"。

煎 jiān　战文—小篆—隶书—楷书

形声字，从火前声。《说文》："煎，熬也。""煎"读音 jiān，本义指熬煮，如煎药，也特指一种加热使食物表面变焦黄的烹调方法，如煎鸡蛋、煎饼等。"煎"还可以表示熔炼、痛苦的意义，比如"煎熔""忧煎"。"煎"又音 jiàn，表示用蜜或糖作的果品，如"蜜煎"。

熬 áo　金文—战文—小篆—隶书—楷书

形声字，从火敖声。《说文》："熬，干煎也。""熬"本义指用文火慢煮或煎干，俗称煎熬。"熬"也可表示受压榨、忍耐的意义，比如"熬干""熬不住"。

庶 shù　甲骨文—金文—战文—小篆—隶书—楷书

形声字，甲骨文从火石声，后字形逐渐演变，战国文字开始将"石"的"厂"部变作"广"，下面的"口"部讹作"廿"，至小篆就完全固定为从火庐(石)声的"庶"，沿用至今。"庶"读音 zhù，本义指用火加热食物，是"煮"的初文，甲骨文"庶牛"就是煮牛的意思，但这个意义文献罕用。《说文》："庶，屋下众也。""庶"又音 shù，主要表示众多、百姓、宗族的旁支、差不多的意义，比如"庶众""庶民""庶出""庶几"。

尉 wèi

尉—尉—尉—尉—尉
战文 小篆 汉篆 隶书 楷书

会意字，从又从火从𡰝，"𡰝"为"夷"古字，有展平的意思，整个字形会手持火使物平展之意。《说文》："尉，从上案下也。从𡰝、又，持火以尉申缯也。"尉就是用手持火从上往下按，把丝帛等衣物烫平展。"尉"读音 yùn，本义指用火把丝帛等衣物熨平，后这个意义另造了从火的"熨"来记录。"尉"又音 wèi，主要表示古官名、军衔名的意义，比如"都尉""少尉"。

燥 zào

燥—燥—燥—燥—燥
战文 小篆 汉篆 隶书 楷书

形声字，从火喿声。《说文》："燥，干也。""燥"读音 zào，本义指干枯，如"枯燥"。"燥"也可表示焦急、药性干热的意义，比如"焦躁""燥药"。"燥"又读 sào，表示肉末或肉丁，俗称燥子，如"燥子面"。

暖（煖）nuǎn

煖—煖—煖—煖—暖
战文 小篆 隶书 楷书 简化字

形声字，从火爰声。《说文》："煖，温也。"清代朱骏声云："煖，字亦作暖。""煖"本义指暖和、温暖。《孟子》有"五十非帛不暖，七十非肉不饱"，用的正是本义。"煖""暖"属一字异体，在传世文献中都比较常用，今以"暖"为规范字，"煖"作为异体字废弃不用。

炎 yán

炎—炎—炎—炎—炎
金文 战文 小篆 隶书 楷书

会意字，从二火，会大火之意。《说文》："炎，火光上也。""炎"本义指火苗升腾，如"火光炎炎"。"炎"也可表示热、旺盛、炎症、炎帝的意义，比如"炎热""炎火""发炎""炎黄子孙"。

黑 hēi

会意字，金文从炎从囱（cōng），会火焰升腾从烟囱出烟之意，至楷书演变成"黑"，沿用至今。《说文》："黑，火所熏之色也。""黑"本义指熏黑之色，俗称黑色。"黑"也可表示光线昏暗、夜晚、与"白"相对、狠毒、隐秘的意义，比如"黑暗""夜黑""黑白""黑心肠""黑市"。

党（黨）dǎng

形声字，从黑尚声，从黑表示与昏暗的意义相关。《说文》："黨，不显也。""党"本义指不明显，但这个意义文献罕用。"党"也可表示亲族、朋辈、偏私、政党的意义，比如"党族""党羽""结党营私""共产党"。

点（點）diǎn

形声字，从黑占声。《说文》："点，小黑也。""点"本义指细小的黑色斑痕。《晋书》有"如彼白珪，质无尘点"，用的正是本义。"点"也可表示玷污、汉字笔画名、指定、查对、指点、引燃、糕饼类小食的意义，比如"污点""点捺""点菜""清点""点拨""点火""茶点"。"點"简化字作"点"，是截取了原字形的一部分。

力 lì

本为象形字，甲骨文、金文象耒（lěi）之形，长的一笔象其柄，下端的短笔象其铲，本义指耒。耒耕须用力，故引申为力气的"力"，后来这个意义成为常用义，沿用至今。"力"也可表示能力、权势、努力、尽力地、劳动的意义，比如"力量""权力""勉力""力争上游""劳力"。

功 gōng

功—功—功—功
战文　小篆　隶书　楷书

形声字，从力工声。《说文》："功，以劳定国也。""功"本义指功绩、功劳，如"丰功伟绩"。《周礼》有"凡有功者，铭书于王之太常"，用的正是本义。"功"也可表示工作、成效、工夫、成功的意义，比如"农功""功效""用功""功成名就"。

助 zhù

助—助—助助—助
战文　小篆　隶书　楷书

形声字，从力且声。《说文》："助，左（佐）也。"这里"左"有辅佐的意思。"助"读音 zhù，本义指帮助，如"助威""互助"。"助"又音 chú，表示除去的意义，如"助害"。

务（務）wù

务—务—務—務—务
金文　战文　小篆　隶书　楷书　简化字

形声字，金文从攴矛声，战国文字加"力"表意，最终演变成从力敄（wù）声的形声字。《说文》："务，趣也。"这里"趣"有致力做事的意思。"务"本义指专力从事，如"不务正业"。"务"也可表示追求、事情、工作、必须的意义，比如"贪多务得""事务""职务""务必"。

勉 miǎn

勉勉—勉—勉—勉—勉
战文　小篆　汉篆　隶书　楷书

形声字，从力免声。《说文》："勉，强（qiǎng）也。"这里"强"有勉励的意思。"勉"本义指努力、尽力。《论语》有"丧事不敢不勉"，用的正是本义。"勉"也可表示鼓励、勉强的意义，比如"勉励""勉为其难"。

劲（勁）jìng

劲—勁—勁—劲—劲
战文　小篆　隶书　楷书　简化字

形声字，从力巠声。《说文》："劲，强也。"这里"强"有强壮的意思。

"劲"读音 jìng，本义指强健、有力，如"很有劲"，也可表示坚强、刚强正直、强烈的意义，如"强劲""劲士""劲酒"。"劲"又音 jìn，主要表示力气、精神、神情、程度的意义，比如"用劲儿""鼓足干劲""精明劲儿""够劲儿"。

办（辦）bàn

辦—辦—辦—办
小篆　隶书　楷书　简化字

形声字，从力辡（biàn）声。《说文》："办，致力也。""办"本义指治理、办理，如"办事""办公"。《管子》有"民办军事矣，则可乎"，用的正是本义。"办"也可表示创设、处罚、准备的意义，比如"兴办""法办""备办"。"辦"简化字作"办"，是用两点代替左右构件"辛"。

势（勢）shì

勢—勢—势—势
小篆　隶书　楷书　简化字

形声字，从力埶（yì）声。《说文》："势，盛力，权也。""势"本义指权力、权势。《尚书》有"无依势作威，无倚法以削"，大意是说不要依仗权势造作威恶，不要倚杖法律侵害人民，用的正是本义。"势"也可表示力量、形势、地位、姿势、阵势的意义，比如"风势""山势""地势""装腔作势""仗势"。

劝（勸）quàn

勸—勸—勸—勸—劝
战文　小篆　隶书　楷书　简化字

形声字，从力雚（guàn）声。《说文》："劝，勉也。"《广韵》："劝，奖劝也。""劝"本义指鼓励、勉励，如"劝学""劝耕"。"劝"也可表示劝说、劝告的意义，比如"劝慰""劝阻"。"勸"简化字作"劝"，是用笔画少的符号代替笔画多的部件。

胜（勝）shèng

勝—勝—勝—勝—胜
战文　小篆　隶书　楷书　简化字

形声字，从力朕声。《说文》："胜，任也。""胜"本义指能承受、禁得起,如"胜任"。"胜"也可表示尽、胜利、超过、美好、优美景物的意义,如"不可胜数""胜败""胜过""胜会""名胜古迹"。

劳(勞) láo

会意字,从力从𤇾(yíng),有学者认为"𤇾"是经营的"营(營)"省形,表示用力经营的意思。《尔雅》:"劳,勤也。""劳"本义指辛勤、劳苦,如"辛劳"。"劳"也可表示效劳、功绩、疲惫、一般的勤杂工作、操心、慰劳的意义,比如"烦劳""汗马之劳""疲劳""劳作""操劳""犒劳"。

动(動) dòng

形声字,战国文字从攴重声,小篆变作从力重声,沿用至楷书。《说文》:"动,作也。"这里"作"有行动的意思。"动"本义指行动、活动,如"蠢蠢欲动"。"动"也可表示与"静"相对的状态、动摇、感动、使用、发动的意义,比如"动中取静""震动""动人""动笔""动工"。

勤 qín

形声字,从力堇声。《说文》:"勤,劳也。""勤"本义指辛劳、从事劳作,如"辛勤"。《诗经》有"文王既勤止,我应受之",大意是说文王(创业)尽力辛劳,我应该要继承他,用的正是本义。"勤"也可表示工作、努力、经常、慰劳的意义,比如"内勤""勤快""勤洗澡""勤恤"。

加 jiā

会意字,从力从口。《说文》:"加,语相谮(zēng)加也。"意思是说在言语上相互诬枉夸大。"加"本义指夸大、诬枉。《左传》有"牺牲玉帛,弗敢加也,必以信",这里"加"指夸大,用的正是本义。

"加"也可表示增大、外加、施用、穿戴、数学的加法等意义。比如"加大""加注释""不加思索""加冠""加减乘除"。

勇 yǒng

形声字，战国文字从戈（或从力）甬声，至小篆固定为从力甬声，沿用至今。《说文》："勇，气也。"《玉篇》："勇，果决也。""勇"本义指勇气、勇敢。《论语》有"知者不惑，勇者不惧"，用的正是本义。"勇"也可表示凶猛、兵士的意义，比如"勇猛""勇士"。

勋（勳）xūn

形声字，金文从力員声，至小篆演变为从力熏声，隶书保留了这两种写法，今以"勋"为规范字，"勳"作为异体字废弃不用。《说文》："勋，能成王功也。""勋"本义指大功劳，如"功勋"。"勋"也可表示帅、古州名、姓氏的意义，比如"元勋""勋州""勋氏"。

撤（撤）chè

会意字，从力从徹，徹兼表音，大概会用力后退之意。《说文》："撤，发也。""撤"本义指发射，但这个意义文献罕用。"撤"主要表示除去、拆毁、抽出、减的意义，比如"撤离""撤掉""撤回""撤减"。

幼 yòu

会意字，从力从幺（yāo），幺兼表音，会力气细小之意。《说文》："幼，少也。"《尔雅》："幼，稚也。""幼"本义指年少、幼小，如"年幼""幼稚"。"幼"也可表示初出生的、小孩子、嫩弱的意义，比如"幼虫""幼儿""幼弱"。

协（協）xié

会意字，甲骨文从三力作"劦（xié）"，象三耒形，是"协"的初文，或又加"口"表意,会人多合力并耕之意,后字形逐渐演变,至小篆分化出从十从劦,劦兼表音的"協",沿用至今。《说文》:"协,众之同和也。"《玉篇》:"协,合也。""协"本义指共同、协同,如"同心协力"。"协"也可表示和谐、相合、顺服、帮助的意义,比如"协和""协调""协服""协助"。

十三 祭祀刑伐类

示 shì

甲骨文　金文　战文　小篆　隶书　楷书

象形字，甲骨文象神主形，就是受祭祀的死者牌位，金文、战国文字两旁的小点象祭祀时涂抹在神主上的血滴。"示"本义指神主，就是受祭祀的死者牌位，后这个意义分化出"主"来记录。《说文》："示，天垂象，见凶吉，所以示人也。""示"基本义指上天所显示出来的某种征象，向人提示福祸，俗称示象。《太玄》有"于天示象，垂其范"，用的正是此义。"示"也可表示展示、告诉、公文、命令的意义，比如"示范""暗示""告示""指示"。凡以"示"作为义符的字大多与神灵或祭祀的意义相关，如"神""社""祖""祥"等。

主 zhǔ

甲骨文　金文　战文　小篆　隶书　楷书

象形字，甲骨文象神主形，与"示"古本一字，后逐渐分化成两个字。"主"本义指神主，就是死人的牌位。《周礼》有"祭祀则共匰（dān，盛放神主的器具）主"，意思是说祭祀时要供奉器具中的神主，用的正是本义。"主"也可表示家长、主人、君主、当事人、掌管的意义，比如"一家之主""主仆""主君""买主""主持"。

祭 jì

甲骨文　金文　战文　小篆　隶书　楷书

会意字，从示从又从肉，甲骨文象用手持肉祭祀之形，上下的小点表示血滴。《说文》："祭，祭祀也。""祭"读音 jì，本义指祭祀、祭奠，就是古时杀牲用来礼拜鬼神，如"祭神""祭拜"。"祭"也可表示念咒语、杀的意义，比如"祭语""祭兽"。"祭"又音 zhài，主要表示春秋时期的国名、姓氏的意义，如"祭国""祭氏"。

祀 sì

甲骨文　金文　战文　小篆　隶书　楷书

形声字，从示巳（sì）声。有人把"祀"的甲骨文看作象一个人在祭桌前跪拜祭祀，是错释字形，不足为信。《说文》："祀，祭无已也。"

意思是说祭祀没有停止。"祀"本义指永久的祭祀,后多泛指一般的祭祀,如"血祀""祀牲"。"祀"也可特指祭祀天神(一说地神)、世代、姓氏的意义,比如"祀神""光垂后祀""祀氏"。

祝 zhù

甲骨文 — 金文 — 战文 — 小篆 — 隶书 — 楷书

会意字,从示从兄("人"的变形),甲骨文象一个人跪在神主前面有所祷告之形。"祝"本义指祷告、祝祷。《说文》:"祝,祭主赞词者。"这里"祝"指主持祭祀祷告的人,正是由祷告义引申而来。"祝"也可表示祝福、祭神的祝祷词、嘱咐、姓氏的意义,比如"祝贺""祝词""至祝""祝氏"。

且 qiě

甲骨文 — 金文 — 战文 — 小篆 — 隶书 — 楷书

象形字,郭沫若认为甲骨文象男性生殖器形,反映了商周社会流行的男性祖先崇拜。我国原始社会流行男性生殖器崇拜,在考古界发现一些形状与甲骨文和西周金文的"且(祖)"外形相同的实物,可佐证郭氏之说。也有学者认为象神主之形,是祭祀祖先的牌位之类的物件。两种说法都有一定道理,郭氏之说影响更大。"且"在文献中主要借用作虚词,表示将要、暂时等意义,比如"姑且""而且"。

祖 zǔ

甲骨文 — 金文 — 战文 — 小篆 — 隶书 — 楷书

会意字,从示从且,且兼表音,甲骨文和早期金文以"且"为"祖",是"祖"的初文,到春秋金文开始加"示"表意,分化出"祖"字。关于"且"的造字本义有多种说法,郭沫若认为象男性生殖器之形,也有认为象神主之形,不论是哪种意义,"且"所代表的事物都是被祭祀的对象,这是没有问题的,而且需要恭敬、虔诚地对待。《说文》:"祖,始庙也。""祖"基本义指祖庙,就是奉祀祖先的宗庙。"祖"也可表示祖先、父亲的上一辈、开国君主、世代的意义,比如"远祖"

"祖父""宋高祖""祖祖辈辈"。

诅（詛）zǔ 詛—詛—詛—詛—诅
<small>战文　小篆　隶书　楷书　简化字</small>

会意字，从言从且，且兼表音。《说文》："诅，訓（zhòu）也。"这里"訓"有诅咒的意思。"诅"本义指诅咒，就是言语祷告时求神加祸于人。祝、诅都是祷告于鬼神的仪式，前者是为自己求福，后者是求降灾给他人。

宗 zōng 宗—宗—宗—宗—宗—宗
<small>甲骨文　金文　战文　小篆　隶书　楷书</small>

会意字，从示从宀（mián），会在房屋内安置神主之意。《说文》："宗，尊祖庙也。""宗"本义指祖庙，就是祭祀祖先的地方。"宗"也可表示祖宗、同一祖先的家族、神庙、佛教流派、根本、主旨的意义，比如"列祖列宗""宗族""宗庙""宗派""正宗""宗旨"。

社 shè 社（土）—社社—社—社社—社
<small>甲骨文　战文　小篆　隶书　楷书</small>

会意字，从示从土，会祭祀土地之意，甲骨文以"土"为"社"，不从示，战国文字开始加"示"表意，分化出从示从土的"社"，沿用至今。《说文》："社，地主也。"《白虎通》："社者，土地之神也。""社"本义指土地神，俗称社神。"社"也可表示祭祀的场所，某些集体组织、服务单位、古代地方基层行政单位等意义，比如"神社""社团""旅行社""社会"。

礼（禮）lǐ 禮—禮—禮礼—禮—礼
<small>战文　小篆/古文　隶书　楷书　简化字</small>

会意字，从示从豊，豊兼表音。甲骨文、早期金文以"豊"为"禮"，战国文字加"示"表意，同时产生了从示乙声的"礼"，隶书还完整保留了这两种写法，今以"礼"为规范字，"禮"作为异体字废弃不用。《说文》："礼，履也。所以事神致福也。""礼"本义为祭神求

福。《仪礼》有"礼山川丘陵于西门外",用的正是本义。"礼"也可表示礼节、礼仪、礼物、敬重的意义,比如"敬礼""礼貌""送礼""礼贤下士"。

神 shén

祀—福—禔—神神—神
金文 战文 小篆 隶书 楷书

形声字,从示申声。《说文》:"神,天神,引出万物者也。""神"本义指天神,就是传说中天地万物的创造者和主宰者,后多泛指鬼神以及各种各样的神灵,如山神、河神、土地神等。"神"也可表示精神、表情、神奇的意义,比如"聚精会神""神情""神机妙算"。

福 fú

福—福—福—福—福
金文 战文 小篆 隶书 楷书

形声字,从示畐(fú)声。《尚书》有"五福:一曰寿,二曰富,三曰康宁,四曰攸(yōu)好德,五曰考终命(善终)。""福"本义指古时称富贵寿考等齐备为福,与"祸"相对,如"五福临门"。"福"也可表示保佑、幸福的意义,比如"福佑""享福"。

祸(禍) huò

祸—禍—禍禍—禍—祸
战文 小篆 隶书 楷书 简化字

形声字,从示咼(guō)声。《说文》:"祸,害也,神不福也。""祸"本义表示灾害、灾难,与"福"相对。古人祭祀神灵时为自己祈求福佑就是福,诅咒加害他人就是祸,所以"祸"有灾害的意思。"祸"也可表示罪过、加害、遭难的意义,比如"罪祸""祸国殃民""祸害"。

禄 lù

祿祿—祿—祿祿—禄
战文 小篆 隶书 楷书

形声字,从示录声。《说文》:"禄,福也。""禄"本义指福,俗称福禄。《晏子春秋》有"是以神民俱顺,而山川纳禄",用的正是本义。"禄"也可表示官吏的俸给、封邑、姓氏等意义,比如"俸禄""禄邑""禄氏"。

祥 xiáng

羊—祥—祥祥—祥
战文　小篆　隶书　楷书

形声字，从示羊声。《说文》："祥，福也。""祥"本义指幸福、吉利。《尚书》有"作善，降之百祥；作不善，降之百殃"，用的正是本义。"祥"也可表示好、善、古丧祭名的意义，比如"祥云""祥瑞""祥祭"。

祠 cí

祠—祠—祠—祠祠—祠
金文　战文　小篆　隶书　楷书

形声字，从示司声。《说文》："祠，春祭曰祠。""祠"本义指古代祭祀名，即春祭。"祠"也可表示供奉鬼神、祖先或先贤的庙堂，比如"祠堂""五公祠"。

祈 qí

祈—祈—祈—祈—祈
战文　小篆　汉篆　隶书　楷书

形声字，从示斤声。《说文》："祈，求福也。""祈"本义指向上天或神明求福。《诗经》有"春夏祈谷于上帝也"，意思是说春夏季节向上天求福谷物丰熟，用的正是本义。"祈"也可表示祭祀名、请求的意义，比如"祈祭""祈求"。

祷（禱）dǎo

禱—禱—禱—禱—祷
战文　小篆　隶书　楷书　简化字

形声字，从示壽声。《说文》："禱，告事求福也。""祷"本义指向神祈告求福，如"祈祷""祷告"。"祷"也可表示祝颂之词、请求的意义，比如"祷辞""至祷"。

斋（齋）zhāi

齋—齋—斋—齋—齋—斋
金文　战文　小篆　隶书　楷书　简化字

形声字，从示齊声，且"齊"有省形。《说文》："斋，戒洁也。"古人在祭祀或典礼前要举行整洁身心以示虔诚的活动，这种活动称为"斋"。《吕氏春秋》有"天子乃斋"，用的正是本义。"斋"也可表示庄重、房舍、书房、佛教进餐用语的意义，比如"斋肃""茅斋""书斋""吃斋"。

卜 bǔ

象形字,甲骨文象古代占卜时用火灼龟甲出现的兆纹。《说文》:"卜,灼剥龟也。一曰象龟兆之纵横也",意思是说卜就是用火灼龟甲,通过观察龟甲火灼后出现的纵横交错的裂纹来判断吉凶。"卜"本义指龟甲火灼留下的裂纹,如"卜象"。"卜"也可表示一般的占卜、推测的意义,比如"卜辞""生死未卜"。"卜"又读 bo,是"蘿(luó)蔔"的"蔔"的简化字,表萝卜义。

占 zhān

会意字,从卜从口,"卜"象卜兆纵横形,会以口卜问之意,甲骨文繁体外加凵形,有学者认为是盛放卜具的袋子,也有认为是象卜骨的形状,但这种写法没有流传下来。《说文》:"占,视兆问也。""占"读音 zhān,本义指古代问卜时察看甲骨上开裂的兆象以揣度吉凶的行为,即占卜。"占"也可表示窥察、推测、验问的意义,比如"占视""占天""占问"。"占"又读 zhàn,表示据有、拥有的意义,如"占据""占有"。

贞(貞)zhēn

本为形声字,甲骨文、金文从卜鼎声,至小篆演变为从卜从贝的"贞",沿用至今。《说文》:"贞,卜问也。""贞"本义指卜问、占卜,如"贞卜""贞人"。"贞"也可表示坚定不移、贞节、真诚、正的意义,比如"坚贞""贞操""忠贞""贞正"。

卦 guà

形声字,从卜圭声。《说文》:"卦,筮也。""卦"本义指古代筮法的一套符号,俗称八卦,所以字可从卜表意。"卦"也可表示卜卦、变化的意义,比如"占卦""变卦"。

兆 zhào

甲骨文 — 战文 — 小篆 — 隶书 — 楷书

会意字，甲骨文从北（两人相背）从丿、乀象河流形，有学者认为是"逃"或"洮"的初文，战国文字开始出现象两条河流的形状，后逐渐演变成"兆"，沿用至今。《说文》："兆，灼龟甲坼（chè）也。""兆"主要指龟甲火灼后留下的裂纹，即兆象。"兆"也可表示预兆、预示、开始、数量单位的意义，比如"吉兆""预兆""兆始""千兆"。"兆"也常用作声符，可与不同的义符组合成字，如"逃""桃""跳""挑"等。

戈 gē

甲骨文 — 金文 — 战文 — 小篆 — 隶书 — 楷书

象形字，甲骨文、金文象兵器戈之形，本义指戈，古代一种长柄横刃的进攻性兵器。《说文》："戈，平头戟（jǐ）也。"说的就是本义。《尚书》有"称尔戈，比尔干"，意思是说举起你们的戈，排列好你们的盾，用的正是本义。"戈"也可表示战争、古国名的意义，如"干戈""戈国"。

伐 fá

甲骨文 — 金文 — 战文 — 小篆 — 隶书 — 楷书

会意字，从人从戈，甲骨文、金文象以戈断人首形，会砍头、杀伐之意。《说文》："伐，击也。""伐"本义指砍头、砍杀，后多泛指一般的砍伐，如"砍伐""伐木"。"伐"也可表示攻打、功劳、夸耀的意义，比如"征伐""功伐""矜功自伐"。

戎 róng

甲骨文 — 金文 — 战文 — 小篆 — 隶书 — 楷书

会意字，从戈从甲，会兵甲之意。《说文》："戎，兵也。""戎"本义指兵器，如"兵戎相见"。"戎"也可表示士兵、军队、征伐、古代西部的少数民族等意义，比如"戎士""戎马""兵戎相见""西戎"。

戍 shù

甲骨文 — 金文 — 战文 — 小篆 — 隶书 — 楷书

会意字，从人从戈，会人在戈下戍守之意。《说文》："戍，守边也。""戍"本义指防守边疆，如"戍边"。"戍"也可表示守边之事、戍守的士兵、营垒的意义，比如"戍事""戍士""边戍"。

战（戰）zhàn

战文 — 小篆 — 隶书 — 楷书 — 简化字

形声字，从戈單声。《说文》："战，斗也。""战"本义指斗争、战斗，如"好战"。"战"也可表示一般的战争、争胜负的意义，比如"战事""舌战"。"戰"简化字作"战"，是用笔画少的声符替代笔画多的声符。

贼（賊）zéi

金文 — 战文 — 小篆 — 隶书 — 楷书 — 简化字

形声字，金文从戈则声，后字形逐渐演变，至楷书已完全不见则声。《说文》："贼，败也。""贼"本义指破坏、毁坏。《淮南子》有"若欲饰之，乃是贼之"，用的正是本义。"贼"也可表示杀、作乱叛国的人、抢劫或偷盗的人、邪恶的、狡猾的意义，比如"贼人""乱臣贼子""偷鸡贼""贼头贼脑""真贼"。"贼"在方言中也表示很的意思，如"贼逗"。

戏（戲）xì

金文 — 战文 — 小篆 — 隶书 — 楷书 — 简化字

形声字，从戈䖒(xī)声。《说文》："戏，三军之偏也。""戏"本义指偏师，中军的侧翼，但这个意义文献罕用。"戏"主要表示角力、嬉戏、嘲弄、戏剧的意义，比如"戏兵""游戏""戏弄""京戏"。"戲"简化字作"戏"，是用笔画少的符号替代声符。

武 wǔ

甲骨文 — 金文 — 战文 — 小篆 — 隶书 — 楷书

会意字，甲骨文从戈从止，从止表示前进，从戈表示武器，合起来会征伐或示威之意，隶书"戈"讹作"弋"，沿用至今。《玉篇》："武，力也。""武"本义指战争，与"文"相对，如"武装""武力"。《尚书》有"偃武修文"，意思是说停息战争从事文教，用的正是本义。"武"也可表示勇猛、勇士、兵器的意义，比如"勇武""武士""武器"。

戒 jiè

甲骨文 金文 战文 小篆 隶书 楷书

会意字，从廾（gǒng）从戈，会双手持戈警戒之意。《说文》："戒，警也。从廾持戈。"说的就是这个构意。"戒"本义指警备、防备，俗称警戒。"戒"也可表示使警醒不犯错误、准备、戒除、戒指、告诉的意义，比如"戒律""戒备""戒烟""钻戒""告诫"。

戚 qī

甲骨文 金文 战文 小篆 隶书 楷书

本为象形字，甲骨文象斧钺有齿形扉棱之形，金文变作从戈尗（shū）声的形声字，小篆改从戈为从戉（yuè），楷书又变作从戚，沿用至今。《说文》："戚，戉也。""戚"本义指斧钺，一种古代兵器名，后这个意义另造了从金的"鏚"来记录。"戚"主要表示忧愁、亲近、亲属的意义，比如"悲戚""相戚""亲戚"。

我 wǒ

甲骨文 金文 战文 小篆 隶书 楷书

象形字，甲骨文象刃部有齿的一种特殊的斧钺形兵器，本义指一种钺类兵器名，但这个意义文献未见使用。《说文》："我，施身自谓也。""我"主要用作第一人称代词，表示你我的"我"，也可泛指自己的一方、固执己见的意义，比如"人不犯我""自我"。

义（義）yì

甲骨文 金文 战文 小篆 隶书 楷书 简化字

会意字，从羊从我，我兼表音，但构意不明。《说文》："义，己之威仪也。""义"读音 yí，表示威仪义，后这个意义专由"仪"来记录。

"义"又音 yì，主要表示正当、好善、利益、殉难、公益性的、有正义感的意义，比如"正义""仁义""义利""就义""义演""义士"。

干 gān

象形字，甲骨文、金文象带有羽饰的盾形，甲骨文中间的方框和金文的黑点象盾身，盾下有镈（zūn，柄下端的金属套），盾上的笔画象羽毛装饰。"干"本义指盾，古代用来挡住刀箭的防御兵器。《尚书》有"比尔干"，意思是说排列好你的盾，用的正是本义。《说文》："干，犯也。"这里"干"指冒犯，应是由盾的本义引申而来。"干"也表示扰乱、求取、干预的意义，比如"干扰""干求""干涉"。今"干"合并了乾湿的"乾（gān）"和树干的"幹（gàn）"，也是"乾""幹"二字的简化字，比较特别。

盾 dùn

象形字，甲骨文、金文象方形盾牌、中间有把手状，本义指盾牌，古代的一种防护兵器。《说文》："盾，瞂（fá）也，所以扞身蔽目。"这里"瞂"指盾牌，可以用来保护身体和眼睛，说的正是本义。"盾"也可表示像盾牌形状的物品，比如"银盾""金盾"。

矛 máo

象形字，甲骨文、金文象长矛之形，后逐渐演变成楷书"矛"，沿用至今。《说文》："矛，酋矛也。建于兵车，长二丈。""矛"本义指古代一种有柄有刃的直刺兵器，俗称长矛。"矛"也可表示星座名、姓氏的意义，比如"天矛星""矛氏"。

王 wáng

象形字，甲骨文、金文象斧钺（yuè）形，古代以斧钺象征王权。战国文字"王"和"玉"古文字形非常接近,其中"王"的中间一横略微靠上,"玉"的中间一横处于正中位置。《说文》:"王,天下所归往也。"意思是说王是天下人所归服之人。"王"本义指古代最高的统治者,称为帝王、君王,秦始皇后改称皇帝。"王"也可表示首领、大、古代对祖父母的尊称、姓氏的意义,比如"山大王""王炸""王母""王氏"。

皇 huáng 甲骨文—金文—战文—小篆—隶书—楷书

本为象形字,但所象不明,有学者认为甲骨文象火炬光焰上腾之形,是"煌"的本字,也有学者认为象王头上着戴的王冠,又或在左下方加"王"表音,后逐渐演变成"皇",沿用至今。《说文》:"皇,大也。""皇"主要指大义,皇帝就是大帝。"皇"也可表示君主、天的意义,比如"皇后""皇天"。

射 shè 甲骨文—金文—战文—小篆—隶书—楷书

本为会意字,甲骨文象箭搭在弓弦上即将发射之形,金文加"又"表示用手搭弓射箭之意,战国文字象弓箭形的部分逐渐变作"身","又"变作"寸",最终演变成"射",沿用至今。《说文》:"射,弓弩发于身而中于远也。"意思是说射就是弓弩从身边发出箭而击中远处目标。"射"本义指开弓放箭,俗称射箭,也泛指用外力送出枪炮子弹或某种物体,如弹射、注射、射门等。"射"也可表示中伤、照射的意义,比如"含沙射影""斜射"。

矢 shǐ 甲骨文—金文—战文—小篆—隶书—楷书

象形字,甲骨文象古代有箭头、箭杆和箭羽的箭形,本义指箭,金文将箭杆中段突出的部分变化成圆点或短横,后逐渐演变成楷书"矢",沿用至今。《说文》:"矢,弓弩矢也。"意思是说矢就是弓弩上搭的箭,说的正是本义。成语"有的放矢"用的也是本义。"矢"也可表示正直、约誓、陈述的意义,比如"矢口否认""矢约""矢陈"。

短 duǎn

形声字,从矢豆声,古代的矢有固定的长度标准,可以用来测量距离的长短,故字从矢表意。《说文》:"短,有所长短,以矢为正。"说的就是这个构意。"短"本义指不长,与"长"相对,既表示空间的距离小,也表示时间的距离小,如"短兵相接""时间短"。"短"也可表示缺少、缺点、拙劣、不擅长、拦截的意义,比如"短斤少两""揭短""愚短""短处""短路"。

至 zhì

象形字,甲骨文象射来的矢落到地面之形,本义指到达。《玉篇》:"至,达也。"说的正是本义。"至"也可表示极点、穷尽、善于、最好的、周密的意义,比如"极至""性情所至""至善""至理名言""周至"。

到 dào

形声字,从至刀声。《说文》:"到,至也。""到"本义指抵达、到达。《诗经》有"蹶(jué)父孔武,靡国不到",意思是说蹶父强健很勇武,没有国土不到达,用的正是本义。"到"也可表示前往、周密、说道的意义,比如"到北京去""周到""念到"。

弓 gōng

象形字,甲骨文、金文有繁简二体,繁体象弦拉满的弓形,简体象不带弦的弓形,小篆承袭简体,最终演变作"弓",沿用至今。《说文》:"弓,以近穷远。""弓"本义指从近射到远方的武器,与箭合用,俗称弓箭。"弓"也可表示形状或作用像弓的器具、弯曲的意义,比如"弹弓""弓着腰"。

弹(彈) dàn

形声字，从弓單声。《说文》："弹，行丸也。""弹"读音 dàn，本义指弹弓，就是使弹丸飞行的设备，也可表示弹丸、枪弹的意义，如"铁弹""子弹"。"弹"又音 tán，主要表示用弹弓发射、用手指敲击、拨弄乐器、抨击的意义，比如"弹射""弹皮球""弹琴""弹劾"。

丸 wán

构形不明。《广韵》："丸，弹丸。""丸"主要指小而圆的物体，如弹丸、药丸。"丸"也可表示揉成丸形、姓氏的意义，比如"丸药""丸氏"。"丸"也作量词，表示药物的剂量，如"一丸药"。

弧 hú

形声字，从弓瓜声。《说文》："弧，木弓也。""弧"本义指木弓。《易经》有"弦木为弧"，说的就是本义。"弧"也可表示弓的通称、弯曲、星名、数学名词的意义，比如"弯弧""弧线""九星弧""圆弧"。

弦 xián

形声字，从弓玄声。《说文》："弦，弓弦也。""弦"本义指弓弦，后多泛指在乐器上用以发音的丝线或金属丝，如琴弦、二胡弦等。《仪礼》有"有司左执拊（fǔ，弓把中央），右执弦而授弓"，用的正是本义。"弦"也可表示月亮半圆、急、发条、数学名词的意义，比如"下弦月""弦急""钟弦""外弦"。

张(張) zhāng

会意字，从弓从長，長兼表音，会弓张满之意。《说文》："张，施弓弦也。""张"本义指拉紧弓弦，与"弛"相对，如"张弓""张弛有度"。

"张"也可表示设置、广大、夸大、张开、张贴、看的意义,比如"大张宴席""张大""夸张""张口结舌""张挂""东张西望"。"张"也用作量词,如"一张弓""两张桌子"。

弛 chí

小篆/或体　秦隶　汉隶　楷书

形声字,小篆从弓也声,或体从弓虒(sī)声,隶书承袭了小篆的写法,沿用至今。《说文》:"弛,弓解也。""弛"本义指放松弓弦,与"张"相对。《礼记》有"张弓尚筋,弛弓尚角",用的正是本义。"弛"也可表示一般的放松、解除、延缓、衰退、放纵、毁坏的意义,比如"松弛""解弛""弛缓""色衰爱弛""弛荡""弛绝"。

弥(彌) mí

金文　小篆　汉篆　隶书　楷书　简化字

形声字,金文从弓爾声,至小篆演变为从弓璽(xǐ)声,楷书承袭了金文的写法,沿用至今。《说文》:"弥,弛弓也。""弥"本义指放松弓弦,但这个意义文献少用。"弥"主要表示满、长久、远、广大、补救的意义,比如"弥漫""弥久""弥望""弥阔""弥补"。"彌"简化字作"弥"见于隶书,也是由"爾"部简化字作"尔"类推而来。

引 yǐn

甲骨文　金文　战文　小篆　隶书　楷书

指事字,甲骨文、金文象在弓的中间位置加一短弧线,以示引弓,小篆将短弧线变作一竖,最终演变成"引",沿用至今。《说文》:"引,开弓也。""引"本义指开弓,如"引而不发"。"引"也可表示伸长、带领、招致、举荐、引用、退却、牵连的意义,比如"引领北望""引路""抛砖引玉""引荐""援引""引退""牵引"。

弘 hóng

甲骨文　金文　战文　小篆　隶书　楷书

会意字,甲骨文、金文从弓从口,会弓发出响声之意,小篆将"口"变作"厶",沿用至今。《说文》:"弘,弓声也。""弘"本义指弓声,但这个意义文献罕用。"弘"主要表示广大、光大、姓氏的意义,比如"弘愿""弘扬""弘氏"。

旅 lǚ
金文 战文 小篆 隶书 楷书

会意字,金文从㫃(yǎn)从三人(或二人),"㫃"金文象旌旗飘扬形,这里会旌旗下人数众多之意,本义指军队。《尚书》有"班师振旅",用的正是本义。《说文》:"旅,军之五百人为旅。"这里"旅"指军队编制单位,五百人为一旅,应是由军队义引申而来。"旅"也可以表示众多、共同、寄居、道路的意义,比如"旅行""共旅""旅客""旅途"。

旗 qí
战文 小篆 隶书 楷书

形声字,战国文字从㫃丌(qí)声,或又加"羽"表意,至小篆固定为从㫃其声的"旗",沿用至今。《说文》:"旗,熊旗五游,以象罚星。""旗"本义指画有熊虎的旗帜,后泛指一般旗帜的总称,如红旗、军旗。"旗"也可表示标志、号令、属于满族的、绿茶名的意义,比如"旗表""旗令""旗袍""旗茶"。

族 zú
甲骨文 金文 战文 小篆 隶书 楷书

会意字,从㫃从矢,会以旗帜召集军队之意,本义指聚集、集合的意思。《广雅》:"族,聚也。"说的就是本义。《庄子》有"云气不待族而雨,草木不待黄而落",用的也是本义。"族"也可表示有血缘关系的亲属合称、家族、部族、民族、种类的意义,比如"九族""宗族""族长""汉族""族类"。

旋 xuán
甲骨文 金文 战文 小篆 隶书 楷书

会意字,甲骨文、金文从㫃从足(或从止),会在旌旗下周旋之意。

《说文》:"旋,周旋,旌旗之指麾(huī)也。"意思是说随着旌旗所指向,必定要运转旗杆,即是周旋。"旋"读音 xuán,本义指旌旗旋转,后多泛指一般的旋转或转动,如"天旋地转"。"旋"也可表示返回、归来的意义,比如"回旋""凯旋"。"旋"又音 xuàn,主要表示旋转的、临时做的意义,如"旋风""旋做"。

施 shī 斺—𣃁—旇—掩—施—施
　　　　　战文　小篆　汉篆　隶书　楷书

形声字,从㫃也声。《说文》:"施,旗貌。""施"本义指旗飘动的样子,但这个意义文献罕用。"施"主要表示用、实行、设置、铺陈、散布、判罪的意义,比如"施用""施行""设施""施展""施布""施刑"。

游 yóu 斺—𣃁𣃁—斺斺—㳺—游斿—游
　　　　　甲骨文　金文　战文　小篆　隶书　楷书

会意字,甲骨文作"斿",从㫃从子,不从水,象一子立于旌旗下之形,有学者认为表示督导之意,金文或加"彳(chì)"表意,表示与行走的意义相关,战国文字开始变作从水,后逐渐分化出"游"。"游"主要表示在水中浮行或潜泳,俗称游泳。"游"也可表示河流、流动、遨游、玩乐、外出求学、闲散、交往、虚浮的意义,如"上游""游动""游览""游玩""游学""游手好闲""交游""浮游"。

斤 jīn 𠂉—斤—斤—斤—斤—斤
　　　　　甲骨文　金文　战文　小篆　隶书　楷书

象形字,甲骨文象斧斤形,表示斧斤之意。《说文》:"斤,斫(zhuó)木也。"这里"斫木"有砍伐树木的意思。"斤"本义指砍伐树木的工具,俗称斧斤。"斤"也可表示砍削、过分的意义,比如"斤械""斤斤计较"。"斤"也用作量词,表示重量,如"一斤重"。

斧 fǔ 𣂞—斧—斧—斧—斧—斧
　　　　　甲骨文　金文　战文　小篆　隶书　楷书

形声字,从斤父声。《说文》:"斧,斫(zhuó)也。"这里"斫"有砍伐的意思。"斧"本义指砍伐器具，既可用来砍伐树木，也用作砍人的刑具，如"斧斤""大斧""刀斧"。"斧"也用作动词，表示用斧头砍，如"斧冰"。

兵 bīng　甲骨文—金文—战文—小篆—隶书—楷书

会意字，从廾(gǒng)从斤，甲骨文象双手合握一个长柄锋刃的斧斤形，会兵器之意。《说文》："兵，械也。从廾持斤。"说的就是这个构意。"兵"本义指兵器，如成语"坚甲利兵"用的就是本义。"兵"也可表示士卒、军事、战争的意义，比如"士兵""兵书""用兵"。

斯 sī　金文—战文—小篆—隶书—楷书

形声字，从斤其声。《说文》："斯，析也。""斯"本义指劈开。《诗经》有"墓门有棘，斧以斯之"，用的正是本义。"斯"也可表示分开、离开、这样、姓氏的意义，比如"斯开""斯离""逝者如斯""斯氏"。

所 suǒ　金文—战文—小篆—隶书—楷书

形声字，从斤户声。《说文》："所，伐木声也。""所"本义指砍伐树木的声音。《诗经》有"伐木所所"，用的正是本义。"所"也可表示地方、位置、适宜、官衙名称的意思，比如"处所""所在""各得其所""派出所"。

断(斷) duàn　战文—小篆—隶书—楷书—简化字

会意字，从斤从𢇍，"𢇍"象刀从中间把丝截断，是"绝"的初文，整个字形会用斧斤断绝之意。《说文》："断，截也。""断"本义指截开，如"断开"。"断"也可表示斩杀、拦截、隔绝、禁止、裁决的意义,比如"抽刀断水""断道""隔断""断烟酒""裁断"。

新 xīn 甲骨文—金文—战文—小篆—隶书—楷书

形声字,从斤亲声。《说文》:"新,取木也。""新"本义指砍伐树木,也指被砍伐的木材,即柴木义,后为柴木义另造了从艸的"薪"来记录。"新"主要表示刚出现的、没有用过的、改变旧的、刚刚的意义,比如"新风气""新衣""改过自新""新雨"。

必 bì 甲骨文—金文—战文—小篆—隶书—楷书

象形字,甲骨文象戈、矛类兵器的长柄,郭沫若、裘锡圭认为是"柲(bì)"的初文,金文开始加"八",以会分开之意,最终演变成"必",沿用至今。"必"本义指古代戈、矛类兵器的长柄,后这个意义专由"柲"来记录。"必"主要借作虚词,表肯定、坚定、保证等意义,比如"必定""必须""必要"。

师(師) shī 甲骨文—金文—战文—小篆—隶书—楷书—简化字

构形不明。甲骨文作𠂤,金文开始加"帀"作"師",从𠂤从帀,但构意不明。《说文》:"师,二千五百人为师。""师"主要表示古代军队编制的一级,以二千五百人为师。"师"也可表示军队、都邑、古官名、掌握专门知识或技术的人、老师、榜样的意义,比如"王师""京师""太师""厨师""师傅""师范"。

刀 dāo 甲骨文—金文—战文—小篆—隶书—楷书

象形字,甲骨文、金文象刀器之形。《说文》:"刀,兵也。""刀"本义指刀器,也用作兵器,后多泛指一切砍削或切割器具的总称。"刀"也可表示形状像刀的东西、古钱币名、纸张的计量单位等意义,比如"冰刀""刀币""一刀纸"。凡"刀"作为表意偏旁置于右边都写作"刂",表示与刀或锋利相关的构意,例如"利""刚""割"等。

刃 rèn 甲骨文 小篆 隶书 楷书

指事字,甲骨文、金文在刀的刀刃处加一曲划或一点的指示符号,以示刀口之意。《说文》:"刃,刀坚也。象刀有刃之形。""刃"本义指刀口,就是刀身最锋利的部分,俗称刀刃。"刃"也可表示一般的兵器、杀的意义,比如"大刃""手刃"。

亡 wáng 甲骨文 金文 战文 小篆 隶书 楷书

指事字,甲骨文象在刀刃上加一短竖,以此标示刀刃的锋芒,为"芒"的初文。"亡"本义指锋芒,但这个意义文献罕用,后另造了从艸的"芒"来记录。《说文》:"亡,逃也。""亡"主要指逃跑义,如"逃亡"。"亡"也可表示失去、死、消灭、过去的意义,比如"遗亡""死亡""灭亡""亡事"。

丐(匃) gài 甲骨文 金文 战文 小篆 隶书 楷书 简化字

会意字,甲骨文从刀从亡,但构意不明,后字形逐渐变异,最终演变为从亡从勹的"匃",沿用至今。《广韵》:"丐,乞也。""丐"主要指乞求,如"丐求"。"丐"也可表示请求、施舍、乞丐、姓氏的意义,比如"请丐""丐施""丐帮""丐氏"。

勿 wù 甲骨文 金文 战文 小篆 隶书 楷书

本为象形字,甲骨文象刀旁有二点或三点的血滴形,是"刎"的初文,本义指切割,但这个意义文献罕用。《广韵》:"勿,无也。""勿"主要借用作副词,表示否定、禁止或劝阻等语义关系,如"勿要""己所不欲,勿施于人""非礼勿视"。

利 lì

甲骨文 金文 战文 小篆 隶书 楷书

会意字,甲骨文、金文从刀从禾,有学者认为是犁田的"犁"初文,旁边的小点象犁出的小土块形,表示锋利之意。《说文》:"利,铦(xiān)也。"这里"铦"有锋利的意思。"利"主要指锋利义,如《荀子》有"金就砺则利",用的就是锋利的意思。"利"也可表示灵便、迅猛、顺利、利益、盈利的意义,比如"流利""利落""大吉大利""百利""利润"。

初 chū

甲骨文 金文 战文 小篆 隶书 楷书

会意字,从刀从衣,大概会以刀裁衣是新衣的开始之意。《说文》:"初,始也。从刀从衣。裁衣之始也。"说的就是这个构意。"初"本义指开始,俗称初始。"初"也可表示第一个、第一次、本来、刚刚、最低等级的意义,比如"初一""初恋""当初""初生""初级"。

则（則）zé

金文 战文 小篆 隶书 楷书 简化字

会意字,金文从鼎从刀,会以刀刻鼎铭为准则之意,后字形逐渐省变,至小篆变成从贝从刀的"則",沿用至今。"则"本义指准则。《诗经》有"有物有则",意思是说凡事物都有准则,用的就是本义。《说文》:"则,等画物也。"这里"则"指按等级划分物体,应是由准则的意义引申而来。"则"也可表示法典、榜样、规律的意义,比如"法则""以身作则""规则"。

刚（剛）gāng

甲骨文 金文 战文 小篆 隶书 楷书 简化字

本为会意字,甲骨文从刀从网,会坚利之意,金文开始加"山"表音,至小篆演变成从刀冈(gāng)的形声字。《说文》:"刚,彊(qiáng)也。"这里"彊"有坚强的意思。"刚"本义指坚硬、坚利。唐柳宗元《贞符》有"齿利者啮(niè,咬),爪刚者决",用的正是本义。"刚"

也可表示强劲、坚毅的意义,如"刚强""刚毅"。"刚"也用作副词,表示仅仅、恰好、才等语义关系,比如"刚刚""刚好""刚才"。

切 qiē
切—切—切—切
小篆　秦隶　汉隶　楷书

会意字,从刀从七,七兼表音,"七"甲骨文在一竖中间加一横划,以示切断意,整个字形会以刀切割之意。《说文》:"切,刌(cǔn)也。"这里"刌"有切断的意思。"切"读音 qiē,本义指割断或截取,如"切菜"。"切"也可表示相互观摩、几何学上的切线等意义,如"切磋""两圆相切"。"切"又读 qiè,表示全部、符合、急迫、诚恳的意义,比如"一切""切合""急切""情真意切"。

分 fēn
𠔁—𠔁—𠔁—𠔁—𠔁—分
甲骨文　金文　战文　小篆　隶书　楷书

会意字,从刀从八,会用刀分开之意。《说文》:"分,别也。从刀从八,刀以分别物也。"说的就是这个构意。"分"读音 fēn,本义表分开、分别,也可表示分出、分支、离散、给与、辩白的意义,比如"派分""分会""分散""分给""分辨"。"分"又音 fèn,表示成分、度、缘分的意义,如"水分""分量""有缘无分"。

别 bié
𠛝—𠛝—𠛝—𠛝—别
甲骨文　战文　小篆　隶书　楷书

会意字,从刀从冎(guǎ),会用刀剔刮骨头使分解之意,后字形逐渐演变,至楷书已不见冎形。《说文》:"别,分解也。""别"本义指分解、分开,如"分别"。"别"也可表示分离、明辨、区别、类别、特异、错写的字等意义,比如"离别""辨别""天壤之别""性别""特别""别字"。

列 liè
𠛱—𠛱—𠛱—列
战文　小篆　隶书　楷书

会意字,从刀从歹(è,残骨),歹兼表音,会以刀分解朽骨之意。

《说文》:"列,分解也。""列"本义指分解、分开,后这个意义主要由"裂"来记录。"列"主要表示行列、布置、陈述、位次、有一定地位的对象等意义,比如"成列""陈列""罗列""位列""列位"。

辨 biàn

金文 战文 小篆 隶书 楷书

形声字,从刀辡(biàn)声。《说文》:"辨,判也。""辨"本义指判别、区分,如"辨别"。《易经》有"君子以族类辨物",用的就是本义。"辨"也可表示明察、察看的意义,比如"明辨""辨认"。

割 gē

金文 战文 小篆 隶书 楷书

会意字,从刀从害,害兼表音,大概会以刀分割之意。《说文》:"割,剥也。""割"本义指用刀截开,如"割肉"。"割"也可表示划分、舍弃、决断的意义,比如"分割""割爱""割断"。

划(劃) huà

战文 小篆 隶书 楷书 简化字

会意字,从刀从畫,畫兼表音,会以刀割分之意。《说文》:"劃,锥刀曰劃。""划"读音 huá,本义指刀或其他尖锐物把东西割开,如"划玻璃",也引申为擦抹的意义,如"划火柴"。"划"又音 huà,表示划分、计划、分拨的意义,比如"划界限""谋划""划账"。

删 shān

小篆 秦隶 汉隶 楷书

会意字,从册从刀,会用刀在简册上删改之意。《说文》:"删,剟(duō)也。"这里"剟"有删削的意思。"删"本义指用刀在简册上删改,后多泛指一般的裁定或节取,如"删取"。"删"也可表示削除、去掉的意义,比如"删除""删去"。

刺 cì

战文 小篆 隶书 楷书

会意字,从刀从束,束兼表音,"束"甲骨文作𣐼,象一种用于刺杀的矛类兵器形，这里会用刀或尖锐物刺入之意。《说文》："刺，直伤也。""刺"本义指用锐利之物戳入或穿透，如"刺穿"。"刺"也可表示一般的插入、刺激、缝绣、草木的芒刺、侦察、指责的意义，比如"刺入""刺目""刺绣""毛刺""刺探""讽刺"。

创(創)^{chuāng}　从(㓞)—丮剆—剆創—創—创
　　　　　　　甲骨文　　小篆/或体　　隶书　　楷书　简化字

本为指事字，甲骨文作"㓞"，就是在"刃"字上加一点以示刀刃伤人之意，小篆承袭了甲骨文的写法，同时产生了从刀倉声的或体，今以"创"为规范字，"㓞""創"都作为异体字废除不用。《说文》："㓞，伤也。从刃从一。創，或从刀倉声。""创"读音 chuāng，本义指刀伤，也引申为一般的创伤、损伤的意义，如"创痛""创口"。"创"又音 chuàng，表示创造、首创、撰写的意义，比如"创业""创新""创作"。

制^{zhì}　𣍝—𣍝—𣎆—𣎆—制
　　　　甲骨文　战文　小篆　隶书　楷书

会意字，甲骨文从刀从木，会以刀截割木材之意，战国文字将"木"变作"未"，至楷书演变作"制"，已不见木形。《说文》："制，裁也。""制"本义指裁断、切割，如"制裁"。"制"也可表示制作、规划、禁止、约束、法度、式样的意义，比如"制造""制订""抑制""控制""制度""形制"。

剥^{bō}　𦘒—𣎆—𣎆—𣎆—剥
　　　　甲骨文　战文　小篆　隶书　楷书

形声字，从刀录声。《说文》："剥，裂也。""剥"读音 bō，本义指割裂，如"剥裂"，也可表示削、脱落、侵夺的意义，比如"剥削""剥落""剥夺"。"剥"又读 bāo，表示去掉物的外壳或皮义，如"剥橘子"。

削^{xuē}　削—削—削—削
　　　　战文　小篆　隶书　楷书

形声字，从刀肖声。《广韵》："削，刻削。"《字汇》："削，刮削。"

"削"本义指用刀斜刮物体的表层,如"削苹果"。《墨子》有"公输子削竹木以为鹊",用的正是本义。"削"可表示分割、减少、删除、搜刮的意义,比如"削地""削减""削除""剥削"。

刻 kè　战文 — 小篆 — 隶书 — 楷书

形声字,从刀亥声。《说文》:"刻,镂也。"段玉裁注:"《释器》曰:'金谓之镂,木谓之刻。'此析言之,统言则刻亦镂也。""刻"本义指雕刻。《春秋》有"刻桓宫桷(jué)",意思是说雕刻桓宫方形的椽(chuán)子,用的正是本义。"刻"也可表示绘画、苛严、呆板、时刻、铭记的意义,比如"刻画""苛刻""刻板""刻不容缓""铭刻于心"。

副 fù　战文 — 小篆 — 汉篆 — 隶书 — 楷书

形声字,从刀畐(bì)声,战国文字或从二畐得声。《说文》:"副,判也。""副"读音 pì,本义指剖开。《礼记》有"为天子削瓜者副之",大意是说为天子削瓜去皮后要剖开它,用的正是本义。"副"又读 fù,主要表示居第二位的、辅助的职务、相称、文献的复本等意义,比如"副官""营副""名副其实""副本"。

刊 kān　战文 — 小篆 — 隶书 — 楷书

形声字,从刀干声。《说文》:"刊,剟(duō)也。"这里"剟"有删削的意思。"刊"本义指用刀砍削、削除。《尚书》有"随山刊木",用的正是本义。"刊"也可表示雕刻、排版印刷、修订、出版物的意义,比如"刊刻""刊行""刊正""刊物"。

剂(劑) jì　金文 — 战文 — 小篆 — 隶书 — 楷书 — 简化字

会意字,从刀从齊,齊兼表音。《说文》:"剂,齐也。"《尔雅》:"剂,翦齐也。""剂"本义指剪断或剪齐,但这个意义文献少用。"剂"主要表示调节、一定的分量、药剂、某些具有化学作用的物品等意义,比如"调剂""剂量""制剂""催化剂"。"剂"也用作量词,表示药剂的计量单位,如"一剂药"。

罚（罰） fá

会意字,从刀从詈(lì,责骂),大概会持刀责骂而受罪罚之意。《说文》:"罚,罪之小者也。从刀从詈,未以刀有所贼,但持刀骂詈则应罚。"说的就是这个构意。"罚"本义指小罪,就是过错或小罪过。"罚"也可表示惩治、杀伐的意义,比如"惩罚""杀罚"。

剑（劍） jiàn

形声字,金文从金僉(qiān)声,战国文字从刀僉声,至小篆变作从刃僉声,隶书则保留了从刀、从刃的两种写法,今以"剑"为规范字,"劎""劍"都作为异体字废弃不用。《说文》:"剑,人所带兵也。""剑"本义指古代一种两面有刃、短柄的兵器,如"刀剑"。"剑"也可表示剑术、用剑杀人、古地名的意义,比如"学剑""剑杀""剑门山"。

刘（劉） liú

形声字,从金从刀卯声。《尔雅》:"刘,杀也。""刘"本义指杀、杀戮。《尚书》有"重我民,无尽刘",大意是说重视我的人民,不要全部杀了,用的正是本义。"刘"也可表示兵器、姓氏的意义,如"执刘""刘氏"。"劉"简化字作"刘",是用笔画少的记号代替声符及部分义符。

刑 xíng

形声字,金文从刀井声,小篆变作从刀开(jiān)声,至隶书固定为从刀从开的"刑",沿用至今。《说文》:"刑,刭(jǐng)也。"这里"刭"有断头的意思。"刑"本义指杀、割,如"刑杀"。"刑"也可表示惩治、刑罚、法度的意义,比如"刑戮""判刑""刑法"。

辛 xīn　甲骨文—金文—战文—小篆—隶书—楷书

象形字,甲骨文、金文象刑具形,古代对俘虏或有罪之人施用黥(qíng)刑,就是在面部刺上标志,辛就是实施黥刑的工具。《说文》:"辛,罪也。""辛"本义指罪,但这个意义文献少用。"辛"主要表示劳苦、悲伤、辣味、酸痛的意义,比如"辛劳""悲辛""辛辣""辛酸"。

辟 pì　甲骨文—金文—战文—小篆—隶书—楷书

会意字,甲骨文从辛从卩(jié),会用刑具施刑于跪下的人身上以示刑罚之意,其中"口"是装饰性部件,无实际意义。《说文》:"辟,法也。""辟"读音 bì,本义指刑法、法度。《尚书》有"殷民在辟",意思是说殷人有罪在刑法者,用的正是本义。"辟"也可表示古代官吏、惩罚、治理、除去的意义,如"百辟""辟刑""辟刑狱""辟除"。"辟"又音 pì,主要表示开拓、不老实、偏斜的意义,比如"开辟""辟邪""偏辟"。

辜 gū　战文—小篆—隶书—楷书

形声字,战国文字从死古声,至小篆演变为从辛古声,沿用至今。《说文》:"辜,罪也。""辜"本义指罪、罪过。《尚书》有"与其杀不辜,宁失不经",大意是说宁可偏宽不依常法,也不能错杀无罪的人,用的正是本义。"辜"也可表示分裂肢体、惩处、灾难、对不住、姓氏的意义,比如"辜尸""辜罚""辜祸""辜负""辜氏"。

辞(辭) cí　甲骨文—金文—小篆—隶书—楷书—简化字

会意字,甲骨文左边象一只手在整理线轴,右边是跪跽的人形,至金文变作从舀（luàn，乱）从辛，大概会以刑法理纷乱之意。《说文》："辞，讼也。从舀，舀犹理辜也。"说的就是这个构意。"辞"本义指诉讼，就是古代通过刑法梳理纠纷，后多引申为讼辞。《尚书》有"民之乱，罔不中听狱之两辞"，这里"两辞"就是指原告和被告双方的讼辞。"辞"也可表示辩解、言词、借口、推辞、辞却、告别的意义，比如"辩辞""言辞""托辞""辞谢""辞退""辞别"。

罪（辠）zuì

辠辠—辠—辠—辠—罪
战文　小篆　隶书　楷书　简化字

罪—罪—罪罪—罪
战文　小篆　隶书　楷书

会意字，从自从辛，会用刑具削鼻之意，古代有一种劓（yì）刑，就是把罪人的鼻子削掉。《说文》："罪，犯法也。从辛从自。秦以辠似皇字，改为罪。""罪"本义指犯法，如"罪大恶极"。《周礼》有"王之同姓有罪，则死刑焉"，用的正是本义。"辠"战国时期常见，在秦汉以后就改用"罪"，相传秦始皇认为"辠"似"皇"不吉利，就改用"罪"代替。"罪"字本见于《说文》，本义指捕鸟的竹网，秦汉以后这个意义就很少使用，而是专借指犯法义。"罪"也可表示过失、惩罚、归罪、祸殃的意义，比如"罪过""治罪""罪人""罪咎"。

执（執）zhí

執—執—執—執—執—执
甲骨文　金文　战文　小篆　隶书　楷书　简化字

会意字，从丮（jǐ，握持）从㚔（niè，古刑具），甲骨文象人伸出双手戴上刑具之形，本义指拘捕。《说文》："执，捕罪人也。"说的就是拘捕的本义。"执"也可表示拿持、治理、处置、固执、拿持的东西等意义，比如"手执""执政""执行""执迷不悟""回执"。"執"简化字作"执"，是用笔画少的义符代替笔画多的义符。

报（報）bào

報—報—報—報—报
金文　战文　小篆　隶书　楷书　简化字

会意字，从㚔（niè）从𠬝（fú），"𠬝"金文象手从后面将人制服形，整个字形会用刑具制服犯人使他服罪之意。《说文》:"报,当罪人也。"这里"当"有判决的意思。"报"本义指制服、判决罪人。《韩非子》有"以为直于君而曲于父,报而罪之",意思是说认为他对君主正直但对父亲不孝,就判决并定他罪,用的正是本义。"报"也可表示报答、报应、报复、告知、答复、报纸、电报的意义,比如"报酬""善有善报""报仇""报告""汇报""报刊""发报"。"報"简化字作"报",是用笔画少的义符代替笔画多的义符。

圉yǔ 甲骨文—金文—小篆—隶书—楷书

会意字,甲骨文从幸从囗(wéi),繁体加一个跽跪的人形,"幸"指古代的刑具,类似今天的手铐,"囗"表示四周封闭,整个字形会牢狱关押被拘的罪人之意。《说文》:"圉,囹(líng)圄(yǔ),所以拘罪人。"说的就是这个构意。"圉"本义指牢狱,就是用来拘押罪人的地方,如"囹圉"。"圉"也可表示养马、养马的人、边境的意义,比如"牧圉""马圉""边圉"。

十四 其他类

一 yī

甲骨文　金文　战文　小篆　隶书　楷书

指事字，古文字一至四横划标示数字的"一二三四"，是原始记数的符号，一横划就是"一"，表示最小的正整数，也可表示序数，如"一个""第一"。"一"也可表示相同、满、纯正、少许、每、统一的意义，比如"一视同仁""一身是胆""纯一""一些""一年一度""整齐划一"。

二 èr

甲骨文　金文　战文　小篆　隶书　楷书

指事字，古文字以二横划表示数目二。古文字"一二三四"都是以横划表示，大概和古代的刻划记数有关，是纯粹的示意符号。"二"本义指一加一之和，后来也可表示两样、有区别、不专一的意义，比如"不二价""无二""三心二意"。

三 sān

甲骨文　金文　战文　小篆　隶书　楷书

指事字，古文字以三横划表示数目三。古文字"一二三四"都是以横划表示，大概和古代的刻划记数有关，是纯粹的示意符号。"三"本义指二加一之和，也可表示序数三、泛指多数等意义，比如"第三""三心二意"。

四 sì

甲骨文　金文　战文　小篆　隶书　楷书

指事字，甲骨文、金文以四横划表示数目四，并在春秋金文中开始出现新字形，后逐渐演变成楷书"四"，沿用至今。"四"本义指三加一之和，也可表示序数四，如"第四"。

五 wǔ

甲骨文　金文　战文　小篆　隶书　楷书

指事字，古文字象四积画交错成形，本义指交错。后来主要借为表示数目五,即四加一的和,也可表示序数第五。《说文》:"五,五行也。从二,阴阳在天地间交午也。"这里"五"表示五行的意义。

六 liù　甲骨文－金文－战文－小篆－隶书－楷书

本为象形字,甲骨文、金文象简易的棚屋之形,是"庐"的初文,本义当是指草庐。"六"读音 liù,主要借用来表示数目六,即五加一的和。"六"又读 lù,表示古国名、姓氏的意义,比如"六安""六氏"。

七 qī　甲骨文－金文－战文－小篆－隶书－楷书

指事字,甲骨文、金文在一竖中间加一横划,表示截断、切断的意思,至战国文字和小篆竖划出现了弯曲,后逐渐演变成"七",沿用至今。"七"本义指切断,后主要借为数目七,即六加一的和。而表示切断的这个意义,还保留在以"七"为义符的"切"字中。"七"也可表示文体名、姓氏的意义,比如"七体诗""七氏"。

八 bā　甲骨文－金文－战文－小篆－隶书－楷书

指事字,甲骨文、金文以两划相背,分向张开,以示分别的意义。《说文》:"八,别也。象分别相背之形。"说的就是这个构意。甲骨文、金文"八"均借为数目八,即七加一的和。而表示分别的意义,还保留在一些以"八"为义符的字中,如"分""半""扒"等。

九 jiǔ　甲骨文－金文－战文－小篆－隶书－楷书

本为象形字,甲骨文、金文象人手臂弯节之形,当是"肘"的本字,但早在甲骨文中就已经借为数目九,即八加一的和沿用至今。"九"是数目中单个整数中最大的数,所以也可以表示多、多数的意义,比如"九千岁""九九归一"。

十 shí

| 甲骨文 | 金文 | 战文 | 小篆 | 隶书 | 楷书 |

指事字，甲骨文就是一竖刻划符号，金文竖笔中间加肥变成一圆点，后圆点逐渐变成一短横甚至长横，最终演变成"十"，沿用至今。"十"主要表数目十，即九加一的和，因为它是完备的数字，所以也可表示完满、圆满的意义，如"十全十美"。

百 bǎi

| 甲骨文 | 金文 | 战文 | 小篆 | 隶书 | 楷书 |

构形不明。甲骨文在"白"上加一横划，"白"同时兼表读音。《说文》："百，十十也。从一、白。""百"主要指数目一百，就是十个十之和，也可以表示概数，形容极多，比如"百发百中""百川归海"。

千 qiān

| 甲骨文 | 金文 | 战文 | 小篆 | 隶书 | 楷书 |

构形不明。甲骨文、金文在"人"下加一横，理解成"从人从一"比较合理，但构意不明。《说文》："千，十百也。""千"主要表数目千，十百为千，这一基本意义古今未变。"千"也可表示多的意义，比如"千方百计""成千上万"。

万（萬） wàn

| 甲骨文 | 金文 | 战文 | 小篆 | 隶书 | 楷书 | 简化字 |

本为象形字，甲骨文、金文象有头、尾、螯的蝎子之形，后逐渐演化成"萬"。《说文》："万，虫也。""万"本义指蝎子，但这意义文献罕用。"万"在甲骨文中就借用来表示数目万，十千为万。"万"也可表示众多、绝对、姓氏的意义，比如"万物""万幸""万氏"。

上 shàng

| 甲骨文 | 金文 | 战文 | 小篆 | 隶书 | 楷书 |

指事字，甲骨文短横在长横之上，用来表示在上方的意义，金文开始在字形上面的短横上加一竖，后逐渐演变成"上"。《说文》：

"上,高也。""上"本义指方位名,与"下"相对,也引申为高处、上面的意义,如"上面""上天"。"上"也可表示物体的上端、范围或方面、等级高的、去、向前的意义,比如"山上""思想上""上将""上街""迎难而上"。

下 xià 一—二—二下—下—丅—下—下
　　　　甲骨文　金文　战文　小篆　隶书　楷书

指事字,甲骨文短横在长横之下,用来表示在下方的意义,金文开始在字形下面的短横上加一竖,后逐渐演变成"下"。《说文》:"下,底也。""下"本义指方位名,与"上"相对,也引申为底部、下等的意义,比如"底下""下人"。"下"也可表示等级低的、从高处到低处、去、退出、进入场所的意义,比如"下策""下楼""南下""下岗""下馆子"。

中 zhōng 甲骨文　金文　战文　小篆　隶书　楷书

本为象形字,甲骨文、金文象飘扬的旗帜形,后逐渐演化成一竖加"口"的"中",沿用至今。甲骨卜辞常见"立中,亡风",意思是说立起"中"这种带有飘带的旗帜来测量风向,没有风。"中"本义指带有飘带的旗帜,但这个意义文献罕用。《说文》:"中,内也。""中"主要指内、里面义,如"心中"。"中"也可表示方位在中央、中等、半、正、媒介的意义,比如"中间""中庸""中年""中正""中介"。

小 xiǎo 甲骨文　金文　战文　小篆　隶书　楷书

象形字,甲骨文、金文象沙子形,后逐渐演变成一竖两点的楷书"小",沿用至今。沙子具有"小"的性质和状态,所以字形所表示的不是小的沙子,而是沙子小的特征。《说文》:"小,物之微也。""小"本义指微小,与"大"相对。"小"也可表示低微、品质不好的人、年幼、妾、对晚辈的爱称等意义,比如"小官""小人""幼小""小老婆""小李"。

少 shǎo

甲骨文 — 金文 — 战文 — 小篆 — 隶书 — 楷书

象形字，甲骨文象沙子形，与"小"古本一字，一般认为甲骨文中从三点的为"小"，从四点的为"少"，但这种区分并不明显，至金文"少"通过末笔一撇与"小"区别，逐渐分化成两个不同的字。《说文》："少，不多也。""少"读音 shǎo，本义指数量小，与"多"相对。"少"也可表示时间短、缺乏、丢失的意义，如"少刻""缺少""少了"。"少"又音 shào，主要表示年幼、年轻人、副职的意义，比如"年少""少爷""少校"。

介 jiè

甲骨文 — 战文 — 小篆 — 隶书 — 楷书

象形字，但所象不明，有学者认为象人穿铠甲之形，不一定可信。"介"甲骨文主要用作亲属的称谓，表示副、贰的意思，如"介子"就是庶子。《说文》："介，画也。"这里"介"指界限的意义，后这个意义由"界"来记录。"介"主要表示间隔、处于二者之间、介绍的意义，比如"介道""中介""媒介"。

公 gōng

甲骨文 — 金文 — 战文 — 小篆 — 隶书 — 楷书

会意字，从八从厶，"八"有分别之意，这里的"厶"应是由甲骨文 ⬚ 形演变而来，但具体含义不明，有可能是封邑的象形，也有学者认为"公"是"瓮（wèng）"的初文，字形象器皿瓮之形。"公"在金文中多用于王朝大臣的称呼，如穆公、周公等。《说文》："公，平分也。""公"主要指平分义，如"公平"。"公"也可表示共同、公开地、公家、公事、古爵位名的意义，比如"公约""公然""公仆""办公""公侯伯子男"。

尚 shàng

金文 — 战文 — 小篆 — 隶书 — 楷书

形声字，从八向声，从八构意不明。《说文》："尚，曾也。"这里"曾"

指增加义,但这个意义文献少用。"尚"主要表示高出、尊崇、喜欢的意义,比如"高尚""崇尚""好尚"。

帝 dì

甲骨文 金文 战文 小篆 隶书 楷书

象形字,但所象不明,有学者认为甲骨文象花蒂形,是"蒂"的本字。"帝"在甲骨文中就已经出现,主要指天帝的意思,这一基本义古今未变,并在这个意义的基础上派申出上帝、皇帝、帝王等意义。《说文》:"帝,王天下之号也。"说的就是皇帝的意义。"帝"也可表示帝国主义的简称,如"反帝反霸"。

商 shāng

甲骨文 金文 战文 小篆 隶书 楷书

构形不明。《说文》:"商,从外知内也。"意思是说从外面可以测知它的内部,所以有估量、测度的意思。"商"主要指估量、商量义,如"商讨"。"商"可表示做买卖、商人、除法的得数、古国名、姓氏的意义,比如"商业""客商""商数""殷商""商氏"。

丩 jiū

甲骨文 金文 战文 小篆 隶书 楷书

指事字,象两条细丝状的刻划符号相互勾连,以示屈曲缠绕之意。《说文》:"丩,相纠缭也。""丩"本义指相互纠缠,后这个意义另造了从糸的"纠"来记录。秦汉之后"丩"就已经很少单用,主要在"纠""叫""赳"等字中用作声符。

纠(糾) jiū

小篆 隶书 楷书 简化字

会意字,从糸从丩,丩兼表音,会细糸相纠缠之意。"纠"是"丩"的后起字,本义指相互纠缠。《说文》:"纠,绳三合也。"这里"纠"指三股丝麻绞合的绳子,应是由相纠缠的本义引申而来。"纠"也可表示集结、督察、检举、矫正、迅急的意义,比如"纠结""纠察""纠发""纠正""纠纷"。

句 jù　句—句—弓—刁句—句
　　　　金文　战文　小篆　隶书　楷书

形声字,从丩(jiū)口声,从丩表示与屈曲纠缭的意义相关。《说文》:"句,曲也。""句"读音 gōu,本义指弯曲。《周礼》有"句兵欲无弹",句兵是一种戈戟类兵器,兵刃向下弯曲,这里用的正是本义,后这个意义分化出"勾"来记录。"句"又音 jù,主要表示语句、诗句的意义,比如"章句""绝句"。"句"也用作量词,如"一句话""两句诗"。

勾 gōu　句(句)—句—弓—勾句—勾
　　　　金文　战文　小篆　隶书　楷书

形声字,从丩口(厶)声,与"句"古本一字。"句"在汉晋碑刻隶书中将"口"部写作"△",于是分化出"勾",专门记录弯曲的本义,沿用至今。吴承恩《西游记》第七十五回有"(老魔)勾爪如银尖且利",用的正是本义。"勾"也可表示用笔画钩涂、画出形象的轮廓、清点、引出、招、拘捕的意义,比如"一笔勾销""勾画""勾检""勾引""勾魂""勾拿"。

局 jú　局—局—局—局—局
　　　战文　小篆　汉篆　隶书　楷书

会意字,从尸从句,句兼表音,从句包含了弯曲的构意。《玉篇》:"局,曲也。""局"本义指弯曲。《诗经》有"谓天盖高,不敢不局",用的正是本义。"局"也可表示急促、卷、部分、职务、棋盘、官署名称、形势的意义,比如"局促""局发""局部""各司其局""棋局""公安局""局势"。

尔(爾) ěr　爾—爾—爾—爾—爾—爾—尔
　　　　　　甲骨文　金文　战文　小篆　隶书　楷书　简化字

本为象形字,甲骨文象三足的络丝架,上有锐头,中有器身,下有竖足,当是"檷"(nǐ,络丝架)的初文,至战国文字演变成繁简二形。

"尔"主要用作第二人称代词,后分化出"你"来记录,"尔"也表示偶然、如此这样、花朵茂盛的意义,比如"偶尔""不过尔尔""莞尔一笑"。"爾"简化字作"尔"不是新造字形,而是继承了战国文字的简体写法。

古 gǔ 甲骨文—金文—战文—小篆—隶书—楷书

指事字,甲骨文、金文中的 中、中 都是盾的象形,下面加上区别性符号"口"构成指事字,应是"固"的初文,本义指坚固。《说文》:"古,故也。"这里"古"指过去已久的年代,与"今"相对,如"古今中外"。"古"也可表示古代的事物、祖先、质朴、奇特的意义,比如"考古""先古""古朴""古怪"。

博 bó 金文—战文—小篆—隶书—楷书

形声字,从十尃声,但构意不明,有学者认为金文左边所从"✦"是"盾"的象形初文,用作义符表示与搏击相关的构意。《说文》:"博,大也。""博"主要指大义,如"博大"。《诗经》有"戎车孔博,徒御无斁(yì)",意思是说兵车很大,徒行和驾车的人都不厌倦,用的正是大义。"博"也表示宽广、广泛、多、讨取的意义,比如"广博""博览""地大物博""博取欢心"。

者 zhě 金文—战文—小篆—隶书—楷书

本为象形字,金文上部象有根、干、枝条的木形,下部"口"应是装饰性饰笔,无实际意义,有学者认为是"楮(chǔ,树名)"的初文。《说文》:"者,别事词也。""者"主要用作虚词,表示代指、疑问、祈使等语义关系。

平 píng 金文—战文—小篆—隶书—楷书

构形不明,有学者认为古文字象天平形,是"秤"的初文。《说文》:

"平,语平舒也。"《玉篇》:"平,舒也。""平"主要指宁静、安舒的意义,如"平安""平静"。"平"也可表示平坦、平息、均等、公正、普通、和睦的意义,比如"平地""平定""平均""公平""平常""平和"。

于 yú

象形字,但所象不明,一般认为甲骨文于是竽的省形。"于"早期用作动词,主要表示前往、去的意思,如《诗经》有"之子于归,宜其家室",用的正是前往的意义。"于"后来虚化作介词、助词、语气词等虚词,相当于"在""从"等,表示时间、地点、范围、对象、疑问等语义关系。

亏(虧) kuī

形声字,小篆从亏(yú,于)虍(hū)声,或体从兮虍声。《说文》:"虧,气损也。从亏虍声。虧,虧或从兮。"段玉裁注:"亏、兮皆谓气。"这里"兮"实为"亏(于)"形误,从于大概取与气息相关的构意。"亏"本义指气缺损不足,俗称气亏,后多泛指一般的缺损或减少。《易经》有"天道亏盈而益谦",大意是说大自然的规律就是让满盈的事物缺损而让欠缺的事物增益,用的正是缺损的意义。"亏"也可表示衰退、损失、亏空、辜负、差、虚弱的意义,比如"志亏""吃亏""自负盈亏""亏欠""功亏一篑""肾亏"。"虧"简化字作"亏",是截取原字形的一部分。

再 zài

会意字,甲骨文从冓从一,冓为甲骨文冓(gòu)的省体,有交互、相交的意思。《说文》:"再,一举而二也。""再"本义指两次或第二次,与交互的意义相关,故字从冓表意。《左传》有"一鼓作气,再而衰,三而竭",用的正是本义。"再"也可表示重复、继续的意义,比如"再一次""再见"。"再"也用作副词,表示然后、另外、更加等语义关系。

两(兩) liǎng 金文 战文 小篆 隶书 楷书 简化字

会意字,金文象两个相同的物体并在一起形,大概会并列或成双之意,上面的短横是追求美观的装饰性笔画,无实际意义。《字汇》:"两,耦也。""两"本义指成双的两个。"两"也可表示数词二、双方、重量单位的意义,比如"两天""两败俱伤""二两银子"。

乃 nǎi 甲骨文 金文 战文 小篆 隶书 楷书

象形字,但所象不明。有学者认为象奶头形,是"奶"的初文,未必可信。"乃"主要用作代词、副词、连词等虚词,表示你、你的、这、这个、然后等语义关系。

奇 qí 战文 小篆 隶书 楷书

形声字,从大可声。《说文》:"奇,异也。""奇"读音 qí,本义指特殊、稀罕,如"奇特""稀奇"。"奇"也可表示出人意料、美好、特别、感到惊异的意义,比如"出奇制胜""奇景""奇怪""称奇"。"奇"又读 jī,主要表示单数、诡异不正、不正规的意义,如"奇数""奇邪""奇行"。

丹 dān 甲骨文 金文 战文 小篆 隶书 楷书

象形字,甲骨文、金文象竹筒里盛放着朱砂形,字形中间的点画象朱砂,为了使象形更加明显,便连带画出了盛放朱砂的竹筒,后逐渐演变成"丹",沿用至今。《说文》:"丹,巴越之赤石也。"这里"丹"特指西南地区出产的朱砂。"丹"本义指朱砂,俗称丹砂。"丹"也可表示朱红色、道家所练的丹药、赤诚的意义,比如"朱红""仙丹""丹心"。

彤 tóng

彡—彪—彤—彤—彤
金文　战文　小篆　隶书　楷书

会意字，从丹从彡(shān)，"彡"有纹饰义，整个字形会用丹砂涂饰之意。《说文》："彤，丹饰也。从丹从彡，彡，其画也。"说的就是这个构意。"彤"本义指朱砂的颜色、即朱红色。金文常见"彤弓彤矢"，用的正是本义。"彤"也可表示用红色涂饰器物、古国名、姓氏的意义，比如"彤镂""彤国""彤氏"。

青 qīng

青—青—青—青—青
金文　战文　小篆　隶书　楷书

形声字，金文从生井声，或在"井"中间加一点，后逐渐演变成"青"，沿用至今。"青"本义指草木生长期的绿色，俗称青绿，如"小草青青"。《说文》："青，东方色也。"这里"青"指天刚亮时东方的青蓝色。"青"也可表示蓝色、青色物、黑色、年轻的意义，比如"青天明月""踏青""脸色铁青""青年"。

静 jìng

静—静—静—静—静
金文　战文　小篆　隶书　楷书

形声字，从争青声。《广韵》："静，安也。""静"本义指安静。《诗经》有"静言思之"，用的正是本义。"静"也可表示平静、没有声响、不轻佻、恬淡、古州名的意义，比如"风平浪静""肃静""贞静""恬静""静州"。

合 hé

合—合—合—合—合—合
甲骨文　金文　战文　小篆　隶书　楷书

象形字，甲骨文象盖与器上下相合之形，至小篆演变成从亼(jí，聚集)从口的"合"。"合"本义当指盖合，后多泛指一般的闭合或合拢。《说文》："合，合口也。"说的就是合拢的意思。"合"也可表示聚集、联络、结合、合并、符合、适合、整个、和睦的意义，比如"聚合""联合""相合""离合""合法""合用""合计""百年好合"。

会（會） huì

金文 — 战文 — 小篆 — 隶书 — 楷书 — 简化字

形声字，金文从合，加在"合"中间的部件有学者认为是"胃"的象形初文，里面的小点象胃里的米粒形，本义可能指集聚禾谷。《说文》："会，合也。""会"读音 huì，主要指聚合、会合义，如"聚会"。"会"也可表示投合、相遇、集会、时机、理解、熟悉的意义，比如"会心一笑""会面""开会""机会""心领神会""会英语"。"会"又读 kuài，表示计算义，如"会计"。

内 nèi

甲骨文 — 金文 — 战文 — 小篆 — 隶书 — 楷书

会意字，甲骨文象有锐锋的楔形符号"入"刺入门（jiōng）形，"冂"指门闩或门户，这里大概会进入门内之意。《说文》："内，入也。从冂，自外而入也。"说的就是这个构意。"内"本义指进入，如"内入"。"内"也可表示里面、房室、皇宫、妻妾、内心、脏腑的意义，比如"内外""内室""内宫""内人""内疚""内脏"。

入 rù

甲骨文 — 金文 — 战文 — 小篆 — 隶书 — 楷书

指事字，实际上是由"内"分化出来，通过分化出"入"（入）来表示进入之意，后字形不断演变，变得与"人"形近。《说文》："入，内也。""入"本义指由外而内、进入的意义，如"入场"。"入"也可表示接纳、收入、加入、契合的意义，比如"入职""入不敷出""入学""格格不入"。

全 quán

战文 — 小篆 — 隶书 — 楷书

构形不明，战国文字从入从工，后逐渐演变成从入从玉的"全"。《说文》："全，完也。纯玉曰全。""全"有两个基本义，一是表完整、完好义，与"残"相对，如"全身而退"。二是表示纯玉义，如《周礼》有"天子用全"，这里"全"就是纯玉的意思。"全"也可表示保全、完备、整个、都的意义,比如"成全""齐全""全体""全部"。

高 gāo

象形字,甲骨文有繁简二体,都象台观之形,就是四方形的高而平的建筑物。在上古人造建筑中,最高的莫过于台观,所以字形所表示的是台观所具有的"高"的性质或状态,用来泛指一切事物的高。《说文》:"高,崇也。象台观高之形。"说的正是这个构意。"高"本义指由下至上的距离大或离地面远,如"高空""高楼大厦"。"高"也可表示高处、尊贵、平均程度以上、岁数大、热烈的意义,比如"居高临下""高贵""高手""高龄""兴高采烈"。

乔(喬) qiáo

本为指事字,金文在"高"形上加"中"以示高端,或加一圆弧线以示弯曲意,后字形逐渐演变,至小篆固定为从夭从高(有省形),高兼表音的"喬"。《说文》:"乔,高而曲也。""乔"本义指高而上曲,如"乔木"。"乔"也可表示假装、姓氏的意义,比如"乔装打扮""乔氏"。

京 jīng

象形字,甲骨文、金文象积土的高台之形,战国文字略有省形,后逐渐演变成"京",沿用至今。《说文》:"京,人所为绝高丘也。"《尔雅》:"绝高为之京。""京"本义指人工筑起的高丘,如"京丘",也可表示高大、京城的意义,比如"京观""京都"。

就 jiù

形声字,从京尤声,甲骨文是由"享、京"二字合文演变而来,后逐渐演变成从京尤声的形声字,沿用至今。《说文》:"就,就高也。"

"就"本义当指高,所以字从京表意,但这个意义文献罕用。"就"主要表示成功、终止、担任、依从的意义,比如"成就""就寝""就业""将就"。

市 shì

形声字,从丂(kǎo)之声,甲骨文或在"丂"旁加两点,但从丂的意义不明,后逐渐演变成独体字"市",沿用至今。《说文》:"市,买卖所之也。"意思是说市就是买卖交易去的地方,所以"市"主要指进行交易的场所,俗称市场。"市"也可表示交易、购买、物价、城镇的意义,比如"集市""市酒""行市""城市"。

央 yāng

会意字,甲骨文从大从凵,象人的颈上套了一个枷具形,是"殃"的初文,本义当指灾祸、殃祸。秦国简牍"有央"就是有灾祸的意思,用的正是本义。《说文》:"央,中央也。"《玉篇》:"央,亦位内为四方之主也。""央"主要指中间、中心义,如"中央"。"央"也可表示尽、恳求的意义,比如"夜未央""央求"。

良 liáng

象形字,甲骨文象水中有桥梁形,后字形逐渐演变,至战国文字变成下端从亡的"良",沿用至今。"良"本义不甚明晰,应该是与水中桥梁有关。《说文》:"良,善也。"这里"良"基本义指善良,也由此引申出贤明、精善、美好等意义,比如"良士""精良""良好"。

竞(競)jìng

会意字,甲骨文象前后相随、上戴头饰的两个人形,会相互追逐之意。《说文》:"競,逐也。""竞"本义指追逐、角(jué)逐,如"竞逐"

"竞赛"。"竞"也可表示争辩、争先的意义,比如"竞争""竞进"。"競"简化字作"竞",是省略了一个相同的部件。

竞 jìng

本为象形字,甲骨文象上戴头饰的人形,是"竞(競)"的省形,但构意不明,小篆在口中加一横固定作"竞",沿用至今。《说文》:"竞,乐曲尽为竞。从音从人。"这里"竞"表示乐曲终止的意思。"竞"也可表示终了、自始至终、穷究、居然、终于的意义,比如"未竟之事""竟日""究竟""竟然""有志者事竟成"。

业(業) yè

象形字,甲骨文象二人双臂上举,手托大版的形状。《说文》:"业,大版也,所以饰悬钟鼓。""业"本义指大版,就是古代乐器架子横木上的大木板,刻如锯齿状,用来悬挂钟、鼓等乐器。"业"也可表示学习的内容、职务、财产、功烈、从事的意义,比如"学业""业务""产业""功业""从业"。"業"简化字作"业",是截取了原字的上半形体。

竖(豎) shù

形声字,从臤(qiān,坚固)豆声。《说文》:"竖,竖立也。"段玉裁把"竖立"改作"坚立",认为是坚固立起的意思。"竖"本义指立、直立,如"竖立"。"竖"也可表示与"横"相对、汉字笔画名等意义,比如"横七竖八""竖笔"。

夏 xià

象形字,但构意不明,有学者认为金文象人而突出其手舞足蹈的形象,是乐舞的意思,但这个意义文献罕用。《说文》:"夏,中国之人也。""夏"主要指华夏,就是中国人的称呼。"夏"也可表示朝代名、古州名、一年四季的第二季、姓氏的意义,比如"夏朝""夏州""夏季""夏氏"。

舞 wǔ　甲骨文—金文—小篆—隶书—楷书

会意字,甲骨文象人两手执牛尾之类的舞具跳舞之形,本义指舞蹈。"舞""無(无)"古本一字,由于舞蹈是手舞足蹈,两脚动作带动全身,所以金文在字形下端增加左右两个象足形的"止",后逐渐演变成"舞",专表舞蹈义,而"無(无)"主要借为有无义。"舞"也可表示挥动、耍弄、振奋的意义,比如"舞动""舞刀弄棒""鼓舞"。

无(無) wú　甲骨文—金文—战文—小篆—隶书—楷书—简化字

本为象形字,甲骨文象人两手执牛尾之类的舞具跳舞之形,本义指舞蹈。"無""舞"古本一字,后逐渐分化为两个不同的字,"舞"主要表舞蹈及与舞蹈相关的意义,而"無"主要借为有无义。《说文》:"無,亡也。""无"基本义指没有,与"有"相对,也可表示空虚、不论的意义,比如"虚无""无论"。"無"简化字作"无"不是新造字形,较早见于汉代隶书。

弟 dì　甲骨文—金文—战文—小篆—隶书—楷书

会意字,甲骨文从丨(必)从己,象柲(bì,戈类兵器的柄)上缠着绳索之形,绳索缠绕柲而螺旋往上,所以有次第、次序的意思。《说文》:"弟,韦束之次弟也。"说的就是这个构意。"弟"本义指次第、次序,后这个意义另造了从竹的"第"来记录。《尔雅》:"男子先生为兄,后生为弟。""弟"主要指弟弟义,与"兄"相对,就是同父母比自己年龄小的男子。"弟"也可以表示朋友相互间的谦称、门徒的意义,比如"老弟""徒弟"。

第 dì

会意字,小篆从竹从弟,弟兼表音,是"弟"的后起分化字,从竹大概取竹子一节一节有次序的构意。《尔雅》:"第,次也。""第"本义指次序、次第,如第一、第二。"第"也可表示等级、评定、科举应试合格的意义,比如"上第""第品""登第"。

夷 yí

会意字,从大从弓,"大"为正面人形,这里象人持弓之形,也学者认为象芦苇束矢形。《说文》:"夷,平也。""夷"基本义指讨平、平定。《逸周书》有"夷定天下",用的正是讨平的意思。"夷"也可表示古代东部民族名、铲平、消除的意义,比如"东夷""夷为平地""夷除"。

奄 yǎn

会意字,从大从申,但构意不明。《说文》:"奄,覆也。大有余也。从大从申。申,展也。"意思是说上面展开的大东西覆盖下面的物品。"奄"本义指覆盖。《淮南子》有"万物至众,而知不足以奄之",用的正是本义。"奄"也可表示包括、关闭、忽然的意义,比如"奄八方""奄奄一息""奄忽"。

免 miǎn

会意字,金文从宀(mián)从人,郭沫若认为象人着冕形,是"冕"的初文,但文献还没有发现用作冠冕的辞例。《广雅》:"免,脱也。""免"主要指脱掉义,如"免胄"。"免"也可表示释放、避开、罢黜、豁免的意义,比如"赦免""避免""罢免""免税"。

兑 duì

会意字,从人从口从八,有学者认为象人口笑起来向两边分开之形,以会喜悦之意。《说文》:"兑,悦也。"《释名》:"兑,悦也。物得备足,皆喜悦也。""兑"读音 yuè,本义指喜悦,后这个意义另造从心的"悦"来记录。《字汇》:"兑,直。""兑"又音 duì,主要指通达、兑换、掺液体的意义,比如"兑直""兑银子""兑水"。

貌(皃) mào

甲骨文 小篆/籀文 隶书 楷书

本为会意字,甲骨文作"皃",从人从白,"白"象人面形,整个字形会人的面容之意,小篆承袭了甲骨文的写法,籀文则加"豸"表音,变成一个从皃豸省声的形声字。今以"貌"为规范字,"皃"作为异体字废弃不用。《说文》:"皃,颂仪也。貌,籀文皃。""貌"本义指面容、相貌,如"以貌取人"。"貌"也可表示外表、容色、相似、礼貌、表面上的意义,比如"外貌""容貌""貌似""礼貌如一""貌合神离"。

久 jiǔ

战文 小篆 隶书 楷书

象形字,但所象不明。《说文》:"久,从后灸也。象人两胫后有距也。"这里把"久"解释为象人的两足后跟间的距离,未必可信。"久"指灸灼,就是一种中医疗法,用艾叶等制成艾炷或艾卷,烧灼或熏烤人身的穴位,后这个意义由"灸"来记录。"久"主要表示时间长、旧的意义,如"长久""久怨"。

束 shù

甲骨文 金文 战文 小篆 隶书 楷书

象形字,甲骨文有繁简二体,均象两头用绳索扎住的橐(tuó)之形,繁体后来演变成表示方位的"東",简体就演变成表示束缚的"束"。由于古代的橐无底,放东西时要扎住两头,所以"束"含有系住、捆缚的意思。《说文》:"束,缚也。""束"本义指系住、捆缚,如"束手束脚"。"束"也可表示聚集、整理、约束的意义,比如"束成""束衣""束身自爱"。"束"又用作量词,表示捆在一起的东西,如"一束花""一束禾"。

东(東) dōng

甲骨文 金文 战文 小篆 隶书 楷书 简化字

本为象形字,甲骨文象两头用绳索扎住的橐(tuó,古代一种两头空的无底口袋)形,是"束"的初文。"东"一般不指口袋义,主要借用来表方位名,就是指太阳出来的方向,与"西"相对。"东"也可表示主人的意义,比如"房东""东家"。"東"简化字作"东",是由草书楷化而来。

南 nán

甲骨文 金文 战文 小篆 隶书 楷书

本为象形字,甲骨文象一种瓦制的乐器,本义指乐器名,但这个意义文献未见使用。甲骨文中的"南"多借为与"北"相对的方位名,这个基本义古今未变,沿用至今。"南"也可表示古代南方少数民族音乐名、姓氏的意义,比如"南音""南氏"。

西 xī

甲骨文 金文 战文 小篆 隶书 楷书

本为象形字,甲骨文、金文象鸟巢形,篆文在鸟巢上加一个简化的鸟形,后逐渐演变成楷书"西",沿用至今。《说文》:"西,鸟在巢上,象形。日在西方而鸟栖,故因以为东西之西。""西"本义指鸟类歇宿,后这个意义由"栖(棲)"来记录。"西"主要借为方位名,表示太阳落下的西方,与"东"相对。"西"也可表示古称西边的邻国、西洋的、西天的意义,比如"西夏""西医""归西"。

回 huí

甲骨文 金文 战文 小篆 隶书 楷书

指事字,字形以回环旋转的线条示意,用来表示回旋之意,后逐渐演变成从大小二口的"回"。《说文》:"回,转也。""回"本义指回转、回旋。《淮南子》有"动不失时,与万物回周旋转",用的正是本义。"回"也可表示掉转、转变、返回、回报、谢绝、避开的意义,比如"回头""回心转意""回家""回敬""回绝""回避"。

真(眞) zhēn

金文 战文 小篆 隶书 楷书 简化字

构形不明。《说文》:"真,仙人变形而登天也。"这里"真"指的是道家得道成仙之人,即真人。"真"也可表示本来的、本原、真实、诚实、正、清楚的意义,比如"真面目""真性情""真假""真诚""真正""真切"。

凶 xiōng

战文 小篆 隶书 楷书

象形字,象穿地为坑,有物体相交陷入其中之形,以示凶险之意。《广韵》:"凶,祸也。""凶"本义指险恶、不吉利,如"凶祸"。"凶"也可表示残暴、饥荒、恶人、杀人或伤人的行为,厉害的意义,比如"凶恶""凶年""群凶""行凶""病得很凶"。

重 zhòng

金文 战文 小篆 隶书 楷书

会意字,金文象一个人身后背负盛得满满的口袋之形,用以表示沉重之意,后字形逐渐简化,最终演变成楷书"重",沿用至今。《说文》:"重,厚也。""重"读音 zhòng,本义指沉重、厚重。"重"也可表示分量较大、浓厚、程度深、贵重、要紧、着重、端庄、谨慎的意义,比如"轻重""浓重""深重""重金""重要""重视""庄重""慎重"。"重"又音 chóng,主要表示重复、多、成双的、再次、姓氏的意义,如"重叠""食不重味""二重唱""重来""重氏"。

量 liáng

金文 战文 小篆 隶书 楷书

会意字,上部从日,下半字形构意不明。《说文》:"量,称轻重也。""量"读音 liáng,主要表示测量、计算、商讨、思考的意义,如"量面积""估量""商量""考量"。"量"又音 liàng，也可表示酌情、法度、容纳的限度、器度、数目、与"质"相对等意义，比如"酌量""度量""限量""器量""数量""量变"。

服 fú
甲骨文 金文 战文 小篆 隶书 楷书

形声字，甲骨文、金文从凡从𠬝(fú)，𠬝兼表音，从凡构意不明，从𠬝表示与治服或治理的意义相关。《说文》："服，用也。"《尔雅》："服，事也。""服"本义指使用、从事，如"服事""服务"。"服"也可表示承受、顺从、信服、衣服的通称、治理、吞下的意义，比如"服刑""服从""佩服""服饰""服之以法""服药"。

方 fāng
甲骨文 金文 战文 小篆 隶书 楷书

象形字，但所象不明，有学者认为象耒(lěi)形，就是古代掘土的农具，古人耕田为耦耕（双人并耕），所以引申出并列义。《说文》："方，并船也，象两舟总头形。"这里"方"表并船义，但这个意义文献罕用。"方"也可表示比拟、方形、药单、区域、方向、办法、正直的意义，比如"比方""方框""药方""地方""方位""方法""方正"。

旁 páng
甲骨文 金文 战文 小篆 隶书 楷书

形声字，甲骨文、金文从凡方声，但构意不明。甲骨文"旁"多指方国名、人名或地名，至汉代开始表示大的意义。《说文》："旁，溥(pǔ)也。"这里"溥"有广大的意思。"旁"主要指广泛、普遍义，如"旁征博引"。"旁"也可表示边、汉字的偏旁、别的、偏邪的意义，比如"旁边""声旁""旁人""旁门左道"。

曼 màn
金文 小篆 汉篆 隶书 楷书

形声字，金文从目从二手冃(mào)声，郭沫若认为象上下两手张目形,会双手张目之意,至小篆演变成从目从又冒声的形声字,沿用至今。《说文》:"曼,引也。从又冒声。"这里把"曼"分析成从又冒声,可以看作是汉代人对字形的重新解释。"曼"本义指双手张目,后多泛指一般的张开、展开,如《楚辞》有"曼余目以流观兮",这里"曼"就是张开的意思。"曼"也可表示柔美、长、清细的意义,比如"清歌曼舞""曼长""轻曼"。

闹(鬧) nào

鬧—鬧—鬧—鬧—闹
战文　小篆　隶书　楷书　简化字

会意字,从鬥(斗)从市,大概会市中争斗乱哄哄之意。《说文》:"闹,不静也。""闹"本义指嘈杂、不静,如"热闹""闹中取静"。"闹"也可表示争吵、扰乱、繁茂、发生、搞或弄的意义,比如"又哭又闹""闹乱""春意闹""闹水灾""闹革命"。

修 xiū

俢—俢—俢—修—修
甲骨文　金文　战文　小篆　隶书　楷书

本为会意字,甲骨文从人从攴(pū),象手持物洗刷人的尘土污垢之形,后逐渐演变成从彡(shān)攸声的形声字,沿用至今。《说文》:"修,饰也。"这里"饰"有拭去的意思。"修"本义指拂拭污垢尘土,但这个意义文献罕用。"修"主要表示装饰、修理、修建、编纂、锻炼、修行、长远的意义,比如"修饰""修指甲""修水库""修书""修养""修道成仙""修远"。

弱 ruò

弱—弱—弱弱—弱
战文　小篆　隶书　楷书

构形不明。《说文》:"弱,桡(ráo)也。"这里"桡"指木头弯曲,段玉裁认为直的物体多强,弯曲之物多弱,所以"弱"有弯曲义,但这个意义文献未见使用。"弱"主要表示差,与"强"相对,如"强弱"。"弱"也可表示柔软、年少、衰败、侵害的意义,比如"弱不禁风""老弱""衰弱""削弱"。

文 wén

象形字，甲骨文、金文象人的胸前有纹身形，是"纹"的初文，本义指刺画花纹。《说文》："文，错画也。"说的正是本义。《庄子》有"越人有断发文身"，用的也是本义，后这个意义另造了从糸的"纹"来记录。"文"主要表示纹理、礼乐制度、法令条文、文字、言辞、文章、社会科学、华丽的意义，比如"五色成文""繁文缛节""公文""甲骨文""文辞""撰文""文科""文质彬彬"。

卷 juǎn

形声字，从卩(jié)关(juǎn)声。《说文》："卷，厀(xī)曲也。"这里"厀"有膝盖骨的意思。"卷"读音 quán，本义指膝曲，就是大小腿相连关节的后部，但这个意义文献罕用。"卷"又音 juǎn，主要表示把物弯曲成圆筒形、收藏、裹挟的意义，如"蛋卷""卷盘缠""卷入"。"卷"又读 juàn，表示古代的书轴、考卷、档案的意义，比如"书卷""试卷""案卷"。

却(卻) què

形声字，从卩(jié)谷(jué)声。《说文》："却，节也。""却"本义指节制，但这个意义文献罕用。"却"主要表示退让、止、除去、推辞的意义，比如"退却""望而却步""却除""推却"。"却"也用作虚词，表示肯定、转折或出乎意料等语义关系。

危 wēi

形声字，从卩(jié)厃(wēi)声，"卩"本象一跪跽人形，有学者认为"危"是"跪"初文，本义指跪，但这个意义文献罕用。《说文》："危，在高而惧也。""危"主要表示恐惧的意义，如"人人自危"。"危"也可表示不安全、艰难困苦、伤害、端正、高处的意义，比如"危险""危难""危害""危坐""危楼"。

长（長） cháng
甲骨文　金文　战文　小篆　隶书　楷书　简化字

象形字,甲骨文象长发老人持杖之形,金文或省去杖形,本义指年长或年长的老者。《说文》:"长,久远也。"这里指时间或空间距离的长远,应是由年长的本义引申出来。"长"读音 cháng,主要表示远、久、擅长、优点的意义,如"长远""长久""长于书法""长处"。"长"又音 zhǎng,表示家长、首领、生育、成长、助长、增长的意义,比如"长辈""首长""生长""长大""滋长""长精神"。

考 kǎo
甲骨文　金文　战文　小篆　隶书　楷书

本为象形字,甲骨文象长发老人扶杖之形,左下方的一竖象手杖形,与"老"古本一字,后开始加"丂（kǎo）"表音,最终分化制造出了从老省丂声的"考",沿用至今。《说文》:"考,老也。""考"本义指年老、高寿,如"寿考"。"考"也可表示检察、考核、讯问、研究、校勘的意义,比如"考察""考试""考问""考究""考其真伪"。

老 lǎo
甲骨文　金文　战文　小篆　隶书　楷书

本为象形字,甲骨文象老人扶杖之形,至小篆演变成从人从毛从匕的"老",沿用至今。《说文》:"老,考也。七十曰老。""老"本义指年龄大、高寿,古代一般将五十至七十岁的高龄称为"老"。"老"也可表示古代对臣僚的尊称、衰弱、老练、历时久的、排行在最末的意义,比如"阁老""老朽""老手""老作坊""老妹子"。"老"又用作词的前缀或后缀,没有实际意义,如"老师""老虎""庄稼老（庄稼佬）"。

寿（壽） shòu
金文　战文　小篆　隶书　楷书　简化字

形声字,从老𠷎（chóu）声,且"老"有省形。《说文》:"寿,久也。"

"寿"本义指长久、长寿,如"南山之寿"。"寿"也可表示年岁、生日、祝人长寿、地名的意义,比如"寿命""寿辰""祝寿""寿县"。

孝 xiào

会意字,从老从子,金文象一个孩子搀扶老人之形,至小篆演变成从老省从子的"孝",沿用至今。《说文》:"孝,善事父母者。"意思是说尽心奉养父母就是孝顺。"孝"本义指孝顺,古代以尽心奉养和绝对服从父母为孝。"孝"也可表示能继承现任之志、居丧、丧服的意义,比如"追孝""守孝""孝服"。

易 yì

会意字,甲骨文象双手持器皿向另一器皿倾注液体形,后字形不断省变,最终演变成楷书的"易",沿用至今。"易"本义当指倾注,在金文中引申为赐予或给予的意思,如金文有"公易旅贝十朋",意思是说公赐给旅(人名)十朋贝,用的就是赐予义,后这个意义另造了从贝的"赐"来记录。《玉篇》:"易,转也,变也。"《广韵》:"易,变易也,改也。""易"主要指改变义,如"改易"。《易经》有"上古穴居而野处,后世圣人易之以宫室",用的正是改变的意思。"易"也可表示替代、交换、阴阳变化、不难、和悦、简约、轻率的意义,比如"更易""交易""阴阳转易""容易""平易近人""简易""轻而易举"。

端 duān

形声字,从立耑(duān)声。《说文》:"端,直也。""端"本义指直,如"端行""端坐"。"端"也可表示正、事物的一头、开头、头绪、细看、双手捧物的意义,比如"端正""一端""开端""端绪""端详""端碗"。

亚(亞) yà

象形字,甲骨文、金文象古代聚族而居的建筑群平面图之形,字形以同族居室的图像来表示同宗血族关系，所以"亚"本义指同族兄弟集团，甲骨文称为"某亚"，但这意义文献罕用。《尔雅》："亚，次也。""亚"主要指次一等、次于的意义，如"亚军""亚于"。"亚"也可表示匹配、挨着、亚洲的简称等意义，比如"匹亚""亚肩叠背""亚运会"。

乱（亂）luàn

本为会意字，金文象上下两只手持工具理顺乱丝之形，至战国文字加注"乙"旁，沿用至今。"乱"有两个基本义，一个基本义指理丝，也泛指一般的治理，《说文》："乱，治也。"说的就是这个意义。另一个基本义指丝乱，并由此引申出混乱、动荡、战争、心绪不宁、淫乱的意义，比如"以假乱真""乱世""战乱""烦乱""乱伦"。

屯 tún

象形字，甲骨文象草木刚刚从土上初生冒出之形。《说文》："屯，难也。象草木之初生，屯然而难。"草木刚刚从土上初生冒出，生长非常缓慢，所以隐含有艰难的意思。"屯"读音 zhūn，主要指危难、充满、厚的意义，如"灾屯""屯盈""屯厚"。"屯"又音 tún，表示聚集、驻守、村庄的意义，比如"屯聚""屯兵""屯子"。

审（審）shěn

会意字，金文从宀(mián)从米从口，但构意不明，至小篆演变成从宀从番。《说文》："宷，悉也。審，篆文宷从番。""审"主要指知道、熟悉义，如"审悉"。《荀子》有"君子审于礼，则不可欺以诈伪"，大意是说君子对礼知道得明白清楚，就不可能再用诡诈来欺骗他，用的正是熟悉的意义。"审"也可表示详细、慎重、不偏斜、安定、考察、审核的意义，比如"审密""审慎""审正""审定""审题""审查"。"審"简化字作"审"，是用笔画少的声符代替笔画多的义符。

肃（肅）sù 肅—肅—肅肅—肅—肃
　　金文　小篆　　隶书　　楷书　简化字

会意字，从聿（niè）从渊（yuān），"聿"象手持巾擦拭状，"渊"指蓄水的渊潭，整个字形会临渊擦拭战战兢兢之意。《说文》："肃，持事振敬也。从聿在渊上，战战兢兢也。"说的就是这个构意。"肃"本义指做事振奋与恭敬，后多指一般的恭敬，如"肃立""肃然起敬"。"肃"也可表示庄重、威严、整饬、清静、清除的意义，比如"肃穆""严肃""整肃""肃静""肃反"。

隶（隸）lì 隸—隸—隸—隸—隶
　　战文　小篆　　隶书　楷书　简化字

形声字，从隶（dài）奈（nài）声，其中"隶"金文作🦴，象手持牛尾形，是"逮"的初文，本义指追赶上、逮住，在这里表示与仆役相关的构意。《说文》："隸，附著也。"古代奴隶地位低下，一般要依附于私家，故称附著。"隶"本义指古代的奴隶，后多泛指地位低下人的通称，如隶人、仆隶等。"隶"也可表示附属、隶书的意义，比如"隶属""汉隶"。今"隸"简化字作"隶"是取用了原字的右半字形，又正好与"逮（dài）"的初文"隶"同形，比较特别。

旬 xún 旬—旬—旬—旬—旬—旬
　　甲骨文　金文　战文　小篆　隶书　楷书

形声字，甲骨文作🦴，是"云"的初文，这里假借为"旬"，至金文开始加"日"表意，制造出从日🦴（云）声的"旬"，小篆承袭了金文的写法，沿用至今。《说文》："旬，遍也。十日为旬。""旬"本义指十天，每月有上旬、中旬、下旬之分。"旬"也可表示十岁为一旬、光阴、满的意义，比如"年近七旬""阴旬""旬年"。

匀 yún 匀—匀—匀—匀—匀
　　金文　战文　小篆　隶书　楷书

形声字，金文从二从🦴，🦴是"云"初文，在这里用作纯粹的声符，从二大概表示少量义。《说文》："匀，少也。""匀"主要指分、分出的意义,如"匀饭""匀着吃"。"匀"也可表示均匀、涂抹、姓氏的意义,比如"调匀""匀胭脂""匀氏"。

乖 guāi　竹—兆—乖—乖—乖
　　　　　战文　小篆　隶书　楷书

形声字,从兆丫(guǎi)声,其中战国文字有省形,"兆"甲骨文象二人背离形,从兆表示与离违的意义相关。《说文》:"乖,戾(lì)也。"这里"戾"有违背的意思。"乖"本义指违背、不协调,如"乖戾"。"乖"也可表示分离、差错、聪明、听话的意义,比如"乖离""出乖""学乖""乖小孩"。

卓 zhuó　辛—甲—𠧪—卓—卓—卓
　　　　　金文　战文　小篆　汉篆　隶书　楷书

构形不明。《说文》:"卓,高也。""卓"主要指高明、高超义,如"卓见""卓越"。"卓"也可表示独特、直立、遥远、姓氏的意义,比如"卓尔不凡""卓立""卓远""卓氏"。

蔑 miè　𦭞—䁱—蔑—蔑—蔑—蔑
　　　　　甲骨文　金文　战文　小篆　隶书　楷书

形声字,甲骨文、金文从戈眉声,从戈表示与兵器的意义相关,小篆变作从戍苜(mò)声,最终演变成楷书"蔑",沿用至今。也有学者认为"蔑"甲骨文、金文象以戈击人头形,这样就理解为从戈从眉的会意字。"蔑"本义当指削、消灭。《国语》有"今将大泯其宗祊,而蔑杀其民人",用的正是本义。"蔑"也可表示轻侮、诬陷、微小的意义,比如"轻蔑""诬蔑""微蔑"。

予 yǔ　𠄏—予—予—予—予
　　　　战文　小篆　隶书　楷书

构形不明,有学者认为是"吕"的变形分化字,未必可信。《尔雅》:"予,赐也。""予"读音 yǔ,主要表示授予、赞许的意义,比如"赐予""称予"。"予"也读 yú,用作第一人称代词,相当于"我",如

"予取予求"。

舒 shū 舍—舒—舒—舒
　　　　　战文　小篆　隶书　楷书

形声字,战国文字从余予声,小篆演变成从舍予声,但构意不明。《说文》:"舒,伸也。""舒"主要指伸展义,如"舒展"。"舒"也可表示放纵、散开、缓解、调畅、安详的意义,比如"舒情""舒散""舒缓""舒畅""安舒"。

角 jiǎo 角—角—角—角—角—角
　　　　甲骨文　金文　战文　小篆　隶书　楷书

象形字,甲骨文象兽角之形,中间的曲线象纹理形。《说文》:"角,兽角。""角"读音 jiǎo,本义指动物头顶上或鼻前所生的骨状凸起物,前端较尖,如牛角、羊角等。"角"也可表示动物头上像角的东西、角状物、角落的意义,如"触角""豆角""墙角"。"角"又音 jué,表示比试、角色、行当、演员的意义,比如"角斗""主角""丑角""名角"。

解 jiě 解—解—解—解—解—解
　　　　甲骨文　金文　战文　小篆　隶书　楷书

会意字,甲骨文从牛从角从二手,象两手执牛角状,表示用手分解牛角的构意,战国文字变成从牛从角从刀,会以刀分解牛角之意。《说文》:"解,判也。从刀判牛角。"这里"判"有分开的意思。"解"本义指用刀分割动物肢体,如成语"庖丁解牛"用的就是本义。"解"也可表示剖开、分割、分裂、涣散、排解、解开、明白、解释的意义,比如"解剖""分解""解体""解散""和解""解带子""理解""解题"。

触(觸) chù 觸—觸—觸—觸—触
　　　　　　　战文　小篆　隶书　楷书　简化字

形声字,从角蜀声。《说文》:"触,抵也。""触"本义指用角抵触。《易经》有"羝(dī)羊触藩,羸(léi)其角",大意是说公羊用角抵触篱笆，被篱笆缠住角，用的正是本义。"触"也可表示碰撞、接触、遭受、引发、触犯的意义，比如"碰触""触摸""触电""触动""触刑法"。"觸"简化字作"触"，是省略了原声符的一部分字形。

衡 héng
金文—战文—小篆—隶书—楷书

形声字，从大从角行声。《说文》："衡，牛触，横大木其角。""衡"本义指古代绑在牛角上以防触人的横木，但这个意义文献少用。"衡"主要表示对抗、秤杆、权利、评定、平正的意义，比如"抗衡""度量衡""权衡""衡量""平衡"。

病 bìng
战文—小篆—隶书—楷书

形声字，从疒(nè)丙声，"疒"甲骨文作 ，象人有疾病躺在床上之形，旁边的小点象流出的汗液，本义指疾病，凡以"疒"作为义符的字大多表示与疾病相关的意义。《说文》："病，疾加也。""病"本义指重病，就是生病得厉害，成语"病入膏肓"用的就是本义。"病"也可表示一般的患病、疾苦、缺点、怜悯、怨恨的意义，比如"病情""病苦""毛病""同病相怜""病恨"。

疾 jí
甲骨文—金文—战文—小篆—隶书—楷书

会意字，甲骨文、金文从大从矢，象人腋下中箭之形，本义指外伤类的伤病，至战国文字演变为从疒(nè)从矢的"疾"，沿用至今。《说文》："疾，病也。"这里"疾"指疾病，是由伤病的本义引申而来。古时称轻微的病为"疾"，严重的疾才称"病"，后二字常见连用，意义也逐渐合流，多泛指一般的疾病。"疾"也可表示祸害、痛苦、憎恶、急速的意义，比如"疾祸""疾苦""疾恶""疾飞"。

痛 tòng
战文—小篆—隶书—楷书

形声字，从疒(nè)甬声。《说文》："痛，病也。"《篇海类篇》："痛，疼也。""痛"本义指疼痛，如"心痛"。"痛"也可表示悲伤、恨、尽情地、怜爱的意义，比如"悲痛""痛恨""痛快""痛惜"。

疗（療） liáo

憭憿—療—療—疗
小篆/或体　隶书　楷书　简化字

形声字，小篆从疒（nè）樂声，或体变作从疒尞声，隶书承袭了或体的写法，沿用至楷书。《说文》："疗，治也。""疗"本义指治病、治疗。《周礼》有"凡疗疡（yáng，头疮），以五毒攻之"，用的正是本义。"疗"也可表示止义，如"疗渴"。"療"简化字"疗"，是以笔画少的声符代替笔画多的声符。

疟（瘧） nüè

瘧—瘧—瘧—瘧—疟
甲文　小篆　隶书　楷书　简化字

形声字，从疒（nè）从虐，虐兼表音，大概会疾病虐人之意。《说文》："疟，热寒休作。""疟"本义指由疟原虫引起的寄生虫病，俗称疟疾。"疟"也可表示酷虐、受虐待的意义，如"酷疟""受疟"。"瘧"简化字作"疟"，是省略了原字形的一部分。

疲 pí

疲—疲—疲—疲
甲文　小篆　隶书　楷书

形声字，从疒（nè）皮声。《说文》："疲，劳也。"《玉篇》："疲，乏也。""疲"本义指劳累、困乏，如"疲劳"。《左传》有"奸时以动，而疲民以逞"，大意是说违背时令发动军事行动，让百姓疲惫不堪只为逞强好勇，用的正是本义。"疲"也可表示厌倦、懒惰、衰老、瘦弱的意义，比如"疲倦""疲怠""疲朽""体疲"。

残（殘） cán

殘—殘殘—殘—残
小篆　隶书　楷书　简化字

形声字，从歹戔（jiān）声。《说文》："残，贼也。""残"本义指伤害，如"残害"。"残"也可表示杀、摧毁、剩余、不完整、凶恶的意义，比如"残杀""摧残""残余""残缺""凶残"。

朽(朽) xiǔ

朾—朾朽—朽朽—朽—朽
战文　小篆/或体　隶书　楷书 简化字

形声字，战国文字从歹丂声，小篆承袭了战国文字的写法，同时产生了从木丂声的或体。今以或体"朽"为规范字，"朽"作为异体字废弃不用。《说文》："朽，腐也。朽，朽或从木。""朽"本义指腐烂，如"腐朽""朽烂"。《墨子》有"腐朽余财，不以相分"，用的正是本义。"朽"也可表示衰老、磨灭的意义，比如"老朽""永垂不朽"。

甚 shèn

甚—甚甚—甚—甚—甚
金文　战文　小篆　隶书　楷书

本为会意字，金文上部分从甘，下方的半圆曲线意义不明，至小篆演变得与"匹"同形。《说文》："甚，尤安乐也。""甚"本义指异常安乐，也指一般的贪爱淫乐。《老子》有"是以圣人去甚、去奢、去泰"，这里"去甚"就是除去贪爱淫乐的意思。"甚"也可表示程度深、密集、超过、正好的意义，比如"甚厉害""甚密""一日甚三秋""甚好"。

仑(侖) lún

侖—侖—侖—侖—侖—仑
金文　战文　小篆　隶书　楷书 简化字

会意字，金文从册从亼(jí)，但构意不明。《说文》："仑，思也。"段玉裁认为"思"与"理"同义，含有条理、次序的意思。"仑"主要指条理、次序义，方言有"仑仑肚子"，就是理一理肚子的意思。"仑"也用作山名，如"昆仑山"。

覆 fù

覆—覆—覆—覆
战文　小篆　隶书　楷书

形声字，从襾(yà)復声，"襾"本义指覆盖，但文献很少单独使用，在这里用作义符，表示与覆盖相关的构意。《说文》："覆，覂(fěng)也。"这里"覂"有翻覆的意思。"覆"本义指翻转。《荀子》有"水则载舟，水则覆舟"，用的正是本义。"覆"也可表示灭亡、倾倒、掩藏、伏击的意义，比如"颠覆""覆水难收""覆盖""设覆"。

释(釋)^{shì}

釋—释—释—释—释
战文　小篆　隶书　楷书　简化字

形声字，从采(biàn，辨别)睪(yì)声。《说文》："释，解也。""释"本义指解说、解释，如"阐释""释文"。"释"也可表示消溶、松开、放下、解放的意义，比如"冰释""爱不释手""如释重负""释放"。

艰(艱)^{jiān}

艱—艱—艱—艱—艰
甲骨文　金文　小篆　隶书　楷书　简化字

形声字，甲骨文从堇从壴(zhù)，至小篆演变为从堇艮(gèn)声，沿用至楷书。《尔雅》："艰，难也。""艰"本义指艰难、不容易，如"举步维艰"。"艰"也可表示困苦、险恶、愚笨的意义，比如"艰苦""艰险""艰拙"。"艱"简化字作"艰"，是用笔画少的符号代替笔画多的部件。

由^{yóu}

由—由—由—由—由
甲骨文　金文　小篆　隶书　楷书

象形字，甲骨文、金文象缶形，是"甾(zī)"的初文，本义指缶，就是古代一种打击乐器，后这个意义由"甾"来记录。《集韵》："由，因也。""由"基本义指原因，如"原由""缘由"。"由"也可表示因缘、经历、凭据、遵照的意义，比如"因由""经由""理由""天不由人"。

黄^{huáng}

黄—黄—黄—黄—黄—黄
甲骨文　金文　战文　小篆　隶书　楷书

会意字，甲骨文从人从口，"口"象玉环形(或在中间加横)，会一人胸前带着佩玉之意，本义指佩玉，后这个意义另造了从玉的"璜"来记录。"黄"主要假借表示颜色黄，即五色之一。《说文》："黄，地之色也。"说的就是大地的黄色。《易经》有"天玄而地黄"，用的正是黄色义。"黄"也可表示变黄、事情失败、黄帝的简称、黄河的简称、金印的意义，比如"谷子黄""事情黄了""炎黄""治黄""黄金"。

克 kè

本为象形字,甲骨文、金文象甲胄(zhòu)之形,古代的甲胄往往是战利品,可以用作首级的替代品,所以古人用胄来表示战胜的意思。《说文》:"克,肩也。"这里"肩"有胜任的意思。"克"本义指战胜,如"战无不克"。"克"也可表示制服、攻下、约束、重量单位的意义,比如"柔能克刚""攻克""克己奉公""一克重"。

齐(齊) qí

象形字,甲骨文、金文象谷穗上端齐平形,后字形逐渐演变,最终演变成楷书"齊",已不见谷穗齐平形。《说文》:"齐,禾麦吐穗上平也。""齐"本义指谷穗上端齐平,后多泛指一般的整齐或齐平。"齐"也可表示一致、相等、齐全的意义,比如"齐同""等齐""到齐"。"齊"简化字作"齐",是草书楷化的结果。

巴 bā

象形字,小篆象口部巨大的蛇形。《说文》:"巴,虫也。或曰食象蛇。""巴"本义指巴蛇,就是古代传说中的一种可吞吃大象的巨蛇。四川盆地自古多虫蛇,故其地东部以"巴"为名,至今四川、重庆地区仍有巴蜀之称。"巴"也可表示干燥或黏结的东西、尾部、面颊、靠近、盼望、攀附的意义,比如"泥巴""尾巴""嘴巴""巴窗户""眼巴巴""巴结"。

了 liǎo

象形字,但所象不明。《说文》:"了,尥(liào)也。从子无臂。象形。"这里"尥"有走路时足胫相交的意思。"了"读音 liǎo,表示走路时足胫相交义,但这个意义文献罕用。"了"主要表示结束、决断、明白、清楚的意义,比如"了结""了断""了解""明了"。"了"

又音 le，用作助词和语气词，如"走了""别吵了"。

氏 shì

构形不明，有学者认为是"匙"的初文，未必可信。《广韵》："氏，氏族。""氏"主要指氏族义，如"氏谱"。"氏"也可表示古代贵族标志宗族系统的称号、远古传说人物、古代少数民族支系称号、古代称呼已婚女性等意义，比如"姓氏""神农氏""拓跋氏""姜氏"。

以 yǐ

象形字，甲骨文繁体象一人提携一物形，大概会提携、使用之意，简体省略人形，战国文字承袭了甲骨文的繁体写法，最终演变成楷书"以"，沿用至今。《玉篇》："以，用也。""以"本义指使用。《楚辞》有"忠不必用兮，贤不必以"，这里"以"与"用"对举出现，表示使用的意思，用的正是本义。"以"也可表示凭借、认为、能够、连及的意义，比如"借以""以为""可以""以及"。

甲 jiǎ

象形字，甲骨文、金文象动物身上起保护作用的硬壳，上面有交错的纹理，可能是由鳞片连缀而成，本义当指鳞甲。《广雅》："甲，铠也。"这里"甲"指铠甲，应是由鳞甲义引申而来。"甲"也可表示兵士、指（趾）甲、有保护作用的金属外壳、天干的第一位、居第一的意义，比如"兵甲""美甲""甲板""甲乙丙丁""甲天下"。

乙 yǐ

象形字，但所象不明，有学者认为象流水形，可能是移动的"移"的初文，可备一说。"乙"主要表示天干的第二位、序数第二的代称、泛指某人等意义，比如"甲乙丙丁""乙级""小乙"。

丙 bǐng

象形字,但所象不明。"丙"主要表示天干的第三位、序数第三的代称等意义,比如"甲乙丙丁""丙级"。

丁 dīng

象形字,一般认为古文字象钉子形,是"钉"的初文,本义指钉子。钉子能够使建筑物或家具等更结实牢固,所以引申表强壮义。《说文》:"丁,夏时万物皆丁实。"说的就是结实强壮的意思。"丁"也可表示壮年人、人口、天干的第四位、序数第四的代称、小块的意义,比如"壮丁""添丁""丙丁""丁级""鸡丁"。

戊 wù

象形字,甲骨文、金文象斧钺类兵器之形,本义当指兵器名,但这个意义文献未见使用。"戊"主要借指天干的第五位,如"戊己庚辛"。

成 chéng

会意字,甲骨文从戊从丁,但构意不明。《说文》:"成,就也。""成"主要指实现义,如"完成""成就"。"成"也可表示成功、成绩、成为、茂盛、成全、既定的、确定的意义,比如"成败""成果""变成""成熟""成人之美""成法""事情成了"。

己 jǐ

象形字,但所象不明。"己"主要表示天干的第六位、第一人称代词的意义,比如"戊己庚辛""自己"。

丑 chǒu

本为象形字,甲骨文象手爪之形,郭沫若认为是"爪"的古字,但表示爪的意义文献未见使用。"丑"主要假借为地支字,表示地支的第二位,或用以纪月,表示农历十二月。"丑"也可表示传统戏剧角色、姓氏的意义,比如"丑角""丑氏"。"丑"也是"醜"的简化字,表示丑陋的意义。

丑²(醜) chǒu 甲骨文—战文—小篆—隶书—楷书—简化字

会意字,从鬼从酉,酉兼表音,"酉"有酒义,这里大概会酒鬼之意,本义指丑陋。《说文》:"醜,可恶也。"这里"丑"指可恶,应是由丑陋的本义引申而来。"丑"也可表示事物不好、样子难看的意义,比如"丑田""丑八怪"。"醜"简化字作"丑"不是新造字形,而是合并表地支名的"丑",今"丑"既是"醜"的简化字,也是子丑寅卯的"丑"本字。

寅 yín 甲骨文—金文—战文—小篆—隶书—楷书

象形字,甲骨文象箭矢形,后字形逐渐讹变,最终演变成楷书"寅",沿用至今。"寅"本义指箭矢,但这个意义文献未见使用,而主要假借表地支的第三位,如"子丑寅卯"。"寅"也可表示恭敬、对同官的敬称、前进的意义,比如"寅奉""寅兄""寅进"。

卯 mǎo 甲骨文—金文—战文—小篆—隶书—楷书

象形字,有学者认为甲骨文象双刀并立之形,甲骨卜辞"卯牛"就是杀牛的意思,所以"卯"本义指对剖或杀,但这个意义文献罕用。"卯"主要指地支的第四位,如"子丑寅卯"。"卯"也可表示旧时官府开始办公时进行点名报到的代称、姓氏的意义,比如"卯簿""卯氏"。

巳 sì 甲骨文—金文—战文—小篆—隶书—楷书

象形字,甲骨文、金文与"子"同,象未成形的胎儿形,本义当指胎儿,但这个意义文献罕用。"巳"主要指地支的第六位,如"辰巳午未",也可表示农历上巳节的简称,如"三巳"就是农历三月的第一个巳日,后专指农历的三月初三。

包 bāo　甲骨文　金文　战文　小篆　隶书　楷书

会意字,从勹(bāo)从巳(sì),"勹"有包裹义,"巳"甲骨文象未出生的小儿形,整个字形会包裹小儿的胞衣之意。《说文》:"包,象人裹(huái,怀)妊,巳在中,象子未成形也。"说的就是这个构意。"包"本义指胎衣、胞衣,后这个意义另造了从肉的"胞"来记录。"包"主要表示裹扎、容纳、承担任务、担保、包扎好的物件、装东西的袋子、约定专用等意义,比如"包裹""包容""包工""包满意""药包""书包""包车"。

午 wǔ　甲骨文　金文　战文　小篆　隶书　楷书

象形字,甲骨文、金文象杵形,是杵臼的"杵"初文,后世多假借表示地支的第七位,如"辰巳午未"。"午"也可表示农历五月、白天或夜晚的中间时段等意义,比如"端午""中午"。

未 wèi　甲骨文　金文　战文　小篆　隶书　楷书

指事字,甲骨文象树木枝叶繁盛形,以示万物滋长之意,但这个意义文献罕用。《说文》:"未,味也。"这里"未"指滋味、味道,后这个意义另造了从口的"味"来记录。"未"主要表示地支的第八位、将来、没有的意义,比如"辰巳午未""未来""未见"。

戌 xū　甲骨文　金文　战文　小篆　隶书　楷书

象形字,甲骨文、金文象类似斧戚的广刃兵器,本义当指兵器名,但这个意义文献未见使用。"戌"主要借为表地支的第十一位,如

"申酉戌亥",也可表示西北方、姓氏的意义,比如"戌方""戌氏"。

亥 hài 甲骨文—金文—战文—小篆—隶书—楷书

本为象形字,甲骨文、金文象豕形。《说文》:"亥,古文亥为豕,与豕同。""亥"本义指野猪,与"豕"古本一字,但这个意义文献未见使用。"亥"主要借为地支的末位,如"申酉戌亥"。"亥"很少单用,但常用作声符参与汉字的构形,如"孩""刻""咳""该"等。

主要参考文献

（汉）许慎：《说文解字》（大徐本），中华书局，1963年。

（南唐）徐锴：《说文解字系传》，中华书局，1987年。

（南朝梁）顾野王：《大广益会玉篇》（张氏泽存堂本），中华书局，1987年。

（宋）陈彭年等：《宋本广韵》（张氏泽存堂本），中国书店，1982年。

（宋）丁度等：《宋刻集韵》，中华书局，1989年。

（宋）司马光等：《类篇》，中华书局，1984年。

（宋）郭忠恕：《汗简》，中华书局，1983年。

（宋）夏竦：《古文四声韵》，中华书局，1983年。

（清）段玉裁：《说文解字注》，中华书局，1988年。

（清）王念孙：《广雅疏证》，江苏古籍出版社，2000年。

（清）顾蔼吉：《隶辨》，中华书局，1986年。

陈梦家：《中国文字学（修订本）》，中华书局，2011年。

陈炜湛、唐钰明：《古文字学纲要》，中山大学出版社，2009年。

高明：《古文字类编》，大通书局，1986年。

高明：《中国古文字学通论》，北京大学出版社，1996年。

何琳仪：《战国古文字典》，中华书局，1998年。

何琳仪：《战国文字通论（补订）》，江苏教育出版社，2003年。

《汉语大字典》字形组编：《秦汉魏晋篆隶字形表》，四川辞书出版社，1986年。

《汉语大字典》编辑委员会编：《汉语大字典（第二版）》，崇文书局、四川辞书出版社，2010年。

黄德宽：《古文字学》，上海古籍出版社，2019年。

李学勤主编：《字源》，天津古籍出版社、辽宁人民出版社，2012年。

李运富：《汉字学新论》，北京师范大学出版社，2013年。

罗福颐编：《汉印文字征》，文物出版社，1978年。

陆锡兴：《汉字形体史》，上海教育出版社，2023年。

裘锡圭：《文字学概要（修订本）》，商务印书馆，2013年。

容庚编著：《金文编》，中华书局，1985年。

汤余惠主编：《战国文字编》，福建人民出版社，2001年。

滕壬生：《楚系简帛文字编（增订本）》，湖北教育出版社，2008年。

许进雄：《简明中国文字学（修订版）》，中华书局，2009年。

徐中舒：《汉语古文字字形表》，四川人民出版社，1981年。

徐中舒主编：《甲骨文字典》，四川辞书出版社，2006年。

中国科学院考古研究所编辑：《甲骨文编》，中华书局，1965年。

张守中撰集：《睡虎地秦简文字编》，文物出版社，1994年。

张守中撰集：《包山楚简文字编》，文物出版社，1996年。

张守中、张小沧、郝建文撰集：《郭店楚简文字编》，文物出版社，2000年。

附录·索引

现代汉语常用字表

(1988－01－26 国家语言文字工作委员会、
国家教育委员会联合发布)

常用字(2 500 字)

一画(共 2 字)
一 乙

二画(共 17 字)
二 十 丁 厂 七 卜 人 入
八 九 几 儿 了 力 乃 刀
又

三画(共 50 字)
三 于 干 亏 士 工 土 才
寸 下 大 丈 与 万 上 小
口 巾 山 千 乞 川 亿 个
勺 久 凡 及 夕 丸 么 广
亡 门 义 之 尸 弓 己 已
子 卫 也 女 飞 刃 习 叉
马 乡

四画(共 105 字)
丰 王 井 开 夫 天 无 元
专 云 扎 艺 木 五 支 厅
不 太 犬 区 历 尤 友 匹
车 巨 牙 屯 比 互 切 瓦
止 少 日 中 冈 贝 内 水

见 午 牛 手 毛 气 升 长
仁 什 片 仆 化 仇 币 仍
仅 斤 爪 反 介 父 从 今
凶 分 乏 公 仓 月 氏 勿
欠 风 丹 匀 乌 凤 勾 文
六 方 火 为 斗 忆 订 计
户 认 心 尺 引 丑 巴 孔
队 办 以 允 予 劝 双 书
幻

五画(共 137 字)
玉 刊 示 末 未 击 打 巧
正 扑 扒 功 扔 去 甘 世
古 节 本 术 可 丙 左 厉
右 石 布 龙 平 灭 轧 东
卡 北 占 业 旧 帅 归 且
旦 目 叶 甲 申 叮 电 号
田 由 史 只 央 兄 叽 叫
另 叨 叹 四 生 失 禾 丘
付 仗 代 仙 们 仪 白 仔
他 斥 瓜 乎 丛 令 用 甩
印 乐 句 匆 册 犯 外 处

冬 鸟 务 包 饥 主 市 立　安 讲 军 许 论 农 讽 设
闪 兰 半 汁 汇 头 汉 宁　访 寻 那 迅 尽 导 异 孙
穴 它 讨 写 让 礼 训 必　阵 阳 收 阶 阴 防 奸 如
议 讯 记 永 司 尼 民 出　妇 好 她 妈 戏 羽 观 欢
辽 奶 奴 加 召 皮 边 发　买 红 纤 级 约 纪 驰 巡
孕 圣 对 台 矛 纠 母 幼
丝

七画（共264字）

寿 弄 麦 形 进 戒 吞 远
违 运 扶 抚 坛 技 坏 扰
六画（共216字）　　拒 找 批 扯 址 走 抄 坝
贡 攻 赤 折 抓 扮 抢 孝
式 刑 动 扛 寺 扣 考　　均 抛 投 坟 抗 坑 坊 抖
托 老 执 巩 圾 扩 扫 地　护 壳 志 扭 块 声 把 报
扬 场 耳 共 芒 亚 芝 朽　却 劫 芽 花 芹 芬 苍 芳
朴 机 权 过 臣 再 协 西　严 芦 劳 克 苏 杆 杠 杜
压 厌 在 有 百 存 而 页　材 村 杏 极 李 杨 求 更
匠 夸 夺 灰 达 列 死 成　束 豆 两 丽 医 辰 励 否
夹 轨 邪 划 迈 毕 至 此　还 歼 来 连 步 坚 旱 盯
贞 师 尘 尖 劣 光 当 早　呈 时 吴 助 县 里 呆 园
吐 吓 虫 曲 团 同 吊 吃　旷 围 呀 吨 足 邮 男 困
因 吸 吗 屿 岁 回 岂 丢　吵 串 员 听 盼 吹 鸣 吧
刚 则 肉 网 年 朱 先 丢　吼 别 岗 帐 财 针 钉 告
舌 竹 迁 乔 伟 传 乒 乓　我 乱 利 秃 秀 私 每 兵
休 伍 伏 优 伐 件 任 伪　估 体 何 但 伸 作 伯 伶
伤 价 份 华 仰 仿 伙 伪　佣 低 你 住 位 伴 身 皂
自 血 向 似 后 行 舟 全　佛 近 彻 舍 役 返 余 希 坐
会 杀 合 兆 企 众 爷 伞　谷 妥 舍 邻 岔 肝 肚 肠
创 肌 朵 杂 危 旬 旨 负　龟 免 狂 犹 角 删 条 卵
各 名 多 争 色 壮 冲 冰　岛 迎 饭 饮 系 言 冻 状
庄 庆 亦 刘 齐 交 次 衣　亩 况 床 库 疗 应 冷 这
产 决 充 妄 闭 问 闯 羊
并 关 米 灯 州 汗 污 江
池 汤 忙 兴 宇 守 宅 字

现代汉语常用字表

序	辛	弃	冶	忘	闲	闷	供	使	例	版	侄	侦	侧	凭
判	灶	灿	弟	汪	沙	汽	沃	侨	佩	货	依	的	迫	质	欣
泛	沟	没	沈	沉	怀	忧	快	征	往	爬	彼	径	所	舍	金
完	宋	宏	牢	究	穷	灾	良	命	斧	爸	采	受	乳	贪	念
证	启	评	补	初	社	识	诉	贫	肤	肺	肢	肿	胀	朋	股
诊	词	译	君	灵	即	层	尿	肥	服	胁	周	昏	鱼	兔	狐
尾	迟	局	改	张	忌	际	陆	忽	狗	备	饰	饱	饲	变	京
阿	陈	阻	附	妙	妖	妨	努	享	店	夜	庙	府	底	剂	郊
忍	劲	鸡	驱	纯	纱	纳	纲	废	净	盲	放	刻	育	闸	闹
驳	纵	纷	纸	纹	纺	驴	组	郑	券	卷	单	炒	炊	炕	炎
								炉	沫	浅	法	泄	河	沾	泪
八画(共310字)							油	泊	沿	泡	注	泻	泳	泥
奉	玩	环	武	青	责	现	表	沸	波	泼	泽	治	怖	性	怕
规	抹	拢	拔	拣	担	坦	押	怜	怪	学	宝	帘	宗	定	宜	审
抽	拐	拖	拍	者	顶	拆	拥	宙	官	空	帘	实	试	郎	诗
抵	拘	势	抱	垃	拉	拦	拌	肩	房	诚	衬	衫	视	话	诞	隶	居
幸	招	坡	披	拨	择	抬	其	询	该	详	建	肃	录	隶	居
取	苦	若	茂	苹	苗	英	范	届	刷	屈	弦	承	孟	孤	陕
直	茄	茎	茅	林	枝	杯	柜	降	限	妹	姑	姐	姓	始	驾
析	板	松	枪	构	杰	述	枕	参	艰	线	练	组	细	驶	织
丧	或	画	卧	事	刺	枣	雨	终	驻	驼	绍	经	贯		
卖	矿	码	厕	奔	奇	奋	态								
欧	垄	妻	轰	顷	转	斩	轮	**九画**(共316字)							
软	到	非	叔	肯	齿	些	虎	奏	春	帮	珍	玻	挎	毒	型	挂
肤	肾	贤	尚	旺	具	果	味	封	持	项	垮	挎	城	挠	政
昆	国	昌	畅	明	易	昂	典	赴	赵	挡	挺	括	拴	拾	挑
固	忠	咐	呼	鸣	咏	呢	岸	指	垫	挣	挤	拼	挖	按	挥
岩	帖	罗	帜	岭	凯	败	贩	挪	某	甚	革	荐	巷	带	草
购	图	钓	制	知	垂	牧	物	茧	茶	荒	茫	荡	荣	故	胡
乖	刮	秆	和	季	委	佳	侍	南	药	标	枯	柄	栋	相	查

柏	柳	柱	柿	栏	树	要	咸		除	险	院	娃	姥	姨	姻	娇
威	歪	研	砖	厘	厚	砌	砍		怒	架	贺	盈	勇	怠	柔	垒
面	耐	耍	牵	残	殃	轻	鸦		绑	绒	结	绕	骄	绘	给	络
皆	背	战	点	临	览	竖	省		骆	绝	绞	统				
削	尝	是	盼	眨	哄	显	哑									
冒	映	星	昨	畏	趴	胃	贵		**十画**（共284字）							
界	虹	虾	蚁	思	蚂	虽	品		耕	耗	艳	泰	珠	班	素	蚕
咽	骂	哗	咱	响	哈	咳	咳		顽	盏	匪	捞	栽	捕	振	载
哪	炭	峡	罚	贱	贴	骨	钞		赶	起	盐	捎	哲	埋	捉	捆
钟	钢	钥	钩	卸	缸	拜	看		捐	损	都	挨	逝	捡	换	挽
矩	怎	牲	选	适	秒	香	种		热	恐	壶	挨	耻	耽	恭	莲
秋	科	重	复	竿	段	便	俩		莫	荷	获	晋	恶	真	框	桂
贷	顺	修	保	促	侮	俭	俗		档	桐	株	桥	桃	格	校	核
俘	信	皇	泉	鬼	侵	追	俊		样	根	索	哥	速	逗	栗	配
盾	待	律	很	须	叙	剑	逃		翅	辱	唇	夏	础	破	原	套
食	盆	胆	胜	胞	胖	脉	勉		逐	烈	殊	顾	轿	较	顿	毙
狭	狮	独	狡	狱	狠	贸	怨		致	柴	桌	虑	监	紧	党	晒
急	饶	蚀	饺	饼	弯	将	奖		眠	晓	鸭	晃	晌	晕	蚊	哨
哀	亭	亮	度	迹	庭	疮	疯		哭	恩	唤	啊	唉	罢	铃	圆
疫	疤	姿	亲	音	帝	施	闻		贼	贿	钱	钳	钻	铁	峰	铅
阀	阁	差	养	美	姜	叛	送		缺	氧	特	牺	造	乘	敌	秤
类	迷	前	首	逆	总	炼	炸		租	积	秧	秩	称	秘	透	笔
炮	烂	剃	洁	洪	酒	浇	浊		笑	俱	倡	候	值	倚	倾	倒
洞	测	洗	活	派	洽	染	济		倘	臭	射	躬	息	徒	倦	健
洋	洲	浑	浓	津	恒	恢	恰		臭	射	躬	途	拿	爹	舰	舱
恼	恨	举	觉	宣	室	宪	袄		脆	脂	胸	留	皱	饿	颂	翁
突	穿	窃	客	冠	语	扁	诵		狼	逢	高	席	准	座	恋	狸
祖	神	祝	误	诱	说	垦	孩		衰	脊	症	病	凉			
退	既	屋	昼	费	陡	眉			疾	疼	疲	效	离	唐	资	

现代汉语常用字表

馆 馆 凑 减 毫 麻 痒 痕
廊 康 庸 鹿 盗 章 竟 商
族 旋 望 率 着 盖 粘 粗
粒 断 剪 兽 清 添 淋 淹
渠 渐 混 渔 淘 液 淡 深
婆 梁 渗 情 惜 惭 悼 惧
惕 惊 惨 惯 寇 寄 宿 窑
密 谋 谎 祸 谜 逮 敢 屠
弹 随 蛋 隆 隐 婚 婶 颈
绩 绪 续 骑 绳 维 绵 绸
绿

站 剖 竞 部 旁 旅 畜 阅
羞 瓶 拳 粉 料 兼 益 烤
烘 烦 烧 烛 烟 递 涛 浙
涝 酒 涉 消 浩 海 涂 浴
浮 流 润 浪 浸 涨 烫 涌
悟 悄 悔 悦 害 宽 家 宵
宴 宾 窄 容 宰 案 请 朗
诸 读 扇 袜 袖 袍 被 祥
课 谁 调 冤 谅 谈 谊 剥
恳 展 剧 屑 弱 陵 陶 陷
陪 娱 娘 通 能 难 预 桑
绢 绣 验 继

十二画（共214字）

琴 斑 替 款 堪 搭 塔 越
趁 趋 超 提 堤 博 揭 喜
插 揪 搜 煮 援 裁 搁 楼
搅 握 揉 斯 期 欺 联 散
惹 葬 葛 董 葡 敬 葱 落
朝 辜 葵 棒 棋 植 森 椅
椒 棵 棍 棉 棚 棕 惠 惑
逼 厨 厦 硬 确 雁 殖 裂
雄 暂 雅 辈 悲 紫 辉 敞
赏 掌 晴 暑 最 量 喷 晶
喇 遇 喊 蜓 景 践 跌 跑 遗
蛙 蛛 蜓 喝 喂 喘 喉 幅
帽 赌 赔 黑 铸 铺 链 销
锁 锄 锅 锈 锋 锐 短 智
毯 鹅 剩 稍 程 稀 税 筐
等 筑 策 筛 筒 答 筋 筝
傲 傅 牌 堡 集 焦 傍 储

十一画（共209字）

球 理 捧 堵 描 域 掩 捷
排 掉 堆 推 掀 授 教 掏
掠 培 接 控 探 据 掘 职
基 著 勒 黄 萌 萝 菌 菜
萄 菊 萍 菠 械 梦 梢
梅 检 梳 梯 桶 救 副 票
威 爽 聋 袭 盛 雪 辅 辆
虚 雀 堂 常 匙 晨 眸 眯
眼 悬 野 啦 晚 啄 距 跃
略 蛇 累 唱 患 唯 崖 崭
崇 圈 铜 铲 银 甜 梨 犁
移 笨 笼 笛 符 第 敏 做
袋 悠 偿 偶 偷 您 售 停
偏 假 得 衔 盘 船 斜 盒
鸽 悉 欲 彩 领 脚 脖 脸
脱 象 够 猜 猪 猎 猫 猛

奥	街	惩	御	循	艇	舒	番	**十四画**(共88字)			
释	禽	腊	脾	腔	鲁	猾	猴	静	碧	璃	墙	撒	嘉	摧	截
然	馋	装	蛮	就	痛	童	阔	誓	境	摘	摔	聚	蔽	慕	暮
善	羡	普	粪	尊	道	曾	焰	蔑	模	榴	榜	榨	歌	遭	酷
港	湖	渣	湿	温	渴	滑	湾	酿	酸	磁	愿	需	弊	裳	颗
渡	游	滋	溉	愤	慌	惰	愧	嗽	蜻	蜡	蝇	蜘	赚	锹	锻
愉	慨	割	寒	富	窜	窝	窗	舞	稳	算	箩	管	僚	鼻	魄
遍	裕	裤	裙	谢	谣	谦	属	貌	膜	膊	膀	鲜	疑	馒	裹
屡	强	粥	疏	隔	隙	絮	嫂	敲	豪	膏	遮	腐	瘦	辣	竭
登	毁	缓	编	骗	缘			端	旗	精	歉	熄	熔	漆	漂
								漫	滴	演	漏	慢	寨	赛	察
								蜜	谱	嫩	翠	熊	凳	骡	缩

十三画(共143字)

瑞	魂	肆	摄	摸	填	搏	塌	**十五画**(共64字)			
鼓	摆	携	搬	摇	搞	塘	摊	慧	撕	撒	趣	趟	撑	播	撞
蒜	勤	鹊	蓝	墓	幕	蓬	蓄	撤	增	聪	鞋	蕉	蔬	横	槽
蒙	蒸	献	禁	楚	想	槐	榆	樱	橡	飘	醋	醉	震	霉	瞒
楼	概	赖	酬	感	碍	碑	碎	题	暴	瞎	影	踢	踏	踩	踪
碰	碗	碌	雷	零	雾	雹	输	蝶	蝴	嘱	墨	镇	靠	稻	黎
督	龄	鉴	睛	睡	眯	鄙	愚	稿	稼	箱	箭	篇	僵	躺	僻
暖	盟	歇	暗	照	跨	跳	跪	德	艘	膝	膛	熟	摩	颜	毅
路	跟	遣	蛾	蜂	嗓	置	罪	糊	遵	潜	潮	懂	额	慰	劈
罩	错	锡	锣	锤	锦	键	锯								
矮	辞	稠	愁	筹	签	简	毁	**十六画**(共36字)			
舅	鼠	催	傻	像	躲	微	愈	操	燕	薯	薪	薄	颠	橘	整
遥	腰	腥	腹	腾	腿	触	解	融	醒	餐	嘴	蹄	器	赠	默
酱	痰	廉	新	韵	意	粮	数	镜	赞	篮	邀	衡	膨	雕	磨
煎	塑	慈	煤	煌	满	漠	源	凝	辨	辩	糖	糕	燃	澡	激
滤	滥	滔	溪	溜	滚	滨	梁	懒	壁	避	缴				
滩	慎	誉	塞	谨	福	群	殿								
辟	障	嫌	嫁	叠	缝	缠									

十七画(共19字)
戴 擦 鞠 藏 霜 霞 瞧 蹈
螺 穗 繁 辫 赢 糟 糠 燥
臂 翼 骤

十八画(共6字)
鞭 覆 蹦 镰 翻 鹰

十九画(共7字)
警 攀 蹲 颤 瓣 爆 疆

二十画(共8字)
壤 耀 躁 嚼 嚷 籍 魔 灌

二十一画(共3字)
蠢 霸 露

二十二画(共1字)
囊

二十三画(共1字)
罐

次常用字(1 000字)

二画(共2字)
匕 刁

四画(共8字)
丐 歹 戈 夭 仑 讥 冗 邓

五画(共14字)
艾 夯 凸 卢 叭 叽 皿 凹
囚 矢 乍 尔 冯 玄

六画(共34字)
邦 迂 邢 芋 芍 吏 夷 呀
吕 吆 屹 廷 迄 臼 仲 伦
伊 肋 旭 匈 凫 妆 亥 汛
讳 讶 讹 讼 诀 弛 阱 驮
驯 纫

七画(共77字)
玖 玛 韧 抠 扼 汞 扳 抡
坎 坞 抑 拟 抒 芙 芫 苇
芥 芯 芭 杖 杉 巫 杈 甫
匣 轩 卤 肖 吱 吠 呕 呐
吟 呛 吻 吭 邑 囹 吨 岖
牡 佑 佃 伺 囟 肛 肘 甸
狈 鸠 彤 灸 刨 庇 吝 庐
闰 兑 灼 沐 沛 汰 沥 沧
汹 沧 沪 忱 诅 诈 罕 屁
坠 妓 姊 妒 纬

八画(共97字)
玫 卦 坷 坯 拓 坪 坤 拄
拧 拂 拙 拇 拗 茉 昔 苛
苫 苟 苞 苜 苔 枉 枢 枚

枫	杭	郁	矾	奈	奄	殴	歧	桦	栓	桅	桩	贾	酌	砸	砰
卓	昙	哎	咕	呵	咙	呻	咒	砾	殉	逞	哮	唠	哺	剐	蚌
咆	咖	帕	账	贬	贮	氛	秉	蚜	畔	蚣	蚪	蚓	哩	圄	鸯
岳	侠	侥	侣	侈	卑	刽	刹	唁	哼	唧	唆	峭	峻	赂	赃
肴	觅	忿	瓮	肮	肪	狞	庞	钾	铆	氨	秧	笆	俺	赁	倔
疟	疙	疚	卒	氓	炬	沽	沮	殷	衾	舀	豺	豹	颁	胯	胰
泣	泞	泌	沼	怔	怯	宠	宛	脐	脓	逛	卿	鸵	鸳	馁	凌
衩	祈	诡	帚	屉	弧	弥	陋	凄	衷	郭	斋	疹	紊	瓷	羔
陌	函	姆	虱	叁	绅	驹	绊	烙	浦	涡	涣	涤	涧	涕	涩
								悍	悯	窈	诺	诽	袒	谆	崇
绎								恕	娩	骏					

九画（共99字）

契	贰	砧	玲	珊	拭	拷	拱
挟	垢	垛	拯	荆	茸	茬	荚
茵	茴	荞	荠	荤	荧	荔	栈
柑	栅	柠	枷	勃	柬	砂	泵
砚	鸥	轴	韭	虐	昧	盹	咧
昵	昭	蛊	勋	哆	咪	哟	幽
钙	钝	钠	钦	钧	钮	毡	氢
秕	俏	俄	俐	侯	徊	衍	胚
胧	胎	狰	饵	恋	奕	咨	飒
闺	闽	籽	娄	烁	炫	洼	柒
涎	洛	恃	恍	恬	恤	宦	诚
诬	祠	海	屏	屎	逊	陨	姚
娜	蚤	骇					

十一画（共142字）

琐	麸	琉	琅	措	捺	捶	赦
埠	捻	掐	掂	掖	掷	掸	掺
勘	聊	娶	菱	菲	萎	菩	萤
乾	萧	萨	菇	彬	梗	梧	梭
曹	酝	酗	厢	硅	硕	奢	盔
匮	颅	彪	眶	晤	曼	晦	冕
啡	眭	趾	啃	蛆	蚯	蛉	蛀
唬	啰	唾	啤	啥	啸	崎	逻
崔	崩	婴	赊	铐	铛	铝	铡
铣	铭	矫	秸	秽	笙	笤	偎
傀	躯	兜	衅	徘	徒	舶	舷
舵	敛	翎	脯	逸	凰	猖	祭
烹	庶	庵	痊	阎	阐	眷	焊
焕	鸿	涯	淑	淌	涮	涵	惦	悴
淫	淳	淤	淀	谍	谐	裆	袱
惋	寂	窒	谍	谐	裆	袱	涛
谒	谓	谚	尉	堕	隅	婉	颇

现代汉语常用字表

绰 绷 综 绽 缀 巢

剿

十二画（共106字）

琳 琢 琼 揍 堰 揩 揽 揖
彭 揣 搀 搓 壹 搔 葫 募
蒋 蒂 韩 棱 椰 焚 椎 棺
椭 椭 粟 棘 酣 酥 硝 硫
颊 雳 翘 凿 棠 晰 鼎 喳
遏 晾 畴 跋 跛 蛔 蜓 蛤
鹃 喻 啼 喧 嵌 赋 赎 赐
铿 锌 甥 掰 氮 氯 黍 筏
牍 粤 逾 腌 腋 腕 猩 猬
惫 敦 痘 痢 痪 竣 翔 奠
遂 焙 滞 湘 渤 渺 溃 溅
湃 愕 惶 寓 窖 窘 雇 谤
犀 隘 媒 媚 婿 缅 缆 缔
缕 骚

十三画（共89字）

瑟 鹉 瑰 搪 聘 斟 靴 靶
蓖 蒿 蒲 蓉 楔 椿 楷 榄
楞 楣 酪 碘 硼 碉 辐 辑
频 睹 睦 瞄 嗜 嗦 暇 畸
跷 跺 蜈 蜗 蜕 蛹 嗅 嗡
嗤 署 蜀 幌 锚 锥 锨 锭
锰 稚 颓 筷 魁 衙 腻 腮
腺 鹏 肄 猿 颖 煞 雏 馍
溜 禀 痹 廓 痴 靖 誊 漓
溢 溯 溶 滓 溺 寞 窥 窟
寝 褂 裸 谬 媳 嫉 缚 缤

十四画（共52字）

赘 熬 赫 蔫 摹 蔓 蔗 蔼
熙 蔚 兢 榛 榕 酵 碟 碴
碱 碳 辕 辖 雌 墅 嘁 踊
蝉 嘀 幔 镀 舔 熏 箍 箕
箫 舆 僧 孵 瘩 瘟 彰 粹
漱 漩 漾 慷 寡 寥 谭 褐
褪 隧 嫡 缨

十五画（共62字）

撵 撩 撮 撬 擒 墩 撰 鞍
蕊 蕴 樊 樟 橄 敷 豌 醇
磕 磅 碾 嘶 嘲 嘹 蝠 蝎
蝌 蝗 蝙 嘿 幢 镊 镐 稽
篓 膘 鲤 鲫 褒 瘪 瘤 瘫
凛 憋 澎 潭 潦 澳 潘 澈
澜 澄 憔 懊 憎 翩 褥 谴
鹤 憨 履 嬉 豫 缭

十六画（共42字）

撼 擂 擅 蕾 薛 薇 擎 翰
噩 橱 橙 瓢 磺 霍 霎 辙
冀 踱 踹 蟆 螃 螟 噪 鹦
黔 穆 篡 篷 篙 篱 儒 膳
鲸 瘾 瘸 糙 燎 濒 憾 懈
窿 缰

十七画（共32字）

壕 藐 檬 檑 檩 檀 礁 磷

瞭 瞬 瞳 瞪 曙 蹋 蟋 蟀
嚎 赡 镣 魏 簇 偬 徽 爵
朦 臊 鳄 糜 癌 懦 豁 臀

十八画（共 10 字）
藕 藤 瞻 嚣 鳍 癞 瀑 襟
璧 戳

十九画（共 13 字）
攒 孽 蘑 藻 蹭 蹬 簸 簿
蟹 靡 癣 羹 鳖

二十画（共 7 字）
鬓 攘 蠕 巍 鳞 糯 譬

二十一画（共 3 字）
霹 躏 髓

二十二画（共 3 字）
蘸 镶 瓢

二十四画（共 1 字）
矗

* 表中加阴影的字为本书所录，包括常用字 1 722 个，次常用字 231 个，共计 1 953 个。

音序检字表

说　明

一、本表收入《字源识字》全部字头。繁体字、异体字同样收入,外加"( )",列于主字头后。字头后的阿拉伯数字表示该字的页码。

二、本表单字按汉语拼音字母顺序排列;声母韵母相同的字按声调轻声、阴平、阳平、上声、去声的顺序排列;读音相同的字按笔画数排列,笔画数相同的,按笔形"一、丨、丿、丶、㇏"顺序排列。

三、一字有多个读音项的,按正文字头标注的主音项出现字头,其他读音不列。

A		巴	513			bān		báo		悲	230
	āi		bá			班	158	雹	145		běi
哀	306	拔	243			般	396		bǎo	北	179
	ài		bǎ				bǎn	饱	362		bèi
爱	228	把	242			版	58	(飽)	362	贝	428
(愛)	228		bà				bàn	宝	156	(貝)	428
	ān	罢	424			办	444	(寶)	156	备	166
安	367	(罷)	424			(辦)	444	保	163	(備)	166
	àn	霸	141			半	4		bào	倍	175
岸	89		bái				bāng	报	476	被	334
案	51	白	163			邦	384	(報)	476	辈	394
	áo		bǎi				bàng	抱	242	(輩)	394
熬	440	百	482			谤	324	豹	19		bēn
		柏	46			(謗)	324	暴	137	奔	281
B			bài				bāo		bēi		běn
	bā	败	263			包	517	杯	54	本	40
		(敗)	263			苞	64	(桮)	54		bí
八	481	拜	252					卑	262	鼻	218

bǐ		遍	401	**bō**		**cài**		**chá**	
匕	416	（徧）	401	拨	251	菜	65	察	370
比	416	辨	471	（撥）	251	**cān**		**chái**	
彼	401		**biāo**	波	120	参	140	柴	49
笔	272	彪	18	剥	472	（參）	140	豺	19
（筆）	272		**biǎo**	播	247	**cán**		**chán**	
鄙	386	表	332	**bó**		残	510	缠	348
	bì		**biē**	伯	164	（殘）	510	（纏）	348
必	467	鳖	36	驳	13	蚕	31	蝉	32
毕	424	（鱉）	36	（駁）	13	（蠶）	31	（蟬）	32
（畢）	424		**bié**	帛	338	**cāng**		**chǎn**	
闭	381	别	470	博	487	仓	359	产	70
（閉）	381		**bīn**	搏	241	（倉）	359	（產）	70
陛	102	宾	373		**bǔ**	苍	64	阐	383
敝	340	（賓）	373	卜	455	（蒼）	64	（闡）	383
婢	186	濒	127	补	335		**cáng**		**chāng**
碧	157	（瀕）	127	（補）	335	藏	69	昌	137
壁	91		**bīng**	捕	245		**cāo**		**cháng**
避	294	冰	130		**bù**	操	242	长	503
臂	203	（仌）	130	不	84		**cǎo**	（長）	503
壁	157	兵	466	布	337	草	59	肠	205
	biān		**bǐng**	步	282		**cè**	（腸）	205
边	292	丙	515	部	385	册	426	尝	417
（邊）	292	秉	259			厕	377	（嘗）	417
编	344	柄	51	**C**		（廁）	377	常	337
（編）	344	饼	362			侧	172	偿	175
鞭	414	（餅）	362		**cái**	（側）	172	（償）	175
	biǎn	禀	80	才	70	测	123	裳	337
扁	380	（稟）	80	材	49	（測）	123		**chǎng**
	biàn		**bìng**	财	428	策	72	厂	88
变	264	并	179	（財）	428		**chā**	场	92
（變）	264	（並）	179		**cǎi**	差	257	（場）	92
便	167	病	509	采	55			敞	265

chāo		承	254	(蟲)	31	触	508	cí	
钞	154	城	92	chǒng		(觸)	508	词	315
(鈔)	154	乘	55	宠	371	chuān		(詞)	315
超	296	程	81	(寵)	371	川	128	祠	454
cháo		chèng		chōu		穿	374	辞	475
巢	56	盛	407	抽	252	chuán		(辭)	475
chē		chī		chóu		船	395	慈	227
车	392	吃	302	仇	177	chuǎn		雌	23
(車)	392	chí		绸	354	喘	306	cǐ	
chè		池	114	(綢)	354	chuāng		此	283
彻	402	弛	463	酬	360	创	472	cì	
(徹)	402	驰	14	(醻)	360	(創)	472	次	328
撤	446	(馳)	14	稠	77	窗	374	刺	471
(撒)	446	迟	289	筹	74	chuáng		赐	429
chén		(遲)	289	(籌)	74	床	50	(賜)	429
臣	198	持	243	chǒu		(牀)	50	cōng	
尘	16	chǐ		丑	515,516	chuī		葱	65
(塵)	16	尺	422	(醜)	516	吹	327	(蔥)	65
辰	412	齿	217	chòu		炊	437	cóng	
沉	114	(齒)	217	臭	9	chuí		从	178
(沈)	114	耻	220	chū		垂	93	(從)	178
陈	106	(恥)	220	出	283	锤	150	丛	68
(陳)	106	chì		初	469	(錘)	150	(叢)	68
晨	412	赤	440	chú		chūn		cū	
chēng		翅	28	除	102	春	68	粗	356
称	82	(翄)	28	雏	21	chún		(麤)	356
(稱)	82	chōng		(雛)	21	纯	341	cuàn	
chéng		冲	116	chǔ		(純)	341	窜	376
成	515	(沖)	116	处	418	唇	205	(竄)	376
丞	254	(衝)	116	(處)	418	(脣)	205	cuì	
呈	307	舂	413	楚	57	chǔn		萃	63
诚	321	chóng		chù		蠢	35	翠	28
(誠)	321	虫	31	畜	100				

cún		但	168	dēng		diào		dǒu	
存	195	淡	124	登	284	吊	175	斗	418
cùn		弹	462	děng		(弔)	175	dòu	
寸	273	(彈)	462	等	72	钓	153	斗	418
cuò		dāng		dèng		(釣)	153	(鬥)	418
措	252	当	100	邓	387	dié		豆	421
错	149	(當)	100	(鄧)	387	谍	325	dū	
(錯)	149	dǎng		dī		(諜)	325	都	384
D		党	442	堤	93	叠	140	dú	
dá		(黨)	442	dí		(疊)	140	毒	62
达	289	dàng		敌	267	dīng		独	10
(達)	289	荡	111	(敵)	267	丁	515	(獨)	10
dà		(蕩)	111	dǐ		钉	151	读	318
大	179	dāo		底	378	(釘)	151	(讀)	318
dài		刀	467	dì		dǐng		犊	3
代	166	dǎo		地	90	顶	211	(犢)	3
带	337	导	274	弟	495	(頂)	211	dǔ	
(帶)	337	(導)	274	帝	485	鼎	420	笃	15
贷	435	捣	251	第	496	dìng		(篤)	15
(貸)	435	(搗)	251	diān		定	367	堵	91
待	400	祷	454	颠	211	dōng		dù	
逮	288	(禱)	454	(顛)	211	东	498	杜	45
戴	256	蹈	279	diǎn		(東)	498	妒	191
dān		dào		典	427	冬	131	度	260
丹	489	到	461	点	442	dòng		渡	123
单	311	盗	329	(點)	442	动	445	duān	
(單)	311	(盜)	329	diàn		(動)	445	端	504
dǎn		道	292	电	144	冻	130	duǎn	
胆	206	稻	75	(電)	144	(凍)	130	短	461
(膽)	206	dé		甸	97	栋	51	duàn	
dàn		得	398	奠	359	(棟)	51	段	269
旦	134	德	399	殿	270	洞	117	断	466
								(斷)	466

锻	155	哦	308	fǎ		fǎng		忿	231
(鍛)	155	鹅	26	法	18	仿	170	粪	256
duì		(鵝)	26	(灋)	18	访	321	(糞)	256
队	105	蛾	32	fà		(訪)	321	愤	235
(隊)	105			发	216	纺	347	(憤)	235
对	274	è		(髮)	216	(紡)	347	fēng	
(對)	274	恶	230	fán		fàng		丰	58,59
兑	496	(惡)	230	凡	421	放	262	(豐)	59
dūn		饿	363	烦	214	fēi		封	94
敦	266	(餓)	363	(煩)	214	飞	29	蜂	32
dùn		ēn		蕃	68	(飛)	29	féng	
钝	154	恩	227	樊	57	妃	188	冯	15
(鈍)	154	ér		fǎn		非	29	(馮)	15
盾	459	儿	183	反	259	féi		缝	353
顿	213	(兒)	183	返	287	肥	206	(縫)	353
(頓)	213	而	216	fàn		fěi		fěng	
duō		ěr		犯	12	匪	425	讽	324
多	207	尔	486	饭	362	fèi		(諷)	324
duó		(爾)	486	(飯)	362	废	379	fèng	
夺	24	耳	218	泛	115	(廢)	379	凤	146
(奪)	24	饵	410	范	66	费	431	(風)	146
duǒ		(餌)	410	(範)	66	(費)	431	凤	26
朵	42	èr		贩	433	fēn		(鳳)	26
duò		二	480	(販)	433	分	470	奉	253
堕	105			fāng		芬	62	fǒu	
(墮)	105	**F**		方	500	纷	344	否	308
		fā		坊	92	(紛)	344	fū	
E		发	216	芳	63	fěn		夫	182
ē		(發)	216	fáng		粉	357	肤	202
阿	101	fá		防	102	fèn		(膚)	202
é		乏	281	妨	192	份	169	fú	
讹	324	伐	456	房	380	奋	24	伏	173
(訛)	324	罚	474			(奮)	24	扶	241
		(罰)	474						

孚	275	副	473	(岡)	87	gēn		gòu	
拂	249	赋	429	刚	469	根	41	构	53
服	500	(賦)	429	(剛)	469	跟	278	(構)	53
俘	162	傅	171	纲	352	gēng		购	429
浮	115	富	369	(綱)	352	更	264	(購)	429
符	72	腹	203	gàng		耕	413	gū	
幅	338	缚	349	杠	50	羹	410	姑	187
辐	394	(縛)	349	gāo		(鬻)	410	辜	475
(輻)	394	覆	511	高	492	gōng		gǔ	
福	453	**G**		膏	206	工	414	古	487
fǔ				gǎo		弓	461	谷	106,107
抚	246	gāi		稿	78	公	484	(穀)	107
(撫)	246	该	325	gào		功	443	股	204
甫	358	(該)	325	告	2	攻	267	骨	209
斧	465	gǎi		gē		宫	373	蛊	34
府	377	改	264	戈	456	恭	238	(蠱)	34
釜	409	gài		哥	309	躬	210	鼓	427
(鬴)	409	丐	468	割	471	(躳)	210	(皷)	427
辅	393	(匄)	468	歌	309	gǒng		gù	
(輔)	393	盖	67	gé		拱	244	固	390
fù		(蓋)	67	革	414	gòng		故	264
父	258	溉	112	阁	383	共	254	顾	213
付	171	概	53	(閣)	383	贡	429	(顧)	213
负	430	gān		格	48	(貢)	429	雇	23
(負)	430	干	459	隔	104	供	169	guā	
妇	185	奸	190	gè		gōu		瓜	84
(婦)	185	肝	206	个	74	勾	486	guǎ	
附	101	竿	73	(個)	74	沟	121	寡	368
阜	100	gǎn		各	298	(溝)	121	guà	
赴	296	敢	271	gěi		gǒu		卦	455
复	399	感	230	给	343	苟	66	guāi	
(複)	399	gāng		(給)	343	狗	8	乖	507
(復)	399	冈	87						

guài		鬼	184	寒	131	héng		huá	
怪	235	guì		hǎn		恒	237	华	63
guān		贵	434	罕	423	横	50	（華）	63
关	382	（貴）	434	hàn		衡	509	滑	121
（關）	382	桂	44	汉	108	hóng		huà	
观	223	跪	278	（漢）	108	弘	463	化	178
（觀）	223	guō		汗	125	红	343	划	471
官	373	郭	386	旱	136	（紅）	343	（劃）	471
棺	55	锅	409	hāo		虹	147	画	272
guǎn		（鍋）	409	蒿	60	鸿	26	（畫）	272
馆	362	guó		háo		（鴻）	26	话	318
（館）	362	国	389	号	304	hòu		（話）	318
guàn		（國）	389	（號）	304	后	400,401	huái	
贯	434	guǒ		hǎo		（後）	400	怀	236
（貫）	434	果	42	好	189	厚	89	（懷）	236
冠	336	裹	333	hào		候	166	淮	109
灌	112	guò		浩	117	hū		槐	45
guāng		过	286	hé		乎	303	huài	
光	439	（過）	286	禾	75	呼	304	坏	96
guǎng		**H**		合	490	忽	229	（壞）	96
广	376			何	165	hú		huān	
（廣）	376	hái		和	302	狐	8	欢	327
guī		还	287	河	107	弧	462	（歡）	327
归	282	（還）	287	荷	64	胡	205	huán	
（歸）	282	hǎi		hè		壶	420	环	158
圭	96	海	108	贺	430	（壺）	420	（環）	158
龟	35	hài		（賀）	430	hǔ		huàn	
（龜）	35	亥	518	hēi		虎	17	幻	355
规	182	害	372	黑	442	唬	305	宦	198
（規）	182	hán		hěn		hù		huāng	
guǐ		含	303	很	398	互	422	荒	65
轨	393	韩	284	hèn		户	379	huáng	
（軌）	393	（韓）	284	恨	236			皇	460

黄	512		huò	级	342	绩	345	(監)	225
	huǎng	或	388	(級)	342	(績)	345	兼	259
晃	138	货	429	极	52		jiā	煎	440
(晄)	138	(貨)	429	(極)	52	加	445		jiǎn
	huī	获	11	即	364	夹	180	茧	341
灰	436	(獲)	11	急	228	(夾)	180	(繭)	341
徽	350	(穫)	11	疾	509	佳	169	俭	172
	huí	祸	453	集	22	家	366	(儉)	172
回	498	(禍)	453	辑	394	嘉	427	检	53
	huǐ	惑	233	(輯)	394		jiá	(檢)	53
悔	236	霍	24	籍	74	颊	212	减	123
毁	95	(靃)	24		jǐ	(頰)	212	(減)	123
	huì			己	515		jiǎ	简	72
卉	59		**J**	济	109	甲	514	(簡)	72
会	491		jī	(濟)	109	贾	433		jiàn
(會)	491	几	417	脊	203	(賈)	433	见	223
讳	322	(幾)	417		jì	假	171	(見)	223
(諱)	322	饥	363	计	315		jià	件	176
诲	320	(飢)	363	(計)	315	价	174	间	381
(誨)	320	(饑)	363	记	319	(價)	174	(間)	381
绘	349	机	47	(記)	319	驾	14	建	297
(繪)	349	(機)	47	纪	347	(駕)	14	荐	18
晦	139	肌	202	(紀)	347	嫁	192	(薦)	18
惠	231	鸡	21	技	249	稼	77	贱	433
慧	231	(雞)	21	忌	229		jiān	(賤)	433
	hūn	(鷄)	21	季	76	奸	190	剑	474
昏	135	积	80	剂	473	(姦)	190	(劍)	474
婚	191	(積)	80	(劑)	473	坚	96	渐	110
	hún	基	91	迹	284	(堅)	96	(漸)	110
浑	115	箕	422	既	364	肩	202	践	278
(渾)	115		jí	继	342	艰	512	(踐)	278
	huǒ	及	258	(繼)	342	(艱)	512	键	152
火	435	吉	301	祭	450	监	225	(鍵)	152

箭	73	皆	313	(谨)	323	(競)	493	jù	
	jiāng	结	343		jìn	竟	494	巨	415
江	107	(結)	343	尽	407	敬	267	句	486
将	273	接	246	(盡)	407	静	490	具	254
(將)	273	街	396	进	286	镜	149	俱	174
姜	191		jié	(進)	286	(鏡)	149	据	249
浆	127	节	71	近	291		jiū	(據)	249
(漿)	127	(節)	71	晋	137	丩	485	距	279
疆	97		jiě	(晉)	137	纠	485	惧	235
	jiǎng	姐	187	浸	112	(糾)	485	(懼)	235
讲	315	解	508	(濅)	112		jiǔ	锯	150
(講)	315		jiè		jīng	九	481	(鋸)	150
	jiàng	介	484	茎	62	久	497		juān
匠	425	戒	458	(莖)	62	韭	83	捐	248
降	105	届	197	京	492	酒	359		juǎn
酱	361	(屆)	197	经	341		jiù	卷	502
(醬)	361	界	98	(經)	341	旧	25		juàn
	jiāo	借	171	荆	61	(舊)	25	绢	349
交	182		jīn	晶	139	臼	413	(絹)	349
郊	385	巾	336	精	356	救	265		jué
骄	13	斤	465		jǐng	就	492	决	118
(驕)	13	今	311	井	413		jū	(決)	118
焦	437	金	147	阱	376	拘	244	觉	224
	jiǎo	津	122	(穽)	376	居	196	(覺)	224
角	508	筋	209	颈	212	驹	13	绝	341
狡	8		jǐn	(頸)	212	(駒)	13	(絕)	341
脚	204	仅	172	景	136		jú	掘	247
	jiào	(僅)	172		jìng	局	486		jūn
叫	303	紧	350	劲	443		jǔ	军	395
教	267	(緊)	350	(勁)	443	沮	113	(軍)	395
	jiē	锦	339	径	397	矩	415	均	94
阶	102	(錦)	339	(徑)	397	举	253	君	301
(階)	102	谨	323	竞	493	(舉)	253		

K

kāi
开 381
(開) 381

kǎi
楷 46

kān
刊 473

kǎn
侃 129

kàn
看 221

kāng
康 357
糠 357
(穅) 357

kàng
亢 181
抗 247

kǎo
考 503

kē
苛 65
科 81
颗 213
(顆) 213

ké
咳 306

kě
可 309
渴 126

kè
克 513
刻 473
客 372
课 318
(課) 318

kěn
肯 204
(肎) 204

kōng
空 375

kǒng
孔 195
恐 231

kǒu
口 300

kòu
扣 248
寇 265

kū
枯 49
哭 312

kǔ
苦 62

kù
库 377
(庫) 377
酷 360

kuā
夸 180

kuài
块 90
(塊) 90
快 236

kuān
宽 371
(寬) 371

kuǎn
款 329

kuāng
匡 425

kuáng
狂 10

kuàng
旷 138
(曠) 138
况 120
(況) 120
矿 147
(礦) 147

kuī
亏 488
(虧) 488

kuí
魁 419

kuì
溃 119
(潰) 119
愧 193
(媿) 193

kūn
昆 37

kùn
困 390

kuò
阔 382

(闊) 382

L

là
腊 208
(臘) 208

lái
来 83
(來) 83

lài
赖 435
(賴) 435

lán
兰 61
(蘭) 61
蓝 60
(藍) 60

lǎn
览 224
(覽) 224
懒 193
(嬾) 193

làn
烂 437
(爛) 437
滥 117
(濫) 117

láng
郎 387
狼 9

lǎng
朗 141

làng
浪 108

láo
劳 445
(勞) 445
牢 2

lǎo
老 503

lè
乐 54
(樂) 54

léi
雷 144
(靁) 144

lěi
累 353
(纍) 353

lèi
泪 126
(淚) 126
类 11
(類) 11

lěng
冷 130

lí
厘 268
(釐) 268
离 23
(離) 23
梨 44
黎 82

lǐ
礼 452

(禮)	452	liǎn		(鐐)	152	(劉)	474	路	279
李	44	敛	266	liǎo		留	99	露	145
里	99	(斂)	266	了	513	流	116	lǚ	
(裏)	99	liàn		liào		liǔ		吕	210
理	158	练	349	料	419	柳	45	旅	464
鲤	30	(練)	349	liè		liù		缕	350
(鯉)	30	炼	438	列	470	六	481	(縷)	350
lì		(煉)	438	烈	436	lóng		履	198
力	442	链	152	猎	11	龙	20	lǜ	
历	282	(鏈)	152	(獵)	11	(龍)	20	律	401
(歷)	282	liáng		裂	333	聋	219	虑	226
(曆)	282	良	493	lín		(聾)	219	(慮)	226
厉	89	凉	126	邻	385	隆	93	绿	343
(厲)	89	(涼)	126	(鄰)	385	lóu		(綠)	343
立	164	梁	51	林	56	楼	52	luǎn	
吏	261	量	499	临	225	(樓)	52	卵	37
丽	16	粮	355	(臨)	225	lòu		luàn	
(麗)	16	(糧)	355	líng		漏	119	乱	505
利	469	梁	355	灵	159	lú		(亂)	505
隶	506	liǎng		(靈)	159	庐	378	lüè	
(隸)	506	两	489	铃	149	(廬)	378	掠	249
鬲	409	(兩)	489	(鈴)	149	炉	153	略	98
栗	43	liàng		陵	101	(鑪)	153	lún	
粒	357	谅	319	零	146	lǔ		仑	511
lián		(諒)	319	龄	217	鲁	30	(侖)	511
连	289	liáo		(齡)	217	(魯)	30	伦	175
(連)	289	辽	291	lǐng		lù		(倫)	175
怜	237	(遼)	291	领	212	陆	100	沦	120
(憐)	237	疗	510	(領)	212	(陸)	100	(淪)	120
联	218	(療)	510	lìng		录	155	轮	394
(聯)	218	缭	352	令	311	(錄)	155	(輪)	394
廉	378	(繚)	352	liú		鹿	15	lùn	
		镣	152	刘	474	禄	453	论	314

(論)	314	慢	237	(門)	380	勉	443	墨	97
luó		máng		mèn		miàn		默	10
罗	423	芒	62	闷	230	面	214	móu	
(羅)	423	盲	223	(悶)	230	miáo		牟	2
luò		mǎng		méng		苗	59	谋	321
洛	109	莽	69	萌	64	miào		(謀)	321
络	351			蒙	66	庙	378	mǒu	
(絡)	351	máo		盟	408	(廟)	378	某	43
		毛	215	měng		miè		mǔ	
M		矛	459	黾	36	灭	439	母	185
		茅	61	(黽)	36	(滅)	439	牡	3
má		mǎo		猛	8	(烕)	439	亩	98
麻	83	卯	516	mèng		蔑	507	(畝)	98
mǎ		mào		孟	194	mín		mù	
马	12	茂	64	梦	142	民	184	木	40
(馬)	12	冒	336	(夢)	142	mǐn		目	220
mǎi		贸	432	mī		皿	406	沐	124
买	432	(貿)	432	眯	222	敏	265	牧	262
(買)	432	貌	497	mí		míng		幕	339
mài		(皃)	497	弥	463	名	301	慕	237
迈	293	méi		(彌)	463	明	140	穆	76
(邁)	293	枚	48	迷	290	鸣	26		
麦	83	眉	221	糜	16	(鳴)	26	**N**	
(麥)	83	梅	43	mǐ		铭	153		
卖	432	(楳)	43	米	355	(銘)	153	ná	
(賣)	432	měi		mì		mìng		拿	240
mán		每	185	蜜	35	命	311	(挐)	240
蛮	35	美	5	(䗋)	35	mó		nà	
(蠻)	35	mèi		mián		摩	241	那	385
mǎn		妹	187	绵	341	mò		纳	347
满	118	昧	136	(綿)	341	末	40	(納)	347
(滿)	118	媚	192	miǎn		没	114	nǎi	
màn		mén				莫	68	乃	489
曼	500	门	380	免	496				

nán		niǎo		nuò		pèi		屏	379
男	185	尿	197	诺	320	佩	168	瓶	420
南	498			(諾)	320	配	360	(缾)	420
难	25	niè				pén		pō	
(難)	25	聂	220	**O**		盆	407	坡	93
náng		(聶)	220	ōu		péng		pò	
囊	424	níng		欧	329	彭	427	破	88
náo		宁	374	(歐)	329	蓬	60	pū	
挠	250	(寧)	374	ǒu		pī		攴	262
(撓)	250	niú		偶	176	丕	84	扑	247
nào		牛	2			pí		(撲)	247
闹	501	niǔ		**P**		疲	510	铺	151
(鬧)	501	纽	348	pái		pǐ		(鋪)	151
nèi		(紐)	348	排	250	匹	426	pú	
内	491	钮	151	pán		pì		仆	162
néng		(鈕)	151	盘	408	辟	475	(僕)	162
能	19	nóng		(盤)	408	僻	174	圃	358
ní		农	412	pàn		piān		pǔ	
尼	196	(農)	412	盼	221	偏	174	朴	49
泥	111	nòng		畔	98	篇	73	(樸)	49
nì		弄	158	páng		piàn		浦	122
逆	294	nú		旁	500	片	58	普	137
溺	113	奴	186	pāo		piē			
nián		nù		抛	250	撇	250	**Q**	
年	79	怒	230	páo		(撆)	250	qī	
niǎn		nǚ		袍	334	pín		七	481
辇	394	女	185	pào		贫	433	妻	186
(輦)	394	nüè		炮	437	(貧)	433	戚	458
niàn		疟	510	pēi		pǐn		期	141
念	227	(瘧)	510	胚	207	品	300	欺	328
niǎo		虐	17	(肧)	207	píng		漆	110
鸟	26	nuǎn		péi		平	487	qí	
(鳥)	26	暖	441	陪	101	苹	61	齐	513
		(煖)	441						

(齊)	513	(錢)	149		qiè	(窮)	376	全	491
其	421		qiǎn	妾	186	琼	156	泉	129
奇	489	浅	119		qīn	(瓊)	156	拳	240
祈	454	(淺)	119	侵	171		qiū		quǎn
骑	13	遣	294	亲	369,370	丘	86	犬	7
(騎)	13		qiàn	(親)	369	秋	79		quàn
旗	464	欠	327	(寢)	370		qiú	劝	444
	qǐ		qiāng		qín	囚	390	(勸)	444
企	163	羌	5	芹	65	求	334		que
启	263	枪	54	秦	78	球	157	却	502
(啟)	263	(槍)	54	琴	428	裘	333	(卻)	502
起	295		qiáng	禽	38		qū	雀	21
	qì	强	34	勤	445	区	426		qún
气	143	墙	91		qǐn	(區)	426	裙	335
(氣)	143	(牆)	91	寝	368	曲	422	(帬)	335
弃	256		qiāo	(寢)	368	驱	14	群	6
(棄)	256	敲	267		qīng	(驅)	14	(羣)	6
泣	126		qiáo	青	490	屈	197		
器	312	乔	492	轻	392	趋	295	**R**	
	qià	(喬)	492	(輕)	392	(趨)	295		rán
洽	120	侨	169	清	120		qú	然	435
	qiān	(僑)	169		qíng	渠	122		rǎn
千	482	桥	52	情	234		qǔ	染	123
迁	288	(橋)	52		qǐng	取	259		ràng
(遷)	288		qiǎo	顷	213	娶	189	让	317
牵	4	巧	415	(頃)	213		qù	(讓)	317
(牽)	4		qiào	请	317	去	411		ráo
谦	323	翘	28	(請)	317	趣	296	饶	363
(謙)	323	(翹)	28		qìng		quān	(饒)	363
	qián		qiē	庆	228	圈	391	绕	348
前	281	切	470	(慶)	228		quán	(繞)	348
(歬)	281		qiě		qióng	权	46		rǎo
钱	149	且	451	穷	376	(權)	46	扰	246

(擾)	246	rǔ		sè		shàng		shěn	
	rè	乳	194	色	276	上	482	审	505
热	437	辱	412	啬	81	尚	484	(審)	505
(熱)	437	rù		(嗇)	81	shāo		shèn	
	rén	入	491	穑	81	烧	435	甚	511
人	162	ruì		(穡)	81	(燒)	435	shēng	
仁	167	锐	154	sēng		稍	77	升	419
	rěn	(銳)	154	森	57	sháo		(昇)	419
忍	231	瑞	156	shā		勺	416	生	70
	rèn	rùn		杀	270	shǎo		声	219
刃	468	闰	159	(殺)	270	少	484	(聲)	219
任	167	(閏)	159	沙	121	shào		牲	4
妊	188	ruò		shān		绍	352	shéng	
	rēng	若	69	山	86	(紹)	352	绳	345
扔	248	弱	501	删	471	shē		(繩)	345
	réng			膻	6	奢	180	shěng	
仍	177	S		(羶)	6	shé		省	222
	rì	sǎ		shǎn		舌	217	shèng	
日	134	洒	124	闪	383	蛇	31	圣	218
	róng	sāi		(閃)	383	shě		(聖)	218
戎	456	塞	95	陕	103	舍	308	胜	444
茸	67	sān		(陝)	103	shè		(勝)	444
荣	47	三	480	shàn		设	315	shī	
(榮)	47	sàn		扇	380	(設)	315	尸	195
容	371	散	266	善	326	社	452	失	253
融	409	sāng		膳	208	射	460	师	467
	róu	桑	43	shāng		涉	126	(師)	467
柔	56	sàng		伤	173	shēn		诗	319
	ròu	丧	312	(傷)	173	申	144	(詩)	319
肉	202	(喪)	312	商	485	身	209	施	465
	rú	sāo		shǎng		深	110	湿	121
如	189	骚	15	赏	430	shén		(濕)	121
儒	162	(騷)	15	(賞)	430	神	453		

shí		(試)	322	shú		霜	146	伺	168
十	482	视	223	赎	432	shuǎng		祀	450
什	176	(視)	223	(贖)	432	爽	180	嗣	306
石	87	是	281	shǔ		shuí		sōng	
时	134	适	285	暑	136	谁	318	松	46
(時)	134	(適)	285	黍	82	(誰)	318	嵩	86
识	316	室	366	属	196	shuǐ		sòng	
(識)	316	释	512	(屬)	196	水	107	讼	325
实	370	(釋)	512	蜀	32	shuì		(訟)	325
(實)	370	誓	322	鼠	20	睡	222	宋	373
拾	243		shōu	数	263	shùn		送	289
食	362	收	266	(數)	263	顺	214	诵	318
shǐ			shǒu	shù		(順)	214	(誦)	318
史	261	手	240	术	397	shuō		颂	211
矢	460	守	371	(術)	397	说	314	(頌)	211
豕	7	首	215	戍	457	(說)	314	sōu	
使	261		shòu	束	497	shuò		搜	248
始	188	寿	503	述	285	硕	214	sú	
shì		(壽)	503	树	42	(碩)	214	俗	168
士	199	受	270	(樹)	42	sī		sù	
氏	514	狩	10	竖	494	司	310	诉	319
示	450	授	271	(豎)	494	丝	345	(訴)	319
世	42	兽	38	恕	233	(絲)	345	肃	506
仕	170	(獸)	38	庶	440	私	78	(肅)	506
市	493		shū		shuāi	思	226	素	351
式	415	殳	269	衰	332	斯	466	速	287
势	444	书	272		shuài	sǐ		宿	372
(勢)	444	(書)	272	帅	336	死	177	粟	356
事	261	叔	260	(帥)	336	sì		suān	
侍	170	舒	508	率	346	巳	516	酸	361
饰	338	输	392		shuāng	四	480	suī	
(飾)	338	(輸)	392	双	23	寺	273	虽	34
试	322			(雙)	23	兕	20	(雖)	34

suí		tài		桃	44	(鐵)	148	涂	113
随	285	太	128	陶	103	tīng		(塗)	113
(隨)	285	态	233	tǎo		听	219	屠	198
suì		(態)	233	讨	316	(聽)	219	tǔ	
岁	283	泰	128	(討)	316	tíng		土	90
(歲)	283	tān		tè		廷	297	吐	308
遂	295	贪	433	特	3	亭	387	tù	
穗	76	(貪)	433	téng		庭	377	兔	16
(采)	76	tán		腾	14	tōng		tuán	
sūn		坛	92	(騰)	14	通	287	团	391
孙	340	(壇)	92	tí		tóng		(團)	391
(孫)	340	昙	137	提	252	同	305	tuī	
sǔn		(曇)	137	题	211	彤	490	推	244
损	246	谈	317	(題)	211	桐	46	tuì	
(損)	246	(談)	317	tǐ		铜	148	退	292
笋	71	tǎn		体	209	(銅)	148	蜕	34
(筍)	71	坦	96	(體)	209	童	183	tún	
suǒ		tàn		tì		tǒng		屯	505
所	466	叹	309,310	涕	125	统	347	豚	7
索	345	(嘆)	309	替	182	(統)	347	臀	204
锁	152	(歎)	310	tiān		桶	54	tuǒ	
(鎖)	152	炭	436	天	143	tòng		妥	190
		探	252	tián		痛	509	tuò	
T		tāng		田	97	tóu		拓	251
tā		汤	127	恬	234	头	210		
他	164	(湯)	127	填	95	(頭)	210	**W**	
它	31	táng		tiáo		投	245	wā	
tāi		唐	305	条	48	tū		蛙	36
胎	207	堂	91	(條)	48	突	375	(䗥)	36
tái		tāo		调	322	tú		wá	
台	388	滔	117	(調)	322	图	389	娃	188
(臺)	388	táo		tiě		(圖)	389	wǎ	
		逃	292	铁	148	徒	285	瓦	420

wài		(違)	295	wén		武	457	(習)	29
外	142	围	391	文	502	侮	173	席	339
wán		(圍)	391	闻	219	舞	495	xǐ	
丸	462	唯	306	(聞)	219	wù		洗	125
完	370	维	350	蚊	33	勿	468	徙	398
玩	158	(維)	350	(蟁)	33	戊	515	喜	305
wǎn		wěi		wěn		务	443	xì	
晚	135	韦	284	吻	301	(務)	443	戏	457
wàn		(韋)	284	紊	352	物	3	(戲)	457
万	482	伟	169	wèn		误	324	系	340
(萬)	482	(偉)	169	问	302	(誤)	324	(繫)	340
wāng		苇	60	(問)	302	悟	236	细	342
汪	119	(葦)	60	wǒ		雾	145	(細)	342
wáng		尾	196	我	458	(霧)	145	xiā	
亡	468	纬	346	wò				虾	33
王	459	(緯)	346	卧	177	**X**		(蝦)	33
wǎng		委	189	握	242	xī		xiá	
网	423	wèi		wū		夕	142	匣	425
枉	56	卫	397	乌	27	西	498	xià	
往	398	(衛)	397	(烏)	27	希	339	下	483
wàng		未	517	污	125	昔	134	夏	494
妄	192	位	165	(汙)	125	析	55	xiān	
忘	229	味	302	巫	416	牺	4	仙	163
望	224	畏	184	屋	379	(犧)	4	(僊)	163
(朢)	224	胃	205	wú		息	232	先	283
wēi		谓	320	无	495	奚	181	鲜	30
危	502	(謂)	320	(無)	495	惜	234	(鮮)	30
威	187	尉	441	吴	310	稀	77	xián	
微	400	wēn		(吳)	310	犀	5	闲	381
wéi		翁	27	wǔ		膝	225	(閒)	381
为	275	温	110	五	480	(厀)	225	贤	430
(爲)	275	(溫)	110	午	517	xí		(賢)	430
违	295			伍	176	习	29	弦	462

咸	307	xiǎng		xiè		修	501	宣	366
(鹹)	307	响	326	泄	112	羞	6	xuán	
衔	150	(響)	326	谢	317	xiǔ		玄	354
(銜)	150	想	232	(謝)	317	朽	511	旋	464
嫌	192	xiàng		xīn		(殀)	511	xuǎn	
xiǎn		向	369	心	225	xiù		选	288
显	214	项	212	辛	475	秀	75	(選)	288
(顯)	214	(項)	212	欣	329	绣	349	xuē	
险	104	巷	387	新	467	(繡)	349	削	472
(險)	104	相	222	薪	67	xū		xué	
xiàn		象	20	xìn		戌	517	穴	374
县	215	像	170	信	314	须	212	学	268
(縣)	215	xiāo		xīng		(須)	212	(學)	268
限	104	萧	66	兴	255	虚	87	xuě	
线	353	(蕭)	66	(興)	255	(虛)	87	雪	144
(綫)	353	嚣	312	星	139	需	146	(霫)	144
宪	232	(囂)	312	xíng		xú		xuè	
(憲)	232	xiǎo		刑	474	徐	402	血	406
陷	106	小	483	行	396	xǔ		xūn	
献	9	xiào		型	96	许	317	勋	446
(獻)	9	孝	504	xìng		(許)	317	(勳)	446
xiāng		肖	208	杏	44	xù		熏	438
乡	364	校	53	幸	181	序	378	xún	
(鄉)	364	笑	75	性	233	叙	260	旬	506
香	82	效	263	姓	191	(敘)	260	巡	293
湘	109	xié		xiōng		绪	346	询	325
箱	73	协	446	凶	499	(緒)	346	(詢)	325
镶	153	(協)	446	兄	183	续	342	循	402
(鑲)	153	谐	323	xióng		(續)	342	xùn	
xiáng		(諧)	323	雄	23	絮	350	训	320
祥	454	xiě		熊	19	xuān		(訓)	320
翔	28	写	369	xiū		轩	393	讯	321
		(寫)	369	休	177	(軒)	393	(訊)	321

迅	286	**yǎn**		**yāo**		移	78	**yīn**	
		奄	496	夭	181	遗	290	因	390
Y		掩	247			（遺）	290	阴	103
		眼	221	**yáo**		疑	400	（陰）	103
yá		演	116	摇	248			音	326
牙	217			遥	291	**yǐ**		姻	191
崖	88	**yàn**				乙	514	殷	269
衙	397	厌	89	**yǎo**		以	514		
		（厭）	89	舀	275	蚁	33	**yín**	
yǎ		晏	139			（蟻）	33	银	148
雅	25	宴	368	**yào**		倚	170	（銀）	148
		谚	319	药	67	椅	47	淫	118
yà		（諺）	319	（藥）	67			寅	516
亚	504	雁	22	要	193	**yì**			
（亞）	504	燕	27			义	458	**yǐn**	
讶	323			**yě**		（義）	458	尹	258
（訝）	323	**yāng**		野	99	艺	276	引	463
		央	493			（藝）	276	饮	328
yān				**yè**		议	321	（飲）	328
烟	438	**yáng**		业	494	（議）	321	隐	106
（煙）	438	扬	243	（業）	494	亦	180	（隱）	106
		（揚）	243	叶	41	异	255		
yán		羊	5	（葉、葉）	41	（異）	255	**yìn**	
延	297	阳	103	页	210	邑	384	印	275
严	313	（陽）	103	（頁）	210	役	269		
（嚴）	313	杨	45	夜	142	易	504	**yīng**	
言	314	（楊）	45			益	406	应	227
岩	87	洋	108	**yī**		谊	316	（應）	227
（巖）	87			一	480	（誼）	316	英	60
炎	441	**yǎng**		伊	175	逸	17	婴	188
研	88	养	363	衣	332	肄	273	（嬰）	188
盐	361	（養）	363	医	361	意	226	鹰	22
（鹽）	361			（醫）	361	溢	406	（鷹）	22
阎	383	**yàng**		依	165	毅	270		
（閻）	383	样	48			翼	28	**yíng**	
颜	211	（樣）	48	**yí**				迎	293
（顏）	211	漾	111	仪	173			盈	407
檐	52			（儀）	173			蝇	37
				夷	496				
				宜	372				

(蝇)	37	有	208	yù		yuǎn	
赢	431	酉	359	玉	155	远	291
(贏)	431		yòu	吁	304	(遠)	291
	yōng	又	257	聿	271	yuàn	
拥	251	右	257	育	195	怨	229
(擁)	251	幼	446	狱	12	院	103
庸	411	囿	358	(獄)	12	愿	232
雍	25		yú	浴	124	(願)	232
(雝)	25	于	488	域	389	yuē	
	yǒng	余	383, 384	欲	328	曰	313
永	130	(餘)	384	遇	294	约	345
咏	325	鱼	29	御	402	(約)	345
(詠)	325	(魚)	29	寓	368	yuè	
勇	446	竽	74	裕	335	月	140
涌	115	渔	30	誉	326	岳	86
	yòng	(漁)	30	(譽)	326	(嶽)	86
用	411	隅	101		yuān	阅	382
	yōu	逾	293	冤	17	(閱)	382
优	172	愉	235	渊	122	越	296
(優)	172	榆	45	(淵)	122		yún
忧	234	愚	229		yuán	云	145
(憂)	234		yǔ	元	215	(雲)	145
幽	354	与	255	园	389	匀	506
	yóu	(與)	255	(園)	389		yǔn
由	512	予	507	员	428	允	184
邮	386	宇	367	(員)	428		yùn
(郵)	386	羽	27	原	129	孕	194
犹	12	雨	143	圆	391	运	288
(猶)	12	禹	37	(圓)	391	(運)	288
油	112	语	316	援	243	晕	138
游	465	(語)	316	缘	352	(暈)	138
	yǒu	圉	477	(緣)	352		
友	258			源	129		

	Z		
	zá		
杂	335		
(雜)	335		
	zāi		
灾	439		
(裁)	439		
栽	55		
	zǎi		
宰	371		
	zài		
再	488		
在	94		
载	393		
(載)	393		
	zàn		
赞	430		
(贊)	430		
	zāng		
臧	199		
	zàng		
葬	69		
	záo		
凿	150		
(鑿)	150		
	zǎo		
早	135		
枣	57		
(棗)	57		
蚤	33		
澡	125		

zào		zhái		zhǎo		(爭)	271	zhǐ	
灶	375	宅	366	爪	274	征	280	止	279
(竈)	375	zhài		zhào		(徵)	280	只	300
造	286	债	174	召	303	zhěng		旨	417
燥	441	(債)	174	兆	456	整	268	纸	344
zé		zhān		赵	296	zhèng		(紙)	344
则	469	占	455	(趙)	296	正	280	指	241
(則)	469	zhǎn		照	438	证	322	zhì	
责	431	斩	395	zhé		(證)	322	至	461
(責)	431	(斬)	395	折	244	郑	387	志	226
择	241	盏	408	zhě		(鄭)	387	制	472
(擇)	241	(盞)	408	者	487	政	264	质	431
泽	121	展	197	zhè		zhī		(質)	431
(澤)	121	zhàn		浙	109	之	279	治	111
zéi		栈	50	zhēn		支	71	致	297
贼	457	(棧)	50	贞	455	只	300	秩	80
(賊)	457	战	457	(貞)	455	(隻)	300	智	313
zēng		(戰)	457	针	151	汁	127	置	424
曾	421	zhāng		(鍼)	151	芝	61	稚	76
增	95	张	462	珍	156	枝	71	(穉)	76
zèng		(張)	462	真	499	知	308	鸢	18
赠	434	章	327	(眞)	499	织	346	zhōng	
(贈)	434	zhǎng		zhěn		(織)	346	中	483
zhá		掌	240	诊	325	脂	206	忠	228
闸	382	zhàng		(診)	325	蜘	36	终	351
(閘)	382	丈	423	zhèn		(鼅)	36	(終)	351
zhà		仗	173	振	246	zhí		钟	148
乍	165	帐	339	朕	396	执	476	(鍾)	148
诈	324	(帳)	339	震	146	(執)	476	(鐘)	148
(詐)	324	zhāo		镇	154	直	399	衷	332
zhāi		招	245	(鎮)	154	职	220	zhǒng	
斋	454	昭	138	zhēng		(職)	220	肿	207
(齋)	454	朝	135	争	271	植	49	(腫)	207

种	79	(豬)	7	(傳)	167	zhuō		zòu	
(種)	79	蛛	36	zhuāng		捉	245	奏	253
zhòng		(鼃)	36	妆	190	zhuó		zū	
仲	164	zhú		(妝)	190	卓	507	租	80
众	178	竹	71	庄	63	浊	110	zú	
(眾)	178	逐	290	(莊)	63	(濁)	110	足	278
种	79	烛	436	装	333	zī		卒	334
(種)	79	(燭)	436	(裝)	333	咨	307	族	464
重	499	zhǔ		zhuàng		兹	354	zǔ	
zhōu		主	450	壮	199	滋	118	诅	452
舟	395	煮	410	(壯)	199	zǐ		(詛)	452
州	128	(鬻)	410	状	9	子	193	阻	104
周	310	zhù		(狀)	9	姊	187	组	344
粥	410	助	443	zhuī		zì		(組)	344
(鬻)	410	注	117	隹	21	自	217	祖	451
zhǒu		驻	15	追	290	字	194	zuì	
肘	203	(駐)	15	锥	150	zōng		罪	476
帚	338	柱	52	(錐)	150	宗	452	(辠)	476
zhòu		祝	451	zhuì		综	347	醉	361
宙	367	铸	153	坠	105	(綜)	347	zūn	
昼	136	(鑄)	153	(墜)	105	zǒng		尊	360
(晝)	136	zhuān		缀	351	总	348	遵	293
zhū		专	274	(綴)	351	(總)	348	zuó	
朱	40	(專)	274	赘	434	zòng		昨	139
珠	157	zhuǎn		(贅)	434	纵	348	zuǒ	
株	41	转	392	zhǔn		(縱)	348	左	256
诸	320	(轉)	392	准	123	zǒu		zuò	
(諸)	320	zhuàn		(準)	123	走	295	作	166
猪	7	传	167					坐	94

笔画检字表

说 明

一、本表收入《字源识字》全部字头。繁体字、异体字同样收入,外加"( )"。字头后的阿拉伯数字表示该字的页码。

二、本表单字按汉语笔画数排列,笔画数相同的,按笔形"一、丨、丿、、、¬"顺序排列。

一画

一　　480
乙　　514

二画

〔一〕

二　　480
十　　482
丁　　515
厂　　88
七　　481

〔丨〕

卜　　455

〔丿〕

八　　481
人　　162
入　　491
儿　　183
匕　　416
几　　417

九　　481

〔¬〕

了　　513
丩　　485
刀　　467
力　　442
乃　　489
又　　257

三画

〔一〕

三　　480
干　　459
于　　488
亏　　488
工　　414
土　　90
士　　199
才　　70
下　　483
寸　　273

大　　179
丈　　423
与　　255
万　　482

〔丨〕

上　　482
小　　483
口　　300
山　　86
巾　　336

〔丿〕

千　　482
川　　128
个　　74
夕　　142
久　　497
勺　　416
凡　　421
丸　　462
及　　258

〔丶〕

广　　376
亡　　468
门　　380
义　　458
之　　279

〔¬〕

尸　　195
己　　515
巳　　516
弓　　461
子　　193
卫　　397
女　　185
刃　　468
飞　　29
习　　29
马　　12
乡　　364

四画

〔一〕

丰　　58,59
王　　459
开　　381
井　　413
天　　143
夫　　182
元　　215
无　　495
韦　　284
云　　145
专　　274
丐　　468
艺　　276
木　　40
五　　480
支　　71
不　　84
犬　　7

太	128	夭	181	勾	486	**五画**		东	498
区	426	长	503	凤	26			〔丨〕	
历	282	仁	167	〔丶〕		〔一〕		北	179
友	258	什	176	六	481	玉	155	占	455
匹	426	片	58	文	502	刊	473	业	494
车	392	仆	162	亢	181	未	517	旧	25
巨	415	化	178	方	500	末	40	帅	336
牙	217	仇	177	火	435	示	450	归	282
屯	505	仍	177	为	275	巧	415	旦	134
戈	456	仅	172	斗	418	正	280	目	220
比	416	斤	465	计	315	扑	247	且	451
互	422	爪	274	户	379	卉	59	叶	41
切	470	反	259	心	225	(甴)	90	甲	514
瓦	420	介	484	〔一〕		功	443	申	144
〔丨〕		父	258	尹	258	扔	248	电	144
止	279	从	178	尺	422	去	411	号	304
支	262	(父)	130	引	463	世	42	田	97
少	484	仑	511	(弔)	175	古	487	由	512
曰	313	今	311	丑	515,516	节	71	只	300
日	134	凶	499	巴	513	本	40	史	261
中	483	分	470	孔	195	术	397	央	493
贝	428	乏	281	队	105	可	309	兄	183
冈	87	公	484	办	444	丙	515	叫	303
内	491	仓	359	以	514	左	256	叹	309,310
水	107	月	140	允	184	厉	89	皿	406
见	223	氏	514	予	507	丕	84	囚	390
〔丿〕		勿	468	邓	387	石	87	四	480
午	517	欠	327	劝	444	右	257	〔丿〕	
牛	2	风	146	双	23	布	337	生	70
手	240	丹	489	书	272	戊	515	矢	460
气	143	匀	506	幻	355	龙	20	失	253
毛	215	乌	27			平	487	乍	165
升	419	殳	269			灭	439	禾	75

笔画检字表 五画—六画

丘	86	冯	15	发	216	朽	511	毕	424
仕	170	玄	354	圣	218	朴	49	至	461
付	171	闪	383	对	274	机	47	〔丨〕	
仗	173	兰	61	台	388	权	46	此	283
代	166	半	4	矛	459	过	286	贞	455
仙	163	汁	127	纠	485	臣	198	师	467
仪	173	头	210	母	185	吏	261	尘	16
白	163	汉	108	幼	446	再	488	光	439
他	164	宁	374	丝	345	协	446	当	100
瓜	84	穴	374			西	498	早	135
乎	303	它	31	**六画**		厌	89	吁	304
丛	68	讨	316			戍	517	吐	308
令	311	写	369	〔一〕		在	94	虫	31
用	411	让	317	匡	425	百	482	曲	422
印	275	礼	452	邦	384	有	208	团	391
尔	486	训	320	式	415	存	195	吕	210
乐	54	议	321	刑	474	而	216	同	305
句	486	必	467	戎	456	页	210	吊	175
册	426	讯	321	动	445	匠	425	吃	302
卯	516	记	319	圭	96	夸	180	因	390
犯	12	永	130	寺	273	夺	24	岁	283
(勾)	468	〔㇇〕		吉	301	灰	436	回	498
外	142	司	310	扣	248	达	289	则	469
处	418	尼	196	考	503	成	457	刚	469
冬	131	民	184	老	503	(歹)		网	423
鸟	26	弘	463	执	476	列	511	肉	202
务	443	出	283	地	90	死	470	〔丿〕	
包	517	辽	291	场	92	成	177	年	79
饥	363	奴	186	扬	243	夹	515	朱	40
〔丶〕		召	303	耳	218	夷	180	先	283
主	450	加	445	共	254	轨	496	廷	297
市	493	边	292	芒	62	划	393	舌	217
立	164	孕	194	芝	504	迈	471	竹	71

迁	288	众	178	羊	5	迅	286	**七画**	
乔	492	创	472	并	179	尽	407		
伟	169	肌	202	关	382	导	274	〔一〕	
传	167	朵	42	米	355	异	255	寿	503
休	177	杂	335	州	128	弛	463	弄	158
伍	176	危	502	汗	125	阩	376	麦	83
伏	173	旬	506	(汗)	125	孙	340	进	286
优	172	旨	417	污	125	阳	103	戒	458
臼	413	负	430	江	107	收	266	远	291
伐	456	名	301	池	114	阶	102	违	295
延	297	各	298	汤	127	阴	103	运	288
仲	164	多	207	兴	255	防	102	扶	241
件	176	争	271	宇	367	丞	254	抚	246
任	167	色	276	守	371	奸	190	坛	92
伤	173			宅	366	如	189	技	249
价	174	〔丶〕		字	194	妇	185	坏	96
伦	175	壮	199	安	367	妃	188	扰	246
份	169	冲	116	讲	315	好	189	走	295
华	63	妆	190	讳	322	戏	457	贡	429
仿	170	冰	130	军	395	羽	27	攻	267
自	217	庄	63	讶	323	观	223	赤	440
伊	175	庆	228	(胄)	204	牟	2	折	244
血	406	亦	180	许	317	欢	327	孝	504
向	369	刘	474	讻	324	买	432	均	94
后	400, 401	齐	513	论	314	红	343	抛	250
行	396	交	182	讼	325	约	345	投	245
舟	395	衣	332	农	412	级	342	抗	247
全	491	次	328	讽	324	纪	347	坊	92
会	491	产	70	设	315	驰	14	志	226
杀	270	决	118	访	321	巡	293	块	90
合	490	亥	518					声	219
兆	456	妄	192	〔→〕				把	242
企	163	闭	381	聿	271			报	476
		问	302	那	385				

笔画检字表 七画 561

却	502	来	83	〔丿〕		肝	206	闰	159
苇	60	连	289	针	151	肘	203	闲	381
芹	65	轩	393	钉	151	肠	205	间	381
芬	62	〔丨〕		牡	3	龟	35	闷	230
苍	64	步	282	告	2	甸	97	羌	5
芳	63	坚	96	我	458	免	496	兑	496
严	313	肖	208	乱	505	狂	10	灶	375
劳	445	旱	136	利	469	犹	12	弟	495
克	513	呈	307	秀	75	角	508	汪	119
杠	50	时	134	私	78	删	471	沐	124
杜	45	(贝)	428	每	185	条	48	沙	121
材	49	吴	310	兵	466	彤	490	(沖)	116
杏	44	(見)	223	体	209	卵	37	沦	120
巫	416	助	443	何	165	迎	293	泛	115
极	52	县	215	但	168	饭	362	没	114
李	44	里	99	作	166	饮	328	沟	121
杨	45	园	389	伯	164	系	340	(沈)	114
求	334	旷	138	位	165	〔丶〕		沉	114
(車)	392	围	391	身	209	言	314	(決)	118
甫	358	足	278	(兒)	497	冻	130	怀	236
匣	425	邮	386	伺	168	状	9	忧	234
更	264	男	185	近	291	亩	98	快	236
束	497	困	390	彻	402	况	120	完	370
豆	421	员	428	役	269	床	50	宋	373
两	489	听	219	返	287	库	377	牢	2
酉	359	吻	301	余	383,384	疗	510	穷	376
丽	16	吹	327	希	339	应	227	灾	439
医	361	(吳)	310	坐	94	冷	130	良	493
辰	412	邑	384	谷	106,107	庐	378	证	322
否	308	别	470	孚	275	序	378	启	263
还	287	帐	339	妥	190	辛	475	补	335
(夾)	180	吺	20	含	303	弃	256	初	469
豕	7	财	428	邻	385	忘	229	社	452

祀	450	鸡	21	势	444	枪	54	齿	217
诅	452	纬	346	抱	242	构	53	卓	507
识	316	驱	14	幸	181	述	285	虎	17
诈	324	纯	341	拂	249	丧	312	贤	430
诉	319	纲	352	招	245	(東)	498	尚	484
罕	423	纳	347	坡	93	或	388	具	254
诊	325	驳	13	拨	251	画	272	昙	137
词	315	纵	348	择	241	卧	177	味	302
〔一〕		纷	344	(亞)	504	事	261	果	42
君	301	纸	344	其	421	刺	471	昆	37
灵	159	纺	347	取	259	(兩)	489	国	389
即	364	纽	348	苦	62	枣	57	昌	137
尿	197			昔	134	雨	143	(門)	380
尾	196	**八画**		苟	65	(協)	446	(昇)	419
迟	289	〔一〕		若	69	卖	432	明	140
局	486	奉	253	茂	64	矿	147	易	504
改	264	玩	158	苹	61	厕	377	典	427
张	462	环	158	苗	59	奔	281	固	390
忌	229	武	457	英	60	奇	489	忠	228
陆	100	青	490	苟	66	奄	496	黾	36
阿	101	责	431	苞	64	奋	24	呼	304
(壯)	199	表	332	范	66	态	233	鸣	26
(妝)	190	规	182	直	399	欧	329	咏	325
陈	106	(長)	503	茎	62	妻	186	岸	89
阻	104	卦	455	茅	61	顷	213	岩	87
附	101	拓	251	枉	56	转	392	罗	423
坠	105	拔	243	林	56	斩	395	败	263
妊	188	坦	96	枝	71	轮	394	贩	433
姊	187	抽	252	杯	54	到	461	购	429
妨	192	者	487	枚	48	〔丨〕		图	389
炉	191	顶	211	析	55	非	29	(岡)	87
忍	231	拥	251	(來)	83	叔	260	〔丿〕	
劲	443	拘	244	松	46	肯	204	钓	153

制	472	所	466	夜	142	泥	111	隶	506
知	308	舍	308	庙	378	波	120	帚	338
垂	93	金	147	府	377	泽	121	(屆)	197
牧	262	(侖)	511	底	378	治	111	居	196
物	3	命	311	疟	510	性	233	届	197
乖	507	斧	465	剂	473	怜	237	屈	197
和	302	采	55	卒	334	怪	235	弧	462
季	76	受	270	郊	385	学	268	弥	463
委	189	(爭)	271	废	379	宝	156	弦	462
秉	259	乳	194	妾	186	宗	452	承	254
佳	169	贪	433	盲	223	定	367	孟	194
侍	170	念	227	放	262	宠	371	(牀)	50
岳	86	贫	433	刻	473	宜	372	(狀)	9
供	169	忿	231	育	195	审	505	陕	103
使	261	肤	202	闸	382	宙	367	降	105
(兒)	183	(肧)	207	闹	501	官	373	限	104
版	58	肿	207	郑	387	空	375	妹	187
侃	129	股	204	卷	502	实	370	姑	187
侧	172	肥	206	(並)	179	试	322	姐	187
侨	169	服	500	单	311	郎	387	姓	191
佩	168	周	310	炊	437	诗	319	始	188
货	429	昏	135	炎	441	肩	202	驾	14
佳	21	鱼	29	炉	153	房	380	参	140
依	165	兔	16	浅	119	诚	321	艰	512
帛	338	狐	8	法	18	视	223	线	353
卑	262	忽	229	泄	112	祈	454	练	349
阜	100	狗	8	河	107	话	318	组	344
质	431	备	166	泪	126	询	325	细	342
欣	329	饰	338	沮	113	该	325	织	346
征	280	饱	362	油	112	〔一〕		驹	13
往	398	〔丶〕		(况)	120	建	297	终	351
彼	401	变	264	注	117	肃	506	驻	15
径	397	京	492	泣	126	录	155	绍	352

经	341	荒	65	战	457	罚	474	俘	162
贯	434	荡	111	点	442	贱	433	信	314
(糾)	485	荣	47	虐	17	骨	209	皇	460
		故	264	临	225	幽	354	泉	129
九画		胡	205	览	224			鬼	184
〔一〕		南	498	竖	494	〔丿〕		侵	171
奏	253	药	67	省	222	钝	154	禹	37
春	68	栈	50	削	472	钞	154	(帥)	336
珍	156	枯	49	尝	417	钟	148	追	290
毒	62	柄	51	昧	136	钮	151	盾	459
型	96	栋	51	是	281	拜	252	待	400
封	94	相	222	(則)	469	看	221	律	401
持	243	柏	46	盼	221	矩	415	很	398
拱	244	柳	45	显	214	牲	4	(後)	400
项	212	柱	52	冒	336	选	288	须	212
城	92	树	42	星	139	适	285	叙	260
挠	250	(軌)	393	昨	139	香	82	剑	474
政	264	要	193	昭	138	种	79	逃	292
赴	296	咸	307	畏	184	秋	79	(御)	502
赵	296	威	187	胃	205	科	81	(采)	76
拾	243	研	88	贵	434	重	499	食	362
指	241	(頁)	210	界	98	复	399	盆	407
某	43	厘	268	虹	147	竿	73	胚	207
甚	511	厚	89	虾	33	笃	74	胆	206
荆	61	面	214	蚁	33	段	269	胜	444
茸	67	牵	4	思	226	便	167	胎	207
革	414	残	510	虽	34	贷	435	(負)	430
荐	18	轻	392	品	300	顺	214	勉	443
巷	387	皆	313	勋	446	修	501	独	10
(葉、菓)	41	(勁)	443	囿	358	保	163	(風)	146
带	337	〔丨〕		响	326	侮	173	狡	8
草	59	韭	83	咳	306	俭	172	狩	10
茧	341	(貞)	455	炭	436	俗	168	狱	12

贸	432	炼	438	祖	451	结	343	捐	248
怨	229	炮	437	神	453	绕	348	损	246
急	228	烂	437	祝	451	骄	13	都	384
饵	410	洒	124	祠	454	绘	349	热	437
饶	363	浊	110	误	324	给	343	恐	231
饼	362	洞	117	诲	320	络	351	捣	251
〔丶〕		测	123	说	314	绝	341	(栽)	439
(計)	315	洗	125	诵	318	统	347	壶	420
将	273	洽	120	〔一〕		(紅)	343	耻	220
哀	306	染	123	退	292	(約)	345	(恥)	220
亭	387	洛	109	既	364	(級)	342	聂	220
度	260	济	109	屋	379	(紀)	347	(華)	63
迹	284	洋	108	昼	136			恭	238
庭	377	浑	115	屏	379	**十画**		荞	69
咨	307	津	122	费	431	〔一〕		(莖)	62
亲	369,370	恒	237	(韋)	284	耕	413	莫	68
音	326	恬	234	眉	221	泰	128	荷	64
帝	485	恨	236	(陝)	103	秦	78	获	11
施	465	举	253	陛	102	珠	157	晋	137
闻	219	觉	224	除	102	班	158	恶	230
阁	383	宣	366	险	104	素	351	真	499
差	257	宦	198	院	103	蚕	31	(莊)	63
养	363	室	366	娃	188	盏	408	桂	44
美	5	宫	373	姻	191	匪	425	桐	46
姜	191	宪	232	(姦)	190	栽	55	株	41
送	289	(穿)	376	(筌)	240	捕	245	桥	52
类	11	突	375	怒	230	(馬)	12	桃	44
迷	290	穿	374	贺	430	振	246	格	48
前	281	客	372	(飛)	29	载	393	校	53
首	215	冠	336	盈	407	起	295	样	48
逆	294	(軍)	395	勇	446	盐	361	根	41
兹	354	语	316	蚤	33	(貢)	429	索	345
总	348	扁	380	柔	56	捉	245	(軒)	393

(連)	289	(閃)	383	借	171	朕	396	旅	464
哥	309	晏	139	倚	170	(眞)	499	畜	100
速	287	晕	138	(條)	48	狼	9	阅	382
鬲	409	畔	98	俱	174	留	99	羞	6
栗	43	蚊	33	候	166	饿	363	瓶	420
贾	433	(員)	428	(倫)	175	〔丶〕		拳	240
配	360	圄	358	(隻)	300	(討)	316	粉	357
翅	28	哭	312	倍	175	(訓)	320	料	419
辱	412	哦	308	臭	9	(訊)	321	益	406
唇	205	恩	227	射	460	(記)	319	兼	259
(威)	439	罢	424	躬	210	(凍)	130	烦	214
夏	494	圆	391	息	232	浆	127	烧	435
破	88	贼	457	(烏)	27	衰	332	烛	436
原	129	(剛)	469	(師)	467	(畝)	98	烟	438
逐	290	〔丿〕		徒	285	衷	332	浙	109
烈	436	钱	149	(徑)	397	高	492	浦	122
顾	213	铁	148	徐	402	郭	386	酒	359
顿	213	铃	149	殷	269	席	339	涉	126
致	297	(氣)	143	般	396	(庫)	377	浩	117
(晉)	137	特	3	(釘)	151	准	123	海	108
〔丨〕		牺	4	(殺)	270	病	509	涂	113
(鬥)	418	(郵)	386	拿	240	疾	509	浴	124
(甫)	281	造	286	釜	409	斋	454	浮	115
柴	49	乘	55	舀	275	疲	510	流	116
虑	226	敌	267	爱	228	脊	203	涕	125
监	225	租	80	豺	19	效	263	浪	108
紧	350	积	80	豹	19	离	23	浸	112
党	442	秩	80	奚	181	紊	352	涌	115
(時)	134	称	82	(倉)	359	唐	305	悟	236
(畢)	424	笔	272	(飢)	363	凉	126	悔	236
(財)	428	笑	75	颂	211	竞	493	害	372
(晛)	138	笋	71	翁	27	部	385	宽	371
晃	138	债	174	脂	206	旁	500	家	366

宴	368	陷	106	授	271	奢	180	(國)	389
宾	373	陪	101	教	267	爽	180	唯	306
容	371	恕	233	掠	249	聋	219	(帳)	339
宰	371	(挐)	28	接	246	盛	407	崖	88
案	51	通	287	(執)	476	雪	144	(眾)	178
请	317	能	19	探	252	(頃)	213	婴	188
朗	141	难	25	据	249	辅	393	圈	391
诸	320	(務)	443	掘	247	〔丨〕		(過)	286
诺	320	桑	43	职	220	虚	87	〔丿〕	
读	318	绢	349	基	91	彪	18	铜	148
扇	380	绣	349	娶	189	(處)	418	铭	153
袍	334	继	342	黄	512	雀	21	银	148
被	334	(純)	341	萌	64	堂	91	梨	44
祥	454	(納)	347	菜	65	常	337	移	78
课	318	(紛)	344	萃	63	晨	412	(動)	445
谁	318	(紙)	344	萧	66	(敗)	263	符	72
调	322	(紡)	347	梦	142	(販)	433	第	496
冤	17	(紐)	348	(梩)	54	眯	222	敏	265
谅	319	**十一画**		梅	43	眼	221	偿	175
谈	317			检	53	野	99	(側)	172
谊	316	〔一〕		(麥)	83	闲	381	偶	176
〔一〕		春	413	桶	54	(問)	302	(貨)	429
(書)	272	球	157	救	265	曼	500	(進)	286
剥	472	(責)	431	啬	81	晦	139	偏	174
(帬)	335	理	158	(斬)	395	晚	135	(鳥)	26
展	197	(規)	182	(專)	274	(異)	255	假	171
弱	501	堵	91	副	473	距	279	(偉)	169
(陸)	100	措	252	(區)	426	略	98	(術)	397
陵	101	域	389	(堅)	96	蛊	34	徙	398
(陳)	106	掩	247	(脣)	205	圉	477	得	398
(孫)	340	排	250	戚	458	蛇	31	衔	150
(陰)	103	推	244	(帶)	337	唬	305	(從)	178
陶	103	(頂)	211	硕	214	累	353	盘	408

船	395	竟	494	惧	235	颈	212	堤	93
（敘）	260	（産）	70	寇	265	（習）	29	提	252
（釣）	153	商	485	寅	516	（參）	140	（場）	92
敛	266	族	464	宿	372	绩	345	（揚）	243
欲	328	旋	464	谋	321	绪	346	博	487
（貪）	433	望	224	谍	325	续	342	喜	305
领	212	率	346	（啟）	263	骑	13	彭	427
（貧）	433	（牽）	4	谐	323	绳	345	搜	248
脚	204	阎	383	祷	454	维	350	（塊）	90
豚	7	闸	383	（視）	223	绵	341	煮	410
（魚）	29	盖	67	祸	453	绸	354	援	243
象	20	粗	356	谓	320	综	347	（達）	289
逸	17	粒	357	谚	319	绿	343	（報）	476
猪	7	断	466			缀	351	（壺）	420
猎	11	兽	38	〔一〕		（貫）	434	握	242
猛	8	敝	340	（晝）	136	（鄉）	364	（惡）	230
祭	450	清	120	逮	288	（組）	344	斯	466
馆	362	鸿	26	敢	271	（細）	342	期	141
		渠	122	尉	441	（終）	351	欺	328
〔、〕		渐	110	屠	198	（紹）	352	联	218
（訝）	323	（淺）	119	（張）	462	巢	56	散	266
（許）	317	淮	109	弹	462			葬	69
（訛）	324	（淪）	120	堕	105	十二画		（萬）	482
（訟）	325	渊	122	随	285			敬	267
（設）	315	淫	118	（將）	273	〔一〕		葱	65
（訪）	321	渔	30	（階）	102	琴	428	韩	284
减	123	（涼）	126	（陽）	103	琼	156	朝	135
庶	440	淡	124	隅	101	華	394	（喪）	312
麻	83	（淚）	126	隆	93	替	182	辜	475
康	357	深	110	隐	106	款	329	（葦）	60
庸	411	梁	51	（隊）	105	（項）	212	植	49
鹿	15	情	234	婢	186	越	296	森	57
盗	329	惜	234	婚	191	趋	295	（棟）	51
章	327			（婦）	185	超	296		

十二画

椅	47	遇	294	(喬)	492	然	435	湿	121
(棧)	50	景	136	等	72	(貿)	432	温	110
棺	55	践	278	策	72	\[、\]		渴	126
(極)	52	(貴)	434	筋	209	(詛)	452	溃	119
惠	231	遗	290	(筍)	71	(詐)	324	滑	121
惑	233	蛙	36	(筆)	272	(訴)	319	(淵)	122
粟	356	蛛	36	(備)	166	(診)	325	(盜)	329
(棗)	57	(單)	311	傅	171	(詠)	325	渡	123
雁	22	喘	306	(貸)	435	(詞)	315	游	465
(殘)	510	幅	338	(順)	214	(馮)	15	滋	118
裂	333	(買)	432	集	22	装	333	(渾)	115
雄	23	赋	429	焦	437	蛮	35	溉	112
颊	212	赎	432	街	396	就	492	愤	235
(雲)	145	赐	429	御	402	敦	266	愧	193
雅	25	黑	442	(復)	399	(廁)	377	愉	235
翘	28	(圍)	391	循	402	痛	509	割	471
\[丨\]		\[丿\]		(徧)	401	童	183	寒	131
辈	394	铸	153	(須)	212	(棄)	256	富	369
悲	230	铺	151	舒	508	阔	382	寓	368
(虚)	87	链	152	(鈍)	154	善	326	窜	376
凿	150	锁	152	(鈔)	154	翔	28	窗	374
敞	265	锅	409	(鈕)	151	普	137	(運)	288
赏	430	锐	154	逾	293	粪	256	遍	401
掌	240	(無)	495	释	512	尊	360	雇	23
暑	136	(餅)	420	禽	38	奠	359	(補)	335
量	499	短	461	(爲)	275	道	292	裕	335
鼎	420	智	313	(創)	472	遂	295	裙	335
(閏)	159	犊	3	(飯)	362	曾	421	(禍)	453
(開)	381	鹅	26	(飲)	328	(勞)	445	禄	453
(閑)	381	稍	77	腊	208	湘	109	谢	317
晶	139	程	81	(勝)	444	(減)	123	谤	324
(間)	381	稀	77	鲁	30	(測)	123	谦	323
(悶)	230	黍	82	(猶)	12	(湯)	127	\[一\]	
								(畫)	272

犀	5	(損)	246	感	230	蜂	32	衙	397
属	196	(遠)	291	(電)	144	蛻	34	微	400
强	34	鼓	427	雷	144	(農)	412	(鈴)	149
(費)	431	(鼓)	427	零	146	嗣	306	(會)	491
粥	410	(勢)	444	雾	145	置	424	遥	291
(違)	295	摇	248	雹	145	罪	476	(愛)	228
隔	104	(聖)	218	辐	394	蜀	32	(亂)	505
(陸)	105	(蓋)	67	辑	394	嵩	86	(飾)	338
絮	350	勤	445	输	392	(圓)	391	(飽)	362
(媿)	193	蓝	60	(頓)	213	〔丿〕		(頌)	211
媚	192	幕	339	(盞)	408	错	149	(腸)	205
(賀)	430	(夢)	142	〔丨〕		锤	150	(腫)	207
登	284	(蒼)	64	(歲)	283	锥	150	腹	203
(發)	216	蓬	60	龄	217	锦	339	腾	14
缕	350	蒿	60	(業)	494	键	152	肆	273
编	344	蒙	66	(當)	100	锯	150	触	508
骚	15	献	9	睡	222	辞	475	解	508
缘	352	(楳)	43	(賊)	457	稚	76	雏	21
(結)	343	楚	57	鄙	386	稠	77	〔丶〕	
(給)	343	楷	46	(聞)	382	筹	74	(試)	322
(絡)	351	楊	45	(電)	36	简	72	(詩)	319
(絶)	341	想	232	愚	229	(節)	71	(誠)	321
(統)	347	槐	45	暖	441	(與)	255	(話)	318
(絲)	345	榆	45	盟	408	(債)	174	(詢)	325
(幾)	417	(嗇)	81	暈	138	(僅)	172	(該)	325
		(卻)	225	(號)	304	(傳)	167	酱	361
十三画		楼	52	照	438	毁	95	(裏)	99
〔一〕		概	53	跪	278	鼠	20	禀	80
瑞	156	裘	333	路	279	(傷)	173	(稟)	80
填	95	赖	435	跟	278	像	170	廉	378
(載)	393	(尠)	409	(園)	389	(躯)	210	鹰	18
搏	241	(賈)	433	遣	294	(皋)	476	新	467
(馳)	14	酬	360	蛾	32	魁	419	意	226

笔画检字表 十三画—十四画

雍	25	(裝)	333	(塋)	224	熏	438	旗	464
(義)	458	嫌	192	(緊)	350	箕	422	(養)	363
粮	355	嫁	192	酷	360	(箇)	74	精	356
数	263	叠	140	酸	361	(僥)	163	(鄢)	385
煎	440	缚	349	(厲)	89	(僕)	162	(鄭)	387
慈	227	缝	353	(厭)	89	(僑)	169	(榮)	47
(煙)	438	缠	348	(碩)	214	鼻	218	(漢)	108
(煉)	438	(經)	341	愿	232	(銜)	150	(滿)	118
(煩)	214	(絹)	349	(爾)	486	(銅)	148	漆	110
(煬)	441			奪	24	(銘)	153	(漸)	110
(溝)	121	**十四画**		臧	199	(銀)	148	(漁)	30
满	118			需	146	貌	497	漾	111
(滅)	439	〔一〕				(餅)	362	演	116
源	129	静	490	〔丨〕		(領)	212	漏	119
滥	117	碧	157	雌	23	(鳳)	26	慢	237
(溫)	110	赘	434	(對)	274	鲜	30	(寬)	371
(準)	123	熬	440	(嘗)	417	疑	400	(賓)	373
(塗)	113	墙	91	裳	337	(獄)	12	寡	368
滔	117	(駁)	13	颗	213			察	370
溢	406	赵	296	(嘆)	309	〔丶〕		蜜	35
溺	113	嘉	427	闻	219	(語)	316	(寧)	374
梁	355	(臺)	388	阁	383	(誤)	324	(寢)	368
誉	326	誓	322	蝇	37	(誨)	320	(實)	370
塞	95	撒	250	蜘	36	(説)	314	(複)	399
寝	368	(壽)	503	蝉	32	(誦)	318		
谨	323	慕	237	(團)	391	裹	333	〔⁻〕	
福	453	蔑	507	(鳴)	26	敲	267	(劃)	471
		(蔥)	65	(罰)	474	膏	206	(盡)	407
〔⁻〕		(構)	53	(圖)	389	(廣)	376	(隨)	285
(肅)	506	(槍)	54			(瘧)	510	(墜)	105
群	6	(輔)	393	〔丿〕		塵	16	翠	28
(犖)	6	(輕)	392	锻	155	端	504	熊	19
殿	270	歌	309	舞	495	(適)	285	(態)	233
辟	475	(監)	225	(種)	79	(齊)	513	(鄧)	387
				(稱)	82				

（緒）	346	（樓）	52	〔丿〕		（諸）	320	潦	352
（綫）	353	樊	57	镇	154	（諾）	320	（練）	349
（綱）	352	（樣）	48	稻	75	（課）	318	（編）	344
維	350	（輪）	394	黎	82	（誰）	318	（緯）	346
（綿）	341	（歐）	329	稿	78	（論）	314	（緣）	352
（綢）	354	（豎）	494	稼	77	（調）	322		
（綜）	347	（賢）	430	（稺）	76	（諒）	319	十六画	
綠	343	（遷）	288	箱	73	（談）	317		
（綴）	351	醉	361	（範）	66	（誼）	316	〔一〕	
		（憂）	234	箭	73	（廟）	378	（據）	249
十五画		（遼）	291	篇	73	摩	241	操	242
		（豬）	7	（價）	174	（慶）	228	（擇）	241
〔一〕		震	146	（儉）	172	（廢）	379	（壇）	92
慧	231			（儀）	173	颜	211	（擁）	251
（輦）	394	〔丨〕		（樂）	54	毅	270	燕	27
（髮）	216	（輩）	394	僻	174	（敵）	267	（薦）	18
（撓）	250	（鬧）	501	（質）	431	遵	293	薪	67
（駒）	13	（齒）	217	德	399	導	274	颠	211
（駐）	15	（膚）	202	（徵）	280	（擎）	250	（蕭）	66
趣	296	（慮）	226	（衝）	116	（潰）	119	（樹）	42
（撲）	247	（賞）	430	（徹）	402	（憤）	235	（樸）	49
（賣）	432	題	211	衛	397	（憐）	237	（橋）	52
（撫）	246	暴	137	（盤）	408	（寫）	369	（機）	47
（熱）	437	（賦）	429	（鋪）	151	審	505	（輻）	394
播	247	（賤）	433	（銳）	154	（窮）	376	（輯）	394
撒	446	（賜）	429	（餓）	363	〔ㄧ〕		（輸）	392
增	95	（閱）	382	（餘）	384	遲	289	整	268
（穀）	107	（數）	263	膝	225	履	198	（賴）	435
（撥）	251	（踐）	278	鯉	30	（彈）	462	融	409
（歐）	310	（遺）	290	（魯）	30	（選）	288	（頭）	210
（邁）	293	（蝦）	33	（劉）	474	（漿）	127	（醜）	516
蕃	68	（賫）	38			（險）	104	（歷）	282
（蕩）	111	（罷）	424	〔丶〕		（駕）	14	（曆）	282
横	50	墨	97	（請）	317			（奮）	24

笔画检字表 十六画—十八画

(頰)	212	(鋸)	150	**十七画**		(镣)	152	(濟)	109
霍	24	(劍)	474			穗	76	(禮)	452
(頸)	212	(館)	362	〔一〕		(穜)	79	〔一〕	
〔丨〕		膳	208	(環)	158	(優)	172	臀	204
(縣)	215	(獲)	11	(贅)	434	(償)	175	臂	203
(曇)	137	(獨)	10	(擣)	251	(龜)	35	(彌)	463
(閹)	383			(趨)	295	徽	350	(蟲)	33
器	312	〔丶〕		戴	256	(劌)	446	(牆)	91
(戰)	457	(謀)	321	(聲)	219	(鍼)	151	翼	28
(還)	287	(諜)	325	(聯)	218	(鍾)	148	(績)	345
贈	434	(諧)	323	(艱)	512	(鍛)	155	(縷)	350
默	10	(謂)	320	(藍)	60	(斂)	266	(總)	348
〔丿〕		(諷)	324	藏	69	(膽)	206	(縱)	348
镜	149	(諺)	319	(舊)	25	膻	6		
赞	430	(諱)	322	(韓)	284	(鮮)	30	**十八画**	
(積)	80	(親)	369	(隸)	506	〔丶〕		〔一〕	
稽	81	辨	471	(檢)	53	(講)	315	(瓊)	156
穆	76	(辦)	444	檜	52	(謝)	317	(釐)	268
(穗)	357	(龍)	20	(臨)	225	(謗)	324	(翹)	28
(勳)	446	(劑)	473	(輔)	409	(謙)	323	(騎)	13
篤	15	(燒)	435	霜	146	(應)	227	(擾)	246
(舉)	253	濒	127	〔丨〕		(療)	510	(聶)	220
(興)	255	澡	125	(戲)	457	糜	16	(職)	220
(學)	268	(澤)	121	(虧)	488	(齋)	454	(藝)	276
儒	162	(濁)	110	(顆)	213	赢	431	鞭	414
衡	509	(濅)	112	(購)	429	(糞)	256	(繭)	341
(錯)	149	懒	193	(嬰)	188	糠	357	(藥)	67
(錢)	149	(憲)	232	(闊)	382	燥	441	(轉)	392
(錘)	150	〔一〕		蹈	279	(燭)	436	覆	511
(錐)	150	壁	91	(雖)	34	(鴻)	26	(醫)	361
(錦)	339	避	294	(嶽)	86	(濫)	117	(霧)	145
(鍵)	152	(隱)	106	(點)	442	(濕)	121	〔丨〕	
(錄)	155	(縛)	349					(豐)	59
		(縫)	353						

(叢)	68	(醬)	361	(臘)	208	(覺)	224	(鷄)	21
(題)	211	(繞)	348	〔丶〕		(鐐)	152	〔丶〕	
(曠)	138	(繚)	352	(識)	316	(鐘)	148	(爛)	437
(蟲)	31	(織)	346	(證)	322	(釋)	512	(灕)	18
(蟬)	32	(斷)	466	(廬)	378	(饒)	363	(懼)	235
器	312	(離)	25	羹	410	(饑)	363	竈	375
〔丿〕				(類)	11	(騰)	14	(顧)	213
(鵝)	26	**十九画**		鳌	36	(觸)	508	〔一〕	
(穡)	11	〔一〕		(瀕)	127	〔丶〕		(屬)	196
穗	81	(黿)	36	(懷)	236	(議)	321	(續)	342
(簡)	72	(騷)	15	(竅)	370	(競)	493	(纏)	348
(雙)	23	(壞)	96	(寵)	371	贏	431		
(邊)	292	(難)	25	〔一〕		灌	112	**廿二画**	
(歸)	282	(勸)	444	疆	97	寶	156	〔一〕	
(鎮)	154	(顛)	211	(嬾)	193	〔一〕		(驕)	13
(鏈)	152	(繫)	340	(繩)	345	(響)	326	(聽)	219
(鎖)	152	(麗)	16	(繪)	349	(繼)	342	囊	424
(雞)	21	(礦)	147	(繡)	349			(靈)	159
(鯉)	30	(願)	232			**廿一画**		〔丨〕	
(獵)	11	(雪)	144	**廿画**		〔一〕		(贖)	432
(雛)	21	〔丨〕		〔一〕		蠢	35	(疊)	140
〔丶〕		(贈)	434	(蘭)	61	(驅)	14	(巖)	87
(謹)	323	(關)	382	〔丨〕		(歡)	327	(體)	209
鷹	22	(蠅)	37	(齡)	217	(權)	46	〔丿〕	
(雜)	335	(蟻)	33	(鹹)	307	(覽)	224	鑲	153
(離)	23	(嚴)	313	(獻)	9	(醻)	360	(鑄)	153
(顏)	211	(羅)	423	(黨)	442	霸	141	〔丶〕	
(羴)	6	〔丿〕		(闡)	383	露	145	(讀)	318
(糧)	355	(黿)	36	〔丿〕		〔丨〕		(聾)	219
(竄)	376	(犢)	3	(犧)	4	(纍)	353	〔一〕	
(襦)	454	(贊)	430	籍	74	(囂)	312	(鷗)	410
〔一〕		(鏡)	149	(籌)	74	〔丿〕		(鷙)	410
璧	157	(辭)	475	(譽)	326	(鐵)	148		

廿三画

〔一〕
(矗) 144

〔丨〕
(顯) 214
(蠱) 34

〔丶〕
(變) 264

廿四画

〔一〕
(觀) 223
(鹽) 361
(靂) 24
(蠶) 31
(鼉) 36

〔丿〕
(鑪) 153

〔丶〕
(讓) 317
(鷹) 22
(鼇) 36
(鸎) 410

廿五画

〔丿〕
(鑲) 153

〔丶〕
(蠻) 35

廿六画

〔丶〕
(矗) 35

〔一〕
(鸞) 410

廿八画

(鑿) 150

卅三画

(麤) 356

后　记

　　本书撰写,经历数年。2015年8月,我在北京参加中国人民大学承办的中国文字学会第八届学术年会。在会议闭幕致辞上,会长黄德宽教授鼓励年轻学者要继续开拓文字学事业,在致力专深的前沿学术研究的同时,也要做好文字学知识的普及和传播工作。黄会长的致辞让我深受触动和鼓舞,于是我萌生了要写一部普通大众都能看得懂的"接地气"的文字学著作的想法,想为中国汉字的教育和普及做点事情。由于我当时在北京师范大学攻读博士学位,正集中精力撰写博士论文,这个想法只能暂时搁置下来。2017年6月,我毕业后回到原单位执教,随之而来的是要面对出成果、申报项目、评职称等琐碎的现实问题,写一部汉字通识读本的愿望又只能停留在偶尔闲暇时的冥想和构思中。

　　2019年3月,我以"汉字学与字源识字教学"为选题申报了海南省高等学校教育教改重点项目,顺利获得立项。曾经的想法到了必须付诸实践的时候了。项目最初的计划是撰写两部和字源识字相关的著作。一部是《字源识字》,为收录小学阶段常用汉字的字源识字著作,既可以用作中小学语文教师的教学教辅参考书,也可供小学中高年级、初中学生自学汉字使用。另一部是《汉字学与字源识字教学》,主要用作中文系汉语言文学专业本科生的语言类选修课教材。现在看来这两个目标都基本达成。《字源识字》已经付梓,现在呈现在读者面前。《汉字学与字源识字教学》后又获得台州学院重点教材建设立项,目前书稿已就;同时以讲义的形式,在中文专业选修课"汉字学与字源识字教学"上连续使用了五年,经过完整的四轮教学实践,预计明年正式出版。

本书在撰写中多次调整思路框架，反复推敲。由最初计划收录五百个常用字字源识字，到后来逐渐增加常用字，最后确定收录两千个小学阶段的常用汉字，都严格对标《现代汉语常用字表》和最新部编本小学语文教材中的"写字表"和"识字表"，有比较明确的针对性和受众群体。本书在撰写过程中还得到我的两位授业导师陆锡兴教授和李国英教授的悉心指导和鼓励，让我少走了弯路。陆老师还为本书题写封面书名，使本书大为增色。在这里向两位恩师奉上真挚的谢意。

　　本书的初稿出来以后，我诚惶诚恐，如履薄冰，决定将书稿的部分章节先给中小学教学一线的语文教师看看，让他们提提意见和建议。非常感谢这些在教学一线的同仁，他们教学经验丰富，又熟悉中小学汉字教学，提出了许多修改意见和中肯建议，让我深受启发。帮助我审读初稿并不吝赐教的老师是：海南省海口市海南师范大学附属小学的梁胜娟老师，秀峰实验学校的徐莉老师、蔡碧霜老师，海天学校的李洋老师，滨海小学的田娟老师，北京大学附属小学海口学校的余洁璇老师；浙江省临海市哲商小学的徐爱民老师、张晓英老师；宁夏回族自治区银川市第六中学的刘松江老师，吴忠市高闸中心学校的蒋欢欢老师；江西省南昌市第三中学的刘璐老师。老师们在百忙之中审读了部分书稿，给出了非常具体和有价值的修改意见和建议，也都盼望着书能够早日出版，在此向各位同仁表达我诚挚的感谢。南昌市第三中学五年级(2)班的邬俊峰同学也通读了部分书稿，他反馈说识字条例浅显易懂，阅读起来完全没有困难，这也让我更有信心，因为我的初衷就是要写一本"好用"的书，通俗易懂、言简意赅是最基本的要求。

　　本书在撰写过程中还得到琼台师范学院文学院的刘胜利、单百灵两位同事的帮助，特别是刘胜利老师花了两周时间通读了全书初稿，发现并校对了近百余处大大小小的文字或标注错误。琼台师范学院汉语言文学专业2019级、2021级本科生、台州学院中文教育2022级本科生都是在"汉字学与字源识字教学"课上接触到字源识字,期间还临摹过字源识字中的古文字字形,帮忙挑出过书稿中的错讹和疏漏。在这里向两位老友和同学们表示由衷的感谢,正是因为有各位师友、同学的帮助,本书才得以顺利完成。

2022年2月,我调入浙江省台州学院人文学院工作,刚开始工作环境不太熟悉,生活还不太适应。时任台州学院党委书记崔凤军教授、人文学院院长李建军教授、副院长陈隆升教授在工作和生活中给予了我许多关心和帮助,让我倍感温暖,在这里向三位领导致以衷心的感谢。

上海古籍出版社的毛承慈女士是本书的审稿专家,为审定书稿做了许多细致专业的工作,责任编辑张世霖先生工作细致负责,为本书的编辑、出版付出了辛勤的劳动,在此并致谢忱。

本人资质愚钝,加之初次撰写此类普及著作,肯定存在疏漏和不足之处,恳请各位专家和读者批评指正。

邱龙升
2024年7月于临海悦荣府寓所

图书在版编目（CIP）数据

字源识字 / 邱龙升著. -- 上海：上海古籍出版社，
2024.9. -- ISBN 978-7-5732-1314-3

Ⅰ. H12

中国国家版本馆 CIP 数据核字第 2024FQ8199 号

字源识字

邱龙升　著

上海古籍出版社出版发行

（上海市闵行区号景路 159 弄 1-5 号 A 座 5F　邮政编码 201101）

（1）网址：www.guji.com.cn
（2）E-mail：guji1@guji.com.cn
（3）易文网网址：www.ewen.co

山东韵杰文化科技有限公司印刷

开本 787×1092　1/16　印张 37.25　插页 2　字数 483,000
2024 年 9 月第 1 版　2024 年 9 月第 1 次印刷
印数：1—3,100
ISBN 978-7-5732-1314-3
H·282　定价：88.00 元
如有质量问题，请与承印公司联系